원한의 격정과 화해의 길 찾기

원한의 격정과 화해의 길 찾기

현대 중국문학의 기독교 서사

백영길

KU PRESS
고려대학교
출판문화원

책머리에

2003년 봄 상하이는 사스로 온통 뒤숭숭했다. 첫 연구년을 맞아 방문학자로 체재하고 있던 푸단(復旦) 대학에서의 그해 봄부터 여름에 이르는 반년 동안, 나는 거의 모두가 귀국을 한 채 텅 빈 외국인 교수 숙소에서 중국인들의 고투와 거리의 변화를 끝까지 지켜보았다. 그러나 불안하고 단조로운 일상이 이어지던 그 시절도, 이제 되돌아보면 내 학문과 삶의 여정 가운데 팽팽한 긴장이 동반된 소중한 자기 성찰의 시간이었다. 동네 골목길 산책을 빼고는 대개 방안의 큰 거울이 달린 화장대 겸 책상 앞에 앉아, 나는 때때로 거울에 비친 내 모습을 바라보면서 주로 기독교 문화비평 철학가인 류샤오펑(劉小楓)의 평론을 읽었다. 전쟁과 혁명의 폭력과 원한으로 응어리진 현대 중국의 문학 속에서, 그의 언어는 섬세한 영혼의 울림과 천상의 빛을 향한 갈망을 담고 있었다. 특히 현대 중국의 좌익 이념과 혁명의 역사에 대한 통렬한 반성과 기독교의 구원 신앙에 대한 그의 진지한 탐색은 나의 현대 중국문학 공부에 신선한 자극과 소중한 격려가 되었다.

그 무렵 나는 마침 일본 와세다 대학에 제출했던 학위논문을 우리말로 정리해 출간한《중국 항전기 리얼리즘 문학논쟁 연구》(1998) 이후 새로운 문학비평 공부의 방향을 모색하던 중이었다. 기존의 리얼리즘과 역사 현실에 대한 문학적 관심으로부터 낭만주의를 포함한 다원적인 문학사조와 특히 기독교의 종교성에 관한 미적 근대성의 탐색이 그 주된 내용이었다. 이 책에 실린 글들은 그러니까 내 개인적으로는 1990년대 말 이래 리얼리즘에서 기독교의 종교성으로의 전환 혹은 심화를 시도한 학문적 궤적이 담긴 논문들이다. 그러나 달리 생각해 보면, 나의 이러한 개인적인 연구 방향의 변화는 기실 지난 세기말의 1990년대 이래 기존 사회주의권의 전면적인 해체와 범세계적인 자본주의 시장경제 체제로의 변화 과정과 무관한 선택은 아니었을 것이다. 어떻게 보면, 1980년대의 일본 유학 시절 이래 내가 관심을 가져온 리얼리즘과 민중 민족 문학 운동이 기반으로 하고 있던 현실 역사의 지반이 커다란 진동을 일으키며 변화하고 있던 결과였을 수도 있을 것이기 때문이다.

기실 이 책의 논문들은 현대의 중국문학이 전개되어 온 핵심 동력을 올바르게 이해하기 위해서는 서구의 사회역사적 근대성을 목표로 한 중국의 '피근대화' 과정에 대한 전면적인 비판적 재성찰의 시각이 필요하다는 문제의식에서 출발하였다. 그리고 그 방법론으로서 상정한 것은 서구 문화의 근원적 가치로서의 기독교 정신을 축으로 한 현대 중국 문학사의 재검토 작업이었다. 그중에서도 막스 셸러(Max Sheler)가 제기한 근대적 가치로서의 '종교-형이상학적 절망감'에 연유하는 '르상티망(Ressentiment)' 즉 '원한'의 개념을 중심으로, 현대 중국문학에서 나타나고 있는 원한의 격정과 그 종교적 화해로의 도정을 규명하려는 것이 이 책의 중심 과제였다. 결국 이 책은 현대 중국의 혁명과 전쟁 시기의 문학에 구현되고 있는바, 중국의 문화 민족주의와 마르크스주의의 융합 구조를 통해 작동되었던 '민족적 원한'의 세속화와 변용의 양상, 그리고 그러한 정치적 이념과 계급적 증오를 넘어 신성성의 사랑과 화해를 지향했던 문학적 모색의 특징을 규명함으로써, 현대 중국문학에 내장된 종교성의 미적 근대성에 대한 심층적 이해와 새로운 해석의 가능성을 모색해 보고자 하였다.

물론 아편전쟁 이후 중국이 추구해 온 이른바 반제·반봉건의 근현대 문학을 민족적·계급적 원한과 그 격정의 산물이라고 단정하는 것은 지나치게 단순한 도식적 관점일 수도 있다. 적어도 내가 중국 항전기 문학을 공부하면서 주목했던 것은 혁명과 전쟁 시기의 문학을 원한과 증오의 각도에서가 아니라, 가능한 한 인간의 삶을 움직이는 근본으로서의 작가 정신을 중시하는 리얼리즘, 다시 말하면 인간해방을 추구하는 민중 민족 문학론에서의 각도였다. 그리고 그 과정에서 나는 나름대로 항전기 중국의 리얼리즘 문학을 기독교의 종교성과 접맥시키려는 시도를 지속하고 있었다. 중국 좌익 문학비평가인 후펑(胡風)이 제기한 작가 자신의 삶과 예술 사이의 '수난(Passion)의 정신' 개념 속에서 일종의 종교적 구원 의식의 맹아적 가능성을 수렴하려 했던 것도, 돌이켜보면 리얼리즘과 기독교와의 연결고리를 찾고자 하는 내 나름의 지적 고투의 일환이었다. 그럼에도 불구하고, 나는 이번 이 책에 수록하는 논문들을 정리하면서, 그동안 내가 모색했던 리얼리즘과 기독교 정신의 융합을 위한 인위적인 노력에 내재한 한계 혹은 충돌의 요소를 점차 더 강하게 느끼게 되었다. 현대 중국의 리얼리즘 문학을 추동했던 핵심 동력을 심층적인 '원한'의 격정, 결국 막스 셸러가 그리스도의 사랑에 의해 극복 구원하고자 한 '복수의 감정과 충동, 증오, 악의'에서 비롯된 '르상티망'의 각도에서 재해석하게 된 것도 그러한 연유에서이다.

각도를 바꾸어 말하자면, 현대 중국문학에서의 원한의 격정은 바로 니체가 기독교의 무기력한 노예성, 그 음흉한 데카당스의 복수 욕망을 타파하기 위해 제창한 '힘에의 의지(Wille zur Macht)', '초인(Über Mensch)'의 사상이 담긴 어떤 적극적인 이상, 말하자면 기독교의 천국을 대체하여 지금 이 땅 위에서 실현할 '영원회귀에의 의지'가 표명된 개념일 수도 있을 것이다. 나는 잘 알려진 대로 루쉰(魯迅)의《야초(野草)》중 〈복수 2(復讎·其二)〉에서 묘사되고 있는, 예수의 십자가상의 수난 장면에서 구현되고 있는 일종의 반기독교적 초인의식의 형상화 장면에서 그 상징적인 의미를 찾아보고자 했다. 그리고 그러한 초인의식의 니체적 파토스는 중일전쟁 시기 중국의 좌익문학과 인민문학은 물론 민족주의 진영의 '전국책파(戰國策派)', 혹은 동시대 '일본 낭만파'의 민족주의 이념을 통해, 말하자면 '원한' 담론의 악순환적 반복과 확장의 성격을 띠면서 혁명과 전쟁 시기 동아시아의 격정과 힘의 미학의 대립적 문학 구도를 형성하는 계기로서 작용되었다고 해석될 수도 있음을 규명하고

자 하였다.

그렇다면 현대의 중국문학 속에서 그러한 원한의 격정이 구현된 주류적 문학과 대비되는, 기독교적 사랑의 종교성에 바탕을 둔 화해로의 도정에 있던 문학의 궤적은 어떠한 모습들을 띠고 있는 것일까. 여기에서 분명히 말할 수 있는 것은 현대 중국문학에서의 기독교 서사는 장엄한 신성성의 서사시가 아니라, 오히려 현실 역사 속에서 좌절하고 상처받으면서도 성화(聖化)의 길을 찾고자 했던, 어떻게 보면 비주류 문학인들의 탄식과 애가(哀歌)였던 것처럼도 보인다는 사실이다. 이 책에 실린 글들에서 주로 다뤄지고 있는 문학 비평 담론과 작가들의 작품은, 그런 점에서 주류 문학사에서는 중시되지 않거나 때로 비판과 배제의 대상이 된, 그러면서도 여전히 그 존재의 의미를 되새기게 하는 미완의 서사의 궤적이라고 해야 할 것이다. 아니 어떤 의미에서는 이념과 체제의 분단 현실 속에서 가장 혹독하게 근대성의 원한을 체험하면서, 그리고 어쩌면 바로 그렇기 때문에 가장 절실하게 기독교의 사랑과 화해의 구원을 갈망하는 우리의 동시대적 공감대를 통해, 비로소 그 모습을 드러내는 순례의 자취일 수도 있을 터이다.

그러한 각도에서 나는 혁명과 전쟁의 격동기 문학사 속에서 때로는 보수적이며 퇴폐적인 '반동문인'으로서, 혹은 때로는 민족을 배신한 '한간(漢奸) 문인'으로서 비판받았던 저우쭤런(周作人)의 5·4기 기독교 비평담론과 그 굴곡진 삶에서, 오히려 당위적인 민족과 계급의 원한 구도를 넘어 초월적인 미적 근대성과 화해의 길 찾기를 시도했던 한 문학인의 모습이 조망될 수 있기를 기대하였다. 또한 1930년대에 종말론적 상징성의 우화소설을 썼던 만주족 기독교 작가 라오서(老舍)의 민족의식에 내재된 심층 심리적 원한의 파토스가, 어떻게 사회주의 중국의 역사 속에서 '일종의 의사 종교적인 정치적 이념에의 경사'로 작가를 이끌었으며, 끝내 문화대혁명의 과정에서 '그 삶의 좌절과 죽음'을 통해 십자가상의 수난의 의미를 체현하는 숙명적 '힘에의 의지'로 작용했는지를 천착하고자 하였다. 그리고 현대의 중국 작가 중 가장 고통스러운 육신의 병마와 싸우면서도 오히려 '사랑이야말로 인류의 유일한 구원'임을 고백하고, 문화대혁명의 이념에 의한 장애인으로서의 고난까지도 '신의 긍휼'로 노래하며, 천당을 향한 '끝이 없는 귀의(皈依)의 길'을 찾아 떠난 작가 스테성(史鐵生)의 삶과 그 문학세계를 통해, 현대 중국문학의 기독교 서사에 소망의 빛을 비추는 궤적들을 살펴보고자 했다.

그러고 보면 이 글을 쓰고 있는 긴 장마 끝 더위가 아직도 가시지 않는 이 8월 말의 여름 역시 온 나라가, 아니 그야말로 온 세상이 코로나로 인한 질병과 죽음에 대한 혼돈과 불안에 휩싸여 있는 고난의 시절이다. 사스가 창궐하기 시작하던 무렵부터 코로나가 기승을 부리는 지금까지 쓴 이 책의 글들을 정리하면서, 나는 우리의 이 보잘것없고 연약한 생명에 존재의 의미를 부여해 준 궁극적인 힘은 무엇일까를 다시 생각해 본다. 그리고 적어도 그것이 니체가 기독교를 노예의 도덕이라고 비판하며, 그 무기력한 기만적 르상티망을 깨부수기 위해 제시한, 저 초인적인 힘에의 의지라는 해답일 리는 없다는 것이 이 책에서 힘겹게 도달한 하나의 결론이다. 다만 어쩌면 내 안에도 독사처럼 똬리를 틀고 있을지도 모를 그 르상티망의 원한과 교만으로부터 나를 구원해 줄, 진정한 사랑과 신성의 계시가 비춰 주는 참된 화해에의 길은 어떻게 찾아가야 할 것인가. 30년 남짓한 대학교수의 직무를 마감하면서도 여전히 시원스럽게 풀리지 않는, 내 삶과 학문과 신앙이 공동 필수과목으로 부과한 미완의 숙제이다.

2020년 8월 늦여름
백영길

차례

서론

원한의 격정과 화해로의 도정

현대 중국문학의 기독교 서사

1. 머리말

현대의 중국문학이 전개되어 온 핵심 동력은 무엇일까? 이른바 서구 열강에 의한 타율적 '피근대화'의 여정을 돌이켜 본다면, 그것은 아마도 근대적 인간의 확립과 부강한 국민국가의 건립을 향한 의지였을 터이고, 현대의 중국문학은 바로 그러한 목표를 향한 중국인들의 고투와 격정이 언어예술로 형상화된 기록일 것이다. 그러나 여기에서 그러한 '근대성'의 가치를 "과학·이지·진보로 대표되는 '현대'", 즉 "진보=이지적 모더니티"에 편중된 일종의 사회역사적 근대성으로 보고, 또 다른 면에서 "우울·감각·허무사상으로 대표되는 '현대'"즉, '허무=감각적 모더니티'라고 하는 미적 근대성의 각도에서 현대의 중국문학을 재조명하면 어떻게 될까? 그렇다면 그러한 현대 문학사의 서술은 결국 "복잡한 현대 사회와 충돌로 생기는 시대적인 '우울'·'비애'·'절망'·'허무 사상'이 재해석되는, 그리하여 '유물론에 의하여 종교적 신앙을 잃고 환멸한 "현대인"의 심정'[1]에 새롭게 존재론적 의미의 빛을 투사하는 그러한 문학의 이야기가 되지 않을까?

1 伊藤德也,《'生活の藝術'と周作人: 中國のデカダンス=モダニティ》(勉誠出版, 2012년), 164-165쪽 참조.

일견 미적 근대성이 강조되는, 모더니즘 문학의 복권과 순수 문학의 재평가를 주장하는 주장으로 평가될 수도 있겠으나, 그 바탕에는 기실 서구의 근현대를 추동해온 과학과 물질문명 중심의 사회 역사적 근대성에 대한 문제제기 의식이 자리잡고 있다고 해야 할 것이다. 그리고 바로 이 지점에서 서구의 근대성을 목표로 한 중국의 '피근대화' 과정에 대한 전면적인 비판적 재성찰의 시각이 제시될 수 있을 터이다. 그 방법론적 시도의 하나가 서구 문화의 근원적 가치로서의 기독교 정신을 축으로 한 현대 중국 문학사의 재검토이다. 그렇다면 현대의 중국문학을 기독교와의 관련성 속에서 살펴보는 것은 과연 어떤 의미가 있을 것인가? 기독교의 종교성이 '현대'라고 하는 시간과 '중국'이라고 하는 공간에서, 특히 '문학'이라고 하는 언어예술을 통해 구현된 궤적이 있다고 한다면, 그 길의 모습과 방향은 어떠한 것일까?

여기에서 상정해 볼 수 있는 중요한 키워드 중의 하나가 일찍이 니체(F. W. Nietzsche)에 의해 제기된 '르상티망(Ressentiment)', 즉 '원한'의 개념이다[2]. 니체에 의해 제국 로마에 대한 약소민족 유대의 '상상의 복수'로 해석된 이 '원한' 개념에 따르면, 기독교의 '사랑'이란 실상 약자가 강자에 대해 품고 있는 증오와 복수의 감정을 감추기 위해 만들어 낸 가치 기만의 '노예도덕'에 지나지 않는다.[3] 이에 비해 니체의 르상티망 개념을 비판적으로 계승하면서 이에

2 국내 학계에서의 이 '르상티망' 개념의 함의 및 우리말 번역어 '원한'의 등가성 문제 등, 르상티망과 관련된 비평 담론적 가능성에 대한 상세한 분석의 글로서는, 최정화, 〈"르상티망(Ressentiment)"과 그리스도교적 윤리에 대한 재고〉, 《원불교사상과 종교문화》 59집(2014년 3월)이 참조가 된다.

3 니체는 유대인들이 현실적 원한의 대상을 내면화(방향전환)함으로써 '죄의식'·'양심의 가책'과 같은 '원죄 개념을 발명'해내었으며, 이로부터 인간들을 자유정신과 저항정신을 상실한 의존적인 무리로 만들어 지배하였던바, 그런 의미에서 "고통에 대한 민감성과 여기서 비롯되는 저항에 대한 무능력이 기독교적 사랑의 본질"이라고 주장하였다. 그러므로 기독교의 성립 과정에서 작동했던 이러한 원한의 원리 위에 구축된 서구 기독교 문명의 병폐적 전통을 무너뜨리기 위해, 니체는 '위버멘쉬, 힘에의 의지, 똑같은 것의 영원회귀, 니힐리즘의 극복이라는 개념을 사용'하게 되었다는 것이다. 이러한 니체의 기독교 비판을 중심으로 한 철학 담론에 대한 비판적 검토 및 특히 르상티망 개념의 '노예도덕'에 관한 전반적인 내용 분석에 관해서는 최순영, 《니체와 도덕의 위기 그리고 기독교》(철학과 현실사, 2012년)의 제5장 '주인도덕과 노예도덕'과 그중 82-85쪽 및 99쪽 참조.

대한 보다 독자적인 체계화를 이룩한 막스 셸러(Max Sheler)는 예수의 '내면'적 사랑의 원칙을 기독교 윤리의 핵심으로 파악하고, '르상티망'(원한)을 초월한 그리스도교의 내재적 가치를 옹호하는 논의'를 전개하였다. 특히 셸러는 이 원한 개념이 유대-기독교에서 나왔다고 본 니체와 달리, 이 개념의 근원을 프랑스 혁명 이후의 근대적인 현상으로 규정하였다.[4]

결국 셸러에 의하면, 흔히 '복수의 감정과 충동, 증오, 악의, 질투, 시기심, 음험함' 같은 '르상티망 형성의 출발점'이 되는 감정들을 원한으로 만드는 것은 '무력감'이다. 그리고 그 연장선상에서 이러한 "원한의 정신적 품성은 자본주의 정신의 근원으로서, 외부적으로 정력을 쏟아부으려는 끊임없는 활동 욕구의 동기 구조를 이룬다"는 것이다. 그러므로 셸러는 서양의 강력한 자본주의적 문명 속에는 '세계와 문화에 대한 나날이 강렬해지는 원한과 사람의 사람에 대한 근본적인 불신임'에서 기인하는, 기독교적 공동체의 파괴 및 근대 자본주의의 '신성성과 세속성의 이원적 긴장의 증감'이 존재한다는 사실을 명확히 지적하고 있었다. 결국 자본주의의 추동력이자 그 내재적 심리 특징으로서의 원한을 야기하는 근본 요인은 바로 '종교-형이상학적 절망감'이었다는 것이다.[5]

그렇다면 이러한 기독교와 관련된 원한의 개념이 현대의 중국문학과는 어떠한 관련성이 있는 것일까? 그 핵심적 사항은 바로 근대성의 문제이다. 이와 관련한 류샤오펑(劉小楓)의 관점에 의하면, 19세기 중엽 이후 중국이 직면했던 서양 자본주의 열강의 역사적 침탈 속에는 근대 서양 사회를 태동시키고 이끌어왔던 이러한 원한의 심리 상태에서 비롯된 "서양의 문화 이념이 자본주의 정치·경제의 식민지 확장에 따라 중국에 진입해 들어온" 결과로서 야기

4 최정화, 〈"르상티망(Ressentiment)"과 그리스도교적 윤리에 대한 재고〉 참조.

5 劉小楓, 〈怨恨與現代性〉, 《現代性社會理論緒論》(上海三聯書店, 1998년), 356-357쪽로부터의 재인용 및 참조. 그밖에도 자본주의의 작동 원리로서의 '원한 가치의 승리와 확장'으로 인한 '원한의 폭발' 현상 및 이와 관련된 기독교의 본질적인 종교성에 관한 분석으로서는 막스 셸러, 《도덕의 구축에서의 원한》, 여기에서는 劉小楓 編, 《價値的顚覆》(北京三聯書店, 1997년)에 수록된 《道德建構中的怨恨》의 中譯本 62-63쪽 및 142쪽 참조.

된, "사상 이념의 민족 생존식 비교 속의 불평형 심리 상태, 즉 자기비하와 오만의 다양한 조합으로 구성된 중국 현대 사상 속의 원한 심리 상태"가 작동되고 있었다.[6] 나아가 이러한 원한 개념의 역사적 작동의 방향은 결국 '자본주의'와 '사회주의'라는 체제를 통해 근대의 '평등' 가치 지향으로서의 민족국가 담론으로서 자리잡게 되었다는 것이다. 다음과 같은 진단이 그 예이다.

> 원한 심리 상태의 중국 근대성 담론 속에서의 효력은 유가(儒家) 사상의 측면에 반영되었을 뿐 아니라, 사회 행동 측면의 모종의 정치 이념 속에도 반영되었다. 중국 사회주의 정치 대표의 정치 이념은 모두 평등권, 평등관을 기본 요구로 하며, 전통 중국의 국가질서를 해체하고 중국의 정치 이념을 새롭게 조정 통합하는 데에서 동일한 사회적 기능을 가지고 있었다. 즉 평등감은 민족 간의 원한 심리를 일깨워 민족국가를 구축하는 국가민족(國族) 동원에 이로울 수 있을 뿐만 아니라, 또한 계층 간(예를 들면 빈부 비교로 발생하는)의 원한을 선동하여 사회 혁명을 일으키고, 국가 내부로부터 민족국가를 조정 통합할 수 있게 하기도 하였다.[7]

이러한 측면에서 살펴본다면, 중국 근대의 서양 수용과 대결 구도에서 작동된 원한 심리는 자본주의 서양 열강의 중국 침탈 과정에서뿐만 아니라, 그 외부적 침탈 행위와 관련된 문화 담론 및 정신적 구조의 측면에서도 간과할 수 없는 부정적 계기 혹은 궁극적인 극복의 과제로서 작용되었다고 해야 할 것이다. 그 한 예가 바로 기독교의 전파와 그를 둘러싼 갈등 양상이었던 것이다. 그렇다면 근대 이래 현대 중국문학의 전개 과정 속에서 이 원한 심리는 어떠한 문학 내적 형상화의 특질로서 기능하였으며, 그러한 원한의 확장과 극복의 과정을 통해 모색된 기독교적 화해로의 여정을 담은 관련 문학 담론의 내용과 서사적 특징은 무엇인지, 이하의 본문에서 살펴나가기로 한다.

---

6 劉小楓, 〈怨恨與現代性〉, 《現代性社會理論緒論》, 382-383쪽 참조.

7 劉小楓, 〈怨恨與現代性〉, 같은 책 383쪽.

2. 니체와 루쉰(魯迅), '원한'의 정념

현대의 중국문학에서 전통문학과 변별되는 핵심적인 사항의 하나는 근대적 자아의식의 성립이며, 그 사상사적 배경으로서 지목할 수 있는 것은 서구의 개인주의 사상이다. 그리고 주지하는 바와 같이, 르네상스에서 18세기의 계몽주의에 이르는 '인간과 신의 분립' 과정 가운데 형성된 이러한 근대 개인주의의 사상은, '교회 및 신과의 대항'을 통해 자율적 주체의 인간 및 그 총체적 인식과 규정으로서의 '인류'의 개념을 확립하는 것이었다. 그러나 다른 한편으로, 이러한 '반신앙(反信仰)'적 성격의 근대 개인주의의 의식 및 가치관의 형성에도 불구하고, 서구의 정신세계를 장기간 유지해 온 기독교의 종교적 문화 현상과 의식 하에서 "신앙이라는 그 종교적 본질은 인간의 정신세계의 하나의 원형, 혹은 정신 자체"를 이루고 있다는 점은 분명하다.[8]

이러한 근대적 자아인식의 주체로서의 개인주의 사상이 중국에서 본격적으로 제기되게 된 것은 5·4 신문화운동에서 비롯된다. 그런 의미에서 보자면, 5·4 신문학의 선구적 계도 역할을 담당했던 문학인 중 루쉰의 의미는 각별하다. 실제로 현대 중국문학사에서 기독교와 관련된 서구의 근대 개인주의 사상과 낭만주의의 문학사조를 독자적인 시각에서 깊이 있게 받아들인 사람은 루쉰이었다. 그중에서도 특히 중요한 사항은 니체의 영향을 통한 서양 문화 전통의 핵심에 접근해 간 측면이며, 어떻게 보면 원한 개념의 근대성을 개성적으로 포착해 낸 점이라고 할 수 있다. 무엇보다도 루쉰은 서양 근대의 물질문명과 평등사상에 내재된 세속적인 대중성에 대한 비판을 통해 인간의 본원

8 李今,《個人主義與五四新文學》(北方文藝出版社, 1992년), 29쪽 및 163쪽 참조. 그밖에도 여기에서 '근대적 개인이 비롯되는 해방의 힘을 기독교 신학에 부여하는 것이 언뜻 보기에 역설적'으로 느껴질 것 같지만, 기실 '기독교는 인간을 자유롭고 유일한 인격체로서 철저하게 내면화시키는 한편, 부족이나 국가에 대한 종속 상태에서 해방시킴으로써, 개인을 보편적 인간성을 동등하게 구현하는 존재로 만드는 것'이었다. '개인적이고 초월적인 신에 기초한 기독교는 심층적 차원에서 해방과 개인화를 불러오는 역동적인 힘'이었던 것이다. 알랭 로랑 지음·김용민 옮김《개인주의의 역사》(도서출판 한길사, 2001년), 29쪽 참조.

적인 존재의 의미를 추구하는, 일종의 개인의 절대적 가치에 대한 구현 가능성을 보여 주었다고 할 수 있다.

이러한 각도에서 살펴본다면, 현대 중국문학의 전개 과정에서 서구문화의 정수를 물질문명과 집체주의 이념의 한계를 넘어선 '정신'과 '개인'의 발현에서 추구한 루쉰의 초기 문학론(〈文化偏至論〉)은 기실 역사적 근대성의 편향성에 대한 선각적인 비판의식과 극복의 전망이 탐색된 문학론이었던 셈이다. 특히 이러한 미적 근대성에 대한 인식이 유럽의 이른바 '악마파 시인'들에게 내재된 현실 반역적인 '정신계의 전사'로서의 '악마(사탄)'의 상징성(〈摩羅詩力說〉)을 통해 근대적 주체를 구축하려는 작가의식으로 이어지고 있음은 흥미롭다. 즉 이런 루쉰의 초기 문학 담론은 기독교의 성경에 담겨진 '신과 인간, 인간과 세계 사이의 분열' 및 그 '화해에의 충동'[9]이라고 하는 종교성에 대한 일종의 전복적 재해석의 시도였던 셈인 것이다. 다음과 같은 언술이 그 한 예이다.

> 아담이 에덴에서 사는 것은 아마도 새장에 갇힌 새와 다름없었을 것이다. 무지몽매하여 오직 하느님만을 기쁘게 할 뿐, 만약 사탄의 유혹이 없었다면 인류는 태어나지도 못했을 것이다. 그러므로 세상 사람들은 모두 악마의 피를 가지고 있으며, 인간 세상에 혜택을 준 것도 사탄이 처음이었다.[10]

물론 기독교의 성경 기사 중 아담과 하와의 원죄설은 인간의 본원적인 죄성과 그에 대한 신의 은총에 의한 구원의 당위성을 설명하는 핵심 부분이다. 그리고 그러한 종교적 구도는 "〈창세기〉의 아담과 하와의 원죄 이후의 결과로서의 나와 나의 분열 속에서 죄의식의 형태"[11]를 띠고 인간의 보편적인 삶과 죽음의 원리로서 작동되고 있다. 그러므로 루쉰이 말하는 '사탄의 유혹'과

---

9 クーノ·フィッシャー, 玉井 茂·堀場正治 譯《ヘーゲルの美學·宗教哲學》(勁草書房, 1986년), 245쪽.

10 魯迅, 〈摩羅詩力說〉, 《魯迅全集》 1권(人民文學出版社, 1981년), 73쪽.

11 최순영, 《니체와 도덕의 위기 그리고 기독교》, 112쪽.

'악마의 피'는 서양의 기독교 정신에 바탕을 둔 전통 문명에 대한 도전과 전복의 의미를 지닌다. 결국 신에 대한 반역과 저항을 통해 인간으로서의 존엄과 자유를 획득하려는 루쉰의 이러한 관점이, 19세기 말 무렵 일본에 많은 영향을 미친 니체의 반기독교적 힘에의 의지 철학에 대한 일정한 공감대 위에서 형성되었음은 분명하다.

그럼에도 불구하고 여기에서 문제가 되는 것은 니체가 보여 주고 있는 기독교의 종교적 본질에 대한 철저한 비판과 전면적인 부정 속에 잠재되어 있는 '근원적 종교성'을 향한 탐색과 물음의 의미이다.《안티크리스트》등 반기독교적 저술 속의 다음과 같은 언술이 그 예이다.

> '복음'의 심리 전체에는 죄와 벌의 개념이 없다: 보상이라는 개념도 없다. 신과 인간 사이의 관계를 멀어지게 하는 '죄'가 없어졌다는 것.—바로 이것이 '복음, 기쁜 소식'이다. 지복은 약속되어 있지 않으며, 조건들에 묶여 있지 않다: 이것이 유일한 사실이다—나머지는 이런 사실을 말하기 위한 기호일 뿐이다. ……
> 신에게 향하는 길은 '회개'도 아니고 '용서의 기도'도 아니다: 오로지 복음적인 실천만이 신에게 인도하며, 복음의 실천이 바로 '신'이다.—복음과 함께 없어진 것, 그것은 '죄', '죄의 사함', '신앙', '신앙을 통한 구원' 개념을 갖고 있는 유대교였다.—이전 유대 교회의 교설 전체가 '기쁜 소식'에서는 부정되었다.[12]

실제로 니체는 "자신에게 악을 행하는 자들과 함께, 그들 안에서, 간구하고 괴로워하고 사랑한다"고 하는 '복음의 실천'을 구현했던 예수의 삶과 죽음 속에서, '천재나 영웅'으로서가 아닌 '백치'(idiot)와 같이 순전한 구세주의 모습을 발견하려고 하였던 것으로 보인다. 결국 니체가 상정했던 기독교의 근원은 신과 인간의 관계 회복, 그 관계 단절의 요인이었던 '죄'로부터의 자유와 해방이며, 니체는 예수의 그러한 복음의 실천이 '근원적 기독교'를 탄

---

12 《안티크리스트》, 백승영 옮김, 《니체전집》 15권(책세상, 2002년), 258-259쪽.

생시킨 것으로 보았던 것이다.[13] 그렇다면 니체의 이러한 예수 형상을 루쉰은 어떠한 각도에서 수용하였던 것일까? 잘 알려진 대로 루쉰의 《야초(野草)》 중 〈복수 2(復讎·其二)〉에서 묘사되고 있는 다음과 같은 예수의 십자가상의 수난 장면이 그 한 예이다.

> 그는 손과 발의 통증 속에서 가련한 자들이 신의 아들을 못 박아 죽이는 비애, 그리고 저주스러운 자들이 신의 아들을 못 박아 죽이려 하고 신의 아들이 곧 못 박혀 죽으려는 환희를 맛보고 있었다. 갑자기 뼈가 부서지는 커다란 고통이 가슴 깊숙이 파고들자 그는 대환희와 대연민에 취해 들어갔다.
>
> ……
>
> 온 땅이 어두워졌다.
>
> "엘리, 엘리, 라마사박다니(?!)(번역하면, 나의 하나님, 어찌하여 나를 버리시나이까?!)
>
> 신은 그를 저버렸다. 그는 결국 '사람의 아들'에 지나지 않았다. 그러나 이스라엘인들은 '사람의 아들'조차 못을 박아 죽인 것이다.
>
> '사람의 아들'을 못 박아 죽인 사람들의 몸은, '신의 아들'을 못 박아 죽인 것보다 더욱 피로 얼룩지고, 피비린내가 났다.[14]

여기에서 묘사되고 있는 것은 죽음의 고통과 처절한 고독 속에서도 인류의 죄를 대속하려 했던 '신의 아들'로서가 아니라, 자신을 못 박아 죽이려는 어리석은 저들의 전도(前途)를 불쌍히 여기면서도, 그러나 저들의 현재에 대한 증오와 복수의 파토스에 빠져드는, 즉 인간적 연민과 원한이 교차된 '사람

13 中村正雄, 《ニーチェとキリスト教倫理》(弘文堂, 1961년), 96-97쪽 참조. 물론 니체의 '백치' 예수 개념을 '19세기에 유행한 역사 비평적 신학의 관점에서 수행된 "역사적 예수 연구"'의 결과라는 부정적 의미로 해석하는 것도 충분히 가능하다. 그렇게 본다면, '백치'는 '세계와 적에 대한 저항의 무능력이 사랑으로 표현된 것'이며, '쇠락하는 삶을 의미하는 데카당스 유형의 인간'이라고 할 수 있다. 최순영, 《니체와 도덕의 위기 그리고 기독교》 중 181-185쪽 '백치로서 예수' 항목 참조.

14 魯迅, 〈復讎(其二)〉, 《語絲》 제7기(1924. 12. 29). 여기에서는 《魯迅全集》(人民文學出版社, 1981년) 2권, 175쪽으로부터의 인용에 의함.

의 아들'로서의 예수에 대한 작가 루쉰의 자기 동일시의 결과라고 할 수 있으리라. 그렇다면 루쉰은 왜 굳이 기독교의 종교적 신성성의 핵심인 예수의 죽음과 부활의 사건을 모티프로 한 '복수'의 담론을 형상화하려고 한 것일까? 그 결정적인 이유는 바로 이 십자가상의 예수의 죽음이 신과의 균열과 격절, 즉 신으로부터 버려졌다는("엘리 엘리 라마 사박다니"라는 외침) 절망으로 해석된 데 있다고 할 수 있다. 즉 그 죽음이 육체의 소멸을 통해 신과의 화해와 영원한 생명에로의 회귀의 과정이었다는 종교적 전제가 배제됨으로써, 예수의 수난은 결국 부조리한 절망적 현실 악에 의해 초래된 허무주의와의 실존적 대결의 정점으로 전환되는 구도가 설정되었던 셈인 것이다.

그런데 위 수난 장면에서 예수의 절명 직전의 외침은 잘 알려져 있듯이 구약 〈시편〉(22:1)에 나오는 다윗의 '처참한 기도'로서, '메시아의 수난을 예언한 시'이다. 말하자면 예수는 절명 직전 이 십자가상의 고통의 탄식을 통해 신에게서 받은 메시아로서의 소명과 약속을 성취했던 셈인 것이다. 그런 의미에서 니체가 앞의《안티크리스트》에서 묘사하고 있는 다음과 같은 수난 장면은 신과의 단절이 아닌 신과의 일체화, 신과의 화해를 분명히 보여 준다.

> 십자가에 매달린 도적에게 그가 한 말은 복음 전체를 포함하고 있다. "이 사람이야말로 진정 신적인 사람이었구나. '신의 자식'이었구나"라고 그 도적은 말했다. "네가 그것을 느끼면—구세주가 답하기를—그러면 너는 낙원에 있는 것이다. 너 역시 신의 자식인 것이다……"[15]

적어도 이 대화에서 표명되고 있는 것은 "진정한 그리스도교의 핵심으로서, 내면화되고, 정신화된 천국관과, 이론적 신앙이나 법률로서가 아니라 직접적 생에 의거하는 심혼(心魂)의 생동관(生動觀)이 나타나 있다"[16]라고 할 수 있을 것이다. 다시 말해서 루쉰과 니체의 결정적 차이는 예수의 십자가상의

15 《안티크리스트》, 니체전집 15권, 261-262쪽.

16 中村正雄,《ニーチェとキリスト教倫理》, 235쪽.

수난 자체를 신과 인간의 분열과 단절로 볼 것인가, 아니면 신과 인간의 화해와 일치로의 계기로 볼 것인가에 대한 각각의 입장의 상이성에 기인한다. 물론 니체가 십자가상의 예수의 죽음, 그 복음 실천의 최후를 인류의 죄악에 대한 대속으로서의 자기 희생, 진정한 기독교적 사랑에 의한 원한의 극복의 계기로서 평가하고 있지 않음은 분명하다. 그런 의미에서 "기독교적 사랑은 데카당스의 표현이며, 니체적 의미에서의 건강한 사랑은 시기, 질투, 경쟁, 고귀한 복수를 포함한다"라는 논평 역시 충분히 가능하다.[17]

그렇다면 니체는 이러한 십자가상의 예수가 그 삶을 통해 실천해 보였던 신과의 합일, 그 분열을 넘어선 일치와 화해의 경지를 어떻게 추구하려고 하였는가? 그것은 바로 그가 추구한 디오니소스, 위버멘쉬, 그리고 '힘에로의 의지'와 '영원회귀'의 사상이었던 셈이다. 물론 그러한 존재론적 담론의 구체적인 이미지는 모호하지만, 다만 그러한 개념들에 내재된 종말론적 종교성의 성격을 적극적으로 해석한다면, 그것은 거꾸로 안티크리스트 혹은 이단이나 사탄의 이미지 속에 투영된 근원적 그리스도 형상의 의미를 역추적할 수 있는 가능성도 배제할 수는 없을 것이다. "니체의 영원회귀설은 가장 철저한 반그리스도교적 외관을 가지면서도, 그 의미하는 바는 그리스도교적 창조관 및 구원론에 대체하고자 하는 말하자면 새로운 '복음'이었다"[18]라는 평가가 그 한 예이다.

바로 여기에서 루쉰의 문학에 구현되고 있는 악마, 사탄 혹은 중국적인 귀신(鬼)의 이미지에 대한 재독해의 필요성이 제기된다.[19] 그리고 그러한 작업은 신성성(神聖性)이 결핍된 중국의 문화전통 속에서 제시되는 진정한 종교적 사랑과 화해에의 갈망 및 그 절망의 중층적 의미에 대한 깊이 있는 탐색의 일

17 최순영, 《니체와 도덕의 위기 그리고 기독교》, 184쪽 참조.

18 中村正雄, 《ニーチェとキリスト教倫理》, 362쪽.

19 이와 관련하여 魯迅의 '사탄' 형상을 '일체의 권위, 권력, 혹은 운명' 및 旣成의 '天'이나 '神'에 대한 과감한 비판자와 반항자로 보고, 그 본질적인 종교성의 의미를 기독교의 '예언자' 계보로서 해석한 평론으로는 伊藤虎丸, 〈魯迅思想の獨異性とキリスト教〉, 東京女子大學附屬比較文化硏究所 《紀要》 제49권(1988년) 참조. 여기에서는 《近代の情神と中國現代文學》, 汲古書院, 2007년, 139쪽에 의함.

환이 될 수 있을 것이다. 예를 들면《야초》의 〈무너지는 선의 떨림(頹敗線的顫動)〉에서 그려지고 있는 바와 같이, 궁핍한 삶 속에서도 어린 자식에 대한 사랑으로 매춘을 해야만 했던 한 여인이 늙어서는 결국 그 자식들에게 경멸과 도덕적 힐난을 받게 되는 순간 보여 주는 극단적인 원한과 고독의 동물적인 몸부림과 격정에 대한 인상 깊은 묘사가 그 한 성과이다.[20]

이러한 각도에서 본다면, 결국 예수의 수난 장면에서 루쉰이 그려낸 예수와 주위 인간들 사이의 철저한 격절과 원한의 정념은 바로 "그리스도교적 인격 사랑이 '신 속에서' 타자의 실제적인 자아를 자기 자신의 고유한 자아의 실재성으로까지 고양시킨 것"[21]과는 전혀 다른, 기독교적 사랑의 무화와 해체의 선언이었던 셈인 것이다. 그리고 그 요인은 원한 심리의 기제를 약자의 노예도덕으로 간주하며, 기독교의 사랑이야말로 '가장 음험하고 악독한 원한의 꽃'이라고 단정한 니체의 반기독교 사상을 수용한 데 있었다고 해야 할 것이다. 그러나 니체와는 달리 기독교 윤리의 핵심으로서의 예수 '내면'의 사랑의 원칙, 즉 '낮은 곳과 약자를 향한 진정한 사랑'이야말로 원한에 빠진 인간을 구원하는 '영원한 가치'임을 주장한 막스 셸러의 관점[22]에서 보면, 격렬하게 원한을 비판한 니체와 루쉰 '그들이야말로 진정한 원한의 인간'이었다는 비판적 지적[23]은 매우 시사적이다.

---

20 張克,〈魯迅與尼采的怨恨之思〉,《百家評論》2017년 4기 참조.

21 막스 셸러 지음, 이을상 옮김,《공감의 본질과 형식》(지식을 만드는 지식, 2013년), 76쪽 참조.

22 최정화,〈"르상티망(Ressentiment)"과 그리스도교적 윤리에 대한 재고〉 참조.

23 張克,〈魯迅與尼采的怨恨之思〉 참조. 張克는 이러한 막스 셸러의 니체 비판의 연장선상에서, 魯迅의 국민성 비판 사상이 실은 '원한에 바탕을 둔 인도정신의 사랑'에 지나지 않았다는 劉小楓의 魯迅 비판론에 전적인 공감을 표시하고 있다. 이와 관련하여 魯迅 문학에 내장된 원한 심리의 '대체 종교적 위험성' 및 그 문학사적 의미에 대한 劉小楓의 전면적인 비판의 내용에 관해서는 졸고,〈中國 現代文學 批評의 宗教性—劉小楓의 基督教 批評談論을 中心으로〉,《중국어문논총》24집(중국어문연구회, 2003년) 참조.

3. 원한의 확장과 변용

5·4 시기의 신문화 운동과 문학혁명의 전개 과정에서 제창된 '과학'과 '민주'의 모토는 근대 유럽의 과학 문명과 자본주의적 민주주의 정치 경제 체제의 도입을 통한 중국의 근대성 추구를 압축하는 슬로건이었다. 그리고 그 실천 과정에서 제기된 '계몽'과 '구국(救亡)'의 목표는 근대적 자아의식의 각성과 더불어 근대적 국민국가의 수립 및 공동체 의식의 확립을 향한 발걸음이었다. 그러므로 이 과정에서 반봉건적 개인의 자유의식 및 집단적 민중의식의 각성은, 중국이라는 민족국가의 형성과 중국인으로서의 문화적 정체성을 획득해 나가는 개혁과 혁명의 핵심적인 동력으로 작용되었다.

이러한 역사의 흐름 속에서, 기독교는 중국인들의 근대적 자아의식과 민족 국가의식의 형성과 밀접한 관련을 맺으며 수용 전개되었다. 1900년 의화단 사건의 반기독교적 위기를 거쳐 신해혁명과 민국정부의 수립 이후 1900년에서 1920년까지의 20년간을 교회사에서는 선교의 '황금시대'로 칭한다. 중국에 있는 각 교회의 선교사업은 이 시기 전에 없는 신속한 성장을 이루었다. 특히 민국정부에서 취한 '정교분리(政教分離)' 및 종교 신앙 자유의 원칙은 기독교의 선교 확장과 더불어 신문화운동에서의 국민정신 개혁의 전개 과정 중 '인격구국(人格救國)'론의 일환으로서 '개인 수양의 그리스도화된 인격'이 제창되는 계기가 되기도 하였다. 그리고 이러한 일련의 사회복음적 선교 활동은 '모든 생활의 영성화(靈性化)'를 통한 사회 변혁의 중요한 한 축을 이루기도 하였다.[24]

---

24 顧衛民,《基督教與近代中國社會》(上海人民出版社, 1996년), 351, 367쪽 참조. 그러나 다른 한편으로, 이러한 5·4기 지식인들의 기독교 수용 담론 속에는 그들이 비판·극복하고자 한 유가적 '인격 구국론'의 요소가 잠재해 있었다는 지적도 가능할 것이다. 즉 이들의 기독교 담론에는 기실 '政教合一의 전통 사유'가 여전히 개재되어 있었으며, 그러므로 '聖과 俗, 피안과 차안의 긴장 대립된 기독교적 사유 방식'과는 분명히 충돌되는 면이 있었다는 것이다. 아울러 "기독교에 대한 이러한 前理解는 때때로 기독교가 중국 문화 속에 뿌리를 내리고 발전하는 데 영향을 미쳤다"는 지적은 그 나름의 의미 있는 문제의식이라 하겠다. 吳允淑, 〈中國現代文

그런데 이러한 근현대 중국의 문화 담론이 형성되는 과정 속에서, 무엇보다도 기독교의 수용을 위해 해결하여야 할 가장 긴요한 과제는 민족 문화주의로서의 유교사상의 극복이었다. 실제로 명말청초의 선교 실패가 바로 가톨릭의 교리와 유교 신념의 부조화에서 기인한 결과이며, 또한 5·4 시기 기독교의 진입이 가능했던 것은 무술변법 운동의 좌절 및 과거제의 폐지와 신해혁명 등 유학의 결정적인 약세가 그 원인이었던 것이 바로 그 증거이다. 결국 기독교가 중국문화 구조 속에 들어와 중국어권 신학의 체계를 확립한다는 것은 기독교의 '궁극적 실재'가 유교-도교의 '궁극적 실재'에 기반한 그 사상 및 가치 체계를 해체한다는 것을 의미하는 셈이었던 것이다.[25]

그리고 실제로도 5·4기의 신문화운동을 거치며 당대의 지식인들이 전통종교로서의 유교의 공백을 대체할 종교로서 기독교에 주목을 하였던 것은 잘 알려진 사실이다. 그 대표적인 신문화운동의 지도자였던 천두슈(陳獨秀)의 경우, '모든 종교는 다 사람을 기만하는 우상'으로서 '모두 파괴하여야 한다'[26]는 입장을 지니면서도, 한편으로는 '국민(國人)이 타락하는 궁극적 원인'을 '종교의 순감정이 결핍된 중국의 문화 원천 속'에서 찾으면서, 그 해결책으로서 다음과 같은 예수의 인격과 정감에 기반한 새로운 신앙으로서의 기독교의 도입이 필요하다는 주장을 펼치고 있었다.

> 기독교의 '창세설(創世說)'·'삼위일체설'과 각종의 이적(靈異)은 대부분이 고대의 전설, 견강부회인바, 이미 역사학과 과학에 의해 파괴되었으므로, 우리는 마땅히 낡은 신앙을 버리고 따로 새 신앙을 찾아야 한다. (그렇다면) 새 신앙이란 무엇인가? 그것은 바로 예수의 숭고하고 위대한 인격과 열렬하고 심후한 정감이다.[27]

學中的基督教話語〉(北京大學博士學位論文, 2002년), 3쪽 참조.

25 唐小林, 《看不見的簽名—現代漢語詩學與基督教》(華齡出版社, 2013년), 401-402쪽 참조.

26 陳獨秀, 〈偶像破壞論〉, 《新青年》 5권 2호(1918). 《陳獨秀著作選》 1권(上海人民出版社, 1984년), 391쪽.

27 陳獨秀, 〈基督教與中國人〉, 《新青年》 7권 3호(1920). 여기에서는 《陳獨秀著作選》 2권(上

그리고 이러한 관점은 천두슈와는 대조적으로 '개인주의적 인간 본위주의'의 인도주의 사상을 견지했던 저우쭤런(周作人)의 경우에서도 다음과 같은 효용론적 기독교 담론으로서 표명되고 있었다.

> (나는) 만약 중국의 인심(人心)을 일신(一新)하려면, 기독교가 참으로 적절하다고 생각한다. 극소수의 사람은 과학 예술 혹은 사회 운동으로 타 종교의 필요를 대체할 수 있겠지만, 대다수는 불가능하다. 내 생각으로 제일 좋기로는 과학을 수용할 수 있는 일신교(一神教)로써 중국의 현재 야만스럽고 잔인한 다신교(多神教)—실제로는 배물교(拜物教)—를 타도할 수 있게 되는 것으로, 그래야 민지(民智)의 발달은 비로소 다소나마 희망이 있게 될 것이다.[28]

여기에는 5·4기 저우쭤런에게 강하게 자리하고 있던 중국인들, 특히 농촌 지역에서의 미신화된 풍속으로서의 도교사상에 대한 우려와 비판의식이 관련되어 있었던 것으로 분석된다. 그러나 어쨌든 그가 기독교를 통해 중국인들의 낙후된 정신과 의식을 '다소나마' 계몽시킬 수도 있으리라는 기대감을 지니고 있었다는 사실은, 바꾸어 말하면 효용론적 관점에 입각한 기독교의 이해, 일종의 기독교의 종교적 본질에 대한 세속화의 사고방식을 노정하는 결과로 해석될 수도 있을 것이다.

이러한 맥락에서, 5·4기 및 1920년대의 문화 환경 속에서 서구 근대의 개인주의 및 인도주의 사상을 특히 기독교 정신과 관련하여 현대 중국문학의 주요 과제로 제창한 저우쭤런의 기독교 담론은 재음미될 필요가 있다. 잘 알려져 있는 것처럼, 이 시기 그의 대표적 평론인 〈인간의 문학(人的文學)〉(1918)에서 제기된 '영육일치(靈肉一致)', '인아일치(人我一致)'의 인간론이 지향했던 바는 '육체와 정신이라고 하는 개체에 있어서의 조화'뿐만 아니라, '집단에

海人民出版社, 1993년), 89쪽.

28 周作人, 〈山中雜信(六)〉, 《晨報副鐫》(1921. 9. 6刊). 《雨天的書》 수록. 여기에서는 《周作人散文全集》(廣西師範大學出版社, 2009년) 2권, 354쪽으로부터의 인용에 의함.

있어서의 개체 간의 조화'까지도 아우르는, '영육일치와 상호부조 사회의 이상을 핵으로 하는 인도주의'의 이념이었다.[29] 그리고 자신의 이러한 '개인주의적 인간 본위주의'의 '인도주의' 문학사상에 관해서도, 저우쭤런은 그 본질적 의미를 기본적으로는 '기독교 정신'에서 비롯된 것이라는 관점을 지니고 있었다. 즉 저우쭤런에게 있어 '인간의 자유의지를 중시하는 개인주의적 자아의식'은, 결국 '신과 인간의 합일'의 헤브라이즘과 '인간 상호간의 합일'의 헬레니즘이 상호 결합된 기독교의 종교성에 바탕을 둔 인도주의 사상의 핵심 사항이었던 것이다.[30]

그런데 저우쭤런의 이러한 5·4기 '인간의 문학'론이 지향했던 1920년대 중국의 사회 역사적 상황을 되짚어 보자면, 이 시기의 중요한 역사적 사건은 국민혁명이지만 기독교와 관련된 문화 사상사적인 주요 논제는 이른바 '비기독교 운동'이었다. 이 운동에 관한 한 일본 학자의 다음과 같은 설명은 비교적 객관적인 개관이라고 할 수 있다.

> 1922년에서 1927년까지 계속된 반기독교 운동(즉 非基督敎運動—인용자)은, 우선 공산주의의 영향 하에 일어남과 동시에, 과학을 주안으로 하는 신사상과 연결되어 진전되고, 1924년 이후 교육권 회수운동, 반제국주의 운동을 중심으로 하는 민족주의에 의해 촉진된 것으로서, 그 배후에는 끊임없이 공산주의의 영향이 있었음을 알 수 있다. 미션스쿨에 대한 적극적인 반대운동이나 폭력을 수반하는 파괴행위에 의해, 기독교 교회의 활동은 커다란 타격을 받았으나, 한편 반기독교 운동은 기독교 교회의 자립 중국화를 촉진하는 기회가 되고, 또한 중국인 기독교 지도자의 신학 사상 전개의 계기를 이루었다.[31]

29 〈人的文學〉에서 제시된 이러한 개체와 집단의 이념이 형성된 비교문학론적 분석으로서, 각각 영국의 성심리 학자이자 문예비평가인 Havelock Eliss, 일본의 白樺派 작가로서 신촌운동(新村運動)을 제창한 武者小路實篤와의 연계성에 관한 정밀한 분석으로서는, 小川利康,《叛徒と隱士: 周作人の一九二〇年代》(平凡社, 2019년), 109, 120쪽 참조.

30 졸고, 〈5·4시기 周作人의 基督敎 批評談論〉,《중국어문논총》 42집(중국어문연구회, 2009년) 참조.

31 山本澄子,《中國キリスト敎史研究(增補改訂版)》(山川出版社, 2006년), 106쪽.

이러한 의미에서 본다면, 이 비기독교 운동은 기독교의 수용을 둘러싼 마르크스주의·과학주의·민족주의 등 근대성 담론의 중층적인 연계 및 갈등 구도가 여실히 드러난 사건이었다. 무엇보다도 이 비기독교 운동은 5·4 신문화운동 시기 이래 서구 근대 과학정신에 입각하여 기독교의 초자연적 신앙 영역에 대한 의문과 비판을 제기한 계몽적 과학주의와의 충돌이 본격화되는 계기였다. 즉 1920년대에 전개된 이 비기독교 운동은 어떤 의미에서 20세기 90년대 이래 지금까지 '구미(歐美)의 현대 반기독교적 각종 철학—인문사상을 규범으로' 하여', '자각적으로 유교문화전통과 계몽 혹은 포스트 모던 정신에 융합해 들어가고자 하는', '한어(漢語) 사상 문화계 주류'의 흐름의 시발이었던 셈인 것이다.[32] 이와 아울러 현재적 시각에서 되돌아본다면, 이 비기독교 운동은 현대 중국의 문화사상 및 국제 관계가 마르크스주의의 수용과 함께 소련과의 직접적인 관계망 및 영향권에 들어가는 기제가 되기도 했던 것으로 여겨진다.[33]

그러므로 이러한 국민혁명기와 비기독교운동이 한창 전개되고 있던 시기에 표명되고 있는 저우쭤런의 다음과 같은 언술은, 이 시기 중국 지식인 및 문학인들이 가지고 있던 기독교의 종교성과 현실 역사와의 복합적인 관계망에 대한 소중한 인식의 일단을 엿볼 수 있게 한다. 즉 저우쭤런은 1920년대 후반 국민혁명기의 첨예한 민족적·계급적 갈등 구도 속에서도 종교의 본질이 궁극적으로는 원한과 복수의 현실 악을 넘어선 사랑과 죽음을 통해 구현되어야 가치임을 분명히 자각하고 있었던 것이다. 예를 들면 북양(北洋) 군벌정권하의 3·18 민간인 학살사건에 대한 한 산문에서, 그가 억압적인 폭력에 대한 '원한의 불길 같은 분노'에도 불구하고 중국의 여성들에게 "우리를 인도하고 우리를 자극할 수 있는 것은 오로지 보복을 하러 가는 것이 아니라, 우리로 하

32 劉小楓, 《聖靈降臨的敍事》(三聯書店, 2003년), 48쪽 참조.

33 1920년대의 비기독교 운동에 당시 코민테른 및 소련 중국 주재 대사관 측의 직접적인 개입과 관여가 있었다는 구체적인 논거에 관해서는 王文勝, 〈拒絶天城的啓蒙之路—論非基督敎運動對"五四"啓蒙思潮的影響〉, 《江海學刊》 2011년 6기 및 楊天宏, 《基督敎與民國知識分子 — 1922年－1927年中國非基督敎運動硏究》(人民出版社, 2005년), 249쪽 참조.

여금 어떻게 하면 정당하게 사랑을 하고 죽을 것인가를 가르치게 되기"[34]를 희망하는 심정을 피력한 대목이 그 중요한 예이다. 아울러 이러한 점에서 살펴볼 때, 결국 저우쭤런이 줄곧 견지한 '원한과 문학의 본질과의 충돌'의 비평 담론을 기독교의 사랑으로 해석한 다음과 같은 한 연구자의 논평은 매우 시사적이다. 그것은 결국 이 시기 원한의 굴곡진 세속적 확장과 변용, 그 첨예한 현실적 갈등 구도에 대한 극복과 궁극적인 화해를 향한 도정에 비추는 소중한 빛일 수도 있을 것이기 때문이다.

> 저우쭤런은 모든 편견·교만·질투·증오와 원한의 정서에 대한 부정과 초월이야말로, 바로 문학의 본질적 역량의 한 구현이라고 여기고 있었다. 그러므로 모든 복수를 고취하고 민족적 원한을 선동하는 창작 경향에 결연히 반대하였으며, 오로지 이민족에 반대하기 위하여 민족 간의 증오와 적의를 배양함으로써, 독단적이며 일률적인 외국 적대 사상과 행위방식을 양성하는 것에 대하여 결연히 반대하였던 것이다.[35]

다만 저우쭤런은 이러한 '원한의 정서에 대한 부정과 초월'에의 목표를 기독교의 근원적인 사랑의 종교성이 구현된 문학의 길로 가려고 하지는 않았다. 1920년대의 저우쭤런이 스스로의 내부에 존재하는 '반도(叛徒)와 은사(隱士)' 사이의 격투를 지속했던 것처럼, 그의 문학과 미학은 계몽과 퇴폐, '진보=이지적 모더니티'와 '허무=감각적 모더니티' 사이의 격투를 지속했던 것으로 보인다. 그리고 그는 자신의 내부에 자리 잡고 있던 계몽주의자로서의 사회 역사적 근대성의 길에서 벗어나 퇴폐의 미적 근대성의 길로 접어들면서, 오히려 '기독교의 신비적인 힘을 감지하는 자'로서의 종교적 영성에 다가가는 미학의 가능성을 찾아 나가고 있었던 것일지도 모르겠다. 시엔키에비치의《쿠오 바디스?》의 중역본에 관한 다음과 같은 서평에서의 언술이 그 반증

34 周作人,〈新中國的女子〉, 1926년 3월 집필,《語絲》73기(1926. 4. 5) 발표,《澤瀉集》수록. 여기에서는《周作人散文全集》제4권, 609쪽으로부터의 인용에 의함.

35 哈迎飛,《半是儒家半釋家—周作人思想研究》(人民文學出版社, 2007년), 52쪽.

이다.

> 기실 그때 로마 조정의 내외에는 퇴폐파 성향의 사람들이 다수였으며, 네로 자신도 그러했다. 다만 그들은 극단으로 가고 말았으니, 바로 기독교도들이 또 다른 극단으로 간 것과 마찬가지였으므로, 그리하여 그러한 충돌이 일어난 것이었다. 그러나 어떤 의미에서는 양쪽 다 행복한 자들이었다고 할 수 있을지도 모르겠다. 그 중간에서 영육(靈肉)의 충돌을 느끼고 미(美)에 대한 평생의 숭배자이면서, 또한 기독교의 신비한 힘을 감지했던 페트로니우스 같은 사람이야말로 가장 동정을 할 수 있으니, 그것은 현대인도 공감을 할 수 있는 상황이었기 때문이다.[36]

여기에서 저우쭤런이 주목하고 있었던 것이 페트로니우스와 같은 '퇴폐와 신앙, 혹은 미와 종교의 신비적인 힘 사이에서의 갈등에 괴로워하는 주체의 형상'이라고 하는 평가는 매우 시사적이다. 그런 의미에서 저우쭤런 문학의 퇴폐 미학은 데카당스를 퇴락한 삶이 드러내는 병으로 보고, 그 근원적 뿌리를 기독교의 사랑 뒤에 숨어 있는 원한으로 규정하며 비판했던 니체와는 전혀 다른 각도에서, '저우쭤런도 그 나름대로 퇴폐와 대결하며 격투를 하였다'는 논점[37]의 정당성을 뒷받침하는 반증이라 하겠다. 아울러 1920년대 저우쭤런의 이러한 문학 담론은 1930년대 그의《중국 신문학의 원류(中國新文學的源流)》(1932)를 통해 '재도(載道)와 언지(言志)'의 개념으로 정립되게 되는바, 그것은 현대 중국문학의 흐름 속에서 원한의 세속적 확장에 저항하는, 말하자면 증오와 폭력을 정당화하는 모든 현실의 이념에 대한, 그 비판적 성찰과 상상적 초월의 가능성을 함장한 미학이었다고 하겠다.

---

36 周作人,〈你往何處去〉,《晨報副鐫》(1922. 9. 2),《自己的園地》수록. 여기에서는《周作人散文全集》2권, 574쪽에 의함.

37 伊藤德也,《'生活の藝術'と周作人: 中國のデカダンス=モダニティ》, 70-71쪽 참조.

4. 혁명과 전쟁 시기의 원한과 구원의식

1920년대의 국민혁명과 국공 분열을 거치며 전개된 1930년대의 중국은 본격적인 자본주의 정치·경제 체제하에서 국민정부에 의한 중앙집권적인 전국 국민국가의 기틀이 다져지는 시기였다. 그러나 당대는 또한 '현대 자본주의의 모순이 범세계적인 규모로서 폭발적으로 드러난 위기'의 시대였다. 그러므로 세계 각국에서는 그러한 위기를 타개하기 위한 계급 간·민족 간의 대립이 격화되었으며, 도처에서 미증유의 정치 경제적 혼돈과 변화가 발생하고 있었다.[38] 이러한 상황 속에서, 이 시기의 중국 기독교계에서는 1920년대 비기독교 운동의 파고를 넘어 사회주의 및 마르크스주의와의 협조, 혹은 '기독교와 마르크스주의와의 결합 가능성'을 하늘나라 구현의 현실적 실천 가능성으로 모색하는 경향도 나타났다. 또한 다른 한편으로 구미 선교사 및 중국 내 일부 교계에서는 공산주의와의 대결 구도를 통해 기독교적인 사회 변혁의 사회복음파적 관심을 촉구하는 의견들도 제시되었다.[39] 그밖에도 기독교계는 비기독교 운동을 거치며 활발히 전개된 '본색교회(本色教會)' 운동, 즉 기독교회의 자립과 토착화 운동의 일환으로서 특히 농촌지역에서의 '복음 선교와 농촌 건설을 결합한 농촌 전도'를 펼쳐나갔다.[40]

그렇다면, 이러한 격동과 고난의 시대에 전개된 1930년대의 현대 중국문학 속에서 기독교 정신은 어떠한 시대정신 및 민족 국가의식과의 관계망을 통해 구현되고 있었을까. 우선 무엇보다도 이 시대의 양식 있는 중국 작가들을 규정하고 있었던 것은 현실 역사·사회의 문제에 대한 깊은 우려와, 그러한 구조적 모순들을 극복 변혁하기 위한 방향의 모색일 수밖에 없었다. 그리고 이러한 위기의식과 절박감은 바로 막스 셸러가 제기한 것처럼, 현대 자본주

38 졸저,《현대의 중국문학》(고려대학교 출판문화원, 2015년), 87쪽 참조.

39 顧衛民,《基督教與近代中國社會》(上海人民出版社, 1996), 420-441쪽 참조.

40 山本澄子,《中國キリスト教史研究(增補改訂版)》, 164쪽 참조.

의 사회를 살아가는 사람들의 심층심리에 잠재된 일종의 '형이상학적-종교적 절망감'으로서의 근대적 '원한'과 밀접한 관련성이 있었다고 해야 할 것이다.

그러한 의미에서 이 시기 라오서의 문학 가운데 기독교의 종말론적 각도로부터 당대 중국의 사회현실을 일종의 묵시문학적 메시지를 통해 비판적으로 그려낸《고양이 나라의 이야기(猫城記)》의 작가의식 및 창작경향은 주목할 만하다. 실제로 이 작품에서 그려지고 있는 고양이 나라 국민들의 저열한 국민성, 상호간의 질투와 증오와 학살, 그리고 그들의 사악한 이기심과 무사안일의 나태성 등에 대한 작가의 통렬한 비판의식은 결국 이 시기 중국의 구조적 시대상황의 모순과 중국인들의 국민성에 잠재된 '원한' 심리에 대한 작가 자신의 '종교적-형이상학적 절망감'과 그 극복에의 의지로서 읽혀져야 할 것이다. 특히 작가 자신이 그러한 원한을 이겨내기 위한 길을 기독교의 근원적 가치 속에서 찾고자 했던 점은 충분히 주목될 필요가 있다. 이 시기에 행해진 라오서의 강연 〈선으로 악을 이기라(以善勝惡)〉(1932)에서 개진되고 있는바 기독교의 신앙에 입각한 현실 인식과 종교성의 메시지가 그 중요한 반증이다.

무엇보다도 이 강연고 속에서 라오서는 신약의 로마서에 기록된 사도 바울의 '선으로 악을 이기라'라는 언명을 좇아 '기존의 세상(이 세대)으로부터 새로운 세상(하느님 나라)에로의 전환을 촉구하는 메시지'를 전달하고 있었다. 그리고 그 기본적인 실천 과제로 제시되는 것이 바로 '신의 선을 분별할 수 있는 나 자신의 심령의 변화', 즉 '나의 회개(방향을 바꿈)와 변화의 요구'였다. 아울러 이러한 사도 바울의 선악관은 이《고양이 나라 이야기》에서 '유물적인 물질의 향수'와 '유심적인 하나님의 추구'라는 대립적 가치 충돌의 구도를 통해서 전달되고 있었다. 그리고 그 구체적인 현실적 과제로서 작품 내에서 그려지고 있는 것이 기독교의 사랑에 입각한 자연발생적인 신앙공동체에의 꿈이었으며, 또한 현대적인 우상 숭배의 유사 종교적인 형태를 띤 채 파괴적이고 폭력적인 정치 이념으로 작동하는 마르크스주의에 대한 풍자와 비판

이었던 것이다.[41]

다만 이 작품의 창작 동기 및 작가의식과 관련한 종교성에 주목할 경우, 결국 이 작품이 고양이 나라의 멸망으로 결말지어지는 비극적 작품 구도는, 1930년대 중국의 민족적 갈등과 좌익 문학이 주류를 이루고 있던 계급적 갈등의 시대 상황을 반영한 결과였을 것으로도 추론된다. 다시 말해서 이러한 작품의 갈등 구도는 기실 작가 라오서 자신의 만주족으로서의 민족적 정체성과 이념적인 애국 사상 사이의 갈등 요인, 그리고 어쩌면 그러한 세속적 현실 구도 하에서 장기간에 걸쳐 형성된 절망감에 기인하는 심층심리적 '원한'과 종교적 구원의식 사이의 장력이 복합적으로 개재된 결과라고 해석될 수도 있다는 것이다. 여기에서 작가의 이러한 원한 심리가 1930년대 중국 사회의 현실 악에 대한 통렬한 비판적 격정의 바탕이 되고, 또한 이 작품에서의 '종말론적 심판의 문학적 상상을 가능케 하는 동력'으로 작용된 점은 분명하다. 다만 그러한 원한은 진정한 기독교적 신앙과 예수의 사랑에 의한 악의 극복과 화해로의 전망과 가능성을 가로막는 요인이었음 또한 부정하기는 어려울 듯싶다. 어떻게 보면 작가 라오서의 그러한 심층적인 원한은 이후 항전기의 작가 활동을 추동하는 애국적 민족의식의 원천이 됨과 동시에, 사회주의 신중국에서의 '일종의 의사 종교적인 정치적 이념에의 경사'와 '인민작가' 라오서의 탄생, 그리고 '그 삶의 좌절과 죽음'으로 그를 이끌었던 숙명적 '힘에의 의지'이었을지도 모르겠다.[42]

그럼에도 불구하고 각도를 바꾸어 보면, 라오서 연구자인 푸광밍(傅光明)의 지적처럼 젊은 시절 라오서는 기독교를 '그 구세(救世) 이상을 실현할 교의(敎義)의 귀착점'으로 간주하였으며, 그러므로 "라오서는 단지 그리스도의 이름을 빌어 기독교 중국화의 종교조직에 가입할 수 있게 되기 위한 것이었지, 순수하게 예수 그리스도의 이끌림을 받아 비로소 기독교를 '신앙'한 것은 아

41 졸고, 〈老舍《고양이 나라 이야기(猫城記)》의 종교적 상징성〉, 《중국어문논총》 55집(중국어문연구회, 2012년) 참조.

42 졸고, 〈老舍《고양이 나라 이야기(猫城記)》의 종교적 상징성〉 참조.

니었다"는 사실은 분명하다. 또한 몰락한 만주족으로서의 영락감을 지니고 있던 사려 깊고 예민한 라오서에게, "당시의 국가 상태로서는, 그러한 조직이 거의 유일한 민중의 질고의 구원자"였다는 점 역시 부정할 수 없을 것이다. 그런 의미에서 "라오서가 십자가를 향해 간 것—타이핑후(太平湖)에서의 '죽음을 향해 간 것'과, 예수가 십자가에 못 박힌 것은, 적어도 같은 고난 받음과 버림 받음의 의미를 지니고 있었다"는 푸광밍의 평론은 여러모로 의미심장하다.[43]

이러한 1930년대 현대 중국문학의 전개 상황의 연장선상에서 1940년대 항전기의 문학을 조감해 보면, 이 시기의 문학 속에는 전쟁과 혁명이라고 하는 격변기 특유의 절박한 역사성과 시대성이 내포되어 있었다고 해야 할 것이다. 그중에서도 항전기의 국민정부 지역인 국통구에서 이른바 '주관 전투 정신'론을 바탕으로, 5·4 이래 루쉰 문학의 반봉건적 전투 정신과 인도주의 전통을 적극적으로 계승하고자 한 후펑(胡風)의 리얼리즘론, 그리고 그가 제기했던 '작가 자신의 생활과 예술 사이에 있어서의 수난(Passion)의 정신'[44] 개념은 충분히 재검토될 필요가 있다. 무엇보다도 먼저 후펑의 리얼리즘론을 특징 짓는 '수난'의 정신, 즉 'Passion' 개념의 주요 원천은 루쉰 문학의 니체적 파토스, 그 힘의 미학 및 위버멘쉬 형상과의 연계성이 확인될 수 있는 사항이다.

실제로 후펑은 루쉰의 문학 작품 속에서 구현되는 'Passion' 개념의 형상적

---

43 傅光明, 〈老舍的自殺與基督教信仰〉, 《老舍與中國現代知識分子的命運》(復旦大學出版社, 2011년)의 21-46쪽으로부터의 인용 및 참조에 의함. 특히 이 글에서 傅光明은 老舍의 기독교 신앙은 '청교도적인 신앙이 아닌 정신적 기독교도의 신앙'이었으며, 그의 죽음 자체는 종교적 영생의 구원을 향한 '행위'일 수 있음을 막스 셸러의 다음과 같은 관점에 의해 규명하고자 하였다. "죽음을 맞이한다는 것도 생명 자체의 한 활동이며, 한 행위이다. '죽음을 맞이하러 간다'는 것은 비록 그런 행위가 재난성 자연의 외부적 원인에 의해 생겨난 것일지라도, 역시 함께 일련의 생명 행위의 한 행위에 속하는 것이다." 셸러, 《죽음·영생·하느님》. 여기에서는 傅光明 글의 중역 문장으로부터의 재인용에 의함.

44 胡風의 'Passion' 개념을 축으로 한 리얼리즘론의 특징에 관해서는 졸고, 〈胡風 '主觀戰鬪情神'論의 성립—'Passion'의 槪念을 中心으로〉, 《중국어문논총》 5집(중국어문연구회, 1992년) 참조.

특징으로서, "용감하게 적진에 나서는 장렬한 격투"와 함께 "절망에 가까운 침통한 애가(哀歌)"의 성격을 지적하고, 이로부터 '인민의 전사'이면서 '고독한 전사'[45]의 모습을 띤 작가 루쉰의 형상을 제시하고 있었던바, 이러한 이미지는 '그리스도의 수난'이라고 하는 모티프를 통해 루쉰의 〈복수 2)〉에 그려지고 있는 예수의 이미지와 분명히 연결된다. 그리고 바로 이 지점에서 후펑의 'Passion' 개념은 루쉰의 니체적 파토스를 매개로, 이 시기 '전국책파(戰國策派)'의 니체 미학을 중심으로 한 낭만주의적 민족주의 문학과 연결이 되고 있다. 즉 이 시기 국통구 좌익문학계에서의 낭만주의적 요소 및 그 정신을 강조하는 후펑 그룹의 '주관적 리얼리즘'의 대두, 그리고 우익 문학계에서의 '강력한 힘에의 의지'를 중시하며 민족문학을 제창했던 전국책파의 낭만주의적 문학사조의 출현은, 니체와 루쉰에게 함장된 원한의 파토스를 매개로 한 전쟁 시기 특유의 격정과 힘의 미학으로 해석될 수 있다는 것이다.[46]

그러므로 이러한 후펑의 리얼리즘론과 전국책파의 낭만주의 문학운동이 전쟁 시기의 '힘의 미학'으로 작동되는 연결고리를, '원한' 개념의 계승 및 확장 변용의 각도에서 재해석하는 것은 충분히 의미가 있는 작업이라고 해야 할 것이다. 이러한 맥락에서 본다면, 바로 전국책파의 낭만주의 미학에서 제시되고 있던 '공포(恐怖), 광환(狂歡), 건각(虔恪)'의 모티프들, 그중에서도 특히 '건각(虔恪)'의 경건 개념에 내장된 낭만주의적 내향성으로서의 종교성을, 외향적 동경의 대상인 민족과 국가에 대한 사랑으로 확장 혹은 통속화시키는 창작 경향 및 문학이론[47]의 원형은 바로 루쉰의 〈복수 2)〉였던 셈인 것이다. 아울러 이러한 전국책파의 낭만주의적 민족주의 이념 및 '문화형태사관(文化形態史觀)'이 어떤 면에서는 이 시기 '일본낭만파'의 '근대의 초극'론에서

45 胡風 〈《過客》小釋〉(1939년 10월 집필), 《胡風評論集》(人民文學出版社, 1984년) 중권, 92-93쪽.

46 여기에는 당연히 20세기 초 王國維 문학비평에서의 쇼펜하우어 및 니체의 수용에서 비롯되는 현대 중국문학의 낭만주의 미학의 전통, 혹은 1920년대 創造社 및 '혁명문학파'의 정치적 낭만주의 미학과 니체의 영향 관계 등도 충분히 고려되어야 할 사항일 것이다.

47 졸고, 〈抗戰期 戰國策派의 浪漫主義〉, 《중국어문논총》 22집(중국어문연구회, 2002년) 참조.

모색되고 있던바, "'제국주의' 국가로서의 '일본'의 표상의 재강화" 담론과의 동시대적 유사성을 노정하고 있음을 간과할 수는 없을 것이다. 그것은 결국 민족과 국가의 경계를 넘어선 기독교의 초월적인 사랑의 세속화, 혹은 폭력적인 원한의 집단 감정에 의한 종교의 정치화일 수도 있었기 때문이다.[48]

이러한 각도에서 살펴본다면, 이 시기의 주요 시인 무단(穆旦, 1918-1977)의 시 속에서 인간의 원죄에 의한 신과의 분리 및 추방의 실존 상황으로부터 신과의 결합 및 신에로의 회귀의 갈망이 가장 심도 있게 그려진 그의 대표작 〈계시(隱現)〉(1947)는 충분히 주목할 만하다. 무엇보다도 이 시 속에서 시인은 현실 삶 속에서의 모든 고통과 시련, 특히 20세기 현대 사회의 기계 문명과 욕망의 혼돈, 정신적 황폐에 대비되는 신의 섭리와 공의에 대한 갈망, 진정한 '생명의 원천'에 대한 갈구를 통절한 심경과 시어를 통해 그려내고 있었던 것이다. 이 작품 중 가장 정채로운 부분인 시의 마지막 기도문이 그 예이다.

> 주여, 우리는 보았습니다, 우리의 총명한 어리석음 속에서, / 우리에게는 이미 너무나 많은, 남들과 스스로를 향한 전쟁이 있었음을, / 너무나 많은 불만, 너무나 많은 삶 속의 죽음, 죽음 속의 삶, / 우리에게는 너무나 많은 이해, 분열, 음모, 보복이 있었음을, / 그 모든 것이 우리를 상반된 극단으로 밀어내었으니, 우리는 마땅히 / 문득 몸을 돌이켜, 당신을 만나야 하겠습니다 // 이제 때가 되었습니다, 여기에 우리의 구부러진 생명이 있사오니, 당신께서 평평하게 펴 주시옵소서, 여기에 우리의 메말라 버린 뭇 마음이 있사오니, / 당신께서 빚어 뭉쳐 주시옵소서, / 주여, 생명의 원천이시오니, 우리에게 당신의 흐르는 소리를 듣게 하소서.[49]

48 실제로 이 시기 일본낭만파의 대표적 인물인 保田與重郎는 일본 기독교계의 지도자였던 內村鑑三에 대하여, 일본적 無敎會主義를 통하여 '아메리카주의를 배격'하고 '일본인에 의한 일본인의 구원'을 모색한 기독계의 '武士의 정신'의 구현자로서 평가하기도 하였다. 이와 관련된 중일전쟁 시기 중일 낭만파 문학의 민족의식의 특징에 관해서는, 졸고 〈中日 浪漫派 文學의 民族意識—'戰國策派'와 '日本浪漫派'를 中心으로〉, 《중국어문논총》 35집(중국어문연구회, 2007년) 참조.

49 穆旦, 〈隱現〉, 天津版《大公報·星期文藝》 53기(1947. 10. 26). 여기에서는 《穆旦詩文集》(增訂版) 1권(人民文學出版社, 2014년) 수록 텍스트에 의함.

결국 이 작품에서 시인 무단이 도달한 것은 전쟁의 극한 상황 속에서 노정되는 인간의 분열과 복수의 뿌리 깊은 원한, 그 밑 모를 어둠의 '종교적 – 형이상학적 절망감'으로부터의 구원을 향한 삶의 방향의 전환, 그리고 회개를 통한 신과의 화해를 갈망하는 기독교 정신의 빛나는 시편에 다름 아니었던 셈인 것이다.[50]

5. 분열의 원한과 화해로의 전망

이제까지 살펴본 바와 같이, 지난 세기 이래 현대 중국문학에서 구현되어 온 기독교 문학비평 담론 및 그 창작의 실천은 결코 일직선적인 심화 발전의 양상으로서가 아니라, 역사의 격동과 함께 다원적인 가치관의 도전과 시행착오에 직면하여 왔던 것으로 보인다. 그러나, 이러한 비평 관점의 편차 및 가치관의 충돌이야말로 현대의 중국 문화와 문학에 내재된 다양성과 역동성의 표현 양상일 것이다. 그러한 의미에서 말하자면, 지난 세기말 이래 마르크스주의가 현실 정치적 이데올로기로부터 점차 이탈하여 '사회 민주주의의 정치윤리'로서의 '새로운 사상적 동력'으로 전환되어지는 상황 속에서, 마르크스주의는 실질적인 기독교 사상의 경쟁 상대가 되지 않게 되었으며, 목하 '기독교 신앙의 진정한 경쟁 상대'는 '일종의 대체성 종교 윤리'로서의 '자유주의, 근대 서양의 과학주의'가 되었다고 하는 다음과 같은 류샤오펑(劉小楓)의 주장은 그 나름의 설득력이 있다.

> '5·4' 시기에 이미 중국어권 지식인들에 의해 '서양'의 기독교를 공격하는 데 사용되었던 과학정신 및 그리스 정신의 불가지론·회의론·심미적 인본

50 졸고, 〈'풍성함의 고통'—抗戰期 穆旦 詩의 宗教性〉, 《중국어문논총》 78집(중국어문연구회, 2016년) 참조.

> 주의 등등, 그 자체가 바로 일종의 신앙과 생명윤리였던—비록 아무것도 믿지 않더라도 하나의 허무를 신앙했던—이들 인문주의와 과학주의는 목하의 중국어권 사상계에서 여전히 정력이 충만해 있는바, 그들과 기독교 사상의 충돌은 중국어권 사상사에서 발생한 '서양 정신'이 '서양 정신'을 반대하는 투쟁 같다.[51]

실제로 돌이켜 보면, 천두슈·저우쭤런을 포함한 현대 중국문학의 사상가·문학가들의 주장 속에 깃들인 기독교 담론의 내용은 바로 이러한 중국의 역사 현실에 용해된 종교성의 실현 문제였다. 심지어는 류샤오펑이 강력한 반론을 제기하며 인용한 바 있는, 독일 학자 쿠빈(W. Kubin, 顧彬)의 다음과 같은 '황당무계한 논리(謬論)' 역시 그 한 예이다.

> 사람들은 아마도 중국에는 기독교적 배경이 전혀 없다고 한사코 생각할 것이다. 얼핏 보면 그것은 정확하지만, 그러나 어떤 때는 전혀 잘못된 것이다. 중국과 세계 시장 및 세계 문화와의 연결은 곧 서양 역사의 세속화와의 연결이다. 요컨대 중국의 '현대'는—사람들이 그것을 어떻게 규정하든, 기독교가 없다면 상상할 수 없는 것이다. …… "신은 이미 죽었다"는 보호 아래, 신학 사상의 정치화에 따라 세속화된 구원의 형상은 반복해서 출현하며, 그러한 형상들은 과학과 혁명을 통해 그 어떤 형식의 폐단(유행하는 말로는 소외)도 제거할 것임을 약속한다. 그 가장 저명하고 영향이 심원한 예는 마르크스, 레닌과 마오쩌둥이다. 여기에서 논제로 삼는 것은 결코 종교 관념의 수용이 아니라, 그러한 관념들의 확대, 즉 개별적인 인간의 신앙이 전체 사회를 향한, 특히 전체 민족을 향한 확대이다.[52]

---

51 劉小楓,《聖靈降臨的敍事》, 57-58쪽.

52 顧彬,〈上帝病—人病: 論中國和西方的不完美性問題〉,《道風, 漢語神學學刊》7(1997년). 여기에서는 劉小楓,〈儒家革命精神源流考〉,《個體信仰與文化理論》(四川人民出版社, 1997년), 485쪽으로부터의 재인용에 의함. 단 쿠빈의 이러한 주장에 대해, 劉小楓은 주로 카를 뢰비트(Karl Löwith)가 제기하는 "현대의 국가사회주의와 공산주의 사상 및 사회운동은 모두 기독교 구세 사상의 세속화 형식"이라고 하는 논점과의 관련성 속에서 비판적인 검토를 전개하고 있다(劉小楓,〈儒家革命精神源流考〉, 같은 책, 485쪽 참조). 즉 劉小楓은 뢰비트의 그러한 논점이 설사 서양의 현대 혁명사상과 사회운동에 부분적으로 적용될 수 있다손 치더라도, 그것

이러한 맥락에서 현대 중국문학 속에 구현되고 있는 기독교 담론의 특징과 한계, 혹은 그 전망과 과제를 정리해 본다면, 우선 가장 큰 특징으로서는 기독교를 개별적 신앙의 종교로서보다는 민족·국가적 정신과의 관련성 속에서 정치적 이념과 사회 역사적 공리성의 구현 측면에 경사되고 있다는 점을 들 수 있을 것이다. 심지어 중국 기독교의 세속화를 가장 통렬하게 비판해온 류샤오펑까지도 포함한 중국의 근현대 지식인들과 문학인들의 기독교 담론 속에는, 그러한 집단적 심리 혹은 공리성의 종교관이 잠재되어 있다고도 할 수 있을 것 같다. 근년에 들어 갑자기 이른바 '마오쩌둥 국부론(國父論)'[53]이라는 논제를 제기하여 적잖은 논란을 불러일으킨 류샤오펑에 관한 다음과 같은 비평이 그 한 예증이 될 터이다.

> 공화국의 아들로서의 류샤오펑 역시 강렬한 '집체성'의 심리의식을 지니고 있으며, 지도자·민족·국가·토지와 인민 등 대문자 주체에 대하여 뼛속 깊은 감정적 의존을 지니고 있다. ……
> 류샤오펑은《구원과 소요》저작 속에서 기독교 종교정신을 선양하지만, 그러나 '자기 반성'은 결여하고 있는바, 그것은 계몽정신에 어긋나는 것이다. 류샤오펑은 문화 속의 악을 강조하지만, 그것은 일종의 문화비판적 도구로서일 뿐이며, 집필의 주체로서는 결코 '참회'와 반성의 의식을 가지고 있지 않다.……
> 또 다른 한편으로, 류샤오펑의 학술적 전향은 사탄(摩羅)과 서로 닮은바, 그

을 기계적으로 현대 중국의 사상과 혁명에 연계시킬 수는 없다는 것이다. 그는 오히려 마오쩌둥 등 중국 현대의 혁명정신에 내재된 유가 사상적인 전통 혁명 논술과의 친화성의 측면을 비교적 중시하고 있다.

53 일례로 劉小楓의〈如何認識百年共和的歷史含義〉는 辛亥革命 이래 중국의 '백 년 공화의 역사'를 일본과 서구 열강에 대한 저항의 역사, 특히 20세기 중반 이래로는 중국의 분열을 조장하며 통일을 저해하는 미국의 패권에 대한 저항의 역사로 조감한 글이다. 이 글에서 劉小楓은 그러한 중국 현대사의 흐름에 세계사적 정당성과 '도덕적 생명력'의 추동력을 부여한 것은 毛澤東 사상의 '인민 민주' 노선 및 '"평등"의 정의'였다고 평가하였다. 다만 이 글의 결론에서도 劉小楓은 문화대혁명이 그 '급진적 계몽의 도덕성'으로 인해 공화국을 다시금 분열에 빠뜨리는 비극이었다는 비판적 시각은 여전히 견지하고 있다. 劉小楓,〈如何認識百年共和的歷史含義〉,《開放時代》2013년 5기 참조.

들은 모두 일찍이 낭만주의 사상에 빠졌었으며, 기독교 문화정신을 추구하였었고, 모두가 낭만주의자들이다. 낭만주의는 계몽주의의 또 다른 계승이지만, 그러나 낭만주의자의 개성에 대한 수호는, 보다 큰 민족국가의 '개성'에 대한 추구로 '전향'할 가능성도 있는 것이다.[54]

이러한 비판의 내용에서 본다면, 류샤오펑의 잠재의식 속에도 역시 루쉰·저우줘런·천두슈의 그림자가 중층적인 갈등 구도와 격정으로서 자리 잡고 있는 것 같기도 하다. 물론 이러한 성격은 관점에 따라서는 서구 기독교에서도 '공교회의 역사는 곧 정치화한 종교 혹은 종교화한 정치의 역사'였으며, 한국 개신교의 역사에서도 '가장 종교적으로 보이는 현상도 정치 사회적 차원을 가지며, 종교적 신념과 이데올로기적 신념은 놀라우리만치 친밀도가 높다는 사실'과 연결되는 현상일 수 있을지도 모르겠다.[55] 특히 아편전쟁 이후 근현대 중국의 역사에서 기독교는 바로 그 중국과 서구 열강과의 전면적인 충돌과 대결, 그리고 그 갈등의 극복과 융합 과정에서 한 중심축을 이루고 있었다는 점이 간과될 수는 없다. 그러므로 현대 중국문학이 보이는 강한 사회역사적 관련성과 정치 이데올로기와의 영향 관계를 고려한다면, 그 속에서 구현되는 기독교 담론 역시 민족 국가적 의미망과 유기적 관련성을 지닐 수밖에 없었으리라는 점은 충분히 인정되어야 할 것이다.

그런데 위의 평론문에서 또 하나 중요한 대목은 류샤오펑의 '학술적 전향'을 지목하며 제기되고 있는 '사탄(摩羅)'의 상징성 및 '낭만주의' 사조에 대한 비판의 시각이다. 이는 기실 소론에서도 이미 살펴본 바와 같이, 초기 루쉰의 문학사상에 내재되어 있던 '악마파' 시인들에 대한 공감과 낭만주의적 문학사조의 수용, 그리고 특히 이와 관련된 니체의 초인 사상으로부터의 영향 등이 두루 개재되는 사항이다. 그런 점에서는 결국 니체의 르상티망(원한) 개념을 포괄하는 기독교 비판 및 '안티크리스트'(적그리스도) 개념과의 연계성이

54 姚新勇·翟崇光,〈劉小楓學術轉向批判〉,《揚子江評論》2017년 2기.

55 류대영,《한국 근현대사와 기독교》(푸른역사, 2009년), 5쪽 참조.

지적될 수 있는 내용이다. 더 나아가 이러한 낭만주의에 대한 부정적 시각 속에는, 현대 중국문학에서의 이른바 '정치학적 낭만주의'의 경향, 특히 항전기의 '전국책파'가 추구했던 독일 낭만주의 미학 및 민족주의 성향에 대한 비판적 평가의 관점이 함유되어 있음을 추론할 수 있다. 이는 초월적인 신성성을 동경하는 '미학적 낭만주의'와는 변별되는 '정치학적 낭만주의'의 폭력적 세속화의 위험성, 즉 '전쟁을 매개로 하여 민족과 국가를 향한 외향적 동경에로의 전환 과정'에서 노정되는 '낭만주의 문학의 세속화 혹은 가치의 전도 현상'을 경계하는 논평이기도 한 셈이다.[56] 그것은 결국 '원한' 담론의 악순환적 반복과 확장에 대한 우려의 메시지일 수도 있었던 것이다.

이러한 측면에서 살펴볼 때, 사회주의나 자본주의라는 사회체제의 틀, 또는 대륙과 타이완이라는 공간적 분단 현실을 넘어 본원적인 종교적 구원과 화해에의 길을 찾고자 했던 당대 타이완의 진보적 좌익작가 천잉전(陳映眞)의 문학 생애는 충분히 주목할 만하다. 그러나 다른 한편으로, 그의 '사랑과 희망'의 기독교 신앙은 궁극적으로는 그가 견지했던 '사회주의 방향, 제3세계 입장, 민족주의 이해'라는, 현실 사회주의 이념의 위기 이후 '그가 새롭게 구축한 이상주의와의 결합'이라는 자장권을 벗어나는 것은 아니었다. 또한 이러한 천잉전의 문학세계 속에서 '일종의 신령의 사랑과 유사한 정감', '일종의 속세를 초월한 경지'에 대한 동경을 공유하면서, 1990년대 이후 사회주의 시장경제 체제하 중국의 기층 민중에 대한 애정과 관심을 형상화해 나가게 되는 대륙의 여류작가 왕안이(王安憶)에게 있어 기독교는 과연 어떠한 문학적 형상화의 동력이 되고 있었던 것일까도 현대 중국문학사의 주요 검토 대상임에 틀림없다.

그러한 의미에서 말하자면, 이 두 작가가 결국 자본주의적 욕망과 사회주

56 이와 관련한 항전기 중국의 '전국책파'의 문화 보수주의적 민족주의의 특징 및 낭만주의 미학, 그리고 동시대 '일본낭만파'의 군국주의적 성향과의 비교 검토를 중심으로 한 동아시아 낭만주의 문학사조의 성격에 관해서는 졸고, 〈中日 浪漫派 文學의 民族意識—'戰國策派'와 '日本浪漫派'를 中心으로〉, 《중국어문논총》 35집(중국어문연구회, 2007년) 참조.

의적 이념이 지배하는 세속화된 세계 속에서 기독교의 신성성을 향한 길을 찾아 가는 과정에서 직면하고 있던 가장 큰 곤경의 극복 대상은, 역시 현존 자본주의 혹은 사회주의에 내재된 '종교적—형이상학적 절망감에 연유하는' '원한'이었다고 할 수 있을 것이다. 특히 현대 중국의 혁명과 전쟁과 분단의 역사 속에서 작동되어 온, '마르크스 레닌 사회주의와 중국 문화 민족주의의 융합 구조'를 통해 작동되었던 '민족성의 원한'이야말로, 양안(兩岸)의 현대 중국문학이 그 정치적 이념과 계급적 증오를 넘어 '신령의 사랑'을 구현해 나가기 위한 최대의 난제였을 것임에 틀림없다.[57]

이러한 각도에서, 기독교의 종교적 본질로서의 삶과 죽음, 시간과 공간의 경계를 넘어선 신과의 관계 회복, 그리고 인간의 감각과 경험과 인식을 초월한 영원한 생명과의 화해라고 하는 종교적 미학의 지향성을 고려한다면, 현대 중국문학의 기독교 서사에서 구현되고 있는바, 개별적 존재의 생명의식과 전인격적 신앙 체험의 미적 구현은 여전히 지난한 현재 진행형의 여정일 수밖에 없다. 그러한 의미에서는, 다음과 같은 다소 상식성을 띤 결론이야말로 어쩌면 그러한 기독교 담론의 핵심일 수도 있을 터이다.

> 사람에게는 육신이 있을 뿐만 아니라, 또한 영혼이 있으며, 가이사의 것 절반이 있을 뿐만 아니라, 또한 하나님의 것 절반이 있다. 가이사의 것 절반은 유한한 현실이요, 하나님의 것 절반은 영원한 본질이다. 예수가 "가이사의 것은 가이사에게, 하나님의 것은 하나님께 바치라"(마 22:21)고 언명하였을 때, 그는 결코 그저 교묘한 말로 바리새인들을 곤란하게 하는 대답을 한 것이 아니었으니, 그것은 일종의 세상 속에 살면서 세상을 넘어서는, 공리적이면서 이상적인 가치의 선택 방향을 암시하는 것이었으며, 일종의 새로운 형태의, 기독교식의 인생 태도를 암시하는 것이었다.[58]

57 졸고, 〈陳映眞과 王安憶 文學 속의 基督敎 談論〉, 《중국어문논총》 제90집(중국어문연구회, 2018년) 참조.

58 楊慧林, 《罪惡與救贖》(東方出版社, 1995년), 31쪽.

어떻게 보면 현대의 중국문학의 기독교 서사는 수많은 시행착오와 우여곡절의 모색을 거듭해 오면서도, 기본적으로는 개별적인 작가들의 삶의 고뇌와 생명의 의미를 역사와 현실 속에서 탐색하고 구현하는 종교성의 예술적 성과를 축적해 왔다고 해야 할 것이다. 그리고 그러한 문학사상의 궤적은 문화대혁명의 상처를 보듬어 안은 채 '신성(神聖)'을 향한 '끊임없는 질문과 관심'을 이어가며 '신의 현현(顯現)'을 소망했던, 당대 중국의 대표적인 종교적 성향의 장애인 작가 스톄성(史鐵生)이 가장 약하고 병든 자로서의 삶과 죽음의 곤경을 통해 오히려 '인간의 자기 중심성과 이기적 욕망을 넘어선 사랑과 자유의 공동체'[59]를 향해 찾아갔던, 바로 그 원한의 험곡을 넘어 화해로 이르는 길이었을 터이다.

> 고난의 영원함이 보이는 것은, 실로 신의 긍휼이다—오직 그럼으로써만 진정으로 미혹과 집착을 끊어낼 수 있으며, 사랑이야말로 인류의 유일한 구원임을 믿게 될 수 있을 터이니. 그 사랑은 그저 우애나, 자비나, 남을 돕는 기쁨이 아니라, 그것은 본래 너 자신의 복이다. 그 사랑은 높은 데 있으면서 베푸는 것이 아니라, 겸허히 우러르는 것이고, 고난을 받아들이는 것이며, 그럼으로써 정신의 초월을 향해 가는 것이다. …… 천당은 하나의 종점이 아니라, 끝이 없는 귀의(皈依)의 길이다.[60]

59 졸고, 〈史鐵生 小說의 宗教性—理念의 喪失과 生命意識〉, 《동아시아 역사연구》 제6집(1999년) 참조.

60 史鐵生, 〈病隙碎筆 4〉, 《天涯》(2001년). 여기에서는 史鐵生, 〈愛才是人類唯一的救助〉, 《靈魂的事》(天津教育出版社, 2012년), 121쪽에 의함.

제1부

원한 형성의 원형 구도

제1장

5·4 시기 저우쭤런(周作人)의 기독교 비평 담론

1. 머리말

중국 근현대문학사에서 서구 기독교의 종교정신을 중국문학에 접맥시키려는 가장 깊이 있는 이론적 탐색을 시도한 문학인으로서는, 5·4 시기의 대표적인 문학 비평가였던 저우쭤런을 들 수 있다. 주지하는 바와 같이, 이 시기의 저우쭤런이 제기한 '인간의 문학(人的文學)'론에서의 '영육일치(靈肉一致)'의 인간관은, 서구 기독교 문명의 원천인 헤브라이즘의 '영(靈)'과 헬레니즘의 '육(肉)'이라고 하는, 이른바 '영육이원(靈肉二元)' 개념의 '근대적 분립'과 '현대적 융합'을 모색한 인성론이었다. 또한 이러한 인간관을 바탕으로 하여 '이기(利己)'와 '이타(利他)', 그리고 '개인'과 '인류'의 통합을 지향하는 스스로의 '인도주의' 문학사상에 관해서도, 저우쭤런은 그 본질적 의미를 기본적으로는 '기독교 정신'에서 비롯된 것이라는 관점을 지니고 있었다.[1]

물론 여기에서 저우쭤런이 제기한 영육일치의 인간관이 서구의 근현대적

1 周作人, 〈人的文學〉, 《新青年》 제5권 6호(1918년 12월) 및 〈聖書與中國文學〉, 1920년 11월 30일 강연. 《小說月報》 제12권 1호(1921년 1월) 발표 참조. 여기에서는 각각 《藝術與生活》(河北教育出版社, 2002년판) 수록에 의함. 이하 소론에서의 周作人 문장의 인용은 기본적으로 同 河北教育出版社 2002년판의 《周作人自編文集》에 의함.

가치관이 반영된 개념이고, 개인주의적 인간본위주의의 인도주의 사상 역시 기본적으로는 르네상스와 종교개혁의 전개를 촉발한 가치관인 점은 분명하다. 그러므로, 서구 근대문명의 원류로서의 기독교 정신의 본질과 근대 이후의 인간관 및 인도주의 사이에는, 당연히 보편적 공통점과 함께 그 내재적 균열의 요소가 있을 것이라는 점은 충분히 상정될 수 있으리라. 더욱이 '로마 가톨릭교회의 공교(公敎) 문화형식'에 의해 봉합된 '그리스의 이성정신과 헤브루의 계시정신' 사이의 불화 및 충돌의 요인이, 결국 옛 그리스 이성정신을 계승한 이른바 '근대 인문주의-유럽 과학주의'에 의해 '인간 지성의 절대 주권'을 공언하게 된 결정적 계기였다는 관점[2]이 그 나름의 타당성을 지니고 있다면, 기독교 정신과 근대 인도주의 사상과의 내부적 갈등의 측면은 충분히 주목이 될 필요가 있을 것이다.

이러한 각도에서 볼 때, 저우쭤런의 5·4 시기 인간의 문학 개념은 사실상 "인문주의에 더욱 가까우며, 고대 그리스·르네상스와 중국 전통 인문주의 등 여러 요소를 지니고 있다"[3]는 평가 역시 가능할 것이다. 특히 5·4 퇴조기를 거친 1920년대 중후반 이후의 저우쭤런에게 분명히 나타나고 있는바, 유가문화 및 불교문화를 그 '이론적 전제와 담론의 배경'으로 하는 이른바 '비종교' 사상의 특징[4]까지를 고려에 넣는다면, 이 시기의 저우쭤런이 지니고 있던 기독교에 대한 관점과 그 문학비평적 전개의 양상은 중국 현대문학에 내재된 종교성의 중층적 구조를 이해하기 위한 중요한 연구의 과제가 될 수 있을 것으로 기대된다. 이하 저우쭤런의 5·4 시기 기독교 비평담론을 중심으로, 서구문명의 통합적 원천으로서의 기독교 정신이 현대 중국문학의 성립 및 전개 과정에서 어떻게 수용되고 구체화 혹은 변형되고 있는가를 구체적으로 검토해 나가기로 한다.

---

2 劉小楓, 《聖靈降臨的敍事》(北京三聯書店, 2003년), 18-29쪽 참조.

3 王本朝, 《20世紀中國文學與基督教文化》(安徽教育出版社, 2000), 87쪽.

4 이러한 '종교' 및 '비종교'의 각도로부터의 周作人의 문학사상에 관한 집중적인 연구의 성과로서는 哈迎飛, 《半是儒家半釋家—周作人思想研究》(人民文學出版社, 2007년) 참조.

2. '영육일치(靈肉一致)'론과 '신인합일(神人合一)'의 개념

잘 알려져 있는 바와 같이, 저우쭤런의 〈인간의 문학〉 개념에서 제기되고 있는 영육일치의 인간관은 '동물에서 진화'한 인간이라는 진화론적 인간관을 바탕으로 하고 있는바, 이는 중세까지의 신본주의적(神本主義的) 가치관으로부터 인간에 내재된 자연적 본성으로서의 육체적 욕망을 중시하는 인본주의적 가치관에로의 전환을 의미하는 성격을 띤다. 그리고 이러한 관점을 뒷받침하는 서구 문화론 가운데 저우쭤런은 특히 영국의 낭만주의 시인 윌리엄 블레이크의 《천국과 지옥의 결혼》 중 다음의 〈악마의 음성〉 구절에 특히 공감을 표시하고 있다. 즉

> 1) 인간에게는 영혼과 분리된 육체란 없다. 왜냐하면 육체란 이 세대에서 영혼의 중요한 입구인 오감에 의해 알게 되는 영혼의 한 부분이기 때문이다.
> 2) 에너지는 육체로부터 나오는 유일한 생명이다. 그리고 이성은 에너지의 경계 혹은 외부적 범주이다.
> 3) 에너지는 영원한 기쁨이다.[5]

윌리엄 블레이크의 이 시가 씌어진 18세기 말 당시에는 일반적으로 육체에 대한 영혼의 우위성이 인정되고 있었으므로, "육체가 영혼의 에너지와 기쁨의 원천이 된다는 블레이크의 입장을 지지하는 사람은 당시에 거의 없었다".[6] 그리고 실제로 기독교에서는 육체에 대한 영혼(성령)의 주도성을 분명히 강조하고 있는 것이 사실이다. 갈라디아서에서의 사도 바울의 다음과 같

5 周作人, 〈人的文學〉. 여기에서는 《藝術與生活》 10쪽에 의함. 그밖에 William Blake의 시 "The Marriage of Heaven and Hell"에서의 관련 원문 및 우리말 번역으로는 姜善求, 《블레이크 藝術論》(한남대학교 출판부, 2003년), 226쪽 참조.
6 강옥선 외, 《블레이크와 작은 천국》(도서출판 동인, 2004년), 362쪽 참조.

은 주장이 그 전형적인 예이다.

> 내가 이르노니 너희는 성령을 좇아 행하라. 그리하면 육체의 욕심을 이루지 아니하리라. 육체의 소욕(所欲)은 성령을 거스르고 성령의 소욕은 육체를 거스르나니, 이 둘이 서로 대적함으로 너희의 원하는 것을 하지 못하게 하려 함이니라. (갈라디아서 5:16-17)
> 자기의 육체를 위하여 심는 자는 육체로부터 썩어진 것을 거두고, 성령을 위하여 심는 자는 성령으로부터 영생을 거두리라. (갈라디아서 6:8)[7]

물론 이러한 성서적인 영육관이 그리스의 플라톤이 상정했던 '집 혹은 감옥'과 같은 '육체 속에 거하는 영혼'이라고 하는 이원적 영육관과 동일시될 수는 없다. 영육일치의 인간관은 토마스 아퀴나스 등이 규정했던바 초기 기독교 교부 철학에서의 "육체와 영혼으로 이루어진 존재물"로서의 통일체적 인간관 이래 지속되어 온 기독교 신학의 기본 입장이기 때문이다. 다만 기독교에서는 유기적 통일체로서의 인간을 구성하는 이 육체와 영혼의 활동 과정에 대해 분명히 "영혼은 인간의 조형적 , '주도적' 원칙이며, 신체는 활동의 기관(器官), 영혼 활동의 조건"이라고 하는 원칙에 입각해 있음이 사실이다. 그러므로, 기독교의 종교적 개념에서는 인간의 정신과 영혼이야말로 "인간이 신의 초상이 되며, 신을 간구하는 것을 결정"하는 주도적 계기로서 중시되고 있는 것이다.[8]

이러한 각도에서 본다면, 저우쭤런의 영육일치의 인간론을 기독교의 종교성 자체에 대한 비판이나 그로부터의 일탈이라고 단정 지을 필요는 없다. 더욱이 〈인간의 문학〉 속에 인용된 블레이크의 위의 주장 역시 실은 기독교의 종교성 자체에 대한 거부와 부정이 아니라, 오히려 제도화된 교회의 권위와 형식화된 '율법주의'에 대한 도전을 통해 "인류가 잃어버린 낙원의 회복"과

---

7 《관주 성경전서》(대한성서공회, 1981년).

8 卡里什(Rudolf Karisch), 〈人是現實的一個特殊的存在階段〉, 劉小楓編《20世紀西方宗教哲學文選》(上海三聯書店, 1991년) 上卷 176, 179쪽 참조.

"건강한 사회 질서의 회복"을 위한 그 나름의 독특한 예술적 상상력이 발휘된 '변증법과 풍자적 패러디'의 산물임이 간과되어서는 안 될 것이다.[9] 물론 저우쭤런의 영육일치의 인간관에서 특히 블레이크의 "육체로부터 나오는 생명의 에너지"에 대한 공감이, 어떤 면에서는 블레이크의 '반율법주의적(反律法主義的) 성애관(性愛觀)'에 바탕을 둔 인간의 '창조적 에너지'로서의 '성애'에 대한 의식과 연계되는 것[10]이라는 분석이 인정된다면, 이는 저우쭤런의 이른바 성심리 관점의 일환으로서 해석되어야 할 저우쭤런 연구의 또 다른 중요한 측면이라 해야 할 것이다.

여기에서 이 시기 성심리와 기독교의 종교성에 관한 저우쭤런의 개성적인 인식이 소홀히 다루어질 수 없다는 점은 분명하다. 실제로 저우쭤런이 성서의 '국민문학'적 성격에 관한 구미 학자들의 연구 성과를 통해, 특히 구약의 〈아가(雅歌)〉가 "남녀간의 열렬한 관능적 연애"를 그린 '민간가요'의 '연애가집(戀愛歌集)'으로서의 가능성이 있다는 견해에 공감을 표시하고 있었던 것은 잘 알려져 있는 사실이다.[11] 어떤 면에서 저우쭤런은 인간의 자연적 본성으로서의 성심리에 관한 분석을 축으로 하여, 그리스의 철학과 헤브루 사상의 접점을 발견하고자 하고, 나아가 이를 통하여 인간의 문학 개념과 기독교의 종교적 본질과의 연계 가능성을 탐색하고 있었다고도 보인다. 그의 평론 〈성서와 중국문학〉에서의 다음과 같은 언급이 그 한 예이다.

> 기실 그리스의 현세주의 속에서도 중화(Sophrosynê)를 중시하며, 헤브루에도 열렬한 연애시가 있으니, 우리가 말하는바 두 파의 명칭은 각각 그 특수한 한 면을 대표하는 것에 불과하고, 결코 진실로 완전히 격절된 것은 아니다. 그러므로 그리스의 신플라톤주의 및 기독교의 신비주의에는 이미 융합의 단서가 있었던 것이되, 단지 이제야 더욱 분명해진 것일 뿐이다[12]

9 강엽,《윌리엄 블레이크의 시와 사상》(부산대학교 출판부, 2004년), 173쪽 참조.

10 唐梅秀,〈布萊克的反律法主義宗教倫理觀—《天堂與地獄的婚姻》之聖經解讀〉,《貴州大學學報(社會科學版)》제26권 3기(2008년) 참조.

11 周作人,〈聖書與中國文學〉 참조.

12 周作人, 같은 글, 여기에서는《藝術與生活》, 39쪽에 의함.

결국 저우쭤런의 영육일치의 인간관에서 특히 '육체'에서 비롯된 생명의 에너지에 대한 예찬이, 궁극적으로는 "인류가 잃어버린 낙원의 회복을 위한 욕망"과 연결되는 것이라고 할 때, 저우쭤런의 5·4 시기 문학론은 남녀의 성애를 포함한 생명의 에너지에 대한 일종의 종교적 낙원의식의 해석을 시도하기도 했던 것으로 보인다. 그것은 예를 들면, "성애란 생의 무차별적이며 절대적인 결합의 욕구의 표현이며, 그것은 바로 우주간의 사랑의 목적"이라는 저우쭤런의 언술, 혹은 "실로 연애란 일종의 종교적 감정이라 할 수 있으며", "우리는 인격적인 신을 믿지 않지만, 그러나 연애로 인해 '신을 갈구하는 자'의 심정을 이해할 수 있고, '입신(入神)'과 '망아(忘我)'의 행복한 경지를 깨달을 수 있다"[13]는 주장 등이 그러한 추론의 정당성을 뒷받침하고 있다. 그리고, 여기에서 보다 확대된 해석이 허용된다면, 저우쭤런의 이러한 사랑과 생명에 관한 독특한 관점은 그가 많은 영향을 받은 톨스토이가 기독교의 종교적 본질로 여기는 '사랑', 즉 '신과 인간의 합일' 및 '인간 상호간의 합일'을 가능케 하는 핵심 내용으로 연결되고 있음에 주목할 필요가 있다.

예를 들면 〈성서와 중국문학〉에서 저우쭤런은 신과 인간의 합일을 신약성경의 "하나님은 사랑이시라 사랑 안에 거하는 자는 하나님 안에 거하고 하나님도 그 안에 거하느니라"(요한일서 4:16)라는 사도 요한의 표현에서 확인하고, 이를 "헤브루 사상 정신의 대체적인 완성"의 증거로 자리매김하고 있다. 그런데 여기에서 특히 흥미로운 것은 저우쭤런이 헤브루 사상의 핵심을 신과 인간의 절대적 관계 회복에서 찾는 한편으로, 그러한 신과 인간의 사랑을 인간 상호간의 관계 회복, 즉 인간과 인간 간의 격절과 대립을 넘어선 사랑의 확장이란 측면과 연결시키고, 이를 바로 그리스 사상과의 통일과정으로서 파악하고 있다는 점이다. 즉, "보는 바 그 형제를 사랑치 아니하는 자가 보지 못하는바 하나님을 사랑할 수가 없느니라"(요한일서 4:20)라는 신의 사랑에 대한 실천을 강조하는 사도 요한의 표현 역시, 저우쭤런은 이를 "플라톤파가 말하

13 周作人, 〈情詩〉, 《晨報 副刊》 1922년 10월 12일. 여기에서는 《自己的園地》 51-52쪽에 의함.

는바 아름다움의 형식을 사랑하지 않으면 아름다움 그 자체(Auto to kalon)를 사랑할 길이 없다"는 관점과 일치되는 언명으로 간주한다. 그리고, 저우쭤런은 바로 여기에서 한 걸음 더 나아가 이러한 입장으로부터 결국 "자기 자신을 사랑할 줄 모른다면 그 형제를 사랑할 수 없다"는 관점, 다시 말하면 결국 스스로의 '개인주의적 인간본위주의'로서의 인도주의의 구현 양태의 정당성을 기독교의 성서 속에서 규명하고자 하고 있다. 결국 자기 자신에 대한 사랑의 관점을 바로 헤브라이즘이 헬레니즘과 접촉하여 이루어낸 인도주의의 한 축이라고 보고 있는 셈인 것이다.[14]

그러나, 이러한 저우쭤런의 인간관이 지향하는 바가 기실은 그리스적 애지자(愛智者)로서의 지혜를 지닌 이성적 인간관의 성격이 강한 것은 분명하다. 무엇보다도 그가 기독교의 신과 인간의 합일에 관한 사도 요한의 성서적 내용에 근거하여 인도주의의 관점을 제기하는 경우에도, 그 진정한 관계 회복의 전제가 되는 인간의 스스로의 죄에 대한 참회와 구속의 과정이 의외로 충분히 고려되고 있지 않은 것이다. 그러므로, 저우쭤런의 기독교관에서는 인간의 한계와 죄에 대한 신으로부터의 구속, 특히 신과 인간의 관계 회복을 위한 중개자로서의 예수 그리스도의 죽음과 부활이라고 하는, 어떻게 보면 기독교 성립의 핵심적 사항이 그다지 주목되지 않고 있다. 다시 말하면, 저우쭤런의 개인주의적 인간본위주의의 가치관 및 그 구현 형태로서의 인도주의에는, 그러한 개별적 주체로서의 인간이 획득하는 '개인의 절대적 가치의 관념'을 가능하게 하는 것이 바로 신으로부터 주어지는 구속의 은사라는 점에 대한 깨달음이 결락되어 있다는 것이다. 아니 어떤 의미에서 그의 기독교관에는 그리스 철학에서의 인문적 가치관에 바탕을 둔 이성 정신의 주체로서의 개별적 인간의 자기의식, 그 자아(ego)의 전제가 돌출됨으로써 오히려 기독교적 인간관의 참 모습에서 벗어날 소지를 처음부터 지니고 있었던 것으로 보인다.

14 周作人, 〈聖書與中國文學〉 참조.

이러한 각도에서 볼 때, 5·4 시기 저우쭤런의 기독교 비평담론에는 근대 이후의 계몽주의 이념 체계를 밑받침하고 있는 그리스의 이성 정신과 종교적·초험적 신성과의 갈등 요소가 내포되어 있었다고 할 수 있다. 다시 말해서 이 시기의 저우쭤런의 기독교 비평에는 서구 근대의 개인주의 혹은 자유주의에 의한 종교적 본질의 변형의 요소가 분명히 존재하고 있었다고 할 수 있으리라. 그러나 다른 한편으로, 이러한 기독교의 종교적 변형성을 내포한 그의 인도주의적 관점과 그 실천의 방향, 즉 그가 추구한 인간과 인간 사이의 합일을 위한 기독교적 사랑의 사회적 확장 담론은, 그러한 한계 요인에도 불구하고 중국 사회의 역사 현실 속에서 그 나름의 탄력적 생명력을 지닌 복합적 계기로서 작용하고 있었던 것이다.[15]

3. '원한'의 극복과 '인간과 인간의 합일'

저우쭤런의 5·4 시기 인간의 문학 개념이 기독교의 종교적 본질로서의 인간의 죄의식과 참회에 의한 신과 인간 관계의 회복에 대한 내용이 결핍됨으로써, 그의 문학론 역시 그러한 종교성의 사회적 확장의 일환이라 할 수 있는 인간과 인간 관계의 격절에 내재된 종교적 의미의 이해 및 그 해결의 모색이 일정한 한계를 지닐 수 있으리라는 점은 앞에서 지적하였다. 그러나, 그럼에도 불구하고 이 시기 저우쭤런의 인도주의적 문학관은 인간 상호간의 격절과 대

---

15 이와 관련한 당대 중국의 기독교 비평담론에서의 다음과 같은 지적은, 그러므로 이를 5·4 시기 周作人의 기독교관 연결시켜 해석할 경우 매우 시사적이다. "유대 선지자들의 설교와 달리, 예수의 가르침이 먼저 겨냥한 것은 전체로서의 민중이 아니라 단독적 개체의 생존이었던바, 하나님과 인간의 관계를 관습적 종교와 민족성적 공동체의 구속으로부터 해방시켰던 것이다. …… 그러나, 요한복음의 '개체 자유주의'는 결코 현대적 의미에서의 개체 자유주의가 아니었다. 현대적 개체 자유주의는 자기 몸의 '죄'(생명의 결여)를 인식하지 못하며, 자신을 대신하여 길을 보아 줄 눈이 필요하다고 생각지 않는 만큼, 당연히 '너희는 서로 사랑하라'는 것을 믿을 줄 모르는 것이다." 劉小楓,《聖靈降臨的敍事》, 239쪽.

립, 혹은 원한에 관한 실천적 문제의식과 함께 그가 이해한 기독교적 사랑에 의한 '인간과 인간의 합일'의 사회적 구현과 그 문학적 형상화에 관한 지속적인 관심과 노력을 통해, 본질적인 기독교 정신에의 접근 및 그 한계의 극복 가능성을 보여 주고 있었던 것 역시 사실이다.

실제로 5·4 시기의 저우쭤런이 인도주의적인 인류관계의 구현에 관심을 집중한 것은, 그만큼 현실 사회 속에서의 인간들의 자기중심적 욕망으로 인한 대립·갈등과 적의를 의식했기 때문이었다. 〈일본유람잡감(遊日本雜感)〉(1919)에서 묘사하고 있는 다음과 같은 대목이 그 한 예이다.

> 저들 벼락부자들의 허장성세 또한 평민들의 반감을 살 뿐이다. '나리킨(成金, 벼락부자 — 인용자)'이란 두 글자에는 수많은 경멸과 증오가 깃들어 있으니, 숙소에 있으면서 자동차가 달려 지나가면서 내는 경적 소리를 듣고 있노라면, 이웃의 꼬마가 흉내를 내며 "korosuzo korosuzo!"(죽인다, 죽인다!)라고 큰 소리를 지른다. 자동차의 경적 소리가 그렇게 말한다는 것이다. 평민이 보기에 부자의 자동차의 용도란 둔중한 실업가를 태우고 제 잇속을 챙기러 급히 가는 것이 아니라, 그것은 마치 군벌들이 의지하는 총검처럼 그것으로 길 위에서 사람을 다치게 하는 흉기에 다름 아닌 셈인 것이다.[16]

탐욕스러운 부호들의 모습에 대한 일반 서민들의 분노와 살의가 고스란히 천진난만한 어린아이의 눈에 투영된 섬뜩한 장면을, 저우쭤런은 결코 놓치지 않고 담아내고 있었던 것이다. 그리고, 저우쭤런은 그러한 현실악의 극복을 위한 인간 상호간의 이해와 사랑의 구현이 바로 문학과 예술의 감염력에 의한 것이라는 이상을 견지하고자 하였다. 잘 알려져 있는 바와 같이, 저우쭤런 스스로 여러 차례 인용하고 있는 러시아의 작가 안드레예프의 "우리의 불행은 바로 모두가 다른 사람의 영혼, 생명, 고통, 습관, 의향, 바람을 조금밖에, 아니 거의 전혀 이해하지 못하고 있다는 데에 있다. 나는 문학을 하는 사람으

16 周作人, 〈遊日本雜感〉, 《新青年》 제6권 6호(1919년 11월). 여기에서는 《藝術與生活》, 237-238 쪽 所收에 의함.

로서, 내가 문학이 존귀하다고 느끼는 것은, 그 가장 높은 사업이 모든 경계와 거리를 없앤다는 것에 있다"[17]라는 언술에의 공명이 그 전형적인 예이다. 결국 저우쭤런은 이러한 입장에서 "'사랑과 이해' 및 정신의 민감성이라고 하는 두 가지의 서로 긴밀하게 관련된 정신력의 배양"에 의해 인간 상호간의 격절을 타파하는 관건으로 삼고자 했던 셈이다.[18] 그리고 그 중요한 문학적 모티프와 작가의식에 영향을 미친 것이 바로 이미 앞서도 살펴 본 영국 시인 블레이크였던 것이다.

저우쭤런은 〈블레이크의 시(勃來克的詩)〉에서 블레이크 시의 신비주의적 상징성의 의미를 '우주혼'에서 떨어져 나와 길을 잃어버린 '개체혼'이 "마침내 아집(我執)에 둘러싸인 채 고독의 경지에 들어가 있던" '모든 불행'으로부터 '신지(神智)'에 의지하여 '물아무간(物我無間)'의 경지, 즉 '우주혼과 결합'하여 '하나로 회귀'하는 과정의 예술적 형상화에서 찾고 있다. 저우쭤런이 인용하고 있는 블레이크의 장편시《순수의 전조(Auguries of Innocence)》에서 잘 알려져 있는 다음과 같은 첫 4행의 서시(序詩) 부분이, 그러한 종교적 상징성이 간결하고도 개괄적으로 구현되고 있는 전형적인 경우이다.

> 한 알의 모래에서 세상을 보고
> 한 송이 들꽃에서 천국을 보고,
> 그대의 손바닥에서 무한을 잡고,
> 한 순간에서 영원을 잡는다.[19]

---

17 周作人,〈《齒痛》譯者附記〉,《新青年》제7권 1호(1919년 12월) 및 〈聖書與中國文學〉. 여기에서는《藝術與生活》, 35쪽 수록의 〈聖書與中國文學〉에 의함.

18 張先飛,〈理性覺悟, 情感轉移與精神能力的培養〉,《中州學刊》2008년 제5기 참조.

19 《無知的占卜》序 — 一粒沙裏看出世界, / 一朵野花裏見天國,/在你手掌裏盛住無限, / 一時間裏便是永遠.(To see a World in a Grain of Sand / And a Heaven in a Wild flower,/ Hold Infinity in the palm of your hand,/ And Eternity in an hour.) 이 시의 중국어 번역문은 周作人,〈勃來克的詩〉, 1918년 집필,《藝術與生活》에 첫 수록. 여기에서는《藝術與生活》105-106쪽에 의함. 그 밖에 이 시의 영어 원문은 姜善求,《블레이크 藝術論》(한남대학교 출판부, 2003년), 200쪽에 의함.

여기에서 위의 장편시가 "블레이크의 상상력을 통한 자연에 대한 환상적인 신비사상"이 선명하게 드러난, 그리하여 "'경험세계'의 타락된 인간이 '하나님의 빛(사랑)'으로써 영원한 '순수세계'(천국)로 돌아가게 된다"는 시적 예언을 담고 있다는 해석[20]이 그 나름의 타당성을 지니고 있다면, 이러한 인간 삶의 '경험세계'로부터 '순수세계'로의 종교적 구원의식을 담은, 저우쭤런이 "서정 소시(小詩)이지만 언외의 의미를 지닌" 시로서 인용하고 있는 다음 시는 충분히 주목을 할 필요가 있다.

길을 잃은 소년

"아버지, 아버지, 어디로 가시나요?
그렇게 빨리 걸어가시지 마세요!
아버지, 제발 어린 아들에게 말해 주세요.
그렇지 않으면 전 길을 잃게 될 거예요."

밤은 어두운데, 아버지는 그곳에 계시지 않고
어린아이는 이슬에 젖어 있네.
진창은 깊고, 아이는 울고 있는데
저 멀리 안개가 피어오른다.[21]

블레이크의 초기 서정시 중 인류가 타락하여 추방된 '낙원'에의 꿈을 그린《순수의 노래(Songs of Innocence)》에 담긴 위의 시에는, 우선 '지상의 아버

20 姜善求,《블레이크 藝術論》의 199-200쪽 참조.

21 迷失的小孩 — "父親,父親,你到那裏去? / 你不要走的那樣快. / 父親你說,對你的小孩說! / 不然我快要迷失了." // 夜色黑暗,也沒有父親; / 小孩着露濕透了; / 泥濘很深; 小孩哭了. / 水汽四面飛散了.(The Little Boy Lost — "Father! father! where are you going? / "O do not walk so fast. / "Speak, father, speak to your little boy, / "Or else I shall be lost." // The night was dark, no father was there; / The child was wet with dew; / The mire was deep, & the child did weep, / And away the vapour flew.) 앞에서의 이 시의 중국어 번역문은 周作人,〈勃來克的詩〉(1918년 집필,《藝術與生活》에 첫 수록), 여기에서는《藝術與生活》102쪽에 의함. 그밖에 이 시의 영어 원문은 강옥선 외,《블레이크와 작은 천국》(도서출판 동인, 2004년), 60-61쪽에 의함.

지'(earthly father)와 '천상의 아버지'(heavenly father)가 모두 부재한 , 그리하여 "누구의 보호도 받지 못하는 아이가 존재하는 시간적 배경"으로서의 밤이 제시되고 있다. 그리고 이 시에는 온유함과 순결함을 상징하는 어린양과 같은 순수 세계의 아이가 "서로간의 상호교감과 조화로운 공존"을 갈망하면서도 끝내 "더 이상 어디에서도 위안을 얻지 못하는 모습"이 그려져 있다.[22] 그런데, 저우쭤런이 이 시는 '순박한 어린아이의 노래'이지만 기실은 "길을 잃은 영혼의 부르짖음"이라고도 할 수 있다고 한 것은, '영혼의 회귀의 역정'을 상징적으로 표현한 다음의 대응적인 시가 있었기 때문이었다.

다시 찾은 소년

황량한 늪에서 길을 잃은 소년은,
흔들리는 불빛을 따라 가다가
울기 시작했네, 그러나 하나님이 가까이 계셔서
하얀 옷을 입은 아버지처럼 나타나셨다.

그는 소년에게 입맞춤을 하고 손을 이끌고,
어머니에게로 데려갔다,
황량한 골짜기를 헤매다가 슬픔으로 하얗게 질린 어머니는
울고 울다가 이제 마침내, 어린 소년을 찾아내었다.[23]

위의 시 〈다시 찾은 소년〉은, 낙원에서 추방된 인류가 질투와 잔인과 위선이 지배하는 고통스러운 삶을 영위하는 이 세계를 무대로 펼쳐지는《경험의 노래(Songs of Experience)》에 실린 작품이다. 그리고 이 시는 인간의 자기중심

---

22 金鎭郁, 〈윌리엄 블레이크의 아이의 순수 연구—A Study of William Blake's 'Innocence'〉, 2007년, 성균관대학교 영어영문학과 석사학위논문 참조.

23 (The Little Boy Found—The little boy lost in the lonely fen, / Led by the wandering light, / began to cry, but God, ever nigh / Appeared like his father in white. // He kissed the child and by the hand led, / And to his mother brought, / who in sorrow pale through the lonely dale / Her little boy weeping sought.) 여기에서는 강옥선 외,《블레이크와 작은 천국》, 60-63쪽 참조 및 재인용.

적인 이기심으로 인해 "유기적 전체로서의 하나의 공동체"[24]를 형성하지 못한 분열된 이 세계로부터 "아이가 아버지와 같은 인도자에게 이끌려 다시 순수세계로, 어머니의 보호로, 천사와 예수님의 품으로 돌아간다"는 인간 구원의 메시지를 담고 있는 것으로 분석이 될 수 있다.[25]

물론 위 인용시를 포함한 블레이크 시 세계의 전반적인 의미와 내용에 관한 언급은 본고의 분석 능력 밖의 과제이다. 다만 저우쭤런이 위의 대칭적인 짝을 이루는 시 중 〈길을 잃은 소년〉만을 인용하고, 뒤의 〈다시 찾은 소년〉에 관해서는 간단히 그 상징성에 관한 언급에 그치고 있는 점은 다소 주목을 요한다. 어쩌면 블레이크의 시 세계에 대한 일반 독자에의 전반적인 소개의 의미를 지닌 평론문의 성격상, 저우쭤런이 위의 서정시에 내포된 상세한 종교적 의미를 천착해야 할 필요성은 없었으리라. 그러나, 저우쭤런이 시적 의미의 내적 연계성을 의식하면서도 굳이 〈다시 찾은 소년〉을 인용하지 않은 것은, 다소의 유추 해석을 하자면, 이 작품에 뚜렷이 드러나는 기독교적 종교성의 구원에 관한 일종의 가치 판단 유보 혹은 지적 저항감의 결과였다고도 여겨진다. 아울러 여기에서 일견 사소한 서술 과정상의 구성 문제인 듯 보이는 결과에 집착하는 것은, 이러한 블레이크 시의 인용 및 분석 소개 과정에 잠재되어 있는 저우쭤런의 미적 선택의 기준이, 실은 블레이크가 그 문학을 통해 추구하고자 한 '사랑과 이해', 그리고 '상상력'에 의한 인간 상호간의 일체감의 획득이라고 하는, 그 작가의식에 담긴 기독교적 종교성의 의미에 관한 저우쭤런 자신의 가치 평가 개념과 밀접한 관련을 맺고 있다고 생각되기 때문이다.

어떻게 보면, 저우쭤런에게는 벼락부자를 태우고 달려가는 자동차를 향해 적의와 살의의 소리를 지르던 천진난만한 일본의 어린이나, 혹은 블레이크의 시 속에서 그려지고 있는 어두운 밤 깊은 진창길에 빠져 울고 있는 어린이나, 결국 다 같이 인간 상호간의 교감과 사랑이 부재한 원한과 증오의 희생양

24 강엽, 《윌리엄 블레이크의 시와 사상》, 29-30쪽 참조.
25 앞의 金鎭郁 논문 참조.

으로 비쳤을 수도 있으리라.[26] 그런데, 여기에서 간과할 수 없는 것은 어린 아이들의 희생양 형상을 통한 이러한 속죄의식의 문학적 구현이, 결국은 인간의 본원적인 자기 중심적 악에 관한 보다 심층적인 탐색과 극복의 방향에서가 아니라, 어떻게 보면 사회 역사적인 현실 체제의 모순이나 계층적 대립 갈등의 해소를 위한 사회 변혁 및 인간 관계의 새로운 구축의 방향에서 모색되고 있었다는 점이다.

그리고 서구 근대의 자유주의와 인도주의적 이념 및 가치관에 바탕을 둔 것이라 할 수 있는 저우쭤런의 이러한 현실 악의 극복 방향은, 이 시기에 쓰인 그의 대표적 신시(新詩)의 하나인 〈작은 내(小河)〉(1919)에서의 "모종의 혁명을 기대하면서 또한 우려를 지니고 있는 심정"[27]으로 형상화되기도 하였다. 아울러 이윽고 폭발하고야 말 것 같은 '비인간적인 현실사회의 모순'에 대한 '불유혈(不流血)의 혁명'론을 사회적으로 실천하고자 했던 것이, 바로 당시 일본에서 전개되고 있던 무샤노코지 사네아쓰(武者小路實篤)의 신촌운동(新しき村運動)에 저우쭤런이 강렬한 공명을 하게 된 내재적 요인이었던 것이다.[28]

---

26 그러므로, 5·4시기 周作人의 인간의 문학론과 일련의 창작 과정 속에서 나타나는 아동에 대한 관심과 '부채감'은, 周作人 문학론의 인도주의 사상에 내재된 심층적 의미 및 종교성을 향한 '속죄감'을 느끼게 하는 것이 사실이다. 이 시기 그의 신시 창작 가운데, 예를 들면 〈어린 아이에 대한 기도(對於小孩的祈禱)〉 속에서 "'어린 아이'에 대한 거듭된 외침과 기도" 중에 표현되고 있는 '속죄자'의 의식이 그 좋은 예이다. 특히 周作人의 이러한 '아동에 대한 찬가(讚歌)'가 반영하고 있는바, "5·4시기 특유의 '어린 아이 숭배' 사조와 사회심리"와의 관련 측면에 관해서는 錢理群, 《周作人硏究二十一講》(中華書局, 2004년), 50쪽 참조.

27 周作人, 《知堂回想錄》, 〈130-131 小河與新村(上)(中)(下)〉. 이 회상록에서 周作人은 특히 일본의 신촌운동을 주도했던 武者小路實篤의 이러한 '이상주의적 사회운동'의 전개 양상을 '자못 종교적 성격을 띤 예언자적 태도'라고 언급하고 있다. 여기에서는 《知堂回想錄》(下)(河北教育出版社, 2002년판), 445-446쪽으로부터의 인용 및 참조에 의함.

28 尾崎文昭, 〈周作人の新村提唱とその波紋(上)-五四退潮期の文學狀況〉, 《明治大學教養論集》 207호(1988년) 참조.

4. 신촌운동의 변형적 종교성

5·4 시기 저우쭤런의 인도주의적 문학관은 신문학운동의 계몽주의적 문학비평담론의 중심축을 이루고 있었지만, 그와 동시에 저우쭤런은 그러한 인도주의적 가치관과 이상을 구체적인 사회현실 속에서 실현해 나가려는 노력을 기울였다. 그 중요한 실천적 시도의 하나가 바로 일본 신촌운동의 소개와 중국 내에서의 확장의 방향이었다. 그런데 저우쭤런과 신촌운동의 관계에서 주목을 요하는 것은, 그의 정치사상 혹은 사회적 실천 활동의 시대적 적실성이나 과학적 합리성보다는, 오히려 5·4 시기 그의 사유 방식과 사회 활동을 관통하는 독특한 인간관과 종교사상적 측면이다.[29] 이러한 각도에서 본다면, 이 시기의 저우쭤런이 일본에서 전개되고 있던 '신촌운동'에 새로운 사회변혁의 복음을 발견하려 한 것은 결코 문학가적인 감상이나 시대적 풍조에의 영합에서 비롯된 것은 아니었다. 다음의 인용 단락이 그 좋은 예이다.

> 문득 노동자 복장의 한 사람이 다가와 물었다. "당신이 베이징에서 오신 저우(周) 선생이십니까?" 나는 "예"라고 대답했다. 그러자 그가 말했다. "나는 신촌의 형제들이 당신을 마중하러 보낸 사람입니다." …… 닛코(日光)로 들어서면서부터 나는 이미 흥분해 있었다. 그리고 이때는 더욱 감동하고 기뻤다. 뭐라고 해야 좋을까, 마치 평소 꿈꾸던 세계가 이미 도래하였으며, 이 둘은 바로 맨 먼저 알리러 온 사람들인 것 같았다. …… 신촌의 분위기 속에는 바로 그러한 사랑만이 충만하였으며, 그리하여 사람을 도취하게 하고 돌아갈 생각을 잊게 하였으니, 그것은 참으로 의아스럽지 않은 기적이라 할 만

---

29 5·4 시기 중국 신문학의 의미 및 그 사명에 관한 다음과 같은 결론적 비유, 즉 "이 신시대의 문학가는 '우상 파괴자'입니다. 그러나 그에게는 또한 그 나름의 새로운 종교가 있으니,—인도주의의 이상이 그의 信仰이요, 인류의 의지가 바로 그의 神인 것입니다."와 같은 언술 역시 그 한 예가 될 것이다. 周作人, 〈新文學的要求〉, 1920년 1월 6일 北平少年學會에서의 강연, 《晨報副刊》 1920년 1월 8일 게재. 여기에서는 《藝術與生活》, 23쪽으로부터의 인용에 의함.

했다.[30]

이 대목의 광경을 한 연구자는 "한 폭의 신자 입교, 성도 승천의 종교적 영접화"에 다름없다고 분석하고 있다. 특히 이 문장 속에서의 "나는 신촌의 형제들이 당신을 마중하러 보낸 사람입니다."라는 메시지를 통해, 저우쭤런은 "마치 천사가 인간에게 천국이 가까워왔노라고 응락해 말하는" '예언적 성격'을 드러내고 있는바, 여기에서는 사실상 이성적 분석이나 회의적 되물음이 허용되지 않는, 일종의 '신앙에의 직접적인 상승'이 드러나고 있다는 것이다.[31] 그러나 그럼에도 불구하고, 저우쭤런은 신촌운동에 대한 이러한 기독교적 종교성의 구현이라 할 수 있는 측면과 함께, 다른 한편으로는 그러한 종교성의 내면에 존재하는 인간의 의지 및 사회과학적 이성의 요소를 결코 간과하려 하지 않고 있었던 것도 사실이다. 신촌운동의 이상과 실제에 관한 다른 평론에서의 다음과 같은 언술이 그 일례이다.

> 그들은 신의 의지가 우주를 지배하며, 사람은 신의 의지에 순종하여 행할 수만 있다면 비로소 진정 행복한 생활을 할 수 있으며, 세상의 성인이란 그러한 의지를 미리 알고 사람들로 하여금 정당한 생활을 하도록 하는 사람이라고 믿고 있다. 신의 의지가 그러한가? 그것은 인류의 의지—사회진화의 법칙이다. 이 사상은 원래 자못 톨스토이의 기독교의 영향을 받은 것이지만, 그러나 실제로는 니체의 진화론적 종교와 서로 합치된 것이기도 하다.[32]

저우쭤런은 결국 신촌의 이상이 "폭력에 찬성하지 않고 평화롭게 새로운 질서를 조성하기를 희망"하며, "그들은 인류를 믿고, 인간의 이성에 의탁하

---

30 周作人, 〈訪日本新村記〉, 《新潮》 제2권1호(1919년 10월). 여기에서는 《藝術與生活》, 223-224쪽에 의함.

31 張先飛, 〈周作人: "五四""人學"之思〉, 《形而上的困惑與追問》(河南大學出版社, 2004년), 9-10쪽 참조.

32 周作人, 〈新村的理想與實際〉, 1920년 6월 19일의 강연, 《晨報副刊》 1920년 6월 23-24일. 여기에서는 《藝術與生活》, 219쪽에 의함.

며, 인간이 각성하여 바른 길로 돌아올 것을 믿는다"는 전제에서 성립되고 있음을 지적하고 있다. 그러면서도 그는 "이 이상적이며 평화적인 방법이 실은 신촌의 특수한 장점이지만, 동시에 그 단점이라고도 할 수 있다. 왜냐하면 그것은 인류를 신탁하지만, 인간의 모종의 악의 경향을 가볍게 보아 넘기고 있기 때문이다"라는 점을 날카롭게 포착하고 있었다. 아울러 이러한 신촌의 단점(인간의 악에 관한 간과)에 관한 지적에 이어, 저우쭤런이 그 대안적 방안으로 "선종학(善種學, Eugenics)자와 격렬한 사회주의자"[33]를 언급하고 있는 대목도 사실은 소홀히 할 수 없는 부분이다.

결국 저우쭤런은 인간에게 내재된 자기중심적 이기심과 욕망의 파괴성을 우려하면서도, 그것이 기독교적 사랑(신과 인간의 합일)에 의해서만은 극복될 수 없다는 입장에서 인류의 이성과 각성에 의한 문제 해결의 전망을 제시하고 있었던 것이다. 그가 톨스토이의 기독교적 사랑과 범노동주의에 관해 "극단적인 이타(利他)를 제창하고, 스스로에 대한 책임을 말살했다"[34]는 관점에서 그 한계를 지적하고 있음도 이러한 태도를 반증하는 한 예라고 하겠다. 어떻게 보면 저우쭤런은 인간 악의 극복을 향한 기독교적 구원의식의 한계를 넘어설 수 있는 대안으로 '니체의 진화론적 종교', 즉 '인류의 의지—사회진화의 법칙'의 연장선에서 마르크스주의적 사회변혁의 가능성 역시 배제하고 있지는 않았다[35]고도 볼 수 있으리라.

실제로 5·4 시기의 저우쭤런이 지니고 있던 광범위한 인본주의적 사상, 특히 사회의 피억압·주변부적 계층인 여성과 아동에 대한 각별한 관심과 애정에는, 사회주의 혹은 공산주의 체제 및 이념에 대한 그 나름의 추상적인 이해와 일정한 공감이 개재되어 있었음을 확인할 수 있다. 이 시기에 쓰인 여성해방 관련 문장에서의 다음과 같은 언급이 그 한 예이다.

---

33 周作人, 같은 글. 여기에서는《藝術與生活》, 220쪽에 의함.

34 周作人,〈日本的新村〉,《新青年》제6권 3호(1919년 3월). 여기에서는《藝術與生活》, 201쪽에 의함.

35 사카모토히로코(坂本ひろ子) 지음, 양일모·조경란 옮김,《중국 민족주의의 신화》(지식의 풍경, 2007), 151쪽 참조.

우리는 잊어서는 안 된다. 사회상의 대개혁이 없다면, 여자의 해방 역시 완성될 수 없다. 우리의 상업제도(商販制度)—인류의 노동과 인류의 애정을 거래·매매하는 제도를 완전히 없애버리고, 새로운 이상과 새로운 습속을 만들어내지 않는 한, 여성은 진정한 자유를 얻을 수 없다.

＊각주: 여자의 자유는 결국 사회의 공산제도(共產制度)를 바탕으로 하지 않으면 안 된다. 오직 그러한 제도만이 여자가 어머니가 되었을 때 그녀를 부양할 수 있으며, 남자의 전횡적인 의지에 의존하여 살아가지 않도록 할 수 있다.[36]

물론 저우쭤런의 5·4 시기 인간의 문학론을 비롯한 인도주의적 문학사상과 그 사회적 실천으로서의 신촌운동의 전개 과정 속에는, 톨스토이의 예술론에서 제기되고 있는바 신과 인간의 합일 및 인간과 인간의 합일을 지향하는 기독교적 사랑의 종교성이 중심 내용을 이루고 있었던 것이 분명하다. 다만 5·4운동을 전후한 중국의 사회 현실과 사회주의 이념에 관한 지적 기대감의 풍토는, 이미 이 시기의 사회주의 혹은 공산주의에 대한 저우쭤런의 추상적 공명의 작가의식에 일정한 영향을 미쳤던 점은 부인할 수 없을 것으로 여겨진다. 그리고, 이러한 저우쭤런의 사회사상은 기독교적 종교성과 마르크스주의 이념과의 상호 보완적 관계 혹은 병렬적 추구의 경향으로도 표출되고 있었다고 할 수 있으리라 사후적 언급이기는 하지만, 1920년대 중반 이후 저우쭤런이 스스로의 5·4 시기 문학사상과 신촌운동 참여를 회고하면서 언급한 다음과 같은 입장이 그 무엇보다도 분명한 논증일 것이다.

36 周作人, 〈愛的成年〉, 原題 〈隨感錄三十四〉, 《新青年》 제5권 5호(1918. 10). 여기에서는 《談龍集》 수록 〈愛的成年〉에 의함. 아울러 이 평론문 속에서 周作人이 '商販制度' 및 '共產制度'라는 단어로 번역 인용하고 있는 부분에 관한 Edward Carpenter의 저술 "Love's Coming-of-age"에서의 관련 문장의 원문은 각각 "our whole commercial system" 및 "the Communism of society"로 되어 있다. Edward Carpenter, "Love's Coming-of-age", New York, Modern Lib., 1911. p.60 참조. 그런 의미에서 周作人이 크게 공감하고 있는 Carpenter의 관점이 기본적으로는 '우리의 전반적인 상업적(혹은 영리적) 제도', 즉 '자본주의'적 체제에 대한 비판과 '공산주의'적 사회에 대한 일정한 긍정의 입장에 바탕하고 있었다고 해석할 여지는 충분할 것으로 여겨진다. 이와 관련한 이 시기 周作人의 신촌운동과 관련한 사회사상에서의 사회주의 및 무정부주의적 이념의 경향에 관해서는 尾崎文昭, 〈周作人の新村提唱とその波紋(上)—五四退潮期の文學狀況〉 참조.

> 사실 내 생각으로는 무릇 진정한 종교가라면 그 누구라도 공산주의자가 될 수밖에 없다. 종교의 목적은 그것이 현세의 것이건 혹은 내세의 생명이건, 생명의 보존에 있다. 정토(淨土)·천국·봉래(蓬萊)·유토피아·무하유지향(無何有之鄕), 그 모두가 그러한 하나의 공산 사회이며, 다만 시간과 공간상의 원근(遠近)의 구분이 있을 뿐인 것이다. 공산주의자는 바로 그들과 닮은 종교가이고, 단지 지상에 천국을 세우려 하며 그들보다 성질이 다소 급할 뿐이다. 그러므로 나는 기독교도들이 공산주의에 반대하리라는 것을 이해할 수가 없다. 왜냐하면 그것은 나를 어리둥절하게 하는 모순이기 때문이다..[37]

결국 이러한 일련의 검토 작업을 통해 확인할 수 있는 사항이라면, 그것은 5·4 시기의 저우쭤런이 제기한 '인간 상호간의 합일'을 위한 '사랑과 이해'라는 가치의 사회적 실천 혹은 문학적 구현의 모색 과정에서 일관되게 견지되고 있는바, 바로 인간의 자유의지를 중시하는 개인주의적 자아의식이었을 것이라고 여겨진다. 다시 말하면, 그러한 자아의식의 견지야말로 그의 기독교 비평담론의 특색이자 한계이며, 또한 그가 기독교와 마르크스주의 사이의 본질적인 갈등과 대립적 요소를 간과하게 하는 근본 요인이었다고도 할 수 있을 것이다. 그런 의미에서 본다면 한 연구자가 지적하고 있듯이, 저우쭤런에게 있어서의 '개인주의와 인도주의'는 결코 대립과 분열의 요소로서가 아니라, "모호한 동일성 속에서 다양한 발전의 가능성과 선택성을 내장"[38]한 개념이었던 셈이다.

여기에서 어느 정도의 주관적인 추측이 허용된다면, 5·4 시기의 저우쭤런이 의욕적으로 추구한 기독교 정신과 사회주의 이념의 현실적 구현으로서

---

37 周作人, 〈外行的按語〉, 1926년 2월 집필, 《談虎集》 첫 수록. 여기에서는 《談虎集》, 169-170쪽으로부터의 인용에 의함. 그런데, 여기에서 기독교와 공산주의와의 대립 갈등의 양상을 '이해할 수 없는 모순'이라고 단정하는 周作人의 관점은, 기실 5·4 시기의 문학비평 담론에서도 이미 배태되어 있었던 다원론적 종교관의 일단이라고도 할 수 있다. 본문에서 언급한 신촌운동과의 관련 문장에서의 '톨스토이의 기독교'와 '니체의 진화론적 종교'와의 합치라는 관점이 그 전형적인 일례일 것이다.

38 李今, 《個人主義與五四新文學》(北方文藝出版社, 1992년), 89쪽.

의 신촌운동에는, 이미 그 내재적 균열의 요소가 잠재되어 있었다고 보아야 할 것이다. 어쩌면 1921년의 저우쭤런의 와병과 좌절은, 그러한 '모호한 동일성' 위에 구축된 그의 계몽주의적 이상의 붕괴를 상징적으로 드러내 보여주는 결과였다고도 할 수 있을 것이다. 그리고, 그것은 또한 이른바 5·4 퇴조기 이후, 특히 1923년의 루쉰과의 결렬 과정에서 저우쭤런이 고백한 '장미의 꿈의 허망함'을 통절하게 깨닫게 되는 결정적 계기였는지도 모른다.[39] 그러므로, 1924년을 경계로 한 저우쭤런의 이른바 '은사(隱士)'적 개인의 서정세계에로의 침잠을 염두에 둘 때, 5·4 시기의 저우쭤런에게 나타나는 개인주의와 인도주의 조화로운 융합의 현상 속에는, 이미 "너희는 서로 사랑하라"는 기독교적 종교성의 진정한 실현을 제한하는 '현대적 개체 자유주의'로서의 한계 요인이 잠재되어 있었다고 할 수 있으리라.

5. 맺음말

5·4 시기 저우쭤런의 기독교관은 그의 '인간의 문학'론을 구축하는 중심축의 하나였으며, 그러한 의미에서 저우쭤런은 5·4 시기의 중국 문학인 혹은 지식인들 가운데, 기독교 문화의 본질과 그 종교적 구원론의 의미를 가장 깊이 깨달을 수 있었던 인물이었을 것이다. 그리고, 그 연장선에서 저우쭤런은 또한 다음과 같이 이토 도라마루가 설정했던 근대적 개인으로서의 종교적 '자각'

39 이러한 의미에서 볼 때, 周作人이 魯迅에게 보낸 1923년 7월 18일자의 이 '절교 서신'에서의 "나는 기독교도는 아닙니다. 그러나 다행히 아직은 견뎌낼 수 있습니다. 그리고 누구를 탓할 마음도 없습니다. 우리는 모두 가련한 인간이니까요."라는 대목의 함축적 의미에 대하여, 여기에서 기실 周作人은 잠재의식적으로 '기독교도로서 자처하는', '白樺派의 인도주의적 나르시시즘'의 경향을 드러내 보여 주고 있었던 것이라는 한 일본 연구자의 지적은 매우 시사적이라고 할 수 있을 것이다. 中島長文, 〈道聽塗說—周氏兄弟の場合〉, 《飈風》 제26호(1991년 12월). 여기에서는 孫郁·黃喬生 主編 《周氏兄弟》(河南大學出版社, 2004년) 수록 〈道聽塗說—周氏兄弟的情況〉, 235쪽으로부터의 재인용 및 참조에 의함.

의 실현 가능성에 가장 가까이 다가설 수 있었던 문학인이었다고도 여겨진다.

> 근대 사회의 근저를 이루는 주체적인 개인으로서의 인간, 혹은 개인의 내면적인 통일('양심의 자유'라고 바꿔 말해도 무방하지만)은, 눈에 보이는 '물자'나 '다수'를 넘어선 그 어떤 초월자에 대한 '죄의식'이나 '책임'감이나 '채무'감, 무릇 눈에 보이지 않는 것에 대한 두려움을 회복함으로써, 비로소 가능해진다.[40]

실제로 5·4 시기 저우쭤런의 인간의 문학론이 한 연구자의 표현을 빌면 일종의 '자연 인성론'에 바탕을 둔 '인도주의적 사회—도덕 이상'으로서의 성격을 띠고 있는 점은 분명하다.[41] 그리고 그러한 사상사적 의미가 20세기 초의 구도 속에서 중국 신문학의 세계사적 동시대성의 새로운 지평을 여는 계기였다는 점 또한 충분히 평가되어 마땅하다. 그중에서도 5·4 시기 저우쭤런의 기독교의 본질 및 그 종교정신에 대한 관심과 탐색은 이 시기 그가 제기한 '영육일치'의 '인간의 문학' 관념의 중심 부분이었다. 본고에서 이제까지 주목하여 살펴본 대로, 이 시기 저우쭤런의 인도주의 문학론은 기독교의 종교적 본질과 연계된 신과 인간의 수직적 관계 회복, 그리고 바로 거기에서 비롯되는 인간 상호간의 격절의 극복과 사랑의 확장에서 추구한 비평담론이었다. 그러나, 이와 함께 5·4 시기 저우쭤런의 기독교관 속에는 종교적 비평 담론으로서의 일정한 한계가 노출되어 있었던 것도 사실이다. 그것은 바로 개체의 참회 및 구원의식을 그 핵심으로 하는, 기독교적 종교성의 본원적 가치에 대한 일종의 유보적 태도 혹은 격절의 결과라고도 하겠다.

이렇게 본다면, 그의 인간론은 엄밀한 의미에서 기독교의 종교적 본질로부터는 일정한 편차가 있는, 보다 더 헬레니즘의 문화사상적 전통을 계승하며 근대 르네상스 이후 형성된 계몽주의적 인간 개념의 성격을 띠고 있었다

---

40 伊藤虎丸〈魯迅と終末論再論〉,《東京女子大學比較文化研究所紀要》제62권(2001년 1월).
41 張先飛,《形而上的困惑與追問》(河南大學出版社, 2004년), 2쪽 참조.

고 여겨진다. 그리고 이러한 각도에서 보자면, 저우쭤런이 상정한 "수성(獸性)+신성(神性)=인성(人性)"이라고 하는 일종의 '인격 이원 분열 관점'은 분명히 기독교 문화에 근원을 두고 있지만, 기실 그의 영육일치의 인간론은 그 안에 필연적으로 존재하는 "영과 육의 이원 대항적 함의"가 충분히 고려되지 못한 채, 19세기 서구 학자들의 서구 문명에 대한 '맹목적인 낙관적 이해의 수준'에 머물러 있다는 비판적 지적[42]으로부터 자유롭지 못한 것이 사실이다.

1930년대 중반 저우쭤런은"나는 스스로 특별한 결점이 있음이 알고 있으니. 선천적으로는 종교적 정서가 없다는 것이요, 또한 후천적으로는 과학의 영향을 받았으므로, 유물(唯物)이라고 칭할 수 없다고 한다면 어쨌든 신멸론자(神滅論者)의 무리일 터"[43]라고 스스로를 평가하고 있다. 어쩌면 저우쭤런은 적어도 기독교와의 관련성에서는 그 종교적 믿음과 자기 변화를 가능케 하는 삶의 본질에 대한 위기와 허무의식, 혹은 절망과 죽음의 심연에서 자아의 구원을 갈구하는 내적 변화의 계기를 받아들이려 하지 않는 지식인이었던 것으로 보인다. 결국 저우쭤런은 결코 기독교를 포함한 특정 기성 종교의 신자가 되고자 하지는 않는 자유인이었다. 이러한 입장과 태도는 그가 "과학을 받아들일 수 있는 일신교(一神敎)"인 기독교에 의해 "중국의 인심을 일신"하려는 '이상'을 지녔던 때[44]에도, 혹은 "이상으로서의 사회주의를 여전히 신봉"하면서도 기독교의 종교적 신앙의 자유를 위한 논쟁으로 인해 끝내 공산주의자들과의 결렬에 이르는 과정[45]에서도 견지되었다.

어쩌면 저우쭤런의 이러한 자아의식의 심층 속에는 기독교를 종교적 신앙으로서가 아니라 어디까지나 서구문화 수용의 한 축으로서 수용하려는 당대

42 喩天舒,《五四文學思想主流與基督教文化》(崑崙, 1992년), 191-195쪽 참조.

43 周作人 〈《苦竹雜記》題記〉,《大公報》 1935년 11월 17일.《苦竹雜記》(上海良友圖書印刷公司, 1936년 2월) 수록시 〈《苦竹雜記》後記〉로 改題. 여기에서는《苦竹雜記》, 220-221쪽에 의함.

44 周作人, 〈山中雜信(六)〉,《晨報副刊》 1921년 9월 6일 참조, 여기에서는《雨天的書》, 143쪽에 의함.

45 1922년의 이른바 비기독교운동의 과정에서의 周作人의 사상사적 변화의 양상 및 그 의미에 관해서는 尾崎文昭, 〈陳獨秀と別れるに至った周作人——九二二年非基督教運動での衝突を中心に〉,《日本中國學會報》 제35집(1983년) 참조.

중국의 지적 풍토, 혹은 전통적 사유 방식 등이 중층적으로 개입되어 있었을 것이다. 그러한 의미에서, 5·4 시기 저우쭤런의 기독교관에 내재되어 있는 사상사적 의미 혹은 그 한계에 관한 보다 구체적인 분석과 평가는, 저우쭤런 개인의 문학사상이나 종교철학의 질에 관한 물음의 범주를 넘어서는, 현대 중국문학 연구의 총체적인 좌표축 탐색과 맞물려 있는 현재 진행형 과제의 일부일 터이다. 그리고 그러한 연구 과제의 진행은, 적어도 저우쭤런의 종교성 비평담론에 관한 다음과 같은 혹독한 비판적 시각이 극복되는 바로 그 지점에서, 새롭게 다시 출발할 수밖에 없다는 점 역시 분명하리라.

> 종교적 의미에서 말하자면, 단지 개인주의적인 '사랑'의 철학만으로 표현되는 것은 불완전하며, 그러므로 취약한 것이다. 저우쭤런의 '사랑의 철학'은 엄격한 의미에서의 기독교의 '사랑의 철학'과는 구별되는 것이다. …… 저우쭤런의 오직 물질적 생명에만 만족하며, 자신의 유한한 존재를 넘어선 정신적 생명의 의지를 소멸시키는 그 기형적 개성주의는, 그의 인격과 감성 속에 참회를 결핍하게 하고 사랑을 결핍하게 만들었다.[46]

46 許正林,《中國現代文學與基督敎》(上海大學出版社, 2003년), 44쪽.

제2장

루쉰 문학의 종교성

도스토옙스키론을 중심으로

1. 머리말

나는 루쉰의 문학을 어떤 본원적인 자각, 적당한 말이 없지만 굳이 말한다면, 종교적인 죄의식에 가까운 것 위에 두고자 하는 입장에 서 있다. 루쉰에게는 분명히 그런 억누를 수 없는 것이 있었음을 나는 느낀다. 루쉰은 흔히 중국인이 그렇다고 일컬어지는 의미에서라면, 종교적이지는 않다. 오히려 대단히 무종교적이다. 이 '종교적'이라는 말은 매우 애매한데, 루쉰이 에토스의 형태로 포착하고 있었던 것은 무종교적이며 차라리 반종교적이기까지 하지만, 그 포착의 방식은 종교적이었다, 라는 정도의 의미이다. 혹은 러시아인이 종교적이라고 일컬어진다면, 나의 '종교적'이란 그 의미이다. 루쉰은 자신을 순교자로 생각한 적은 없고, 오히려 그렇게 보이는 것을 혐오하고 있다. 그는 선각자가 아니었던 것과 마찬가지로, 순교자도 아니었다. 그러나 그 구현 방식이, 나에게는 순교자적으로 보인다. 루쉰의 근저에 있는 것은, 어떤 누군가에 대한 속죄의 마음이 아니었을까라고 나는 상상한다.(竹内好, 《魯迅》, 1944)[1]

1 竹内好의 《魯迅》은 1943년 11월 탈고, 1944년 12월 日本評論社로부터 출간되었다. 여기에서는 竹内好, 《魯迅》(未來社, 1961년판)의 11쪽으로부터의 인용에 의함.

다소 길게 인용이 되었지만, 잘 알려져 있듯이 루쉰 문학의 핵심을 '속죄의 문학'으로 파악한 다케우치 요시미(竹內好)의 《루쉰》은, 이른바 '대동아전쟁'에서의 중국 출정을 앞에 둔 그가 유서를 적는 심정으로 썼다고 하는, 루쉰 문학 연구 분야에서 가히 세계적 명저로 꼽히는 평론집이다. 그런데, 다케우치 요시미의 이러한 루쉰상이 '러시아인'의 종교라고 하는 기독교적 매개 이미지를 통해 형성되고 있음은 흥미로운 사실이다. 그리고, 실제로 다케우치 요시미의 루쉰 평론의 기저에는 당시 일본 지식인계에 중요한 영향을 미친, 러시아의 망명 사상가이자 종교철학가인 셰스토프(Лев Шестов)의 기독교 종교 사상이 직간접적인 관계망을 형성하고 있는 것으로 추론이 되고 있다.[2] 그런데, 현대 서구의 허무주의에 대한 저항을 통하여 러시아의 기독교 사상에 내재된 예수의 수난의 정신, 즉 '러시아 혼의 정신적 비밀'을 탐색했던 셰스토프의 철학 및 신학[3]은 도스토옙스키 비평을 그 주요 모티프로 하고 있었다.

한편 도스토옙스키 작품의 첫 중국어 번역 출간은 1926년 웨이충우(韋叢蕪) 역《가난한 사람들(窮人)》에 의해서였는데, 그 번역 내용의 세밀한 검토와 출판 비용의 조달, 그리고 서문의 집필까지를 도맡아 준 것이 바로 루쉰이었다. 이 번역본의 서문 〈《가난한 사람들》 소서(《窮人》小引)〉가 루쉰의 본격적인 첫 도스토옙스키 비평문이었고, 이후 루쉰은 사망하던 해인 1936년에 다시 〈도스토옙스키의 일(陀思妥夫斯基的事)〉이라는 비평문을 쓰는 등, 그 작가 생애

2 '만주사변(滿洲事變)' 이후 일본의 지식인계는 전쟁으로 인한 일종의 불안과 초조의 지적 분위기 속에서, 이를 돌파하기 위한 일련의 새로운 사상적 문화 담론을 필요로 하고 있었다. 그러한 과정에서 니체와 도스토옙스키에 관한 셰스토프의 평론집인《悲劇의 哲學》이 1934년에 번역 출판되면서, 기성의 가치 관념이나 일상 도덕의 비판적 전도(顚倒)를 통해 추악한 현실과 맞서기 위한 새로운 종교감정과 신앙의 구축을 추구한 셰스토프의 사상은 일본 지식인들에게 중요한 지적 참조항이 되었던 것으로 보인다. 다만 기독교적 종교 문화체험의 기반이 취약한 일본의 지식인계는 셰스토프 사상의 핵심인 종교성에 대한 일종의 '오독(誤讀)'을 통해 그 시대적 '불안 체험'을 공유하려 하였으며, 이로써 1930년대 전반의 일본 지성계에는 이른바 '셰스토프 체험'이라는 허무주의 사조가 유행하고 아울러 이를 통한 '행동의 문학' 성립이 촉발되었다는 것이다. 孫歌,《竹內好的悖論》(北京大學出版社, 2005년), 117-122쪽 참조.

3 중국 문화계에서의 셰스토프 철학 및 신학사상에 관한 밀도 있는 분석 소개의 평론으로는 劉小楓, 〈從絶望哲學到聖經哲學〉,《走向十字架上的眞》(上海三聯書店, 1995년) 所收 참조.

의 만년에 이르기까지 도스토옙스키에 관한 지속적인 관심과 애착을 보여 주었다.[4] 이러한 각도에서 볼 때, 다케우치 요시미의 루쉰론을 구성하는 주요 요소의 하나인 러시아 정신의 종교성에 관한 이해는, 루쉰 문학이 간직하고 있는 맹아적 종교에의 지향성을 가늠하기 위한 중요한 시금석이 될 수 있으리라는 추측이 가능하다. 그리고, 그 연결 고리를 이루고 있는 것이 바로 루쉰의 도스토옙스키론이었던 셈인 것이다.

실제로 인간 영혼의 밑 모를 어두움에 대한 응시와 그에 대한 절망적 저항 및 그 초극에의 방향 모색이라는 점에서, 어쩌면 루쉰의 문학은 도스토옙스키 문학과의 일종의 종교적 순교자의 의식을 공유하고 있다고도 보인다. 그러한 의미에서 루쉰 자신에 의한 도스토옙스키에 관한 평론 및 분석은, 루쉰 문학에 내장된 종교적 성격의 단서를 포착하기 위한 중요한 자료임에 틀림없다. 다만 그러한 종교성이 중국과 러시아의 민족성 및 종교문화의 차이에서 오는 상호 이질적인 충돌 요인을 내포하고 있으리라는 것은 새삼 말할 나위도 없다. 더욱이 "현실적 관심에 대한 집착과 민족의 운명에 대한 열정에 기인하는, 기독교에 대한 비판을 포함한" 루쉰의 전반적인 종교에 대한 '회의 정신'[5]의 존재를 인정한다면, 루쉰 문학의 종교성에 대한 접근은 주관적 추론이 가능한 한 배제된 보다 객관적이며 실증적인 논의가 필요할 터이다.

이러한 각도에서, 소론은 루쉰의 도스토옙스키론에 관한 구체적인 분석을 축으로 하여 이와 관련된 루쉰 문학의 종교적 성격, 특히 기독교적인 죄의식과 구원의식을 향한 문학적 형상화의 가능성 혹은 그 한계의 규명을 시도해 나가기로 한다. 아울러 그 과정에서는, 특히 루쉰 문학의 종교성에 관한 평가의 문제를 포괄하며 전개되고 있는, 중국 현당대 문학에서의 기독교적 종교 비평 담론의 구축에 대한 문학비평사적 의미 파악 및 그 전망을 함께 모색하

4 한 연구자의 분석결과를 빈다면, 도스토옙스키에 관한 위의 평론문 외에도 魯迅은 그의 저술 중 최소한 50여 군데에서 도스토옙스키를 언급하고 있으며, 외국 작가에 관한 전문적 평론이 드문 魯迅으로서는 매우 이례적인 경우로 받아들여진다. 丁世鑫, 〈對魯迅接受陀思妥耶夫斯基影響的客觀性與歷史性分析〉, 《陰山學刊》 제20권 2기(2007년 4월) 참조.

5 王本朝, 《20世紀中國文學與基督教文化》(安徽教育出版社, 2000년), 74쪽 참조.

고자 한다.

2. 영혼의 현시(顯示)와 정신적 혹형(酷刑)

1926년에 집필된 〈《가난한 사람들》 소서〉를, 루쉰은 먼저 "완전한 사실주의로 인간 속에서 인간을 발견한다. 이것은 철두철미 러시아의 특질이다. 그러한 의미에서 나는 당연히 민족적이다"라는 도스토옙스키 자신의 말을 인용하면서 시작하고 있다. 도스토옙스키 문학 생애의 일관된 창작 경향으로서, 루쉰이 심층적인 인간 탐색을 통한 러시아 민족성의 리얼리즘적 구현이라는 측면에 주목하고 있었음을 알 수 있다. 이러한 각도에서 루쉰은 도스토옙스키 문학이 가장 핵심적으로 추구하고 있는 바를 인간의 '영혼의 심층부를 현시(顯示)'하는 것에서 찾고 있다.

> 도스토옙스키는 자기 작품 속의 인물들을 때로는 실로 견디기 어려운, 살아나갈 길이 없는, 차마 상상할 수 없는 지경에 놓이게 함으로써, 그들을 아무것도 할 수 없게 만들기도 한다. 정신적 혹형으로 그들을 범죄, 치매, 술주정, 발광, 자살의 길로 몰아넣는 것이다. ……
> 그러나, 이 "높은 의미에서의 리얼리스트"의 실험실 안에서 처리하는 것은 바로 인간의 전 영혼이다. 그는 또한 정신적 혹형으로부터 그들을 반성, 교정, 참회, 소생의 길로 이끌기도 한다. ……
> 그것은 영혼의 심층부를 파헤쳐 정신적 혹형을 받아 상처를 입게 하며, 다시 그 부상과 양생과 아픔으로부터, 고통이 씻김 받고 소생(蘇生)에의 길로 나아가게 하는 것이라고도 할 수 있다.[6]

---

6 魯迅, 〈《窮人》小引〉, 《語絲》 제83기(1926년 6월14일). 여기에서는 《魯迅全集》 제7권(人民文學出版社, 1981년), 103-108쪽으로부터의 인용에 의함. 이하 소론에서의 魯迅 문장 인용은 기본적으로 人民文學出版社의 1981년판 《魯迅全集》에 의거함.

그리고, 이러한 러시아 민족성의 구현과 인간 영혼의 현시라는 문학적 과제의 통합적 실현이라는 도스토옙스키에 관한 이해에는, 루쉰 스스로 그 자신의 중요한 창작의 지표 혹은 그 문학적 과제로서 인식하고 있던 내용이 투영 혹은 중첩되고 있음이 주목된다. 루쉰이 《아Q정전(阿Q正傳)》의 러시아어 번역본 서문의 모두에서 언급하고 있는바, "침묵하고 있는 국민의 영혼을 그려 내려 한다"는 작품 창작의 의도는, 바로 루쉰이 앞의 〈《가난한 사람들》 소서〉에서 인용하고 있는 도스토옙스키의 '철두철미 러시아의 특질'이라는 언급과 부합되는 것이 그 예이다. 특히 여기에서 루쉰이 중국인의 영혼의 묘사를 가로막는 요소를 "사람들 사이에 높은 담이 있어 서로를 떼어 놓으며 모두의 마음이 서로를 비출 수 없게 하는 것"이라고 지목하는 대목은 중요하다.

즉 루쉰은 중국인의 영혼 깊숙한 곳을 묘사하는 데 장애가 되는 인간 상호간의 격절과 몰이해의 원인은 무엇보다도 중국의 봉건적 유교 사상과 제도에 의한 인간의 계층적 차별에 있다고 보았다. 그러므로, '몇몇 성인(聖人)의 무리'들의 '그들 자신들을 위한 의견과 도리'만을 들을 수 있을 뿐, "이미 4천 년 동안 커다란 돌 밑에 깔려 있는 풀 한 포기"처럼 "묵묵히 나서 자라 누렇게 말라 시들어 죽는" '백성'의 소리는 들을 수가 없다는 것이다. 그 결과 '타인의 육체적인 고통'을 느낄 수 없게 할 뿐만 아니라, 더 이상 '타인의 정신적인 고통'을 느낄 수 없게 하는 중국에서, 인간 영혼의 심층부를 묘사해 낸다는 것은 어려운 일이며, 자신의 소설은 스스로의 관찰과 느낌에만 의지하여 외롭게 과도기적으로 그려낸 것일 수밖에 없다는 것이 루쉰의 관점이었던 것이다.[7]

인간과 인간의 상호 격절에 의한 진정한 소통의 결핍이라는 루쉰의 이러한 관점이 그의 작품을 통해 선명한 형상화의 구도를 보여 주는 작품으로는 무엇보다도 〈축복(祝福)〉을 들 수 있다. 잘 알려져 있듯이 바로 위의 평론문들이 씌어지던 1924-1925년 무렵에 창작된 두 번째 작품집인 《방황(彷徨)》의

7 魯迅, 〈俄文譯本《阿Q正傳》序及著者自敍傳略〉, 《語絲》 제31기(1925년 6월15일). 여기에서는 《魯迅全集》 제7권, 81-82쪽으로부터의 인용 및 참고에 의함.

첫 단편인 〈축복〉은 두 번의 강제 결혼에 의한 남편을 모두 여의고, 어린 아들마저 이리에게 물려 가 내장이 전부 파먹힌 시체의 모습이 '영혼 깊숙한 곳의 상처'로 남아 있는 가련한 여인 샹린(祥林) 댁을 그린 작품이다. 그녀가 끊임없이 주변 사람들에게 아이의 처참한 죽음의 순간을 되풀이해서 이야기하는 것은, 그녀의 영혼 깊숙한 곳의 정신적 상처를 아물게 하려는 치유와 양생의 과정이었다고 여겨진다. 그것은 참혹한 과거의 기억을 희석시킴으로써 그 고통을 씻어내기 위한, 일종의 정신적 카타르시스의 기능을 수행하려는 본능적 자기 구제 행위이기도 했던 셈인 것이다.

그러나, 거듭되는 그녀의 이야기에 식상해 가는 주변 사람들의 냉담한 반응과 함께, 무엇보다도 그녀의 정신적 상처를 더욱 깊게 하는 것은 그녀의 존재를 불길한 운명의 소유자로서 백안시하는 마을 사람들의 웅숭깊은 봉건적 관념과 일종의 집단 이기주의적인 따돌림의 행위였다. 그녀는 점차 육신도 영혼도 쇠잔해져 가게 된다. 그리고 결정적으로 그녀의 인격을 불안과 두려움에 의해 파탄시키는 것은 생명의 죽음과 그 이후 영혼의 문제에 관한 의문이었다. 그녀는 죽음 이후 감당해야 할 육신의 징벌에 대한 공포, 그러면서도 한편으로는 육친과의 재회에 대한 간절한 소망이 뒤섞인 정신적 패닉 상태에 빠져 들고 있었던 것이다. 작품의 나레이터인 '나'는 그러한 그녀로부터 "사람이 죽고 나면, 도대체 영혼은 있는 건가요?"[8]라는 돌발스러운 질문을 받고, 과연 어떻게 대답해야 할지를 알지 못한 채 당혹해 한다.

여기에서 육체적 죽음 이후의 영혼의 존재 여부에 관한 질문은 기독교적 종교성의 본질과 관련된 문제이다. 그것은《카라마조프카의 형제들》에서 인간의 죽음 이후의 영혼의 존재를 믿는 3남 알료샤와 그를 의심하며 자멸해 가는 차남 이반의 대화 장면을 연상시킨다. 특히 이 작품에서 수도사인 알료샤의 정신적 지도자인 조시마 장로가 제1부 2권의 〈믿음이 깊은 아낙네들〉 편에서 구현하고 있는바, '세 살짜리 아이를 잃고 무엇으로도 위로를 받지 못하

8 魯迅, 〈祝福〉,《東方雜誌》 제21권 6호(1924년 3월 25일), 여기에서는《魯迅全集》 제2권, 7쪽으로부터의 인용에 의함.

는 한 여인'과 '남편을 독살한 또 다른 한 여인'의 고백을 듣고 행하는, "성서에 근거한 용서와 하나님의 사랑을 선포함으로써 여인의 마음에 평안"을 주고자 하는 장면은[9], 흥미롭게도 바로 〈축복〉에서 샹린 댁이 처한 상황과 그 간절한 물음에 대한 분명한 종교적 메시지를 암시한다.

그러한 측면에서 본다면, 〈축복〉에서의 '나'의 내면에는《카라마조프가의 형제들》에서 지식인으로서 종교적 신앙의 균열을 일으키고 있는 이반의 모습이 투영되어 나타난다고도 할 수 있다. 다만 이 작품에서의 지식인인 '나'의 내면에 삶과 죽음에 관한 종교적 신앙의 명증한 방향성이 주어져 있지 못한 것은, 어쩌면 5·4 이후 계몽주의적 중국 근대 지식인의 합리적 사고방식에서 비롯된 "무신앙(無信仰)의 세속적 지식인의 사상"의 연장선상에서 이해될 수 있는 결과일 터이다.[10] 달리 말하면, 〈축복〉의 함축적 작가인 루쉰을 무겁게 짓누르고 있는 중국 근대 지식인으로서의 윤리적 책임감과 굴레, 개인적 가정사의 불행한 상황으로 인한 심리적 채무감과 죄의식은, 그러한 정신적 혹형으로부터의 종교적 구원의식을 문학적으로 선명하게 형상화할 수 있었던 도스토옙스키와의 괴리 요인이었다고 할 수 있겠다.

결국 샹린 댁의 삶과 죽음을 회상하며 서술하는 '나'는 단순한 객관적 관찰자로서가 아니라, 작품 내부에서 그녀가 삶의 마지막 희망을 걸었던 절박한 질문에 명확한 답변을 해 주지 못한, 어쩌면 영혼의 구원을 위한 궁극적 진리의 빛을 지시해 주지 못한 죄책감에 의해 작중 인물들과의 직접적인 불안의 관계망 속에 편입된 존재로서 그려지고 있는 셈이다. 그것은 샹린 댁의 죽

9 허선화, 〈《까라마조프 씨네 형제들》에 나타난 인물들과 성서의 대화적 관계〉, 러시아시학연구회 편《도스또예프끼 소설 연구》(열린책들, 1998년), 329-330쪽 참조.

10 郜元寶,《魯迅六講》(增訂本)(北京大學出版社, 2007년), 236쪽 참조. 郜元寶는 특히 魯迅의 〈축복〉과 도스토옙스키의《카라마조프가의 형제들》과의 대비성에 주목하면서, "魯迅의 비극성은 바로 이러한 신앙이 없는 '카라마조프가' 안에서 사람들에게 무엇인가를 신앙하는 것의 중요성과 아무것도 믿을 것이 없음의 두려움을 믿도록 요구하면서, 그러나 정작 그 스스로는 신앙을 하여야 할 것이 과연 무엇인지를 전혀 알지 못한다는 데에 있다"라고 함으로써, 이 작품을 통해 드러나는 작가 魯迅의 종교적 지향성과 그 곤혹감에 관한 흥미로운 분석을 전개하고 있다.

음에 자신이 도덕적 책임이 있는지를 둘러싼 '나'의 마음 속에 존재하는 '범죄와 무죄의 느낌' 사이의 '내재적 분열'[11]을 반영하고 있는 서사방식인 것이다. 이러한 각도에서 볼 때, 이 작품은 전근대적 사회구조와 윤리의식의 희생물인 한 가련한 여인의 운명의 비극에 대한 '사실주의'적인 묘사에 멈추지는 않는다.

널리 알려져 있듯이, 이 작품의 마지막에서 내레이터인 '나'를 감싸드는 나른한 편안함에 대한 묘사가 "샹린 댁의 비극과 같은 압도적인 암흑의 구조에 직면한, 지식인의 무력감"의 역설적 표명임은 충분히 유추될 수 있는 사안일 터이다. 그리하여 "천지의 뭇 귀신들이 제사음식과 향불연기를 흠향하고, 거나하게 취하여 하늘에서 비틀거리며, 루전(魯鎭)의 마을 사람들에게 무한한 행복을 내려주려 하고 있었다"는 작품의 마무리는, 결국 샹린 댁은 마을 사람들이 새해를 맞이하기 위한 '희생제물'이 되었다는 사실과, 그것을 응시할 수밖에 없는 '작가와의 긴장 관계'[12]를 함축적으로 드러내 보이는 장면이라고 해야 할 것이다. 그러한 의미에서, 루쉰의 〈축복〉은 도스토옙스키의 문학이 도달한 비극적 인물의 영혼의 고통의 치유와 소생에 대한 모색, 말하자면 일종의 종교적 '속죄의 문학'이라는 실천적 과제의 당위성과 그를 향한 맹아적 가능성을 함께 내포한 작품이었던 셈인 것이다.

3. 참회와 속죄

루쉰이 도스토옙스키 문학의 인물형상들은 정신적 혹형과 영혼의 상처를 입고, 다시 그 상처를 치유하고 아물게 하며, 참회와 자기변화를 통해 마침내 소생에의 길을 가게 된다고 했을 때, 그것은 도스토옙스키의 문학이 궁극적으

11 汪暉,《反抗絶望》(上海人民出版社, 1991년), 227-228쪽 참조.
12 代田智明,《魯迅を読み解く》(東京大學出版社, 2006년), 133-134쪽 참조.

로 추구하고 있는바 인간의 본원적인 죄의식의 각성 및 그 참회를 통한 종교적 구원을 의미하는 것이었으리라. 그의 만년의 평론문인 〈도스토옙스키의 일〉(1936)의 서두에서, 루쉰은 자신의 젊은 시절을 회상하며 그러한 도스토옙스키 문학의 기독교적 종교성에 관한 자신의 독서 경험을 우선 단테의 이야기로부터 풀어 나가고 있다.

> 돌이켜 보면, 젊은 시절 위대한 문학가의 작품을 읽으면서, 비록 그 작가에게 탄복은 하지만 그러나 끝내 사랑할 수 없었던 사람이 모두 둘 있었다. 그 하나는 단테로서, 저《신곡(神曲)》의〈연옥〉속에는 내가 사랑하는 이단이 있었으니, 어떤 망령(鬼魂)들은 아직도 무거운 돌을 높고 험한 암벽으로 밀어 올리고 있었다. 그것은 몹시도 힘이 드는 일이었지만, 그러나 어쩌다 손을 늦추기라도 하게 되면 바로 스스로를 압살하고 말 것이었다. 어찌 된 셈인지 스스로도 지쳐 버리는 것 같았다. 그리하여 나는 그곳에 멈추어 선 채 천국에는 갈 수가 없었다.[13]

여기에서 "탄복은 하지만 끝내 사랑할 수 없었던" 두 작가인 단테와 도스토옙스키의 경우 역시, 아마도 루쉰은 그들의 문학이 궁극적으로 지향하는 종교적 구원에의 길, 그 천국에의 길을 향한 노정에의 동반에 대해서는 끝내 유보 혹은 거부의 입장을 취하고 있었던 것으로 보인다. 그리고, 위의 인용 문장에서 단테의 연옥에 관한 묘사에 내재된 함축적 의미는, 루쉰 문학의 절망과 희망의 변증법 및 그 종교적 성격에 관한 중요한 단서를 제공할 수도 있다고 여겨진다. 그런데, 단테의《신곡》에서 지옥과 연옥의 결정적인 차이점은 "지옥은 '절망의 장소'인 데 반해 연옥에는 '희망'이 있다는 것"[14]이다. 그리

---

13 魯迅,〈陀思妥夫斯基的事〉,《靑年界》제9권 제2기(1936년 2월) 및《海燕》제2기. 여기에서는《魯迅全集》제6권, 411쪽 所收로부터의 인용에 의함. 아울러 이 평론문은 최초 日本의 三笠書房에서 도스토옙스키 일본어판 전집의 번역 출간을 기념하여 요청한 데 응해 일본어문으로 집필되어〈ドストエーフスキイのこと〉라는 제목으로 日本의《文藝》1936년 2월호에 발표되었음.

14 이하 단테의《신곡》에 관한 내용의 분석에서는, 이마미치 도모노부(今道友信) 지음·이영미 옮김《단테〈신곡〉강의》, 안티쿠스, 2008년으로부터 많은 시사를 받고 있다. 여기에서

하여 단테는 연옥편 제1곡에서 다음과 같이 노래하고 있다.

> 이제 나는 인간의 영혼이 깨끗이
> 씻겨 하늘로 오르기에 합당하게
> 되는 저 둘째 왕국을 노래하련다. (연옥 제1곡: 4-6행)[15]

연옥에는 "혼이 씻길 수 있다는 희망"이 있으며, "혼을 정화해 하늘에 이를 수 있는 가능성"이 있다. 기독교에서는 그리스도의 십자가상의 죽음으로 인해 인간이 원죄로부터 벗어났으며 따라서 구원의 가능성은 그리스도에 의해 주어졌지만, 영혼 스스로도 정화하려는 노력을 해야 하며 혼 스스로도 기도를 해야 한다고 가르치고 있다. 말하자면 연옥은 인간의 영혼이 세상에서 지은 죄를 정죄 받음으로써 신의 은총에 의해 하늘에 오르기 위한 회개와 연단의 공간인 셈인 것이다. 그리하여, 단테는 "들어가라. 하지만 뒤를 돌아보는 자는 밖으로 돌아가게 된다는 것을 명심하라"(연옥편 제9곡)라고 노래하고 있다. 결국 기독교에서의 회개와 참회는 단순한 과거의 역사에 대한 집착으로부터의 단절을 요구한다. "종교는 과거로부터 해방되는 미래의 행복, 현재에 대한 미래의 승리인 것"이기 때문이다.[16]

그런데, 앞서 루쉰이 언급한 바 있는《신곡》연옥편의 장면은, 이 세상에서 교만과 자랑에 빠져 있던 자들의 죄를 징벌하고 정화하는 것으로 묘사되는 본격적인 연옥의 '첫째 둘레'의 부분(연옥편 제10-11곡)이다. 여기에서 교만의 죄를 지었던 영혼들에게 주기도문을 낭송하며 등에 바위를 짊어지고 옮기게 하는 징벌은, 그들이 짓누르는 짐으로 머리를 숙여 몸을 웅크리지 않을 수 없게 함으로써 교만으로부터 벗어나 스스로를 겸손케 하는 연단이었던 셈이다. 다시 말해 이 장면에서 그려지고 있는 것은, 초월적인 신에의 귀의를 거부

는 같은 책 298쪽으로부터의 인용에 의함.

15 여기에서는 단테 알리기에리 지음·김운찬 옮김《신곡》(열린책들, 2007년), 209쪽. 이하 소론에서의《신곡》원문의 인용은 기본적으로 이 책의 번역문으로부터의 인용에 의함.

16 今道友信의 앞의 책, 388쪽 참조.

하는 지상의 권위와 세속의 명예에 대한 집착과 오만에 대한 징벌과 그것들과의 단절을 위한 참회의 모습이었던 것이다.

바로 이 지점에서 루쉰이 단테와의 괴리감을 느끼는 요인은, 어쩌면 부조리한 실존의 운명을 감내하면서 초월적인 신으로부터 홀로 서는 인간(人神), 즉 초인으로서의 생명력을 견지하기 위한 선택이었을 수도 있으리라. 위 인용문에서 연옥에 존재하는 "내가 사랑하는 이단"이라는 표현에 함유된 이미지를 확장해 본다면, 그것은 바로 단테의 신곡에서 연옥으로부터 천국을 향하는 마지막 길을 가로막는 "절대적 초월자를 거역하는" 악마, 즉 "마성적인 초월적 존재"[17]의 상징적 이미지를 연상시킨다. 그리고 그것은 어쩌면 루쉰이 《야초》의 〈잃어버린 멋진 지옥(失掉的好地獄)〉 속에서 묘사하고 있는 '마귀'의 형상과 연결되는 것이 아니었을까.

《야초》 속의 유니크한 산문시(散文詩)인 〈잃어버린 멋진 지옥〉에 등장하는 '마귀'는, "한 웅장한 남자가 내 앞에 서 있었다. 아름답고, 자비에 가득 차고, 온몸에서는 커다란 빛을 내뿜고 있었다. 그러나, 나는 그가 마귀라는 것을 알고 있었다"라고 묘사되고 있다. 그리고 이 마귀는 일찍이 천신(天神)에게 싸워 이겨 천국과 인간 세상과 지옥을 지배하였으나, 이제 인류에게 패해 '야수와 악귀'를 찾아 떠나가는 것으로 그려지고 있다. 이 '마귀'의 형상에 관해서는 지금까지 많은 해석과 논의가 있어 왔다. 다만 그 주요한 흐름은 이 '마귀'의 형상을 전근대 중국의 억압적인 지배세력에 대한 실증적인 논증의 차원에서 검토되고 있는 것으로 보인다.[18]

그러나, 여기에서의 '마귀' 형상을 일본의 루쉰 연구자인 마루오 츠네키(丸尾常喜)의 견해에 따라 북양군벌이 아닌 "'미완의 혁명'(쑨원孫文)이 가르치

---

17 今道友信의 같은 책 358쪽 참조.

18 이 작품에 관한 李何林의 견해 이래 중국 대륙의 魯迅 연구 분야에서는, 대체로 민중의 노예와 같은 암흑적인 삶을 강요하는 전근대적 계급사회인 중국을 '지옥'으로 해석하고, 그 지배 세력으로서의 淸帝國-北洋軍閥-國民黨 右派를 각각 '天神'-'魔鬼'-'人類'로 해독하는 것이 주된 흐름인 것으로 보인다. 따라서 그러한 지배 세력의 교체 과정에서 '마귀'는 북양군벌 정권을 상징하는 것으로 해석되고 있는 것이다. 이와 관련한 구체적인 분석으로서는, 孫玉石, 《現實的與哲學的—魯迅〈野草〉重釋》(上海書店出版社, 2001년), 174-183쪽 참조.

고 있는 것", 즉 신해혁명이 이루고자 했던 역사 변혁의 이념 및 그 교훈으로 파악할 수 있다면, 이 작품에 관한 해독의 방향과 '마귀'의 의미는 보다 확장된 전망이 가능할 것이다. 이러한 각도에서 살펴볼 때, 이 작품이 '지옥의 가장자리'의 '황량한 교외'에서 이루어지는 '나'와 '마귀'의 대화라는 서사 방식을 사용하고 있는 것에 주목할 필요가 있다. 그리고, 그 대화의 내용을 통해 죽은 '망령'(鬼魂)들을 징벌하는 지옥의 참혹한 현실을 만들어 놓은 것은 '인류의 사자(使者)'이며, '나' 역시 '인류'의 일원인 '인간(人)'임이 폭로되고 있다. 그렇다고 할 때, 이 글의 마지막 장면에서 "친구여, 그대는 나를 의심하고 있다. 그렇다, 그대는 인간이로구나! 나는 떠나련다, 야수와 악귀를 찾아서……"라는 마귀의 고별사는, 망령들의 고통을 구제하지 못하는 마귀의 "아무런 것도 이루지 못하는 스스로에 대한 참회와 반성을 바탕으로 한 모색과 재기에의 출발을 알리는 말"[19]임과 동시에, 타인의 고통을 방관한 채 현실 변혁에의 가능성을 의심하는 '나'에 대한 준엄한 질책이라는 해석이 가능하다.

이와 함께 이 작품에서의 지옥에 관한 상황 묘사가 이미 불교적인 용어 및 분위기로 설정되고 있음을 감안한다면, '마귀'의 형상에 함유된 종교적 의미에 관해서도 좀더 중층적인 해석이 시도될 필요가 있다. 앞의 마루오 츠네키도 언급하고 있듯이, 이 작품에서의 '마귀' 형상에 루쉰이 초기 평론인 〈마라시력설(摩羅詩力說)〉에서 모색한 '악마파' 시인들의 현실 반역적인 성격을 투영하는 것은 충분히 가능하다고 여겨진다.[20] 즉 이 작품에서의 '마귀'는 기실 루쉰의 심층 심리 속에 내재된 '정신계의 전사'로서의 '악마'(사탄)에 대한 경사의 연장선상에서 해석될 수도 있는 것이다. 그러한 의미에서는 역시 일본의 루쉰 연구자인 이토 도라마루(伊藤虎丸)가 분석하고 있듯이, "루쉰의 '사탄'은 일체의 권위, 권력, 혹은 운명, 그 모든 '기성(旣成)'['천(天)'이나 '신(神)'은 그 상징이다]에의 과감한 비판자, 반항자"이며, 그러한 악마와 초인의 개념은 그 본질적인 종교적 측면에서 기독교의 '예언자'의 계보를 잇는 것이라고

19 丸尾常喜,《魯迅〈野草〉の研究》(東京大學東洋文化硏究所, 1997년), 270쪽 참조.
20 丸尾常喜의 같은 책, 264쪽 참조.

도 할 수 있다.[21]

그밖에도 루쉰의 문학에서 묘사되고 죄의식은 자기 중심적 이기성에 대한 절망감과 함께 타인의 고통과 불행에 대한 책임의식 및 무력감에서 비롯되는 수치감이 복합적으로 관련되어 있다. 잘 알려져 있는 바와 같이, 그의 〈광인일기(狂人日記)〉에서 그려지고 있는바 사람이 사람을 잡아먹는 잔혹한 현실의 구도를 변혁시킬 수 없다는 무력감의 심층에는, 자기 자신 역시 사람을 잡아먹는 행위의 공범자였을 수도 있다는 '가해자로서의 죄의 의식'의 자각이 있었던 것이다. 아울러 여기에서 "가해자로서의 죄의 자각이란, 동시에 피해자 의식으로부터의 구원을 의미"하는 것이며, 그러므로 "죄의 고백은 실은 그 자체가 이미 구원의 증거"[22]라는 관점이 성립된다면, 루쉰의 문학은 그 출발의 시점부터 기실 참회와 속죄의 문학으로서의 성격을 띠고 있었던 셈인 것이다.

결국 루쉰은 인간에 내재된 악과 원한, 혹은 복수에의 증오심 등, 극한적인 죄의식의 심연을 묘파해 낸 작가이며, 또한 자신의 내면 깊숙한 곳에 똬리를 틀고 있는 '귀혼'들 혹은 현실악과의 처절한 대면 혹은 필사의 싸움을 지속한 작가였다는 점이 간과되어서는 안 될 것이다. 그러한 의미에서, 비록 그 스스로 종교적(특히 기독교적) 구원에의 희구를 거부하기는 하였더라도, 어쩌면 루쉰은 궁극적 가치에의 귀의를 상정한 긴장된 자기 스스로와의 격투를 견지하였던 것이라고도 할 수 있다. 그리고, 바로 이 지점으로부터 루쉰은 도스토옙스키의 삶과 죽음에 관해 "기실 그는 이미 그 자신에게도 정신적 혹형을 가하고 있었으며, 젊은 시절부터 죽음에 이르기까지 줄곧 고문을 하고 있었다"[23]는 내밀한 동질감을 공유할 수 있던 것은 아니었을까.

21 伊藤虎丸, 〈魯迅思想の獨異性とキリスト教〉, 東京女子大學附屬比較文化研究所《紀要》 제49권(1988년) 참조. 여기에서는 《近代の情神と中國現代文學》(汲古書院, 2007년), 139쪽 所收에 의함.

22 伊藤虎丸, 《魯迅と終末論》(龍溪書舍, 1975년), 227쪽.

23 魯迅, 〈《窮人》小引〉, 《魯迅全集》 제7권, 104쪽.

4. 소생과 구원

루쉰은 절망과 고통의 심연에 빠진 인간을 죄의 씻김과 참회에 의해 소생에의 길로 나아가게 하는 도스토옙스키 문학의 종교적 구원의 추구 양상에 관해, 이를 어디까지나 러시아의 억압적인 전제 정치 하의 사회악에서 비롯된 문학적 반응으로 이해하는 입장을 취하고 있었다. 〈도스토옙스키의 일〉에서의 다음과 같은 관점이 그 예이다.

> 의학자들은 흔히 병적 상태로써 도스토옙스키의 작품을 해석하곤 한다. …… 그러나, 설사 그가 정신병자였다 할지라도 그는 역시 러시아 전제 시대의 정신병자였다. 누구라도 그와 비슷한 중압을 받으면 받을수록, 점점 더 도스토옙스키의 저 과장이 섞인 진실, 오싹할 만큼 뜨거운 열정, 이내 터져 버릴 듯한 인종(忍從)을 이해하게 될 것이며, 그리하여 그를 사랑하게 될 것이리라.[24]

여기에서 도스토옙스키 문학과 작가의 병적 상태가 실은 19세기 러시아의 억압적인 사회구조와 역사적 악의 산물이라는 루쉰의 관점은, 결국 도스토옙스키 문학의 종교적 성격에 대한 사회역사적 접근 혹은 그에 대한 세속화의 결론이라고 할 수 있다. 이러한 입장은 앞서도 확인한 바와 같이, 《아Q정전》을 전근대적 중국사회의 구조적 악에서 비롯된 인간 소외의 비극적 형상화의 산물로 보는 루쉰 자신의 관점과도 연결된다. 다시 말해서, 루쉰은 도스토옙스키 문학의 음울하고 병적인 인물 형상 및 그러한 인물들을 그려낸 작가 자신의 존재 의미를, 당대 러시아 사회의 암흑에 대한 저항 혹은 투쟁의 당위성의 체현이라고 하는 각도에서 설명하고 있는 셈인 것이다. 만약 도스토옙스키의 문학이 그러한 시대적 요청에 부응하지 못한 채, 사회의 구

24 魯迅, 〈陀思妥夫斯基的事〉, 《魯迅全集》 제6권, 412쪽.

조적 모순의 해결을 개별적 인간의 영혼의 구원이라고 하는 종교적 범주에서만 모색한다고 한다면, 루쉰의 도스토옙스키 비평은 결국 부정적 평가로 이어질 요소를 내포하고 있다. 실제로 위 평론문의 바로 이어지는 대목에서, 루쉰은 그러한 도스토옙스키 문학의 기독교적 종교성의 측면에 대해 매우 완곡하지만 충분히 비판적이라고도 받아들여질 만한 거론을 하고 있기 때문이다.

> 다만 중국의 독자인 나로서는 도스토옙스키식의 인종(忍從)—횡포에 대한 진정한 인종은 아무래도 익숙해질 수가 없다. 중국에는 러시아와 같은 그리스도가 없다. 중국에 군림하고 있는 것은 '예(禮)'이지 신(神)이 아니다. 백퍼센트의 인종이란, 시집을 가기 전에 정혼한 남편을 여윈 채 고통을 참고 견디며 여든 살까지 살아가는 이른바 열녀(節婦)에게서나 아마도 어쩌다가 발견을 할 수 있을까, 일반 사람들에게는 없다. 물론 인종의 형식은 있지만, 그러나 도스토옙스키식으로 파들어 가면, 아마도 허위일 것이라고 나는 생각한다. 왜냐하면 압박자가 피압박자의 부덕의 하나로서 지목하는 이 허위는, 같은 무리에게는 악이지만, 압박자에 대해서는 도덕적인 것이기 때문이다.[25]

루쉰의 이러한 언술은 러시아와 중국의 종교 문화 및 사회제도의 차이에서 비롯되는 가치관 혹은 현실 변혁의 실천 방법론의 차이라고만 치부하기는 어려운, 어쩌면 궁극적인 가치관과 삶의 태도상의 차이를 보여주고 있다고도 할 수 있으리라. 물론 위의 문장 중 "도스토옙스키식으로 파들어 가면"에서의 '도스토옙스키식'이란, 인용문의 앞 부분에서 언급하고 있는 도스토옙스키 문학의 중층적 심리 분석의 묘사 방식, 즉 "표면적인 결백을 벗겨낼 뿐만 아니라, 그 속에 감춰져 있는 죄악을 고문해 내며, 나아가 다시 그 죄악 밑에 감춰져 있는 진정한 결백을 고문해 낸다"라는 서사적 특질을 가리킨다고 보는 것이 마땅하다. 그러나, 다른 한편으로 이 도스토옙스키 평

25 魯迅의 같은 글, 《魯迅全集》 제6권, 412쪽.

론문에서의 위의 문장은 "도스토옙스키식의 인종—횡포에 대한 진정한 인종" 역시 결국은 허위이고, 압박자에 대한 피압박자의 정의롭지 못한 굴종일 뿐이라는 해석의 여지를 남겨 두고 있음도 사실이다.[26] 아울러 루쉰은 다른 글에서 이 도스토옙스키 평론문에 관한 집필 동기를 다음과 같이 밝히고 있기도 하다.

> 〈도스토옙스키의 일〉은 미카사 쇼보(三笠書房)의 의뢰를 받아 쓴 것으로, 독자들에게 보이려는 소개의 글이었다. 그러나, 나는 여기에서 피압박자는 압박자에 대하여 노예가 아니라 적으로서, 결코 친구가 될 수 없으며, 그러므로 서로의 도덕이 같지 않다는 것을 설명하였다.[27]

물론 루쉰의 이러한 설명이 도스토옙스키 문학의 종교성 자체를 지배 계급의 억압적 이데올로기, 혹은 피억압 계급의 자기 기만적 미망(迷妄)으로 규정하는 것이라고는 볼 수 없다. 그것은 러시아의 기독교를 중국의 전근대적 봉건주의 체제의 지배 이데올로기 또는 유교와 동일시하는 기계적 단순 논리이기 때문이다. 다만 루쉰이 도스토옙스키 문학의 종교성 자체를 러시아 전제 체제 하의 억압적인 사회 제도의 산물로 간주하는 것이 사실인 만큼, 기독교의 초월적 계시성과 구원의식에 관해서는 일정한 유보적 입장을 견지하고 있음을 부정할 수는 없다. 다시 말해서, 루쉰은 도스토옙스키 문학의 핵심을

---

26 실제로 앞서 인용한 丁世鑫의 〈對魯迅接受陀思妥耶夫斯基影響的客觀性與歷史性分析〉에서처럼 위 문장의 주요 대목을 "'도스토옙스키식 忍從'의 사회적 위해성"에 대한 가차 없는 폭로로 분석하는 경우가 한 예이다. 아마도 이 논문에서는, 중국어 번역문인 "忍從的形式, 是有的, 然而陀思妥夫斯基式的掘下去, 我以爲恐怕也還是虛僞" 부분을 "물론 인종의 형식은 있지만, 그러나 도스토옙스키식의 것(즉 忍從 — 인용자)도 파들어 가면, 아마도 허위일 것이라고 나는 생각한다"로 해석하고 있는 것으로 추측이 된다. 그러나, 魯迅 자신의 일본어 평론문 원문에서의 이 대목은 "無論, 忍従の形式はあるが, 併しドストエーフスキイ的に掘つてゆけば矢張り虛僞だらうと思ふ"(밑줄 인용자)로 되어 있으므로, 역시 '도스토옙스키식으로'라는 해석의 쪽이 정확한 것이라고 할 수 있다. 여기에서의 일본어 원문 인용은 上海魯迅記念館 編,《魯迅日本語作品集》(上海文藝出版社版, 東方書店 發行, 1981년) 所收에 의함.

27 魯迅, 〈且介亭雜文二集·後記〉,《且介亭雜文二集》(上海三閑書屋, 1937년 7월). 여기에서는《魯迅全集》제6권, 451쪽 所收로부터의 인용에 의함.

영혼 깊숙한 곳의 정신적 혹형을 드러내고, 나아가 그 상처가 아물고 고통이 씻김을 받아 '소생의 길'로 나아가는 인간의 묘사라고 인정하지만, 다만 그러한 치유와 소생을 실현시키기 위한 계기로서의 사회 역사적 암흑에 대한 비판과 그 변혁의 필연성에 대한 문학적 형상화를 그 창작의 가장 중요한 과제로 여기고 있었다고 하겠다.

그런데, 인간의 마음 속 깊은 곳의 상처로 인한 원한을 해소하고 치유할 전환적 계기를 마련하기 위해서는, 그러한 원한을 야기한 대상 혹은 현실악에 대한 복수를 실현함으로써 자기파멸의 악순환의 굴레로부터 벗어나든가, 아니면 원한의 정신적 근원인 '종교적-형이상학적 절망감'[28]으로부터의 구원의 길이 있을 것이다. 다소 도식적인 대조가 허용된다면, 도스토옙스키의 문학은 인간에 내재된 절망과 허무 혹은 원한에 의해 파멸하는 인물들이 궁극적으로는 신에 의한 구원을 통해 재생의 길을 가는 모습을 그려내려 했다고 할 수 있다. 이에 반해 루쉰의 문학은 절망과 허무 속에 파멸의 길을 가는 인물 형상과 함께, 이른바 '절망에의 반항'을 통하여 그 존재의 의미와 부조리한 운명을 변혁시켜 나가려는 인물군의 형상화 작업에 중점이 주어져 있다고 하겠다.

《야초》 중의 극시 〈과객(過客)〉에 등장하는 나그네의 형상에서 구현되고 있는바, 온몸이 상처와 피투성인 채 '죽음'(무덤)을 넘어선 궁극의 가치를 향해 나아가는 인물의 유형 또한 바로 그러한 부조리한 인간의 운명에 굴복하지 않는 초인 혹은 '인신(人神)'의 형상에 다름 아닐 터이다.[29] 어떤 의미에서 보면, 루쉰 문학의 이들 적극적 인물 형상은 인간 운명의 실존적 한계 상황을 넘어서는 강인한 생명력의 소유자들이었던 셈인 것이다. 여기에서 이미 리창즈(李長之)도 그의 《루쉰 비판》에서 지적해 낸 바 있듯이, 루쉰의 문학이 그토록 죽음에 집착하는 것은 "'사람은 살아가야 한다'고 하는 단순한 생물학적

---

28 Max Scheler, 林田新二·新畑耕作 譯,《價値の顚倒(下)》(白水社, 1977년), 258쪽.

29 魯迅, 〈過客〉, 《語絲》 제17기(1925년 3월 9일) 참조. 여기에서는 《魯迅全集》 제2권 수록에 의함.

신념"이 그만큼 절박하게 작가를 지탱시킨 결과일 터이며, 그러한 생명력이야말로 "자아 발전의 배후의 유일한 동력"이기도 하였다는 사실을 재확인하는 작업이 필요하리라.[30] 아울러 바로 이 지점에서 다케우치 요시미는 루쉰의 '생물학적 자연주의 철학'의 밑바탕에 자리한 '소박하면서 거친 본능', 또는 일종의 '자유의지적인 죽음'을 상정한 격렬하고도 절박한 '순교자적 문학인으로서의 삶', 다시 말하면 죽음에 이르는 '파토스의 구현 방식'에 나타나는 종교성을 지적했던 것이리라.[31] 이러한 각도에서 본다면, 루쉰의 작품에 나타나는 많은 죽음의 묘사와 죽음의 의식에 대한 사색은 '일종의 특수한 정신적 상징'인바, 그것은 "고난의 동일시와 죽음의 직시에 의한 고난과 죽음의 초월"[32]을 지향한 철학적 성찰의 결과였다고 하겠다.

그러나, 각도를 달리하여 본다면, 가오위안바오(郜元寶)의 흥미로운 지적처럼 "다케우치 요시미의 이른바 '속죄의 심정'이란 사실상 루쉰의 동방의 '적그리스도'로서의 실패에서 생겨나거나, 혹은 루쉰의 실패한 동방의 니체로서의 참회, 그리고 그 실패와 참회 속에서 체득한 준종교적인 것에서 생겨난 것"[33]으로 간주될 가능성도 배제할 수 없을 것이다. 그렇다고 할 때, 다케우치 요시미에 의해 구축된 '속죄의 문학'으로서의 루쉰상에 내재된 진정한 종교성의 본질은 무엇일까, 그 소생과 구원의 지향점은 어디일까가 물어질 수밖에 없으리라. 그것은 동시에 천국으로 들어가는 문 앞에 선 채 더 이상의 전진을 거부한 인간 루쉰이 감당해야만 했을, 어쩌면 어둠의 심연 속에서 스스로에게 던졌던 절박한 물음이기도 하였을 터이다.

그리고, 이러한 기독교의 종교성에 관한 루쉰의 절실한 탐색의 입장은, 기독교 복음서의 구원 의식이 응축된 예수의 십자가상의 수난 장면에 대한 묘사에서 분명히 나타나고 있다. 널리 알려진 《야초》의 〈복수 (2)〉에서 그려지

---

30 李長之, 〈《魯迅批判》後記〉, 《魯迅批判》(北新書局, 1935년) 참조. 여기에서는 《魯迅批判》(北京出版社, 2003년판)에 의함.

31 竹內好, 《魯迅》, 10-12쪽 참조.

32 劉勇, 《中國現代作家的宗教文化情結》(北京師範大學出版社, 1988년), 76쪽.

33 郜元寶, 《魯迅六講》(增訂本), 168쪽.

고 있는 바와 같이, 죽음의 고통과 처절한 고독 속에서 인류의 죄를 대속하려는 '신의 아들'로서가 아니라, 자신을 못 박아 죽이려는 어리석은 인간들을 향해 "저들의 전도(前途)를 불쌍히 여기면서도, 그러나 저들의 현재를 증오하는", 즉 인간적 연민과 원한이 교차된 '사람의 아들'로서의 예수에 대한 형상화의 결과가 그 한 예이다.

> 그는 손과 발의 통증 속에서 가련한 자들이 신의 아들을 못 박아 죽이는 비애, 그리고 저주스러운 자들이 신의 아들을 못 박아 죽이려 하고 신의 아들이 곧 못 박혀 죽으려는 환희를 맛보고 있었다. 갑자기 뼈가 부서지는 커다란 고통이 가슴 깊숙이 파고들자 그는 대환희와 대연민에 취해 들어갔다.
> ……
> 신은 그를 저버렸다. 그는 결국 '사람의 아들'에 지나지 않았다. 그러나 이스라엘인들은 '사람의 아들'조차 못을 박아 죽인 것이다.
> '사람의 아들'을 못 박아 죽인 사람들의 몸은, '신의 아들'을 못 박아 죽인 것보다 더욱 피로 얼룩지고, 피비린내가 났다.[34]

여기에서 루쉰이 그린 예수의 십자가상의 수난 장면은 분명히 어떤 면에서는 성경의 종교적 핵심을 변형 혹은 왜곡시킨, 그리하여 신에게 버림 받은 '인간의 아들'로서의 예수의 처참한 죽음을 통해, 오히려 그를 못 박아 죽인 인간들에 대한 연민과 복수의 쾌감을 증폭시키는 서사적 효과를 거두고 있다. 그러나, 아이러니하게도 루쉰의 〈복수 (2)〉는 기독교의 이른바 '성육신(成肉身)' 개념에 대한 매우 개성적인 문학적 재해석의 가능성 역시 제공하고 있기도 하다. 왜냐하면 위 인용문에서 뼈가 부서지는 신체의 고통을 통하여 예수가 느끼는 환희와 연민은, '신의 아들'로서 지상에 천국의 복음을 전하는 사명의 완수에 대한 기쁨과 함께 육신을 가진 '사람의 아들'로서 감당할 수밖

34 魯迅, 〈復讎(其二)〉, 《語絲》 제7기(1924년 12월 29일). 여기에서는 《魯迅全集》 제2권, 175쪽 所收로부터의 인용에 의함.

에 없는 비애와 고통이었다고도 할 수 있기 때문이다.[35]

그런 의미에서 본다면, 루쉰의 〈복수 (2)〉에서 묘사되고 있는 십자가상의 예수의 내면 풍경에 투영된 세상 사람들을 향한 '복수'의 악마성(魔性)은 단지 '루쉰의 정신적 표상'일 뿐이며, 십자가상의 수난에 깃들인 세상과 인간을 불쌍히 여기는 절대적 사랑의 '신성의 상징'이야말로, "암흑 속에서 루쉰과 신이 만난 순간의 신비한 빛의 번득임"이었을 것이라는 관점[36]은 매우 시사적이다. 그리고 여기에서 일정한 확대 해석이 허용된다면, 이러한 루쉰 문학 정신의 핵심적인 요소를 그의 제자인 후펑은 'Passion' 혹은 "냉혹한 분석 가운데 불타오르고 있는 애증의 화염"이라고 적시한 바가 있거니와, 예수의 십자가상의 수난을 모티프로 하는 이러한 루쉰의 문학정신은 그의 사후 항전기 중국문학사에서 이른바 '칠월파'의 리얼리즘 문학을 통해 계승·발전되어 나갔던 것이다.[37]

5. 맺음말

이른바 문화대혁명이 종결된 후인 1980년대 이래의 중국 문학비평은, 기존의 좌익 교조주의적 이념의 틀을 벗어난 다원적 중국 현대문학사의 재구축을 시도해 오고 있다. 그 핵심적인 연구분야의 하나가 바로 루쉰 문학의 본원

35 이와 관련한 魯迅의 〈復讎(其二)〉에서 구현되고 있는 일종의 '몸 담론(身體言說)'적 서사의 특징에 관해서는 郜元寶,《魯迅六講》(修訂本), 184쪽 참조. 郜元寶는 위의 작품을 통해 魯迅이 예수의 내면에 투영하고자 했던 바는, "신체의 극도의 고통을 넘어서만이 비로소 분명하고도 확실하게 경험할 수 있는" '정신적 승화', 즉 인간세상에 신의 복음을 전파하는 '성육신'(道成肉身)의 사명을 완성한 기쁨의 묘사일 것으로 분석하고 있다.

36 張勐力, 〈神性與魔性—魯迅與陀思妥耶夫斯基精神氣質比較論〉,《魯迅硏究月刊》 2008년 제6기 참조.

37 이러한 'Passion'의 개념을 중심으로 한 胡風의 魯迅論 및 그 리얼리즘론의 문학비평적 특징에 관해서는, 졸고 〈胡風 '主觀戰鬪精神'論의 成立—'Passion'의 概念을 中心으로〉,《중국어문논총》 제5집(1992년)참조.

적 가치에 대한 중층적 검토의 작업일 것이다. 특히 1990년대 이후의 중국 학술계에서 20세기 중국문학의 종교성에 관한 본격적인 논의가 이루어지고 있는 가운데에서, 루쉰 문학에 내장된 기독교적 종교성의 구현 양상에 대해서도 부분적인 검토 분석들이 전개되어 오고 있다. 소론에서 주요 검토 자료로 삼은 루쉰의 도스토옙스키 비평론이, 그러한 루쉰 문학의 기독교적 종교성에 관한 실증적 내용 규명의 중요한 자료임은 물론이다.

물론 루쉰의 문학에 투영된 기독교의 정신 혹은 종교문화적 영향 관계에 관해서는 1990년대 이래 일련의 객관적 시각에서의 검토 작업이 이루어져 온 것도 사실이다. 그중 주목되는 성과는 류샤오펑에 의해 구축되어온 기독교 비평담론이다. 특히 류샤오펑은 소론에서도 언급한 셰스토프의 기독교 정신의 본질적 가치, 그리고 그를 통해 모색되는 근대 이후 계몽주의적 이론 전반에 대한 비판적 극복의 방향에 대한 공감을 바탕으로, 독자적인 현대 중국의 기독교 문화 비평 담론을 체계화해 오고 있다. 그 과정에서 도스토옙스키에 관한 대비적 분석을 통한 루쉰 문학의 작가적 기질 및 감성적 특징에 관한 비판적 평가는 소론의 분석 내용과 관련된 중요한 시사점을 제공해 줄 것으로 여겨진다.

여기에서 그러한 류샤오펑의 루쉰론을 단순화하여 개괄한다면, 그것은 "'자연성의 생명력'에의 집착에 의해 끝내 소요정신의 전통과 현실악의 심연에서 벗어나지 못한 인물"이며, 그 작가적 기질로서는 "일종의 원한의 감성상태에 연유하는 자아해독(自我毒害)"의, '근대적 허무주의' 작가라는 점으로 요약될 수 있으리라. 그리하여 루쉰의 문학은 현세의 생명력의 추구를 통한 현실악에의 침잠으로 인해 결국 '희망 속의 절망'이 되고 말았다는 것이다. 그에 반해 도스토옙스키의 문학은 고난의 현실악에 대한 절망감을 예수 그리스도의 수난의 사랑에 의해 구원 받고자 하는 '절망 속의 희망'의 문학이라는 것이 류샤오펑의 기본 관점인 것이다.[38]

---

38 졸고 〈中國 現代文學 批評의 宗教性—劉小楓의 基督教 批評談論을 中心으로〉, 《중국어문논총》 제24집(2003년) 참조.

결국 류샤오펑의 루쉰과 도스토옙스키 비평의 핵심은, 그의 셰스토프 관련 평론의 결론인 "십자가상의 신의 아들의 수난은 신의 구속의 사랑이 현실의 불행과 냉혹을 이겨냈다는 것의 분명한 증거임을 표명하고 있다"[39]는 종교적 가치와 진실의 문학적 구현이라는 목표라고 할 수 있겠다. 그러한 의미에서 보자면, 류샤오펑은 루쉰의 문학에 내재된 절망적 현실에 대한 저항의 정신을 추동시키는 그 생명력, 즉 현실악에 대한 원한과 복수의 의지 그 자체를 비판하고 있는 셈인 것이다. 루쉰 문학의 중핵이랄 수 있는 인도주의 정신에 관한 언급에서, "원한에 바탕을 둔 인도정신의 사랑은, 그저 증오하는 대상을 향해 내던지는 한 장의 카드 패일 뿐"이라는 신랄한 비판을 가하고 있는 것이 그 전형적인 예이다.[40]

류샤오펑의 이러한 루쉰 비판에 관한 중국 당대 비평계의 반론으로서는, 예를 들면 가오쉬둥(高旭東)이 제기하고 있는 바와 같이 류샤오펑의 도스토옙스키 평가가 그의 기독교 정신에 관한 복합적인 전개 양상에 관해 일방적인 긍정적 측면만을 부각시키고 있다는 점, 그리고 그와 반대로 루쉰 문학의 인도주의 정신은 '원한'과 '소요'라고 하는 이질적 감성의 차원에서 허무주의라고 폄하되고 있다는 비판을 들 수 있다. 여기에서 가오쉬둥은 서구의 종교인 기독교 신앙의 유무만으로 그 문화 및 종교적 배경이 다른 두 작가에 대한 평가의 절대 기준을 삼는 것은 전혀 비합리적인 독단이라는 입장에서 논의를 전개하고 있는 것이다. 특히 가오쉬둥은 루쉰이 그의 도스토옙스키 비평문 속에서 언급하고 있는바, "잔혹한 천재, 인간 영혼의 위대한 심문자"로서의 도스토옙스키의 텍스트는 "따사로움과 미지근함을 사랑하는 사람들에게는, 아무런 자비의 숨결도 지니고 있지 않다"라는 대목 등을 예로 들며, 루쉰을 '냉혹한' 기질의 작가로 비판한 류샤오펑의 견해에 역으로 반박하고 있음이 흥미롭다.[41]

39 劉小楓,《走向十字架上的眞》, 33쪽.

40 劉小楓,《拯救與逍遙》(修訂本)(上海三聯書店, 2001년), 339쪽 참조.

41 高旭東,〈魯迅是陰冷, 陰毒的無賴嗎?—與劉小楓對話之一〉,《魯迅研究月刊》2003년 제2

루쉰과 도스토옙스키를 둘러싸고 중국의 당대 문화 및 문학비평계에서 전개된 이러한 기독교의 정신을 축으로 한 비교 비평 담론은, 현재로서는 대체로 두 작가의 기독교적 종교성에 관한 복합적인 성격을 객관적으로 평가하고, 특히 루쉰에 관해서는 류샤오펑의 비판을 보다 심층적으로 극복하려는 방향으로 나아가고 있는 느낌이다. 예를 들면, "증오·원한·풍자·복수는 분명히 루쉰의 텍스트 속에서 늘 정서적 냉혹한 빛(冷光)으로 교직되어 있다. 그러나 그 냉혹한 빛의 배후에는 여전히 큰 사랑의 따사로움과 신성(神性)의 계시적 깨달음이 깃들어 있다"[42]는 한 연구자의 지적은, 이미 중국의 현당대문학비평이 루쉰 문학에 관한 보다 심층적인 평가를 포괄하는 새로운 종교적 비평 담론의 구축 가능성을 엿보여 주는 대목이라고 하겠다.

기 참조. 여기에서는 高旭東,《中西文學與宗教哲學—兼評劉小楓以基督教對中國人的歸化》(北京大學出版社, 2004년) 所收의 305쪽 및 296-310쪽 참조에 의함. 다만 같은 책의 劉小楓에 관한 반론 속에서 高旭東이 제기하고 있는바, 원죄설과 끊임없는 참회의 강요 등 종교적 교조성을 지닌 기독교야말로, '인간의 자유와 개성의 말살'에 의해 심각한 '금욕주의, 교화주의'적인 '종교의식'의 성격을 노정했던 '문화대혁명'에 대해 간접적인 영향의 책임이 있다라는 주장은, 劉小楓의 기독교 비평 담론에 대한 비논리적 왜곡의 비약이라고 할 수밖에 없다. 이와 관련해서는, 高旭東의 같은 책 333-334쪽 참조.

42 張勐力, 〈神性與魔性—魯迅與陀思妥耶夫斯基精神氣質比較論〉.

제3장

루쉰(魯迅) · 저우쭤런(周作人) 형제 불화의 종교적 해석

1. 머리말

루쉰과 저우쭤런 형제, 이른바 '저우씨(周氏) 형제'의 불화와 결렬에 관해서는 이제까지 많은 각도에서의 분석과 비평이 시도되어 왔다. 중국 현대문학사에서의 사상적 분화의 결정적 계기로 규정하는 관점에서부터 저우씨 집안 내부의 사사로운 가족 간의 갈등으로 보는 시각까지, 이 문제를 규명하려는 연구자들은 각자의 가치관과 입장의 차이에 따라 다양한 해석들을 내어 놓아 왔다. 다만 이러한 논의들의 상이한 가설과 결론에도 불구하고 공통된 관점의 하나는 "형제 두 사람의 결렬을 초래한 직접적인 원인은 여인 때문이었다"라는 점, 특히 그 '여인' 중의 하나로 저우쭤런의 처인 하부토 노부코(羽太信子)를 지목하고 있음 또한 논자들의 대체로 일치된 견해이다.[1] 그런 의미에서 보자면, 형제 불화의 요인이 동생의 처라는 사실은 동서고금을 막론하고 매우 거북한 추측을 불러일으키기 마련이고, 거기에는 의례 '성(性)'의 영역이 개입되기 마련일 터이다. 실제로 일부 논의들은 루쉰과 그 처인 주안(朱安) 사이의 비정상적인 부부 관계에서 유발된 루쉰의 성적 억압을 내밀한 요인의

1 孫郁,《魯迅與周作人》(河北人民出版社, 1997년), 153쪽 참조.

하나로 상정하는 입장임은 잘 알려진 사실이다.[2]

물론 해당 사건의 당사자들이 일생 동안 함구로 일관한 가정 내의 분규를 방관자들이 왈가왈부하는 일은 무의미할 뿐더러, '각자 자기 일이나 잘 할 것이지, 남의 일에 이러쿵저러쿵 간섭하지 말 일'이라는 루쉰·저우쭤런 연구의 대표적 학자인 첸리췬(錢理群)의 일갈[3]은 충분히 존중되어 마땅한 자세일 터이다. 그럼에도 불구하고 이들 형제의 불화에 대한 논의가 여전히 지속되어 오고 있는 것은, 이 사건을 전후로 한 두 사람의 문학사상 및 창작경향의 현격한 변화에 대한 보다 심층적인 분석의 필요성 때문일 것이다. 즉 이 사건은 두 작가의 내면에 잠재된 일정한 심층심리적 성향과 그 갈등의 요소 및 새로운 문학적 전개의 가능성을 내포한 중요한 계기였던 것이 사실이다. 그런 의미에서 최근까지도 이들 형제의 불화를 둘러싼 다면적인 각도에서의 분석과 검증이 시도되고 있는 것은 그 나름의 타당성을 지닌다.

다만 이제까지의 논의에서는 루쉰과 저우쭤런의 문학사상을 구성하고 있는 여러 요소 중 종교성의 측면에 대한 검토가 아직 충분히 이루어지지 못해왔다고 할 수 있다. 이러한 관점에서 소론은 이 형제 불화를 전후로 한 루쉰과 저우쭤런의 작가의식 및 창작 경향에서 구현되고 있는 일종의 종교적 내면의식과 그 문학적 상상의 측면을 중심으로, 특히 그 과정에서 구현되고 있는 기독교적 종교성의 양상 및 의미에 대한 심층적 재검토 작업의 일환이다.

2 魯迅과 周作人 형제 불화의 직접적인 요인을 周作人의 처 羽太信子의 '궁여지책의 거짓말'에서 비롯된 周作人의 오해라는 추정 하에서, 형제 결별의 전 과정과 관련 전언들의 객관성을 꼼꼼하게 분석한 글로서는 일본 학자 中島長文의 〈道聽塗說—周氏兄弟の場合〉, 《飇風》 제26호(1991년 12월)가 많은 참고가 된다. 다만 이 글 역시 羽太信子에 대한 그러한 부정적인 평가와 추론을 뒷받침할 만한 객관적인 검증 자료를 제시하지 못하고 있다는 점에서는, 결국 그 나름의 설득력의 한계를 지닌 가설일 수밖에 없다고 해야 할 것이다. 여기에서는 中島長文, 《ふくろうの聲—魯迅の近代》(平凡社, 2001년) 수록 문장에 의함.

3 錢理群, 《周作人傳》(北京十月文藝出版社, 2005년, 제2판), 제6장 – 8 〈兄弟失和〉, 239쪽 참조.

2. '장밋빛 꿈'의 종교적 맥락

> 루쉰 선생
> 나는 어제서야 알았습니다.—하지만 지나간 일은 더 이상 말할 필요가 없습니다. 나는 기독교도는 아니지만 아직 견뎌낼 수는 있습니다. 그리고 그 누구를 탓할 마음도 없습니다.—우리 모두는 가련한 인간이니까요. 나의 이전의 장밋빛 꿈은 실은 모두가 허망한 것이었습니다. 지금 보고 있는 것이야말로 어쩌면 참된 인생일지도 모릅니다. 나는 내 생각을 바로잡아 다시금 새로운 삶으로 접어들고자 합니다. 앞으로는 더 이상 안채로 건너오지 말아 주십시오. 더 할 말은 없습니다. 마음 편히 자중하시기를 바라며
> 7월 18일, 쭤런(作人)[4]

잘 알려진 대로 1923년 7월 19일에 저우쭤런이 루쉰에게 전달했다고 하는 이른바 '절연장'의 전문이다. 짧은 서신이기는 하나 '기독교도'가 아니고서는 '견뎌낼' 수 없을 정도의 충격적인 사건이 형제간의 의절을 선언하게 된 요인이었음을 매우 함축적으로 시사하고 있는 글이다. 특히 여기에서 '장밋빛 꿈'의 '허망'함과 대조되는 '참된 인생'에 대한 깨달음이 과연 무엇을 뜻하는지도 많은 추론을 불러일으키는 문맥이다. 소론에서는 바로 이 절교 서신에서 언급하고 있는 '기독교'적 종교성의 함의에 대한 검토로부터, 이 불화 사건이 루쉰과 저우쭤런 형제의 내면심리 및 작가의식의 형성 전개 과정에서 지니는 종교적 의미를 탐색해 나가고자 한다.

먼저 위 서신에서 '나는 기독교도는 아니지만'이라는 언명은 기실 저우쭤런이 스스로의 종교적 신앙에 관해 여러 차례 언명한 사항이다. 다만 위 글의 문맥에서는 그 표현의 잠재적 의도가 '기독교도로서 자처하는', '세상 물정 모르는 시라카바(白樺)파적 인도주의의 나르시시즘'적 성향[5]으로 지적될 여

4 〈周作人致魯迅信〉,《魯迅硏究動態》 제41기(北京魯迅博物館, 1985년 제5기), 2쪽.
5 中島長文의 〈道聽塗說—周氏兄弟の場合〉,《ふくろうの聲—魯迅の近代》, 186쪽 참조.

지는 충분히 있다고 하겠다. 그러나 스스로의 장밋빛 꿈이 허망한 것이었다는 탄식 속에 깃들인 당혹감과 좌절감이 단순히 형제간의 우애와 화목한 가족관계에 대한 신뢰감의 상실만을 뜻하는 것은 아니었을 것이다. 어떤 의미에서 이 절연장에 내포된 이제까지의 삶에 대한 전면적인 회의는 결국 저우쭤런이 5·4 신문화운동의 과정에서 구축해 온 문학사상과 인생관의 전면적인 붕괴를 뜻한다고 보아야 할 것이며, 그것은 일종의 종교적인 자아의식의 붕괴와 새로운 회심의 성격마저 띠는 것이었을 수도 있다.

잘 알려져 있듯이 5·4기 저우쭤런의 문학관을 대표하는 것은 '인간의 문학(人的文學)'론으로 집약된 인도주의로서, 그것은 '개인주의적 인간 본위주의'를 그 전제로 하는 개념이었다. 그런데 5·4기 저우쭤런의 이러한 인도주의 문학 담론은 그 개념의 원천과 기본 정신을 기독교의 종교성 속에서 규명하려는 입장에 서 있었다. 또한 저우쭤런은 이러한 인도주의의 박애정신을 기독교의 성서에서 구현되고 있는 신에 의한 인간 전체에 대한 사랑이라는 각도에서 찾고자 하였다. 그리고 이러한 문학사상과 기독교적 비평담론을 현실 사회에서 구현하려던 것이 1920년대 초에 저우쭤런이 전개한 '신촌운동'이었다. 이 시기에 씌어진 신촌운동 관련 문장 속에서의 다음과 같은 언급이 그 기본정신을 잘 드러내고 있는 일례이다.

> 나는 인류에게는 자기보존과 종족보존이라는 두 종류의 본능이 함께 있어, 그러므로 나를 위함(爲我)과 겸애(兼愛)는 모두 인성 속에 있는 것이지만, 그러나 그 전에 만약 철저한 자각을 바탕으로 하지 않는다면, 나를 위함은 무의식적인 사리사욕(自私自利)이 되며, 겸애란 기실 맹목적인 감정의 충동이 될 뿐일 것이라고 생각한다. 철저히 자기를 사랑할 줄 알게 될수록, 더욱 더 참되게 타인 속의 자기를 사랑할 수 있게 되는 것이다.[6]

6 周作人, 〈新村的理想與實際〉, 《晨報》(1920년 6월 23-24일) 《藝術與生活》 수록. 여기에서는 《藝術與生活》(北京十月文藝出版社, 2011년판) 239쪽에 의함. 이하 소론에서의 周作人 문장의 인용은 기본적으로 이 北京十月文藝出版社 2011년판의 《周作人自編集》에 의함.

여기에서 '철저한 자각'에 바탕한 '자기 사랑', 그리하여 '무의식적인 사리사욕'이나 '맹목적인 감정의 충동'에 빠지지 않는 '타인 속의 자기 사랑'이란 언명의 함의를 논리적으로 규명하기는 쉽지 않다. 그러나 저우쭤런은 이러한 철저한 자기 사랑의 확장으로서의 타인에 대한 사랑이야말로 기독교적인 사랑의 참 뜻을 구현하는 것이라고 생각했던 듯하다. 예를 들면, 이 시기 중국 신문학에서의 서구 기독교 문화 수용성의 가능성을 폭넓게 개진한 평론 〈성서와 중국문학〉에서, 신과 인간의 사랑으로부터 인간 상호간의 사랑을 연역하여 설명하고 있는 다음과 같은 주장이 그 적절한 예이다.

> "하나님은 사랑이시라 사랑 안에 거하는 자는 하나님 안에 거하고 하나님도 그 안에 거하느니라."(요한일서 4:16) 이는 사랑이 가장 큰 이유를 설명하는 것으로서, 헤브루 사상의 정신이 대체로 완성된 것이다. 그러나 "보는바 그 형제를 사랑치 아니하는 자가 보지 못하는바 하나님을 사랑할 수가 없느니라"(요한일서 4:20)는 것은 플라톤파가 말하는바 아름다움의 형식을 사랑하지 않으면 아름다움 그 자체(Auto to Kalon)를 사랑할 수 없다는 것과 마찬가지이다. 다시 한 걸음 더 나아가 결론지어 말하면 자기 자신을 사랑할 줄 모르면, 그 형제를 사랑할 수 없다는 것이니, 이로써 그리스 사상과 서로 접합되어 인도주의의 저 절반의 원천 속으로 귀환할 수 있게 되는 것이다.[7]

그런데 위의 인용문에서 형제 사랑과 하나님 사랑과의 관계에 대한 일반적인 종교적 해석은 하나님과 이웃에 대한 동시적 사랑의 당위성이되, 그 핵심적인 전제는 신에 대한 귀의와 신과의 합일일 터이며, 그러므로 "하나님의 형상을 지닌 눈에 보이는 형제를 사랑하지 않는 사람이 보이지 않는 하나님을 사랑한다고 말하는 것은 거짓말이다"라는 신앙적인 사랑 실천의 언명이라고 해석해야 마땅하다.[8] 그러나 위의 언술에서도 확인되는 바와 같이, 5·4

7 周作人, 〈聖書與中國文學〉, 《小說月報》12권 1호(1921년 1월). 《藝術與生活》 수록.

8 《오픈II 주석 성경》(아가페 출판사, 1995년) 신약 393쪽 주석 참조. 이러한 각도에서 살펴보면, 기독교적 신앙에서 신과의 합일 및 이웃과의 사랑을 구현하는 주체로서의 자아에게 요청되는 것은 인간에게 내재된 원죄의 의식, 즉 인간은 그 스스로의 죄로 말미암아 본원적인

기 저우쭤런의 기독교 비평담론 속에는 "그리스 철학에서의 인문적 가치관에 바탕을 둔 이성 정신의 주체로서의 개별적 인간의 자기의식, 그 자아(ego)의 전제가 돌출됨으로써 오히려 기독교적 인간관의 참 모습에서 벗어날 소지를 처음부터 지니고 있었던 것"[9]이 사실이다. 그리고 이 문제가 중요한 것은, 이러한 인도주의 사상이 저우쭤런의 절연장에서의 '장밋빛 꿈의 허망함'에 대한 깨달음과 '새로운 삶'을 향한 다짐의 실질적인 내용과 관련이 되기 때문이다.

다시 말해서 이 시기 저우쭤런의 자율적 개인주의 사상은 이성과 자유에 대한 긍정적 신뢰에 바탕한 인간관을 지향하고 있는 만큼, 인간의 내면에 잠재해 있는 본원적 욕망, 자기 파괴적 절망과 그로부터의 구원에 대한 소망의 공감에 인색할 수 있다는 것이다. 특히 위의 절연장에서 '지나간 일'로 언급된 형 루쉰의 허물과 관련된 저우쭤런의 기독교적 입장과 내면심리에 대한 추론은 사실 이러한 문제들과 밀접하게 연결되어 있었다. 이미 관련 연구 논문들에서도 확인되고 있는 바와 같이, 절연장이 쓰이기 전날인 1923년 7월 17일에 쓰인 것으로 되어 있는, 무샤노코지 사네아쓰(武者小路實篤)의 〈어느 부부(ある夫婦)〉 번역문의 역자 후기에서의 다음과 같은 언술이 그 일례이다.

> 요한복음서에 이르기를 서기관들과 바리새인들이 한 간음한 여인을 끌고 와 예수에게 그 여인을 율법대로 돌로 쳐 죽여야 할 것인지 따져물었다. 예수가 대답하여 말하기를 "너희 중에 죄 없는 자가 먼저 돌로 치라" 하였다. 이 작품의 정신은 이와 서로 비슷하다. 다만 도리를 설명하는 것이 아니라 인정을 위주로 하고 있기 때문에, 이쪽 편의 인물은 그저 평범하고 결점이 많으나, 자못 공감이 되고 사랑스러운 인간이어서, 마치 스트린드베리의 고통스럽고 가혹한 해부와 도스토옙스키의 깊고 두터운 감정을 한데 합친

삶의 절망적 상태와 죽음에서는 벗어날 수 없다는 깨달음이며, 바로 이로부터 자기 중심적인 이기적 욕망의 해체와 참회의식에 의한 절대적 초월자에의 귀의와 구원의 갈망이 성립한다고 해야 할 것이다.

9 졸고, 〈5·4시기 周作人의 기독교 비평담론〉, 《중국어문논총》 39집(중국어문연구회, 2008년) 참조.

것과 같다. 셰익스피어의 오셀로와 같은 맹렬한 질투도 우리는 물론 이해할 수 있으나, 그러나 이 작품 속에 그려진 평범한 인간의 질투가, 우리 같은 평범한 사람들에게는 어쩌면 더 의미가 있을지도 모르겠다.[10]

무샤노코지 사네아쓰의 단편소설 〈어느 부부〉는 한 대학교수인 남편이 젊고 아름다운 아내와 자기 집에 드나드는 남학생들과의 애매한 관계를 눈치채고 의심과 질투심에 괴로워하다가, 끝내 혹 불륜일지도 모르는 사건을 덮어둔 채 마음의 평정을 되찾는 이야기이다. 우연의 일치라고만 하기에는 너무도 공교로운 작품 번역의 내용과 타이밍이기는 하지만, 저우쭤런은 형과 아내에 관한 그 어떤 '간음'과 관련된 이야기인가를 전해 듣고, '우리 모두는 가련한 인간'이라는 연민 또는 체념의 심정으로 아무도 탓하지 않겠다는 다짐과 함께 형제간의 의절을 결심했던 셈인 것이다. 그만큼 그로서는 이 사건이 충격적이었고, 자신을 지탱해 오던 개인주의적 인간 본위주의의 인도주의 사상 체계 자체가 붕괴되는 혼돈에 휩싸였을 수도 있었을 것이다.[11]

물론 저우쭤런은 5·4 초기 혹은 그 이전부터 그러한 인간 불신과 이상의 좌절에 대한 기독교적 이해와 포용, 그 종교적 사랑과 용서의 문학적 구현 양상을 도스토옙스키 등의 문학 속에서 발견하려고 하였던 것도 사실이다. 특히 저우쭤런은 도스토옙스키의 문학이 도달하고 있는 인성의 심층부에 자리잡고 있는 '비이성적 원한 심리, 보복 심리와 기만적인 자학 심리의 제시'에 주목하면서, 도스토옙스키가 '사랑으로써 원한을 극복하고, 고통의 감내를 통해 평화를 획득하려는 사랑의 진수'를 구현해 낸 점을 '기독교 문학'의 각

---

10 周作人, 〈《某夫婦》譯後附記〉, 《小說月報》 14권 11호(1923년 11월). 집필 일자는 1923년 7월 17일.

11 이 사건과 관련한 '헛소문'(流言)의 하나로서, 魯迅과 羽太信子와의 육체적 불륜 장면의 목격담과 두 사람의 남녀관계가 이미 일본 유학시절부터 시작되었었다는 전언이 담긴 周作人의 맏아들 周豊一의 서신 증언 내용에 관한 비판적 분석의 글로서는, 中島長文, 〈羽太重久は何を見たのか〉, 〈飆風〉 51호(飆風の會, 2012년 12월) 참조. 여기에서는 《魯迅研究月刊》 2013년 5기, 〈羽太重久看見了甚麽?〉에 의함.

도에서 공감하고 있었던 것이다.[12] 그러나, 다른 한편으로 저우쭤런은 인간의 이기적 욕망과 자기 중심성에서 기인한 인간과 인간의 단절, 혹은 궁극적 의미에서의 인성과 신성의 갈등, 또는 선과 악의 대립 관계의 해소 혹은 극복의 가능성을 결코 기독교적 사랑과 구원의 각도에서만 찾으려고는 하지 않았다. 실례로 신촌운동과 관련하여 저우쭤런이 톨스토이식의 기독교적 사랑과 범노동주의의 한계를 지적하며 "'니체의 진화론적 종교', 즉 '인류의 의지-사회진화의 법칙'의 연장선상에서 마르크스주의적 사회변혁의 가능성"[13]을 모색한 점 등이 그 반증이다.

이러한 각도에서 살펴볼 때, 저우쭤런이 절연 서신에서 언급하고 있는 '가련한 인간'과 '참된 인생'이 의미하는 바는, 결국 그리스 철학과의 통합적 인간관과 가치의식 위에 구축된 기독교적 인도주의 사상의 파정과 그 내재적 모순의 현재화에 다름 아니었던 것이다. 그리고 그것은 또한 인간의 본원적인 결함과 죄성에 대한 그 나름의 통찰 혹은 체념적 깨달음의 결과였을 것으로 짐작이 된다. 그렇다면 이 서신에서 '새로운 삶'을 향해 나아가기 위해 형제간의 의절을 통보 받은 형 루쉰 쪽이 감당했어야 할 정신적 타격과 내면적 갈등, 그리고 그 과정에서 이 두 형제가 각각 모색해 나갔던 그 고통의 치유와 극복의 방향에 함유된 종교적 의미는 무엇이었을까가 이어서 검토되어야 할 사항이다.

3. 형제 콤플렉스와 속죄의식

> 여호와께서 가인에게 이르시되 네가 분하여 함은 어찜이며 안색이 변함은 어찜이뇨 네가 선을 행하면 어찌 낯을 들지 못하겠느냐 선을 행치 아니하면

12 哈迎飛, 〈論陀思妥也夫斯基"非暴力"思想對周作人的影響〉, 《南京師範大學文學院學報》 2008년 1기 참조.

13 졸고, 〈5·4시기 周作人의 기독교 비평담론〉.

죄가 문에 엎드리느니라 죄의 소원은 네게 있으나 너는 죄를 다스릴찌니라 (창세기 4:6-7)

〈광인일기(狂人日記)〉, 〈우리는 지금 어떻게 아버지 노릇을 해야 할 것인가(我們現在怎樣做父親)〉 등 5·4기 루쉰의 주요 작품 및 비평의 중심사상은 중국의 유교적 가부장제 가족제도에 대한 통렬한 비판의 정신이었다. 그러나 많은 논자들이 지적하고 있듯이 루쉰은 전통적 가족제도의 폐해에 대한 비판정신에도 불구하고, 정작 그 스스로는 일생 동안 전근대적 가족제도의 무거운 짐과 굴레로부터 자유롭지 못한 채 일종의 죄의식을 지니고 살아야 했던 것이 사실이다. 그리고 그 가장 중요한 갈등의 요소로서는, 무엇보다도 먼저 유교적인 예교 윤리의 관계망에 의해 형성된 가족간의 애증 관계 및 그로부터 야기된 책임감과 압박감의 복합적인 심층심리를 들 수 있을 것이다. 실제로 많은 논자들이 지적하고 있듯이, 전통적 가정윤리의 억압에서 비롯된 이러한 루쉰의 복합적 심리는 일반적인 채무감이나 불안의식을 넘어선 일종의 종교적 죄의식과 참회의식을 조성하는 요소였다. 이후 루쉰은 여제자였던 쉬광핑(許廣平)과의 결합에 의해 전통적 가정윤리의 속박으로부터 벗어나기는 했지만, 본처 주안(朱安)에 대한 죄책감을 포함한 그의 이러한 가족관계로 인한 심층적 갈등은 그의 문학세계를 관통하는 기저로 남아 있었던 셈인 것이다. 그러므로 그의 작품에서 지속적으로 나타나고 있는바 "그 더할 수 없는 절망과 이해할 수 없는 자아 학대는 만약 '원죄'의 각도에서가 아니라면 합리적인 해석이 힘든" 종교성을 띠고 있었다고 추론이 되고 있는 것이다. 아울러 그러한 작가의식은 그 문학 창작을 통해 '죄의식-참회의 글쓰기-자살 경향과 자학의식'과 같은 서사구조를 형성하고 있다고 분석되기도 한다.[14]

실제로 이러한 내면적 갈등 구조를 루쉰은 스스로의 '영혼 속'에 서려 있어 증오를 하면서도 없애 버릴 수 없는 '독기(毒氣)'와 '귀기(鬼氣)'[15]라고 고백

14 哈迎飛, 《儒教與中國現代文學》(商務印書館, 2003년), 71 및 99쪽 참조.

15 魯迅, 〈書信: 240924 致李秉中〉, 《魯迅全集》 11권(人民文學出版社, 1981년판), 431쪽 참조.

한 바가 있거니와, 그것은 결국 사탄처럼 작가의 심층심리를 지배하면서 동시에 일종의 기독교적 '원죄' 의식과 구원 의식을 띠게 하는 계기이기도 하였다. 한 연구자의 지적처럼 루쉰에게는 "자신을 궤멸시키고, 자신을 희생함으로써만이 자신의 영혼은 위로와 구원을 받을 수 있을 것이라는 그런 의식"에 대한 '집착과 경건함'이 있었던 것이다.[16] 그리하여 저우쭤런과의 결별 이후, '어머니의 선물'이라고 자조했던 처 주안과의 소통이 단절된 부부관계를 지속하면서도 어머니를 봉양해야 했던 그 황량한 내면의 풍경을, 루쉰은 한 젊은이에게 보내는 편지글에서 다음과 같이 고백하고 있었던 것이다.

> 감격이란, 말할 나위도 없이 어떤 면에서 말하더라도, 어쨌든 미덕이라고 해야겠지요. 하지만 내게는 아무래도 그것은 사람을 속박하는 것이라고 느껴집니다. 예를 들면, 나는 때로 모험을 하고 싶고, 파괴를 하고 싶어 거의 견딜 수 없을 때가 있지만, 내게는 어머니가 한 분 계시고 게다가 나를 사랑하며 내가 평안하기를 바라고 계시니, 나는 그 사랑에 감격해서 어쩔 수 없이 스스로 하고 싶은 대로 하지를 못한 채, 베이징에서 입에 풀칠을 할 작은 생계를 찾아 회색빛 생애를 보내고 있습니다. 타인에게 감격해서 타인을 위안하지 않을 수 없다 보니, 왕왕 자기를—적어도 일부라도 희생하게 되는 것이지요.[17]

이러한 각도에서 보면, 이 시기 성욕의 금욕과 방종 사이의 예술적 균형과 조화론의 바탕 위에 구축된 문학예술 담론, 나아가 자아와 타자 및 개인주의와 인도주의의 긴장된 동력에 의해 그 균형이 유지되는 인간론을 확립해 나갔던 저우쭤런[18]에 비해, 그의 형인 루쉰의 경우 성의 욕망 및 개인주의와 인

16 吳俊, 《暗夜裏的過客》(東方出版中心, 2006년), 4쪽.

17 魯迅, 〈250411 致趙其文〉, 《魯迅全集》 11권, 442쪽.

18 실제로 생물학적 인간의 본성을 수용한 영육일치의 인간관을 통하여 기존 예교사회의 억압적 도덕과 제도로부터 탈피하고, 나아가 '금욕'과 '탐닉'의 상호 버팀과 조화를 통한 리듬 있는 인생, 즉 '생활의 예술'을 추구한 것이 이 시기 周作人 문학 담론의 핵심이었다. 周作人 〈讀紡輪的故事〉, 《晨報副鐫》(1923년 11월 10일) 및 〈生活之藝術〉, 《語絲》 1기(1924년 11월) 참조. 여기에서는 각각 《雨天的書》, 197쪽 및 102쪽에 의함.

도주의의 문제는 치열한 내부적 갈등과 형벌 같은 무거운 짐으로 그를 억누르는 요소였던 것으로 보인다. 그러므로 루쉰을 속박하고 있던 유교적 윤리의식으로서 예를 들면 어머니에 대한 효심, 형제간의 우애, 대가족 제도하에서의 맏아들로서의 책임감 등은 그에게 일정한 심리적 안정감을 가져다주는 동시에, 다른 한편으로는 그 내면 깊숙이 잠재되어 있는 개별적 존재로서의 자유와 생명력의 갈망, 특히 성적 욕망과 사랑의 욕구에 대한 일정한 억압의 기제로서 작용했을 것이라는 점은 충분히 짐작이 되는 사항이다. 그리고 이러한 내면적 갈등은 루쉰으로 하여금 전근대적 가족관계의 굴레로부터의 일탈의 충동, 원초적 생명력에의 왜곡된 집착, 나아가 종교적 구원과 안온함에 대한 거부감과 비판의식을 형성하는 요인이었다고도 상정할 수 있을 것이다.

그리고 이러한 루쉰이었던 만큼, 가장 우애가 깊었던 아우 저우쭤런과의 불화와 결렬은 감내하기 어려운 충격과 곤혹감을 몰고 온 사건일 수밖에 없었을 것이다. 잘 알려진 대로《야초》의 〈무너지는 선의 떨림(頹敗線的顫動)〉 속에서 그려지고 있는 자식들로부터 배반당하고 버려진 어머니의 '뼈에 사무치는 원한', 그리고 "말이 없는 언어도 침묵으로 사라지고, 오직 떨림만이 있는" 애원(哀怨)[19]이야말로 형제의 불화를 포함한 루쉰의 정신적 상처에 대한 상징적 표현이 될 것이며, 그만큼 루쉰의 내면 풍경은 더더욱 처절할 수밖에 없었을 것이다. 그럼에도 불구하고 여기에서 여전히 남는 문제는 저우쭤런의 절연 선언을 받아들이고 맏아들이면서도 집을 나오게 된 사실에 대한 납득할 만한 설명의 부분이다. 더구나 기만과 허위에 대한 가차 없는 비판에 철저한 루쉰으로서 가족 간의 불화를 야기한 거짓을 묵인하고, 이른바 '형제의 화목(兄弟怡怡)'을 희생하면서까지 일생 침묵을 지킨 채 동생과의 의절을 견뎌낸 것은 쉽게 해명될 수 없는 대목인 것이다.

바로 이러한 각도에서, 루쉰과 저우쭤런 형제 불화의 원인을 단기적인 성적 충동과 억압의 문제로서가 아니라, 두 형제 간의 성장 과정에서 형성된 장

19 洪麗,〈魯迅的怨恨情結〉,《湖南城市學院學報》24권 5기(2003년 9월) 참조.

기적이고도 심층심리적인, 일종의 형제 콤플렉스에서 찾으려는 관점들 역시 계속 제기되어 왔다. 예를 들면 차남인 저우쭤런이 큰형인 루쉰에게 가질 수 있었던 도전적 입장과 함께 그 심리적·신체적 열등감에서 비롯한 '루쉰을 비방하고 폄하하려는' 심리적 메커니즘을 불화의 원인으로 분석한 추론 등이 그것이다. 이러한 관점에서 보자면, 성장과정에서 줄곧 저우쭤런을 지배하고 있던 형 루쉰에 대한 '불만, 원한과 반항'의 잠재 심리가 하부토 노부코와의 갈등을 계기로 드러난 것이 형제 불화의 심층심리적 요인이었던 셈이 된다. 그리고 저우쭤런의 온순하고 부드러운 성격 속에서 이상할 만큼 친형인 루쉰에게 평생 간직했던 적대감과 경멸감, 특히 쉬광핑과의 관계를 불륜 동거와 축첩으로 매도하는 입장을 통해 형에 대한 우월감과 도덕적 정당성을 확인하려는 심리에 대한 분석 역시 그 연장선상에서 흥미롭게 받아들여지는 부분이다.[20]

그러나 각도를 바꾸어 루쉰의 내면심리에 주목한다면, 루쉰 또한 가족 내 형제 관계에서 맏아들로서의 아버지에 대한 이른바 오이디푸스 콤플렉스의 작용을 받았을 수도 있다. 즉 아버지에 대한 억압심리와 반항심리에서 비롯한 어머니에 대한 편향적인 의존성과 친밀감, 그리고 아버지를 대신한 동생들에 대한 책임감과 함께 일종의 지배심리가 잠재되어 있었을 가능성도 충분히 상정해 볼 수 있는 것이다. 루쉰의 소설에서 주목할 만한 특징으로 '아버지 형상의 부재'를 제시한 다음과 같은 분석 결과는 그 적절한 참고가 된다.

> 루쉰이 나중에 필명에서 어머니의 성씨를 사용한 것은 의심할 나위 없이 아버지를 추방하고 정신적으로 아버지를 시해하려는 심리를 포함한 것이다. 루쉰의 '아버지의 부재(缺父)—아버지의 시해(弒父)'의 잠재심리는 교묘한 서사 책략을 통해 그 텍스트들 속에 엮여지고, 서사를 빌어 부권의 위압 및 아버지가 그에게 가져다 준 생명의 굴욕과 신체의 병적 체질에 심리적 보복

20 杜光霞, 〈待宰的圖騰與逃遁的自卑—周氏兄弟不和原因新探〉, 《魯迅研究月刊》 2011년 12기 참조.

을 전개함으로써, 생명 결핍의 고통을 위안하려 했던 것이다.[21]

여기에서 다소의 확대해석이 허용된다면, 루쉰에게 나타나는 이러한 오이디푸스 콤플렉스로서의 부권에 대한 저항과 적대감의 요소는, 일반적으로 프로이트 심리분석에서 상정하고 있는바 아버지에 대한 분노와 동경의 이중 심리로부터 신과 종교가 탄생되었다는 가설과 관련한 일종의 종교적 해석을 가능하게 한다. 그러한 각도에서 살펴볼 때, 루쉰과 저우쭤런 형제 불화 사건을 기독교의 구약에 나오는 카인과 아벨 이야기의 서사 패턴과의 상관성에 주목한 일련의 연구 성과들 역시 주목할 필요가 있다. 즉 부권(父權)의 상징인 신권(神權)에 대한 도전과 저항을 감행한 카인을 예찬함으로써 획득하고자 한 루쉰의 근대적 자아의식과 자유의 추구 경향이 그의 가족 관계 속에서 어떠한 방향으로 구현되었는가에 대한 고찰인 것이다.[22] 이러한 각도에서 살펴볼 때, 저우쭤런과의 결별로 인해 맏아들로서의 책무를 다하지 못한 채 바다오완(八道彎)의 뜰에서 쫓겨나게 된 루쉰이 겪은 '일종의 굴욕적인 추방의 느낌'은, 바로 아벨을 살해한 후 집 없이 떠돌아다니는 방랑자가 되도록 신의 징벌을 받아 에덴의 동쪽 '놋 땅'으로 쫓겨난 '카인식의 심리적 현실' 체험이었다는 해석이 가능하다.[23]

아울러 "루쉰의《야초》와《방황》속에 상응하여 나타나는 이러한 카인 식의 형제 주제와 감상적 무드"는 흥미로운 분석의 과제가 된다. 루쉰의 형제 관련 제재의 작품으로 많이 거론되는《야초》의〈연(風箏)〉에서, 어릴 적 동생의 연을 짓밟는 '정신적 학살' 행위에 대한 죄책감과 더불어 "동생에 대한 사과와 참회를 통해 내면심리의 평형과 영혼의 구속을 얻는" 일종의 보상심리

---

21 李永東,《頹敗的家族—家族小說的文化與敍事研究》(上海三聯書店, 2011년), 62-63쪽.

22 아울러 魯迅의 초기 비평론 중〈악마파 시의 힘(摩羅詩力說)〉에서 언급되고 있는 바이런의 시극《카인(Cain)》에 등장하는 카인의 인물형상에 대한 전폭적인 공감은, 바로 魯迅에게 내장된 이러한 오이디푸스 콤플렉스의 종교적 의미망에 접근하는 출발점이 될 수 있음은 물론이다.

23 劉驥鵬,〈魯迅的兄弟題材創作與"諱隱殺弟"〉,《東方叢刊》2008년 4기 참조.

적 창작 행위의 심층적 동기가 그 한 예이다. 또한《야초》의〈복수(復讐)〉에 등장하는 '그들 두 사람'의 대치 과정에서 묘사되고 있는바, 서로의 뜨거운 피가 튀는 '살육'에 대한 '일종의 잠재적인 파괴 욕망', 혹은 '상대방에 대한 화해를 상징하는' '포옹'의 상상이라고 하는 내부 분열적 심리 갈등의 전개 패턴 역시 이러한 '카인식 서사'로서 해석될 수 있다.[24] 결국 성장과정에서의 죽은 아버지에 대한 적대감과 동정심의 갈등심리에서 비롯한 이러한 루쉰의 '카인 콤플렉스'는 동생 저우쭤런에 대한 학대와 연민의 이중적 감정으로 잠재되어 있었으며, 제수인 하부토 노부코와의 갈등은 그러한 잠재심리를 표출시키는 하나의 촉매적 계기였다는 추론이 성립될 수 있는 셈인 것이다.

다른 한편으로 동생 저우쭤런에게 이러한 형제 콤플렉스는 "아버지에 대한 시종여일한 아름다운 인상과 어머니 및 루쉰에 대한 지속적인 적대와 냉담"의 심층심리를 이루는 바탕이었다고 분석되기도 한다.[25] 실제로 현재까지 확인되는 자료에서 보이는 바와 같이, 루쉰이 죽기 직전까지 베이징의 어머니에 대해 보여준 세심한 배려와 애정에 비해 같은 베이징에 거주하던 저우쭤런이 어머니에 대해 취한 냉담한 처신은 이러한 가설을 뒷받침하기도 한다. 아울러 부권과 신권의 관련성의 각도에서 살펴본다면, 기독교적 종교성을 둘러싼 두 형제의 접근 방식의 차이에 대한 추론 역시 가능하다. 즉 동생 저우쭤런에게 기독교의 예수는 아버지에 대한 친밀감과 경외심의 연장선상에서 일종의 자기 동일시의 대상이었다고도 할 수 있을 것이다. 앞에서 인용한 무샤노코지 사네아쓰의〈어느 부부(ある夫婦)〉번역문의 역자 후기에서도 그려지고 있는 바와 같이, 특히 루쉰과의 결별을 계기로 내면심리의 엄청난 충격을 받고 있던 저우쭤런에게 간음한 여인의 옆에 앉아 손가락으로 땅에 글을 쓰는 예수의 모습은 매우 강렬한 자기 동일시의 대상일 수 있었던 것이다.

이러한 측면에서 살펴보면, 루쉰과 저우쭤런 형제의 불화를 야기한 가장 큰 요인은 유교적 대가족 제도의 공동체적 주거 공간이었음에도 불구하고,

24 劉驥鵬,〈魯迅的兄弟題材創作與"諱隱殺弟"〉참조.
25 杜光霞,〈待宰的圖騰與逃遁的自卑—周氏兄弟不和原因新探〉참조.

각자 그 내면의 '적막'을 서로 헤아리고 공유하지 못한 소통의 결핍에 있었다고도 할 수 있다. 그리고 5·4 퇴조기 이후의 시대 상황 속에서 두 형제가 감내하고 있던 적막의 원인은 여러 측면에서 분석될 수 있겠으나, 그 중 간과할 수 없는 것은 사랑의 욕망이 충족되지 못한 데서 생겨나는 육체적·정신적 공허와 초조감이었을 수도 있다. 물론 저우쭤런은 현실적으로 비교적 원만한 부부생활을 유지하고 있었기는 하나, 많은 논자들이 추정하는 바와 같이 지적 수준이나 문화적 소양의 일치성을 찾기 어려운 아내와의 사이에서 전혀 사랑의 공백 혹은 틈새가 없었다고는 할 수 없을 것이다.

그런 점에서는 루쉰과의 불화가 생기기 직전에 씌어진 일본의 여류작가 요사노 아키코(與謝野晶子)의 작품집 《사랑의 창작(愛の創作)》의 번역 평론문 속에서 인용하고 있는바, "매일매일 새로 씨를 뿌리고, 매일매일 이전에 없던 새로운 사랑의 삶을 쌓아 올리고 있는" 부부의 사랑에 관한 금언을, 저우쭤런 스스로의 사랑에 대한 다짐이자 내면 고백으로 읽어도 무방하리라.[26] 그리고 그러한 부부관계가 육친의 사랑의 대상이었던 친형에 의해서 파탄이 되었음을 깨달았을 때(혹은 그렇다고 오해했을 때), 저우쭤런이 받았을 충격은 가히 삶 자체의 허망함이라고밖에는 달리 표현할 길이 없었을 터이다. 그러나 똑같은 대가정의 뜰 안에서 아내와의 실질적인 별거 생활을 지속하고 있던 루쉰으로 말하자면, 그러한 상황은 저 《외침(吶喊)》〈자서(自序)〉에서 거듭 회상하였듯 젊은 시절 이래 그를 괴롭혀온 '적막'이 하루하루 자라나 '마치 커다란 독사처럼' 그 영혼을 휘감고 있을지도 모를 일이었다.[27] 결국 한 집에 살던 두 형제

26 周作人, 〈《愛的創作》〉, 《晨報副鐫》(1923년 7월 15일). 여기에서는 《自己的園地》, 150쪽에 의함.

27 周作人이 소개하고 논평한 위의 〈《愛的創作》〉 전체에서 전해지는 부부관계의 창조적 사랑에 관한 서정적 무드는, 하필 형제 불화의 와중에 있던 魯迅에게는 적잖은 심리적 압박과 착잡한 기억으로 남겨져 있었던 듯하다. 魯迅의 사후 신중국 시기 許廣平에 의해 周作人 부부에 대한 魯迅의 풍자성 코멘트로서 간접 인용되고 있는, "매일매일 새로운 생활을 창조하려면, 그 경중을 따져서 큰형과의 우애를 희생하더라도 가정의 평온을 취하는 수밖에 없다"고 하더라는 전언이 그 반증이다. 許廣平, 〈所謂兄弟〉, 《魯迅回憶錄》(北京作家出版社, 1961년판). 여기에서는 孫郁·黃喬生 《周氏兄弟》(河南大學出版社, 2004년), 89쪽으로부터의 재인용에 의함.

는 주위에서 '화목한 형제(兄弟怡怡)'로 칭송을 들으면서도, 정작 그 깊은 내면의 적막과 성적 고통에 관해서는 미처 서로 깨닫지 못한 채 그 간극은 점점 깊어지고 있었던 셈이다.

그런 의미에서 보면, 저우쭤런의 성홍열 발병을 제재로 씌어진 것으로 알려진 루쉰의 단편 〈형제(弟兄)〉에서 작가가 그리고자 했던 것은, 바로 이 시기 형제의 불화와 결별과 관련된 루쉰 자신의 내면적 갈등과 적막이었다고도 분석될 수 있다. 예를 들면 이 작품 속에서 '형제간의 화목'을 칭송받는 대낮의 직장, 그리고 동생의 죽음과 조카들에 대한 폭력의 충동에 휩싸이는 밤중 숙소에서의 꿈이라는 대비적인 시공간의 설정을 통해 그려지고 있는바, 그것은 어쩌면 바로 '커다란 독사'와 같이 작가 루쉰을 휘감고 있던 이기적 욕망과 적개심, 분노와 원한의 저 '카인' 콤플렉스의 발현은 아니었을까.[28] 아울러 여기에서 이러한 형제 콤플렉스의 종교적 의미를 좀 더 확장해서 추론한다면, 간음한 여인을 포용하고 용서하는 예수와의 자기 동일시를 모색했던 저우쭤런과 대비되는 루쉰의 예수 형상, 즉《야초》의 〈복수 (2)〉에서 그려지고 있는 '십자가상의 예수의 내면 풍경에 투영된 사람들을 향한 복수의 악마성(魔性)'에 내재된 복합적인 종교성[29]이라고 하는, 형제간의 상반된 예수 형상의 갈등 구조에 대한 보다 심층적인 의미 분석의 당위성이 확인된다고 하겠다. 그리고 이 시기 두 형제가 함께 번역 소개했던 일본의 시라카바파(白樺派) 작가 아리시마 다케오(有島武郎)와의 관련성에 대한 분석은 그러한 종교적 의미 탐색 작업의 일환이 될 것이다.

28 1925년 11월에 집필되고 1926년 2월에 발표된 이 작품의 시공간적 구성의 특징에 관한 흥미로운 분석으로서는, 範盈盈, 〈魯迅《弟兄》敍事時空的構建〉, 《現代語文》 2010년 3기 참조. 範盈盈 역시 이 작품의 중요 시공간의 의미를 1923년의 형제 불화와 결별과 연결 지어 분석하고 있으며, 그 주제의식으로서는 형제 불화 후 魯迅의 '개인주의와 인도주의의 모순', '인성의 이기성과 적나라한 금전관계', '생명의 배후의 심각한 고독' 등을 상정하고 있다.

29 魯迅의 〈復讎(其二)〉에서 구현되고 있는 작가의식의 중층적 의미에 관해서는 졸고, 〈魯迅 문학의 종교성—도스토옙스키론을 중심으로〉, 《중국어문논총》 39집(중국어문연구회, 2008년) 참조.

4. 아리시마 다케오(有島武郎)의 수용과 기독교

5·4 퇴조기를 거치며 발생한 형제 결별 이후, 루쉰과 저우쭤런은 서로 간에 일생 동안 불목하는 불행한 사이가 되고 말았다. 그럼에도 불구하고 직간접적인 교류가 완전히 단절될 수는 없었을 터이며, 그 과정 중에서 두 사람의 문학세계를 연결하여 준 '동행자'의 한 사람으로서는 동시대 일본의 작가 아리시마 다케오(有島武郎, 1878-1923)를 들 수 있다. 아리시마 다케오는 저우쭤런이 일찍부터 관심을 갖고 있었으며 5·4기 신촌운동의 전개에도 결정적 영향을 미쳤던 일본 시라카바(白樺)파의 주요 작가였다. 다만 아리시마 다케오는 시라카바파의 동인이면서도 이색적인 내부비판자였고, 그의 작품 세계에는 '사회와 자아와의 격렬한 알력' 및 '사회 저변 인간들에의 시선'이 그 고유의 테마를 구현하고 있으면서, 또한 그 작가 생애를 통한 '영과 육의 갈등' 및 기독교 신앙의 붕괴 체험과 불륜의 사랑 끝에 동반자살로 생을 마감한 개성적인 문학인이었다.[30] 그리고 이러한 아리시마 다케오의 문학은 5·4기 저우쭤런과 루쉰 형제에 의해 각별한 주목 속에 번역 소개되었으며, 그 중 일부 작품과 평론은 이들 형제에게 일정한 창작의 모티프를 제공했던 것으로 여겨진다.[31]

그 중에서도 먼저 아리시마 다케오가 결핵을 앓던 아내를 잃은 뒤 남겨진 자신의 아이들에게 보내는 글의 형식으로 쓴 자전적인 사실성 산문체 소설

30 이러한 有島武郎의 주요 작품으로는 출세작인《카인의 후예(カインの末裔)》(1917) 및 대표적인 장편《어느 여인(或女)》(1919) 등의 작품이 있으며, 또한 그에게는 자신의 농장을 소작인들에게 해방한 사실 등, '무너져 가는 부르주아 계급 지식인 작가로서의 사회적 양심의 갈등이 집약적으로 표명된 평론〈선언 하나(宣言一つ)〉(1922) 등이 있다. 野山嘉正·安藤 宏,《近代の日本文學》(放送大學教育振興會, 2005년 改訂版), 127-128쪽 참조.

31 지금까지의 연구 결과로는 魯迅·周作人 형제와 有島武郎과의 직접적인 인적 교류는 없었지만, 이미 5·4를 전후로 하여 특히 周作人을 통해 魯迅 형제는 有島武郎의 문학에 깊은 관심을 가지게 되었던 것으로 알려져 있다. 그밖에 魯迅·周作人 형제의 전반적인 有島武郎 문학의 수용 양상에 관해서는, 于耀明〈魯迅と周作人における有島武郎の受容〉,《周作人と日本近代文學》(翰林書房, 2001년) 참조.

〈어린 이에게(ちいさき者へ)〉(1918)는 이 시기 루쉰·저우쭤런 형제에게 일정한 작가적 공명을 불러일으키는 계기가 되었던 것으로 알려져 있다. 그 일례로 루쉰은 〈우리는 지금 어떻게 아버지 노릇을 해야 할 것인가〉를 탈고한 직후《신청년》에 발표한 수감록 63 〈"어린 이에게"(與幼者)〉에서 아내를 떠나보낸 뒤 내레이터인 아버지가 아이들에게 주는 마지막 당부의 말을 옮겨 소개한 뒤, 그 말미에 다음과 같은 자신의 소회를 남겨 놓았다.

> "너희들은 거리끼지 말고 나를 발판으로 삼아, 높고 먼 곳으로 나를 넘어서서 나아가야 한다." ……
> 아리시마(有島)씨는 시라카바파(白樺派)로서 각성한 사람이므로, 이런 말을 하였다. 그러나 그 속에는 어쩔 수 없이 그리움과 비통함의 느낌이 담겨 있다.
> 이 또한 시대의 관계이다. 장래에는 해방의 말이 없게 될 뿐만 아니라, 해방의 마음도 들지 않게 될 것이다. 그리움과 비통함 따위는 더더욱 없게 될 것이다. 오직 사랑만이 여전히 존재할 것이다—모든 어린 이들에 대한 사랑만이.[32]

그 일생을 통해 전근대적 가족제도의 폐해를 통렬히 비판했던 루쉰으로서, 무거운 전통의 짐을 짊어진 '적막'으로부터의 '해방'의 가능성을 어린 아이들에 대한 사랑과 그 미래에의 희망에 기탁하려는 작가 정신이 절실하게 묻어나는 글이라고 하겠다. 그리고 그러한 사랑은 아리시마 다케오에게도 '심각한 철학적 내함과 활기찬 생명의 활력을 지닌', 그 창작의 동인이자 그 작가정신을 관통하는 기본 내용이었다. 그런 의미에서 이 시기 루쉰에게 아리시마 다케오의 문학은 동시대적 공감과 동반자적 연대감을 전해 주는 대상이었던 셈인 것이다.[33]

---

32 魯迅, 〈63 "與幼者"〉,《新青年》6권 6호(1919년 11월). 여기에서는《魯迅全集》(人民文學出版社, 1981년) 제1권《熱風》수록 362-363쪽에 의함.
33 秦弓, 〈魯迅與有島武郎—以"愛"爲中心〉,《魯迅研究月刊》2004년 11기 참조.

그밖에도 이 시기의 아리시마 다케오에게는 기독교적 사랑의 정신을 투명한 어린이의 시선으로 담아낸 〈제비와 왕자(燕と王子)〉·〈한 송이의 포도(一房の葡萄)〉 등 일련의 동화가 있으며, 이러한 예수의 모습이 아름다운 어린이들의 영혼 속에 조명된 동화의 세계 역시 아리시마 다케오 문학의 '사랑'을 구성하는 중요한 한 축이었다.[34] 아울러 이러한 어린이들에 대한 각별한 관심과 기대감은 5·4 시기 저우쭤런의 인간의 문학론과 일련의 창작과정에서도 공동으로 발견되는 특징이었다. 실제로 이 시기에 일어로 발표된 신시 〈어린 아이에 대한 기도(對於小孩的祈禱)〉 등 저우쭤런의 어린이에 대한 시의 번역 및 창작은, 그의 인도주의 문학사상에 내재된 종교적 속죄의식이 선명한 이미지를 통해 구현된 경우였던바,[35] 이러한 특징은 특히 두 작가의 문학세계에 내재된 기독교적 종교성의 자연스러운 접합 부분으로 간주될 수 있을 것이다.

또한 잘 알려진 대로, 루쉰·저우쭤런 형제의 아리시마 다케오 수용 과정 중 에세이 〈네 가지 일(四つの事)〉은 두 사람 모두에게 깊은 작가적 공명과 함께 지속적인 영향을 준 문장으로 알려져 있다. 그리고 공교롭게도 두 형제가 결별을 하게 된 시기에 자살로 생을 마감한 아리시마 다케오의 추도문 속에서, 저우쭤런은 다음과 같이 다시 한 번 〈네 가지 일〉의 요목을 열거하면서 그 감회를 마무리하고 있었다.

> 나는 첫째 적막하기 때문에 창작을 합니다. ……
> 나는 또 사랑하기 때문에 창작을 합니다. ……
> 나는 또 사랑하고 싶기 때문에 창작을 합니다. ……
> 나는 또 내 자신의 생활을 채찍질하고 싶기 때문에 창작을 합니다. ……

34 특히 이러한 有島武郎 동화의 기독교적 종교성은, "암흑으로부터 他者의 속죄에 의해 일변하여 광명에 이르는 기독교적 구제가 작품의 주제"를 이루는 '고백적 스타일'의 작품군, 그리고 "일상의 소외감이나 위기감 혹은 연대감을 묘사하면서, '기독교적 사랑'이 상징으로 되어 있는" '사실적 스타일'의 작품군으로 구현되는 것으로 평가되고 있다. 大田正紀, 〈《一房の葡萄》の世界—反キリスト教兒童教育觀を機軸に〉, 《近代日本文藝試論II—キリスト教倫理と恩寵》(おうふう, 2004년), 105쪽 참조.

35 졸고, 〈5·4시기 저우쭤런의 기독교 비평담론〉 참조.

……

아리시마(有島) 군이 죽었다, 그것은 참으로 애석하고도 서글픈 일이다. …… 사실 인간 세상의 대사막에서는 무슨 일이든지 만나게 될 수 있지만, 우리는 그저 멀리서 가까이서 몇 명인가의 동행자를 바라보는 것만으로도 다소나마 적막과 공허에서 벗어날 수 있을 뿐이다.[36]

위 글에는 아리시마 다케오의 문학과 삶이 추구했던 '적막'의 극복과 '사랑'의 갈망에 대한 동행자로서의 공명과 함께, 다른 한편으로는 인간 세상에서의 진정한 소통의 지난함에 대한 허무의식이 감돌고 있었던 것처럼도 느껴진다. 그리고, 이러한 문맥의 바탕에 바로 이 시기 가장 절친한 문학과 삶의 동반자였던 형 루쉰과의 결렬에 대한 심경의 일단이 깔려 있을 것임은 분명한 사실이었을 터이다. 추도문을 쓴 일주일 후에 씌어진《자신의 뜨락(自己的園地)》서문에서의 다음과 같은 대목이 그러한 추측의 개연성을 뒷받침한다.

나는 이미 내 과거의 장밋빛 꿈이 모두 헛된 것이었음을 분명히 알고 있다. 하지만 나는 아직도 상상의 벗, 범인(凡人)의 마음을 이해할 수 있는 독자를—이것은 살아 있는 사람의 약점이지만—찾고 있다.[37]

적막함을 위안 받기 위한 문학이라는 말이 형제 불화의 사건을 거치면서 거듭 되풀이되는 가운데, 저우쭤런은 사랑을 위해 목숨을 버린 일본의 작가 아리시마 다케오에게서 삶과 죽음의 경계를 넘어선 문학의 동반자적 공명을 느끼고 있었던 것이리라. 그리고 작가로서의 강한 자기애적 성향의 개인주의 사상을 지니면서, 그러한 개인주의에 대한 성애를 매개로 한 인류애적인 확

---

36 周作人,〈有島武郎〉,《晨報副鐫》(1923년 7월 17일). 여기에서는《談龍集》32쪽에 의하고 있으며, 인용문의 우리말 번역에서는 일본어 원문을 참조하였음. 그밖에 이 에세이의 번역 과정을 둘러싼 魯迅 周作人 형제의 有島武郎 문학의 수용 양상과 그 의미에 관한 치밀한 분석의 논고로서는, 小川利康,〈中國語譯·有島武郎《四つの事》をめぐって—《現代日本小說集》所載譯文を中心に〉,《大東文化大学紀要〈人文科学〉》30호(1992년) 참조.

37 周作人,〈《自己的園地》序〉,《晨報副鐫》(1923년 8월 1일). 여기에서는《談龍集》35쪽 수록의〈《自己的園地》舊序〉에 의함.

장을 시도했던 점에서도 두 사람은 공통점을 보였던 것이 사실이다. 아울러 그러한 개인주의와 인류애를 이어주는, 혹은 그 모순과 괴리를 기독교적인 사랑의 자기 중심적인 해석에 의해 초극하려 한 시도와 좌절의 체험 역시 동시대 중일의 두 작가를 연결시키는 접점이 아니었을까. 이러한 측면은 예를 들면, 아리시마 다케오의 사랑에 관한 다음과 같은 잘 알려진 선언에서도 잘 드러난다. 그리고 그것은 결국 "자신의 죽음을 통해 완전한 영육일체의 내면적 요구에 충실한 자기 모습을 확인"하려 했던 '변용된 기독교관의 투영'이자 그 실현이었던 셈인 것이다.

> 사랑의 본질을 주는 본능으로서 느낄 수는 없다. 내 경험이 내게 고하는 바에 의하면, 사랑은 주는 본능이라기보다 빼앗는 본능이며, 방사(放射)하는 에너지라기보다 흡인하는 에너지이다. …… 이를 이기주의라고 한다면, 그 용어는 정곡을 놓치고 있다. 그것은 당연히 애타주의(愛他主義), 애기주의(愛己主義)라는 말로 고쳐 쓰지 않으면 안 되는 것이다.[38]

이에 비해 형제간의 불화와 겹쳐진 아리시마 다케오의 죽음을 맞이한 이 시기 이후 1926년까지 루쉰은 아리시마 다케오에 대한 특별한 평론이나 언급을 남기지 않고 있었다. 어쩌면 동생 저우쭤런과의 결별과 아리시마 다케오의 죽음은 다 함께 이 시기의 루쉰을 내면적 허망함과 삶의 곤혹감으로 짓누르고 있던 상처였기 때문에서였을까. 그러던 루쉰이 다시 아리시마 다케오에 대한 집중적인 관심과 문학사상적 수용을 본격화한 것은, 쉬광핑과의 서신왕래 및 5·30 사건과 3·18 등 개인적으로도 사회적으로도 내면적 '적막'으로부터의 탈피와 극복이 강하게 요청되는 계기를 맞이하게 되면서부터였다. 그리고 그 결과 1929년 9월에 출판된 일본인의 소개·평론 번역집인《벽하역총(壁下譯叢)》에서 루쉰이 번역 수록한 아리시마 다케오의 평론들은, 혁명문

38 有島武郞, 〈惜みなく愛は奪ふ〉,《新潮》1917년 6월호. 여기에서는 김민아,《아리시마 다케오 문학과 기독교관의 변용에 대한 연구》, 2009년, 한양대학교 박사학위 논문, 208쪽과 230쪽으로부터의 부분 재인용 및 참조에 의함.

학파와의 격론을 통해 마르크스주의를 수용하는 '내측으로부터 빛을 비추는' 중요한 계기가 되었던 것이다.[39]

그러나 다른 한편으로, 이러한 루쉰의 아리시마 다케오의 수용에는 기실 기독교적 종교성에 입각한 '사랑'의 외부적 확장의 측면이 잠재해 있었다는 점이 간과되어서는 안 될 것이다. 그것은 결국 신촌운동과 관련한 시라카바파 동인의 한 명이었던 아리시마 다케오에게 일관되게 간직되어 있던 종교적 진실, 즉 '자아 멸각적(滅却的)인 타자에의 동정', 그리고 '가난한 자, 병든 자, 고통 받는 자에의 동화력'의 구현이기도 했던 것이다.[40] 그리고 이러한 각도에서 말하자면, 5·4 퇴조 이후 동생 저우쭤런과의 결별 이후 새로운 독자적 문학세계를 구축해 온 루쉰에게, 일본의 작가 아리시마 다케오는 중국 현대 문학인 중 그 작가적 개성이나 종교적 성향에서 가장 가까웠던 저우쭤런과의 정신적 유대를 지속시켜 준, 혹은 그 극복의 연결고리였는지도 모른다.

그러한 의미에서 루쉰과 저우쭤런 형제는 동시대의 일본 작가 아리시마 다케오의 '사랑'을 매개로 한 타자와의 소통을 그 문학 창작의 중요한 추구 대상으로 삼으면서도, 그 구체적인 문학세계의 수용 과정에서는 각각 개인주의와 인도주의의 어느 한 측면으로 보다 경사·심화되는 분기를 보이게 되었다고도 해석할 수 있으리라. 아울러 이러한 가정은 실제로 이 시기의 루쉰·저우쭤런 형제가 일본의 시라카바파와 더불어 많은 영향을 받게 되는 구리야가와 하쿠손(廚川白村)을 수용하면서 보여 준 패턴에 의해서도 반증이 되고 있었다. 그것은 바로 저우쭤런이 구리야가와 하쿠손의 '퇴폐파'에 대한 커다란 공명 속에 혁명문학을 부정하는 방향으로 나아가고, 루쉰은 반대로 구리야가와

39 그중에서도 특히 평론 〈선언 하나(宣言一篇)〉에서의 '나는 제4계급에 대해서는 무연의 중생의 한 사람'이라는 자기 고백으로 이어지고 있던 有島武郎의 자기 인식은, 스스로를 '舊와 新의 중간에 있는 사슬의 한 고리에 지나지 않는' '중간물'로 자각하고 있던 魯迅이 마침내 혁명을 내재화하는 한 동인이었다. 丸山 昇,〈魯迅と《宣言一つ》—武者小路·有島との關係〉,《中國文學研究》1(中國文學の會, 1961년 4월) 참조. 여기에서는《魯迅·文學·歷史》(汲古書院, 2004년) 수록 510, 518쪽에 의함.

40 大田正紀,〈有島武郎の愛の理論と死の觀念〉,《近代日本文藝試論II—キリスト教倫理と恩寵》, 77-78쪽 참조.

하쿠손의 문명평론가적 사상의 바탕을 흡수함으로써 마르크스주의 문예이론을 수용하게 된 문학사적 흐름과 정확히 일치하고 있었다.[41] 그리고 그 과정은 형제 불화의 내재적 원인이자 그 갈등이 증폭되는 시작이면서, 동시에 중국 현대문학사에 내장된 기독교적 종교성이 현실 역사의 참여와 순수의 커다란 물결 속으로 잠겨 사라지는 고비이기도 했던 것이다.

5. 맺음말

루쉰과 저우쭤런 형제의 불화와 결별을 곁에서 지켜본 동시대의 문학인들 중, 두 사람의 문학을 편견 없이 존중하고 사랑했던 후배 문인 위다푸(郁達夫)는 이후《중국신문학대계·산문2집》(1935) 머리말에서 두 사람의 인품을 이렇게 서술한 적이 있다.

> 나는 앞에서 저우쭤런이 그(루쉰—인용자)보다 냉정하다고 말했지만, 이 말에 루쉰과 저우쭤런을 그다지 깊이 알지 못하는 사람으로서는 혹 의문이 들 수도 있을 것이다. 그러나 실제로 루쉰은 감정이 풍부한 사람이되, 다만 억지로 누르고 드러내지 않을 뿐이다. 그리고 저우쭤런의 이지의 고수(固守), 사물과 사회에 대한 견해의 명확함은, 누구나가 알고 있는 일이다.[42]

루쉰을 감정적인 사람으로, 그리고 저우쭤런을 이지적인 사람으로 논평한 위다푸의 관점에 대한 적절성 여부의 논의와는 별도로, 위다푸는 1920년

---

41 이러한 白樺派와 廚川白村 등 동시대 일본문학의 수용 과정을 통한 魯迅·저우쭤런 형제의 결별에 요인에 관한 흥미로운 분석으로서는, 小川利康, 〈周氏兄弟的"時差"—白樺派與廚川白村的影響〉,《文學評論叢刊》14권 2기(南京大學出版社, 2012년 12월) 참조.

42 郁達夫, 〈妄評一二〉,《中國新文學大系·散文二集·導言》(上海良友圖書印刷公司, 1935년 판), 15쪽.

대의 중국문학 특히 산문 분야의 예술적 성과를 온전히 이 루쉰·저우쭤런 형제 두 사람의 문학세계를 중심축으로 해석하고 있었다. 《중국신문학대계·산문2집》 가운데 무려 루쉰 24편, 저우쭤런 57편의 작품을 골라 실은 그 개성적인 편집 방향은, 다른 1930년대 유명 작가들의 산문이 기껏해야 서너 편이 실리는 비율로 보아서는, 평자 스스로의 말대로 파격적인 '편애(偏嗜)'였음에 틀림없다. 그런 위다푸는 이후 한 문장 속에서 이들 형제의 불화에 관한 언급에서 루쉰과 저우쭤런·하부타 노부코 부부의 세 사람 모두를 '완전한 호인(好人)', '진정한 정인군자(正人君子)'라고 평가하였다. 모두가 저우쭤런을 '매국노(漢奸)'으로 성토하던 항일전쟁 시기, 루쉰에 관한 한 회고의 글에서였다.[43] 이러한 위다푸의 논평은 물론 이들 형제의 불화에 대한 객관적인 규명이나 논증과는 거리가 먼, 어쩌면 두 사람 모두를 사랑하고 그 문학을 아끼는 '동행자'로서의 소망에 가까운 성질의 것이었을 수도 있으리라. 다만 흥미로운 것은 이 위다푸의 회고에서 루쉰·저우쭤런과 함께 하부타 노부코를 동격으로 바라본 그 관점이다. 최근의 한 연구 논문에서 제기된 다음과 같은 평론에 비추어 보았을 때 특히 그렇다.

> 하부타 노부코/여성에 관해서, 루쉰과 저우쭤런은 서로 다른 각도에서 그녀의 타자성을 나타내었다. '제대로 둘러대어 날조도 하지 못한' 거짓말쟁이, '상스러운 말이 많은' 막돼먹은 여자, 허영과 낭비의 가정주부, 스스로를 '홀로 쫓겨나게' 한 일본 여인, 이것이 루쉰이 묘사한 하부타 노부코로서, 그녀는 현실의 '타자'로 나타났다. 루쉰은 이 타자의 형상을 빌어 '연지오(宴之敖)'자로서의 주체적 자아, '스스로 그 머리를 벤'(〈鑄劍〉) 복수자를 상상해 내었다. '팔자가 사나운 흰 범띠(明照白虎)'의 성 원죄를 짊어진 사람, 그것이 저우쭤런이 상상한 여성이었고, 그녀는 한 내재적인 '타자'였다. 저우쭤런은 그 성 원죄에 대한 확인을 통해, '형/아버지'에 대한 무의식의 반

43 郁達夫, 〈回憶魯迅〉, 上海《宇宙風乙刊》1, 9, 11, 12기(1939년 3월-9월) 및 新加坡《星洲日報半月刊》23. 25, 27기(1939년 6월-8월) 연재 참조. 여기에서는《郁達夫全集》(浙江大學出版社, 2007년) 3권, 317쪽에 의함.

> 역을 실현하였고, '그리스도와 같은' 자아의 동일성, 스스로를 십자가에 못 박은 속죄자를 이루었다. 한 여성/타자와의 조우를 통해, 저우씨(周氏) 형제는 각각 자아의 주체적 상상을 재구축했던 것이다.[44]

그러한 루쉰·저우쭤런 형제의 불화 가운데 아마도 또 한 명의 타자/여성이 있었다면, 그것은 물론 주안(朱安)의 몫이 될 터이다. 적어도 유교적 가족 관계 속에서 시아주버니와 제수의 관계는 여러모로 어려운 관계이지만, 더구나 거기에 그것이 터무니없는 모함이건 서로간의 오해이건 간에 성적 영역의 트러블이 개재된 상황이라면, 루쉰의 비정상적인 부부관계는 당연히 직간접적인 원인 제공의 혐의로부터 자유롭지 못할 것이기 때문이다. 더구나 저우씨 집안의 맏며느리로서, 그리고 루쉰·저우쭤런 형제의 형수로서 그녀가 이 사건에서 맡은 역할은, 루쉰의 표현을 빌면 "시집을 가기 전에 정혼한 남편을 여읜 채 고통을 참고 견디며 여든 살까지 살아가는", '러시아와 같은 그리스도가 없는' 중국의 '이른바 열녀(節婦)'[45]와 다를 바가 없었을 것이므로.

44 馬春花·韓琛,〈"沈默"的他者—"二周失和"敍事中的羽太信子〉,《文藝爭鳴·史論》2011년 5기.
45 魯迅,〈陀思妥夫斯基的事〉,《青年界》9권 2기(1936년 2월) 및《海燕》2기. 여기에서는《魯迅全集》6권, 412쪽으로부터의 인용에 의함.

제4장

위다푸(郁達夫) 소설의 종교성

퇴폐와 참회의 갈등 구조

1. 머리말

위다푸(郁達夫, 1896-1945) 문학의 근대성을 구성하는 핵심적인 사항이라면, 그것은 아마도 성심리의 묘사를 통한 근대적 자아의 정체성 탐색의 측면이 될 것이다. 〈침륜(沉淪)〉을 비롯한 그의 대표적 작품 속에 구현되고 있는 "영육의 충돌 및 변태적 성심리"의 요소를 반봉건적 개성해방과 근대적 자아 추구의 일환으로서 긍정적으로 평가하는 기존 문학사의 서술[1]이 그 전형적인 경우이다. 아울러 이러한 관점은 위다푸의 소설을 서구의 세기말 '퇴폐미학'의 수용 및 '근대 심미적 주체의 창조'라는 측면에서 적극적으로 재조명하는 최근의 평론[2]으로까지 이어지고 있다고 할 수 있다.

그러나, 주지하다시피 그의 소설들은 바로 그러한 성심리 탐색의 퇴폐성 문제로 인해 이미 발표 당시부터 비판의 표적이 되었던 것도 사실이다. 또한 이와 관련된 위다푸 소설 특유의 감상성이나 이른바 '소극적 낭만주의'

---

1 錢理群 외, 《中國現代文學三十年(修訂本)》(北京大學出版社, 1998년), 56쪽 참조.

2 예를 들면 郁達夫 소설 속의 疾病敍事와 頹廢美學과의 내재적 관계에 대한 분석을 통해 근대적 '審美 주체'의 창조적 의미를 탐색한 吳曉東의 〈中國現代審美主體的創生〉(《中國現代文學硏究叢刊》 2007년 3기) 등이 그 대표적인 연구 성과이다.

의 창작 스타일 역시, 흔히 그 문학의 한계 요인으로서 지적되어 오고 있기도 하다. 그러한 의미에서 본다면, 위다푸 소설에 내재된 창작방법상의 모순과 그 '좌절'의 원인을 일본 근대문학의 자연주의 및 '사소설(私小說)'의 영향에 의한 결과로 파악하고 있는, 일본의 중국현대문학 연구자인 이토 도라마루(伊藤虎丸)의 다음과 같은 언술 역시 같은 맥락에서 이해될 수 있는 내용인 셈이다.

> 소설가로서의 위다푸의 좌절의 원인은, 그가 일본 유학을 통하여 '자아 표현'이라고 하는 "사회성을 사상(捨象)함으로써 비로소 성립된" 바의 일본 자연주의-사소설의 방법을 이어받으면서, 한편으로는 한 사람의 성실한 중국 지식인으로서 중국 사회에의 비판이나 반항을 그 문학의 주제로 하지 않을 수 없었다고 하는, "주제와 방법과의 모순"에 있었다(그것은 그가 표현하고자 한 '자아'의 성질이, 전통적인 낙제 문인의 그것을 짙게 남기는 것이었다는 것과 일체를 이루는 것이었다)는 것이었다. ……
> 분명히 이러한 문학의 방법(동시에 사회를 인식하는 방법)으로는, 중국사회의 현실을 구조적으로 파악할 수는 없었으며, 또한 그것은 필연적으로 그의 작가생명을 좌절로 이끌기도 하였다. 그 이유로서, 그는 초월과의 대결을 통해서 자기 속에 새로운 보편적 가치를 형성할 수가 없었고, 그 자아는 봉건적인 것을 남긴 감성적 자아에 머물렀다는 것도 지적할 수 있다.[3]

여기에서 이토 도라마루는 이러한 위다푸 소설의 서사방식 또는 문학사조의 성격을 일종의 "사실주의로 위장된 낭만파 문학"으로 규정함으로써, 결국 "〈침륜〉을 비롯한 그의 이른바 '낭만주의'가 적어도 중국 신문학의 주류로 될 수 없었던 것"[4]이라고 진단하고 있었던 것이다. 그런데, 이토 도라마루의 이러한 위다푸 문학 비평론을 관통하고 있는 것은 기실 그 스스로 밝히고 있듯이 "'다케우치 루쉰'(竹內好의 魯迅—인용자)에 의한 위다푸(실은 일본 근대

---

3 伊藤虎丸, 〈郁達夫と大正文學 , Ⅵ 補說—殘された課題〉, 여기에서는 伊藤虎丸, 《近代の精神と中國現代文學》(汲古書院, 2007년) 417쪽, 424쪽에 의함.

4 伊藤虎丸, 〈郁達夫と大正文學, 序章〉, 같은 책 330쪽.

문학) 비판"이라고 하는 '숨겨진 주제'였다고 할 수 있다. 다시 말해서 위 인용문 후반부에서에서의 '초월과의 대결'을 통한 '보편적 가치'의 형성이란 결국 신과의 만남을 통한 마르크스주의의 체화와 연결되며, 그 매개 고리의 역할을 담당하는 문학의 방법 혹은 사상이 바로 리얼리즘이라고 하는 이토 도라마루의 관점은 기본적으로 그의 루쉰 연구의 관점 및 그 결론을 바탕으로 하고 있었던 셈인 것이다.[5]

그러나, 이러한 결론은 위다푸의 소설을 관통하고 있는 퇴폐와 참회의 갈등구조 속에 깃들인 종교적 의미에 대한 보다 열려진 재조명의 당위성을 제기하는 계기 혹은 문제의식의 출발점이 되어야 한다는 것이 소론의 기본 입장이다. 그러한 의미에서, 이하 소론은 위다푸의 소설이 일본의 근대문학을 매개로 한 서구 세기말 유미-퇴폐주의의 중국적 수용 과정에서, 특히 그 속에 함유된 기독교적 종교성의 변형적 구현 및 일종의 세속화 경향을 흥미롭게 드러내는 텍스트라고 하는 측면을 중점적으로 재검토하려는 의도에서 출발한다. 그리고, 그러한 분석은 중국 현대문학의 기독교적 종교성의 구현 양상에서 나타나는 낭만주의적 창작방법 및 그 문학정신의 특징에 관한 연구 작업의 일환으로서 시도된다.

5 말하자면 伊藤虎丸는 魯迅과 郁達夫의 비교 고찰의 평가 축을 기독교적 종교성과 리얼리즘, 그리고 그러한 창작방법 및 작가정신의 궁극적인 지향으로서의 마르크스주의의 실현을 염두에 두고 있다고 할 수 있으리라. 실제로 1927년 이후 현저해진 '魯迅의 전진'과 '郁達夫의 탈락'에 관한 그 '사상', 혹은 '문학의 방법'상에서의 변별성에 관해, 伊藤虎丸는 竹內好가 魯迅의 문학 속에서 발견해 내고자 한 "종교적인 죄의 의식에 가까운 것", 즉 "어떤 무엇인가에 대한 속죄의 마음"이라고 하는 종교성의 구현 여부를 그 중요한 질적 차이의 근본 요인이라고 상정하고 있었다. 이와 관련한 伊藤虎丸의 기독교적 종교성과 리얼리즘과의 유기적 관련성에 입각한 魯迅 문학의 심층적인 분석의 내용에 관해서는 伊藤虎丸, 《魯迅と終末論—近代リアリズムの成立》(龍溪書舍, 1975년 10월) 및 〈《魯迅と終末論》再說—'竹內魯迅'と1930年代思想の今日的意義〉(《東京女子大學比較文化研究所紀要》 제62권, 2001년 1월). 참조. 여기에서는 앞의 《近代の精神と中國現代文學》 252쪽 참조에 의함.

2. 퇴폐성의 문예사조적 의미

위다푸는《침륜》의 자서(自序) 속에서 이들 작품을 통해 그가 묘사하고자 한 것은 "현대인의 고민, 즉 성의 요구와 영육의 충돌"(《沉淪》) 및 "한 이상주의자의 몰락"(《南遷》)이라고 하고, 그 두 작품을 '연속된 소설'로 보아도 무방하다는 견해를 피력하였다.[6] 그리고, 주지하는 바와 같이 이러한 작가의 관점을 포용하면서 이 작품집에 나타나는 퇴폐성의 의미를 긍정적으로 조명한 아마도 가장 최초의 본격적인 평론으로는 주작인의《침륜》비평을 들 수 있을 것이다.

> 이 작품집에 묘사된 것은 젊은이들의 현대적 고민이라고 하는 것이 보다 확실할 듯하다. 인간은 현실에 만족하지 못하지만, 그렇다고 또한 공허 속에 은둔해 있지는 않으려 하며, 여전히 견고하고 차가운 현실 속에서 얻을 수 없는 쾌락과 행복을 추구하게 된다. 현대인의 비애가 傳奇 시대와 다른 점이 바로 여기에 있다. …… 이른바 영육의 충돌이라고 하는 것은 기실 정욕과 억압의 대항으로서, 영이 우월하고 육은 저열하다는 식의 비판적 의미를 함유하고 있지는 않다. …… 그것의 가치는 무의식적인 자아의 드러냄과 승화된 색정의 예술적 묘사에 있는바, 바로 여기에 진지와 보편이 깃들어 있는 것이다.[7]

여기에서 저우쭤런이 보기에 위다푸 소설의 퇴폐성은 '허무(空虛)'에 대한 생명력의 자기 표출로서 나타나는 현상이며, 그러한 생명의 에너지가 현실의 굴레에서 빗어지는 충돌과 그로 인한 비애를 이겨내려는 몸짓이 바로 '퇴폐'인 것이다. 저우쭤런은 그러므로 위다푸 소설의 퇴폐성은 '전기(傳奇)' 시

---

6 郁達夫,《《沉淪》自序》,《沉淪》(上海泰東書局初版, 1921년) 所收. 여기에서는《郁達夫全集》제10권 18쪽에 의함.

7 周作人,《沉淪》,《晨報副鐫》1922년 3월 26일. 여기에서는 李杭春 外 主編,《中外郁達夫研究文選》(上)(浙江大學出版社, 2006년), 1-4쪽 참조에 의함.

대의 육감적인 욕망과는 변별되는 근대성을 획득하고 있다는 적극적인 평가를 하고 있었다. 이러한 각도에서 볼 때, 위다푸의 소설에 나타나는 현실 일탈과 탈규범적인 몸짓들은, 결코 단순한 육체적 욕망 자체에 대한 탐닉과 몰입에 대한 예찬은 아니었던 셈이다. 저우쭤런이 거듭 위다푸의 문학을 "비록 외설적인 요소가 있더라도 그것은 결코 부도덕한 성격을 지니고 있지 않다"라고 강조했던 것은, 그러한 외설적인 측면조차도 실은 "무의식적인 자아의 드러냄이자 예술적으로 승화된 색정의 묘사", 다시 말하면 내면적 정욕의 탐색을 통한 자아의 발견과 해방의 지향이라고 보았기 때문이었다.[8]

아울러 저우쭤런은 위다푸 문학의 이러한 성격을 특히 근대 서구 문학의 "자연파의 소설과 퇴폐파의 저작"에 속하는 것이라고 평가하였다. 여기에서 '자연파'라는 개념이 일본의 사소설적 창작 경향을 염두에 둔 발언일 것으로 추정한다면, 저우쭤런은 위다푸 소설에 결정적인 영향을 미친 일본문학과 서구 세기말 사조에 관한 중요한 지적을 했던 것으로 이해된다. 그리고 기실 〈침륜〉을 비롯한 위다푸의 5·4기 소설이 추구한 '퇴폐'는, 주지하듯이 구리야가와 하쿠손(廚川白村) 등 일본의 문예비평 및 사토 하루오(佐藤春夫) 등 다이쇼(大正)기 일본문학의 영향을 통한 서구 세기말 퇴폐주의 사조의 수용에 의한 것이었다. 그런데 서구에서의 유미주의·퇴폐주의·상징주의(초기)·'예술을 위한 예술' 운동과 '세기말' 문학 등은 사실상 "같은 원류에서 나온, 동일한 문학사조의 서로 다른 민족, 서로 다른 단계에서의 변형체"라고 볼 수 있다. 그리고 이러한 서구에서의 유미-퇴폐주의에 관한 다음과 같은 성립 배경의 지적은 충분히 주목해 둘 필요가 있다.

> 과학기술-기계문명의 비약적 발전은 진보를 가져 온 동시에 줄곧 이어져 관습화된 기독교 신앙과 전통적 생활 질서로 하여금 심각한 위기에 직면하

8 주지하는 바와 같이, 이러한 周作人의 관점은 이 시기 그가 제창한 '영육일치의 인간'론 속에서 "육체로부터 나오는 생명의 에너지"라는 개념과 연결되는 내용일 터이며, 그런 의미에서는 결국 '창조적 에너지'로서의 '性愛'를 가리킨다고 보아도 무방할 것이다. 졸고, 〈5·4시기 周作人의 基督教 批評談論〉, 《중국어문논총》 제42집(중국어문연구회, 2009년) 참조.

게 했다. …… 바로 이러한 시대적 모순에 민감하면서도 또한 그러한 모순을 극복할 힘이 없고 그러면서도 그런 모순에 굴복하려 들지 않는 일군의 영국 작가들은 미학적 반역의 기치를 치켜들고, 유미-퇴폐에의 길로 치우쳐 이르게 됨으로써, 반사회·반도덕적 격분의 정서를 발산하고, 아울러 유아적(唯我的)·유미적(唯美的) 및 유락적(唯樂的) 도취 속에서 찰나적 쾌감을 추구하였다.[9]

결국 19세기 후반기 서구의 문화적 조류를 형성했던 유미-퇴폐주의는 기독교의 종교적 신앙의 상실로 인한 위기 의식을 그 배경에 지니고 있었던 셈이며, 그런 의미에서 "유미주의의 제 유파는 모두 19세기 후기 종교 신앙이 나날이 쇠퇴하는 황혼 속에서 생겨난 것"으로서, 따라서 유미주의는 종교 신앙을 잃어버린 사람들의 신앙의 대체물로 간주되는, "포스트 낭만주의 문학의 예술종교"[10]가 되었다고도 평가되고 있는 것이다. 그렇다고 한다면, 기독교적 종교문화의 배경을 공유하고 있지 않았던 일본을 통해 수용된 서구 유미-퇴폐주의의 중국에서의 전개 양상은, 결국 이중의 변형적 구현의 요소를 지닐 수밖에 없었다고 상정할 수 있을 것이다.

이러한 각도에서 볼 때, 이토 도라마루에 의한 위다푸 관련 평론에서의 중일 근대 퇴폐문학의 비교 분석은 매우 흥미로운 입각점을 제시해 주고 있다. 즉, 이토 도라마루에 의하면 일본 문학계에서의 '근대의 퇴폐'는 일단 "외적 압박에서 생겨난 고민의 결과"로 간주되면서도, 여기에서 주목되는 것은 그러한 '고민'의 근대적 주체인 작가의 내면세계에 깃들인 '인간의 생명', '아름다운 인생의 애가(哀歌)'였다고 파악된다. 이에 비해 위다푸의 소설에서는 "그러한 시인·천재·예술가를 '압박'·'학대'한 '만악(萬惡)'이 가득한 사회 쪽이 오히려 문제가 되고 있었던 것"이며, 그렇기 때문에 위다푸에게는 현실 변

9 解志熙, 《美的偏至: 中國現代唯美—頹廢主義文學思潮硏究》(上海文藝出版社, 1997년), 6-7쪽.

10 Leon Chai, *Aestheticism: the Religion of Art in Post-Romantic Literature*, Columbia University Press, 1990, 서언, 여기에서는 앞의 解志熙《美的偏至》65쪽으로부터 재인용에 의함.

혁에의 의지와 민족의식의 발현이라는 측면이 강하게 자리 잡고 있었다고 할 수 있다.[11]

다시 말하면, 신해혁명 이후 중국의 현실에서 요청되는 근대화에의 지향과 근대 국민국가 형성의 당위성은 위다푸 소설의 주인공들에게 나타나는 퇴폐의 성격을 일본과 다르게, 그리고 서구 세기말 문학사조로서의 퇴폐주의의 성립 배경인 종교성의 측면에서도 일종의 변형된 양상을 띠게 하는 중요한 요소로 작용하고 있었다고 보인다. 이러한 차이는 위다푸 문학의 유미-퇴폐주의적 경향의 사회·역사적 성격을 규명하기 위한 하나의 흥미로운 단서가 되는 셈이지만, 그것은 동시에 그의 소설에 나타나는 퇴폐성의 내면적 깊이 혹은 문학적 질의 문제와도 관련이 되고 있다는 점을 확인해 둘 필요가 있다. 그것은 바로 서구의 세기말 퇴폐주의에서 나타났던바, "반사회·반도덕적 격분의 정서" 혹은 "유아적·유미적 및 유락적 도취 속에서의 찰나적 쾌감"의 추구가 위다푸의 소설에서는 어떻게 구현되고 있는가하는 문제이다. 잘 알려져 있는 바와 같이 〈침륜〉에서 주인공이 자위행위를 하면서 겪게 되는 자책감과 두려움에 관한 다음과 같은 묘사가 그 일례일 것이다.

> 매주 목·금요일, 혹은 매월 26, 27일 무렵이면, 그는 아예 마음껏 (자위행위의—인용자) 환락에 빠져들었다. 그는 마음속으로 다음 주 월요일 혹은 다음 달 초하루부터는 절대로 죄를 짓지 않으련다고 생각했다. 어떤 땐 마침 토요일이나 월말 저녁이면 이발을 하고 목욕을 하러 갔다, 그것이 바로 잘못을 바로잡고 새로워지는 표시라 여기면서. 그러나 며칠 지나면 그는 다시금 계란과 유유를 먹지 않을 수 없게 되는 것이었다.
>
> 그의 자책감과 공포감은 결국 하루도 그를 편안하게 놔 두지 않았으며, 그

11 일본의 경우 적어도 大正期에는 근대화로 인한 산업화와 민주화의 산물인 도시문명이 형성되어 있었으며, 이 시기 일본에 유학 중이던 郁達夫에게 중요한 영향을 미친 佐藤春夫의 문학에 나타나고 있는바 '인생의 권태', 즉 "있는 그대로의 인생에 대한 따분함"과 "있는 그대로의 자연이나 현실의 평범함에 대한 반감"은 결국 "생활이 유지되고, 욕망이 만족된 過食과 安逸에서 생겨난 타락"이었다는 것이다. 伊藤虎丸, 〈郁達夫と大正文學〉, 《近代の精神と中國現代文學》(汲古書院, 2007년) 所收 355-356쪽 참조.

의 우울증도 그로부터 심해지기 시작했다. 그런 상태가 한두 달 계속되는 동안 그의 학교는 여름 방학이 되었다. 여름 방학의 두 달 안에 그가 겪은 고민은 평소보다 더욱 심했다. 학교가 개학이 되었을 때 그의 양 볼의 광대뼈는 더욱 튀어나오고, 그의 거뭇거뭇한 눈두덩은 더욱 퀭해졌으며, 그의 초롱초롱하던 두 눈동자는 마치 죽은 생선 눈깔처럼 변해 있었다.[12]

이토 도라마루가 이미 지적하고 있는 바와 같이, 이와 같은 주인공의 수음이나 하숙집 딸의 목욕 장면 엿보기 등에서 묘사되고 있는 '적나라한' 성욕의 고백이 실은 다이쇼기 일본의 '반이지주의적 풍조'로부터의 영향이나 자극에 기댄 '문학적 용기'의 산물임은 분명하다고 해야 할 것이다. 그리고 이러한 '성욕 묘사'의 사회적 반향이나 독자의 공감을 불러온 요소가 "봉건도덕의 지배에 대한 과감한 반항이며, 새로운 인간 각성의 소리였다"는 측면, 또한 위다푸에게 있어서는 이러한 주제의식이 궁극적으로는 민족적 모멸감에 대한 저항으로서의 '반제적 주제'의 중심을 이루고 있다는 점 역시 부정할 수 없으리라.[13]

그러나, 다른 한편으로 생각해 보면 위다푸의 소설에서 묘사되고 있는 이러한 성욕의 병태적인 모습이나 퇴폐성의 내용은, 사실상 서구 세기말 퇴폐주의 문학에 내재된 기존 기독교 문화의 청교도적인 금욕의 윤리에 대한 반발 혹은 신앙적 중심의 해체에서 비롯된 허무의식의 수용이라는 측면과 연결되는 요소를 지니고 있음 역시 분명하다. 다시 말하면 서구의 세기말 유미-퇴폐주의는 기독교 신앙에 대한 저항 혹은 그 종교성의 상실에서 비롯된 절망감을 바탕으로 하고 있는 데서 야기되는 실존적 허무의 측면이 있는 데 비해, 일본의 반이지주의적 풍조나 위다푸 소설의 퇴폐성에는 그러한 종교적 측면이 세속화 혹은 담화된 측면을 내포하고 있다는 것이다. 그러한 의미에서 본다면, 기독교의 종교성에 대한 반발 혹은 상실감에서 비롯된 서구의 퇴

12 〈沉淪〉, 《沉淪》(1921. 10, 上海泰東書局初版) 所收. 여기에서는 《郁達夫全集》(浙江大學出版社, 2007년) 제1권 56-57쪽에 의함.

13 伊藤虎丸, 앞의 책 395-396쪽 참조.

폐주의는 결국 극단적인 퇴폐의 몸짓이 자살이나 종교에의 귀의로 귀결이 되지만, 일본 문학에서는 현실세계로부터의 은둔이나 에도 문화에로의 침잠으로 이어지는 경향을 보이고 있는 반면, 위다푸의 문학은 자연에로의 유랑 혹은 "도연명(陶淵明) 등 고대 은사(隱士)의 소극적 반항 방식"[14]에 동화되고 마는 측면을 노정하고 있음이 그 단적인 예라 하겠다.

이러한 각도에서 본다면, 위다푸의 초기 소설에 나타나는 성적 묘사의 병태적 측면의 강조에는 "중국의 전통문화가 인격에 대한 가공의 극단인 일종의 생명 상실의 상태"로서의 성격, 즉 자아 및 민족의 인격문화에 내재된 '잠재적 공포'의 요소가 깃들어 있다는 한 연구자의 지적은 흥미롭다.[15] 다시 말해서 위다푸의 성에 대한 기형적 집착 혹은 퇴폐의 몸짓은 근대적인 전인격적 자아 탐색의 예술적 승화로서보다는, 오히려 진정한 자아 찾기를 가로막는 억압적 기제로부터의 성애에로의 도피라고 볼 수 있다 하겠다. 그렇다면 위다푸의 근대적 자아, 혹은 사회적 자아의 전인적인 실현을 저해하는 요소들은 무엇이었을까. 그 가장 중요한 축의 하나는 근대적 지식인으로서의 자아 정립과 개체로서의 존재론적 삶의 의미를 확립할 수 있는 동력의 모호성이었을 것으로 여겨진다.

실제로 전통적인 문인 사대부의 학문 연마와 인격 수양의 방법으로서의 문(文)은 바로 과거를 통한 사회적 자아의 실현을 위한 계기일 수 있었다면, 근대 중국 사회에서 지식인이 사회적 자아를 구현해 나가는 방법은 다양해졌던 것이 사실이다. 그러나, 위다푸는 전통적인 사대부의 근대적 전환의 과정에서 그러한 자아 실현의 방법을 찾는 데에 일정한 한계를 지녔던 것으로 보인다. 물론 20세기 초 중국인들이 외국 유학을 통해 추구한 목표가 실용 학문의 길을 통한 부국강병, 또는 실업에의 참여를 통한 자기 성취의 길이 그 주류를 이루고 있었으며, 위다푸 역시 그러한 공리적 목표의식을 강하게 지니고

14 張樹鐸·張蘭文, 〈站在社會的對面的人們—卡夫卡的《審判》與郁達夫的《沉淪》的比較閱讀〉, 《安徽文學》 2009년 제1기.
15 李今, 〈郁達夫早期小說中的自卑心態〉, 《中國現代文學研究總刊》 1988년 제4기 참조.

있었던 것은 틀림없었던 것으로 알려져 있다. 이미 이와 관련된 전기적 연구 자료들에서도 나타나고 있듯이, 위다푸는 강한 개성과 자유분방한 예술적 모색의 과정에서도, 어떻게 보면 전통적인 입신출세와 공명의식에 지배를 받고 있었던 측면이 있다.[16] 결국 그에게 있어 문학은 유학생활에서 자신을 억누르는 그러한 공리적 목표 실현으로부터의 일탈과 좌절을 보상하기 위한 부차적 수단으로서의 결과였었던 것으로도 보인다.

그의 초기 소설에 강하게 나타나는 현실 일탈적 퇴폐의 경향이 1920년대 중반을 전후로 점차 사회적 약자에 대한 감정이입적 공감, 혹은 혁명적 대중문학에의 감성적 접근으로 변화하게 되는 내재적 요인은 바로 이러한 그의 내면 세계에서 현실 사회에 대한 자기 실현의 방향에 대한 불확실성과 모호성과 밀접한 연관 관계를 지닌다고도 할 수 있으리라. 그것은 서구 세기말 퇴폐주의가 대체 종교적 신앙의 모색으로서 유미주의적 예술에 몰입하거나 그로부터 좌절함으로써 죽음을 맞이하거나 종교에 귀의하는 양상과는 다른 측면이라 하겠다. 그리고 그러한 변형적 퇴폐성은, 서구와 동아시아 근대 문화의 종교적 전통의 상이성에서 비롯된 어쩌면 필연적인 현상이었다고도 할 수 있을 것이다.

3. 참회의식의 종교적 구도

위다푸의 소설이 그 초기작에서부터 근대적 자아의식의 강렬한 표백을 통해

16 郁達夫는 일본 유학 중이던 1919년 9월 일시 귀국을 하여 '외교관' 시험 및 '고등문관' 시험에 응시하였으나 모두 실패함으로써 '報國無門'의 좌절을 맛보게 되었으며, 그 결과 하는 수 없이 東京帝大 경제학과에 진학하여 유학생활을 계속하게 되었던 것으로 기록되어 있다. 그밖에도 《沉淪》 출간 이후 東京帝大 경제학과 졸업 직후에는 문학부 언어학과에 학사입학 수속을 마쳤으나, 創造社 활동을 위한 郭沫若 등의 간청으로 학문 연구의 계획을 포기한 것으로 알려져 있다. 桑逢康, 《郁達夫評傳》(中國社會科學出版社, 2008년), 14-17쪽 및 66쪽 참조.

인간의 "영과 육의 충돌 및 변태적 성심리"를 그려낸 데에는, 작가 자신의 기존 종교에 대한 의식적인 거부 반응에도 불구하고, 일정한 종교적 참회를 향한 갈등의 구조가 내장되어 있었다고 할 수 있다. 물론 '참회'라는 것은 종교성을 띤 정신작용이며, 특히 기독교에서의 참회에는 신과의 관계 단절에서 비롯된 정신적 허무 또는 절망감을 넘어서기 위한 철저한 자기 부정과 소멸이 전제된다. 그리고 그것은 신과의 관계 회복에서 요구되는 자기중심적 의지나 우월감의 전면적인 붕괴를 의미하기도 한다. 실제로 위다푸의 작품 속에 등장하는 인물들이 직면하고 있는 좌절감과 죄의식, 그리고 그로부터의 구제를 갈망하는 내면의 모습에 대한 묘사는, 분명히 종교적 참회와 구원의 과정을 유추할 수 있게 한다. 그러한 종교적 구도의 매개 고리가 바로 질병에 관한 제재의 운용이다.

주지하는 바와 같이, 〈침륜〉을 비롯한 위다푸 작품의 주인공들은 정신적 공허감과 상처에서 비롯된 우울증 혹은 근대적 질병의 하나인 결핵 등을 통해서 죽음의 위기에 직면하는 것으로 왕왕 그려지고 있다. 그것은 마치 구약성서의 욥이 질병의 구덩이 속에서 그 영혼까지 생명을 잃어가는 모티프를 연상시키기에 충분하다. 위다푸의 소설 속 주인공들을 짓누르고 있는 것은 '적막'과 '공허'와 '고통'이며 그것들은 거의 우울증을 유발하는 요소이지만, 그로부터의 도피를 위한 성애에의 탐닉이나 방랑, 음주에 의한 망각의 시도 역시 그들을 더욱 극심한 신체적 질병이나 죽음에의 충동으로 몰아넣는 악순환의 구도가 이어진다. 그렇다면 그러한 비극적 구도의 돌파구는 무엇일까. 그의 작품을 개괄해 보면, 우선 상정되는 것이 자아의 고독과 절망으로부터 타자와의 유대, 혹은 사회적 약자와의 계급적 연대의식을 통한 이데올로기에의 자기 투사에 의한 문제 해결의 측면이 거론될 수 있다. 그리고 또 다른 하나의 돌파구가 바로 참회와 자아 성찰에 의한 일종의 종교적 구원에의 승화 가능성이다.

그의 초기작인 〈남천(南遷)〉에서 주인공인 '이인(伊人)'이 교회에서 간증하고 있는 내용 중 "심령이 가난한 자는 복이 있나니 천국이 저희 것임이요"(마태복음 5:3)라는 성경 구절에 대한 언급, 즉 "예수의 사랑을 온전히 이룰 수 없는, 그러한 인간이 정신적으로 느낄 수밖에 없는 일종의 한없는 궁핍함"에 대한 해석이 그 한 예가 될 것이다. 여기에서 작가가 전달하고자 하는 바가 단순히 사회적 정의나 도덕을 구현할 수 없는 '가난한 자'에 대한 동정과 위안으로서의 기독교적 종교성의 추구나 긍정만은 아니라고 해야 할 것이다. 왜냐하면 위다푸는 이어지는 대목에서 "현재의 유물적인 부박한 세계에 만족할 수 없으면서도, 그러나 장래의 기쁨의 세계에 대한 희망에는 도달할 수 없는 일종의 세기말(fin de siécle)적 병약한 이상가(理想家)"를 '심령이 가난한 자'라고 설명하고 있기 때문이다. 그리고, 작가는 그러한 인물 형상의 실존적 곤경을 "육체상으로 질병이 있으며, 비록 신의 뜻이 어떠한지, 예수의 사랑이 어떠한지 알고는 있지만, 그러나 끝내 실현할 수 없는" '고통'이라고 표현한다.[17] 여기에서 위다푸가 이야기하고 있는 것은 무한한 신의 사랑을 구현할 수 없는 인간의 나약함, 그 존재론적인 유한성과 자기중심적 한계에 대한 호소였던 셈인 것이다.[18]

그러나, 이러한 위다푸 문학에 내재된 종교적 참회의 성격이 작품 내적 인물의 성격이나 구성과 유기적인 관련성을 그다지 지니고 있지는 못한 것도 사실이다. 흔히 위다푸의 소설 중 기독교적 종교성의 주제의식을 지닌 작품으로 거론되는《길 잃은 양(迷羊)》에서의, 다음과 같은 한 미국 선교사의 입을 빌어 표명되는 참회에 관한 서술이 그러하다.

17 〈南遷〉,《沉淪》(上海泰東書局初版, 1921년) 所收. 여기에서는《郁達夫全集》제1권(浙江大學出版社, 2007년), 133쪽에 의함.

18 이러한 각도에서 볼 때, 여기에서 어쩌면 郁達夫는 인간의 존재론적인 결핍, 즉 "자신의 영적인 비참함과 결핍을 인식하고, 자신이 전적으로 무력하다는 것"을 깨달음으로써 오직 신에 대한 갈망을 통해 구원을 얻으려는 부르짖음, 즉 성경의 이 구절에 대한 사도 바울의 다음과 같은 "오호라 나는 곤고한 사람이로다 이 사망의 몸에서 누가 나를 건져내랴"(로마서 7:24)고 했던 자아에 대한 통절한 죄의식과 회개에의 가능성을 엿보여 주고 있었다고도 볼 수 있으리라.《오픈Ⅱ 주석 성경》(아가페출판사, 1995년판) 신약전서 6쪽 및 249쪽 해설 참조.

> 한번은 그에게 기도와 참회에 대해 이야기하다가 내가 말했다. 우리의 근심을 모두 털어내어 우리보다 더 위대한 목자에게 내어 맡기는 게 좋다, 왜냐하면 우리는 모두가 길을 잃은 양이며, 잘못 든 길에서는 위험도 있고 두려움도 있을 수밖에 없기 때문이다. 오직 숨김 없이 우리가 짊어질 수 없는 위험과 두려움을 그 목자에게 고하고, 그로 하여금 우리를 위해 짊어지고 가게 할 때 우리는 비로소 근심 없이 살아갈 수 있는 것이다.[19]

이 대목에서 길을 잃은 양에게 닥치는 '위험'과 '두려움'이 유한한 인간의 삶에서 직면할 수밖에 없는 절망적 곤경을 암시한다고 할 때, 그 모든 무거운 짊을 신에게 내어 맡김으로써 얻을 수 있는 영혼의 평안을 이 작품은 말하고 있는 셈이다. 그리고 그 길을 잃은 양의 '참회록'이 이 액자형 구성 소설의 속 이야기인 것이다. 그러나, 이 작품의 속 이야기 내용은 한 지식인 젊은이와 전통극 여배우와의 육감적인 사랑의 전개와 그 좌절의 줄거리로 이루어져 있다. 그러므로, 인간의 정욕과 격정이 결국은 삶 전체를 소진시키는 절망의 경계에서, 주인공은 신체의 질병과 정신적 좌절의 상태에 빠지게 되었던 것이며, 그 모든 고통을 '참회'하는 이야기를 통해 새로운 삶의 평안을 얻게 되었다는 것이 이 작품의 메시지인 셈인 것이다. 겉 이야기의 결말이 작중 주인공이 '잃어버린 여인'이라는 제목의 그림으로 파리의 화전에서 입상을 하게 되었다는 영문 잡지의 기사를 중심으로, 결국 이러한 참회와 구원을 통해 인간의 정욕을 예술로 승화시킬 수 있게 되었다는 마무리를 보여 주고 있는 것이, 이 작품을 기독교적 종교성이 구현된 작품으로 평가받게 하는 요인인 것이다.

그러나, 이 작품의 본 줄거리가 "협사소설(狹邪小說과) 귀괴소설(鬼怪小說)의 두 가지 문체가 융합된" 통속소설적 요소를 지니고 있다는 지적[20]이 시사하는 바와 같이, 기실 액자소설 내부의 이야기 속에서 정욕의 굴레에 빠진 주

19 郁達夫,《迷羊》(北新書局, 1928년판). 여기에서는《郁達夫全集》제2권, 141쪽에 의함.
20 田曉菲,〈半把剪刀的銳鋒〉,《讀書》2004년 제4기 참조.

인공이 본원적인 죄의식에 도달한 것으로 보기는 어려운 것도 부정할 수 없는 사실이다. 그런 의미에서 보면 이 작품에서의 기독교적 종교성의 요소는 서사 기법상의 윤리적 윤색의 차원에 머물고 있다는 지적도 가능하다. 작품 속에서 주인공이 겪는 육체적·정신적 고통과 절망은 어디까지나 정욕에 얽매인 결과로서만 그려지고 있을 뿐, 그러한 욕망의 차원을 넘어선 실존적 고뇌의 모습이나 그를 통한 초월적 가치에의 지향은 결코 충분히 제시되지 못하고 있는 것이다. 다만 위다푸의 초기 소설에 나타나는 주인공의 정욕에 대한 작가의 주관적 몰입의 경향으로부터, 이 작품에서는 최소한 등장인물의 객관화에 의한 정욕의 예술적 승화의 가능성을 엿보여 주고 있다는 점만은 분명히 인정되어야 할 것이다. 그리고, 바로 그러한 변화가 위다푸의 1920년대 후기 소설의 새로운 작가의식 구현의 계기일 수 있었다는 사실도 부정할 수는 없다. 이 시기의 작품 중 또 다른 종교적 의미망의 각도에서 긍정적으로 평가되고 있는 〈과거〉의 작품 경향이 그 적절한 예가 된다.

〈과거〉는 어느 남쪽 항구도시의 겨울을 무대로, 호흡기 질환으로 남방의 여러 항구도시를 요양차 방랑하던 주인공 '나'와 예전 알고 지내던 여인과의 우연한 해후를 그린 작품이다. 이웃에 살던 네 자매 중 셋째였던 그녀는 '나'에게 호감과 연정을 품고 있었지만, 그 당시 둘째에게 정신이 팔려 있던 나는 그녀의 진정을 받아들이지 못하고 있었다. 하지만 우여곡절 끝에 이제는 이미 미망인이 되어 나타난 그녀가 여전히 나에 대한 서운함과 회환을 품고 있음을 느끼게 된 나는 어느 저녁 반강제로 그녀를 한 '외국 여관'으로 끌고 들어간다. 그러나 여러 차례 그녀에게 덮치려 해도 응하지 않던 그녀는 끝내 나에 대한 야속함과 서러움에 복받친 울음을 터뜨린다. 그리고 그녀의 속마음과 비애의 이야기를 듣던 나는 마음이 아파온다. 그리하여 마침내 "그녀의 눈물에 나의 사념(邪念)은 깨끗이 사라지고 마음 속에는 아무런 생각도 들지 않게 되었다"는, 육욕의 본능이 내면적 진정성에 의해 승화되는 마무리를 이 작품은 보여 주고 있다. 이 작품의 결말에서 순간적인 성적 욕망을 넘어선 주인공이 상대에 대한 연민과 감사의 마음을 간직한 채, 아름다운 풍경 속에서 그녀와의 이별을 맞이하는 다음과 같은 장면의 묘사가 바로 그 예이다.

> 내가 한참을 조용히 기다려서야 그녀는 고개를 돌려 눈물 어린 눈으로 마치 나를 불쌍해하는 것 같은, 또는 나를 원망하는 듯한 눈으로 바라보았다. 그녀의 그 눈물 어린 시선에 내 마음에는 어찌된 셈인지 사형수가 사면을 받게 되었을 때보다 더 감격스러운 느낌이 들었다. 그녀가 다시 고개를 돌리고 나서도 나는 그녀의 이불 밖에 누워 있었다. 누운 후 두 사람은 다 잠이 들지 못했다. 그러나 나의 마음은 홀가분하게 그리고 묵묵히 날이 밝을 때까지 누워 있었다.[21]

여기에서 '사념'이 사라진, 마치 사면을 받은 사형수보다도 더한 감격은 굳이 말하자면 정념과 자기중심적 애욕이 극복된 뒤에 맞이하는 승화된 연정, 혹은 새로운 생명의 감격이라고도 볼 수 있으리라. 이 시기 위다푸 소설에 나타나는 이러한 정욕의 승화에 대한 예술적 구현의 양상은, "종교와 풍경이 자아의 승화를 촉진하는 중요한 요소를 구성"하는 또 다른 작품 〈늦게 피는 물푸레나무 꽃(遲桂花)〉에서도 잘 드러나고 있다. 동창생의 누이에 대한 순간적인 욕정이 아름다운 산수의 풍경 속에서 여인이 지닌 순박한 생명력에 대한 순수한 사랑의 정감으로 승화되는 이 작품의 결말 부분의 의미는, 말하자면 "승화된 사랑, 초월적인 '대아(大我)'로써 본능적인 욕망을 억압하는 과정"이자, "사랑과 욕망이 분리되는 과정"이며 "더욱 자각적으로 억압을 내재화하는 과정"이라고도 해석될 수 있으리라.[22]

그러나, 각도를 달리하여 보면, 실제 위다푸 작품에서의 이러한 애욕의 승화 결말에 개입하고 있는 기존 도덕·윤리의 작용, 또는 사회적 이데올로기와의 타협에 의한 긴장 해소의 측면 역시 간과될 수는 없을 것으로 보인다. 그것

21 郁達夫, 〈過去〉, 《創造月刊》 제1권 제6기(1927년 2월), 여기에서는 《郁達夫全集》 2권 所收 17쪽에 의함.

22 吳曉東은 郁達夫 소설의 이러한 억압과 승화의 서사방식을 "각성한 신체의 피억압 및 억압 속에서의 승화의 과정"으로 분석하고, 그것을 '기독교와 프로이트 학설'과의 관계망으로서 풀이하고 있다. 吳曉東, 〈中國現代審美主體的創生〉 참조.

은 어쩌면 그의 초기 문학에 나타나는 낭만적 격정과 열정의 쇠퇴 및 소설 창작 소재의 고갈 현상으로도 해석될 수 있겠기 때문이다. 그리고 바로 이러한 측면에서, 위다푸 소설의 퇴폐와 참회의 갈등 구조에 함유된 기독교적 종교성의 실질적 내용 및 그 한계, 그리고 이와 관련한 창작방법으로서의 낭만주의에 관한 보다 심층적인 검토의 필요성이 제기된다고 할 수 있을 것이다.

4. 갈등 구조의 낭만적 종교성

이제까지 위다푸 소설의 퇴폐성과 참회의식의 전개 양상을 살펴보았듯이, 그의 소설은 주로 남녀 간의 사랑을 매개로 한 성적 욕망의 추구와 좌절, 그리고 그러한 욕망에 대한 회개와 승화의 갈등구조를 기본 패턴으로 하고 있었다. 그러나, 그의 소설에서 그러한 사랑의 욕망이 진정한 참회를 통한 초월적 사랑, 혹은 일종의 종교적 구원에로의 가능성을 함장한 영원한 사랑으로 구현되는 경우는 매우 미약하다고 할 수밖에 없다. 그러한 결과는 사실상 위다푸의 소설이 사랑을 테마로 한 낭만주의적 예술성의 종교적 구현의 정점에 다다르지 못하는 중요한 한계 요인과 관련이 된다고 할 수 있다.[23]

이러한 각도에서 위다푸 소설의 퇴폐와 참회의 갈등 구조를 살펴본다면, 그 궁극적인 자아의 극복과 사랑의 구현을 결핍하게 하는 것은 역시 근대적

23 이와 관련한 낭만주의 문학 예술에서의 사랑의 본질에 관해, 예를 들면 헤겔의 미학에서는 서구 낭만주의 문학예술의 핵심적인 전개 구조와 그 이상의 구현 양상을 "主體의 영혼과 神과의 和解"에서 찾고, 그 구체적인 내용에 관해서는 "그것(주체의 영혼—인용자)이 스스로를 버림으로써 신의 몸에서 새롭게 자기를 찾아내며 기쁨을 느끼게 된다"고 보며, "그것이 바로 사랑의 본질, 즉 진정한 친밀의 정감이자, 욕념을 지니지 않은 채 동시에 화해를 가져 오는, 평화롭고 신의 복을 지닌 종교성"이라고 설명하고 있다. 그리고 이러한 사랑은 '고난'과 '가장 참담한 상실' 속에서 오히려 더욱 깊은 "사랑의 정감과 사랑에 대한 믿음"에 도달하게 되는 것임을 강조하고 있다. 나아가 그것은 결국 "사랑을 위한 개인의 독자성의 희생"을 전제로 하는 것이라고 보고 있다. 헤겔《미학》참조, 여기에서는 朱光潛 譯,《美學》(商務印書館, 1979년판) 제3권 上冊, 244-246쪽 참조에 의함.

인 자아의식에의 집착이 아니었을까 생각된다. 다시 말하면, 그의 소설 속 인물들이 끊임없는 방황과 고통 끝에도 인간과 인간의 화해, 혹은 자아와 궁극적인 가치(진선미의 초월적 일치)와의 융합에 끝내 도달하지 못하는 것은, 또는 그것이 결국 피상적 조화의 몸짓에 그치고 마는 것은, 바로 기존의 자아에 대한 철저한 '버림'이 결핍되어 있었던 탓은 아니었을까 생각된다는 것이다. 물론 근대 이래의 인문주의적 가치관에서 본다면, 그러한 자아의식은 독립적 가치를 지닌 근대적 자아의 탄생을 향한 미학적 모색이나 혹은 사회정치적 이데올로기의 내재화를 통한 사회적 자아의 구현으로서, 그 나름대로의 적극적인 의미를 부여받을 수도 있을 터이다.

실제로 1927년을 경계로 한 위다푸의 작가적 변화, 작품 창작 경향상의 일련의 새로운 모색이 그러한 근대적 예술미 및 작가의식의 확장에로의 가능성을 내장하고 있었던 것은 확실해 보인다. 적어도 1920년대 후반부터의 그의 소설은 기존의 낭만주의적·자전적 문학의 성향으로부터 리얼리즘적·대중적 문학에의 전환을 시도한 것은 분명하다. 《그녀는 약한 여자였다(她是一個弱女子)》(1932)·〈도망(出奔)〉(1935) 등이 그러한 변화의 구체적인 결과물이었던 셈이라 하겠다. 이들 작품은 이미 1인칭 자기고백적 서사 방식으로부터 3인칭 객관적 시점 및 인물 묘사에로의 전환, 그리고 중요한 역사적 사건들을 배경으로 인물 운명의 곡절 등이 긴 호흡의 편폭으로 그려지고 있는 점 등에서, 이미 어느 정도 리얼리즘 소설로의 변모를 보여 주고 있다. 그러나, 이러한 작품 창작 경향상의 변화에도 불구하고 이들 작품의 기본 갈등 구조의 한 축은 역시 남녀간의 정욕에 의한 퇴폐 혹은 타락이라는 점이 간과될 수는 없다. 다시 말하면 위다푸는 이른바 사회·정치적 이데올로기의 내면화의 과정에도 역시 그 기본 축은 인간의 정욕이라는 구도를 견지하고 있었던 셈인 것이다.

여기에서 특히 주목되는 것은 이러한 정욕을 중심으로 한 갈등 구조와 낭만주의 및 리얼리즘 등 문학사조와의 관련성 문제이다. 결론부터 당겨 말하자면, 위다푸의 소설은 낭만적 자전소설이건 리얼리즘적 객관성을 추구한 사회소설이건, 그 문학사조의 창작방법 혹은 사회인식 방식의 차이에도 불구하고 인간 내면의 정욕을 축으로 한 인물 형상화의 특징을 지속하고 있었다는 사실이다. 그리고 이러한 인물 묘사의 바탕에 깃들인 것은 참회에 의한 퇴폐성의 구제와 구원에의 전망이 매우 불투명하다는 점에서도 드러나듯이, 실은 작가의식을 지배하고 있는 삶에 대한 허무의식이 아니었을까 생각된다. 그런 점에서 1920년대와 1930년대 전반기까지의 위다푸의 소설에는 유미-퇴폐주의적 근대성 및 상징주의, 모더니즘적 문학사조의 요소가 리얼리즘과 혼재되어 있었다고도 보인다. 그러므로, 이 시기 위다푸가 리얼리즘의 창작방법에 의해 등장인물들의 사랑의 갈등을 사회 역사적 맥락에서 객관화하고자 시도한 결과에 스스로 불만족스러워 한 데에는, 창작방법의 틀을 넘어선 작가의식 내면의 갈등 요소에 의한 필연성이 개재되어 있었다고 할 수 있으리라.[24]

이러한 각도에서 볼 때 이 시기 위다푸 소설에서 형상화되고 있는 정욕의 실질적인 내용의 이해를 위해서는, 예를 들면 그의 초기 소설에서 분석되고 있는 바와 같이 "주인공의 내면심리의 가장 깊은 것은 결코 실제로 사랑이 아니라 자아"이며, "실연이 그들에게 주는 타격은 사랑으로 인한 것이라기보다는 자신이 남보다 열등하다는 것에 두려움에 인한 것"[25]이라고 하는, 말하자면 작가 자신 혹은 작중 인물들을 지배하고 있는 일종의 '열등 심리 상태(自卑心態)'에 대한 탐색이 필요할 수도 있다. 다시 말해서 위다푸 소설의 주인공들이 보여 주고 있는 정욕의 갈망과 좌절의 갈등 구조는 상대방에 대한 진실된 사랑에서 비롯된 것이 아니라, 자기중심적 욕망의 충족을 위한 공격적 대상으로서의 이성(異性)에 대한 갈망이며, 그 좌절 역시 바로 자아에 대한 이기적 집착에서 비롯된 필연적 결과의 성격을 띠고 있음을 간과할 수는 없다. 그

---

24 실제로《她是一個弱女子》의 작가 후기에서 밝히고 있는 다음과 같은 표백이 그 한 예가 될 것이다. "《她是一個弱女子》의 제재는 1927년(《日記九種》 제 51쪽 1월 10일 참조)에 이미 구상이 된 것이지만, 그 후 여러 곳을 유랑하면서 결국 그것을 써 낼 여유가 없었다. …… 지금과 같은 소설을 쓰는 데 십여 년의 세월이 흐른 것이지만, 이번 소설을 쓸 때만큼 심경이 열악한 적은 일찍이 없었다. 그러므로 이 소설은 아마도 내 작품 중에 가장 열악한 작품이 될 것이다." 郁達夫, 〈《她是一個弱女子》 後敍〉(1932년 3월 집필). 여기에서는《郁達夫全集》(浙江大學出版社, 2007년) 제2권 354-355쪽에 의함.

25 李今, 〈郁達夫早期小說中的自卑心態〉 참조.

리고 이러한 측면에서 위다푸 소설의 참회의식을 분석한다면, 그것은 사실상 내면의 심층심리에 깃들인 열등감의 근원으로서의 일종의 '원한'에서 비롯된 성격을 지닌다고 여겨진다.

즉, 위다푸는 자신의 욕망을 억압하는 혹은 좌절시키는 대상이나 기제에 대한 원한에서 그 복수를 갈망하지만, 그러한 복수를 실현할 수 없는 스스로의 무능과 연약함으로 인해 그 복수의 욕망을 전환시킬 수밖에 없는, 일종의 자기 정화의 과정을 거치게 되며 그것이 일단 종교적 참회의식의 형태를 띠고 나타난다고 볼 수 있다는 것이다. 그러므로, 그의 작품 속에 등장하는 인물들의 참회의식과 행동 속에는 종교적 참회에서 핵심적인 전제가 되는 자아에의 집착과 교만의식의 철저한 배제가 결핍되어 있다. 아니 어떤 의미에서는 그러한 자아의식과 교만의 극복조차도 실은 인간의 의지나 결단으로는 결코 이루어질 수 없으며, 바로 그렇기 때문에 자아를 넘어선 절대적인 초월자를 향한 자발적인 순종과 귀의야말로 참회의 본질이라는 사실에 대한 확인이 누락되어 있는 것이다. 이러한 측면에 주목하여 본다면, 위다푸에게 있어서는 자기 참회의 '고백'조차 본질적으로는 '자아 주장'이었다고 하는 이토 도라마루의 다음과 같은 비평적 관점 역시 그 나름의 타당성을 지닌다고도 할 수 있으리라.

> 그의 고백은 하나의 '참회'였으나 그것은 기묘하게도 '자기 비평'으로부터 나온 것이 아니라, 오히려 '자기 부정'·'자기 포기'로부터 나온 것이었다. 그러므로 그의 문학에는, 예를 들면 루쉰의 〈광인일기〉 등에 단적으로 보이는 것과 같은 '피해자'가 동시에 '가해자'였다고 하는 인식은 없다.[26]

그러한 각도에서 위다푸 문학의 일관된 특징인 인간의 정욕에 대한 탐색과 그 예술적 형상화의 특징과 관련된, 어떻게 보면 그러한 창작 경향의 원점이라고도 할 수 있는 구리야가와 하쿠손(廚川白村)의 '고민의 상징' 예술론은

---

26 伊藤虎丸, 〈郁達夫と大正文學〉, 앞의 책, 412쪽.

여전히 중요한 의미를 지니고 존재한다고 보인다. 즉 위다푸 문학의 정욕은 구리야가와 하쿠손 예술론에서의 억눌린 '생명력'을 구성하는 동력이면서, 그러한 생명력이 외부적 현실 혹은 정치적 이데올로기나 계급의식 등과 연결되면서, 어떻게 보면 정욕의 승화를 가능케 하는 '억압'의 내면화, 그리고 그를 통한 근대적 주체의 형성을 끊임없이 모색했다고도 볼 수 있으리라. 다시 말해서 위다푸의 문학에서 억눌린 생명력의 예술적 상징화를 촉발하는 계기로서의 억압 구조에는 사실상 여러 가지의 요소가 있었다고 한다면, 그의 참회에 의한 종교적 승화의 기제로서의 '기독교' 역시, 그러한 억압을 내면화하는 다양한 기제의 하나에 불과했었다고 볼 수도 있을 터이다.

그리고, 기실 위다푸의 소설에서 기독교와 직접 관련된 인물이나 공간 배경이 설정된 작품이 많은 것은 아니다. 그런데, 〈남천〉·《길 잃은 양》·《신기루(蜃樓)》·〈자귀나무 꽃 필 무렵(馬纓花開的時候)〉 등 구체적인 기독교 관련 공간이 설정된 작품에서의 기독교는 공통된 특징을 지니고 있는바, 우선 서양 선교 단체 관련의 병원으로 설정되어 있다는 점이다. 말하자면 기독교는 정욕의 억압과 좌절로 인한 신체의 질병을 치유하는 과정을 통해, 그리고 그를 통한 새로운 정신적 자아의 정체성 탐색과 정욕의 승화를 위한 가능성 모색의 기제로서 그려지고 있다는 것이다. 물론 이들 작품에서의 기독교 선교 관련 병원의 배경이 근대적 서구 문명의 일부로서, 말하자면 선진적인 서양 문화 수용의 한 패턴으로서 설정되고 있는 측면은 분명히 존재하고 있다. 그러므로 일부 1920-30년대 중국 현대작가들의 경우처럼 반제국주의적 관점에서 서구의 기독교 선교 단체나 선교 사업에 관한 적대적 반감이나 비판적 시각을 표출하는 창작 경향에서는 일단 벗어나 있다. 그러나, 그의 작품에서도 결코 기독교의 원죄의식이나 참회의식에 의한 인간 영혼의 재생과 구원의 매개로서의 종교적 신앙에 관해서는 깊이 있는 묘사가 이루어지지 못한 것으로 보인다.

다시 말하면, 인간의 본원적인 생존의 유한성이나 허망함의 극복을 위한 종교적 구원에의 갈망이 충분히 형상화되지 못하고 있는 요인은, 바로 서구의 근대가 이룩한 물질문명의 성과나 개인의식의 신장에도 불구하고 여전히 해결되지 않는 종교적 신앙의 결핍감 자체를 위다푸의 소설은 피상적으로밖에는 제시하지 못하고 있다는 사실인 것이다. 여기에는 서구의 근대 자체가 안고 있는 기독교적 신앙에 대한 회의와 위기의 증상을 위다푸가 간접적으로나마 공유하고 있다는 점 외에도, 기독교의 문화와 종교적 전통이 결여된 중국의 지적 풍토와 문화 구조가 직접적인 작용이 되고 있었다고 해야 하리라. 혹은 여기에서 위다푸의 문학 세계에서 "그의 창작 중 이미지의 선택, 무드의 창조, 정서, 미감을 잠재적으로 규정하고 있는", 중국 전통 문학의 '미학적 특징'과 관련된 '동양식 문인'의 '인생에 대한 심미적 태도'가 거론될 수도 있을 것이다.[27] 그리고, 그러한 문화적 배경의 제한성을 야기한 매개적 역할을 한 것이 특히 1910년대 다이쇼기 일본의 문화 조류였던 셈인 것이다.

5. 맺음말

이제까지 위다푸 소설의 기독교적 종교성의 구현 양상과 그 낭만주의적 특징 및 한계에 관한 분석을 시도하여 왔다. 그리고 여기에서 이토 도라마루가 지적했던바 위다푸의 문학에 잔존하는 "초월과의 대결을 통해서 자기 속에 새로운 보편적 가치를 형성"하지 못한 '감성적 자아'의 한계라는 문제에 관해 최종 검토를 할 필요가 있을 것으로 보인다. 우선 이미 앞에서도 살펴보았듯이, 위다푸 문학에서의 삶에 대한 허무의식과 자기 한계 극복의 좌절에 관한 이러한 부정적인 평가가, 과연 리얼리즘의 창작방법이나 마르크스주의의 수용에 의해 긍정적인 평가로 변화될 수 있었을지에 대해서는 이론의 여지가 있을 것으로 보인다. 적어도 위다푸의 소설에서 추구되고 있는 실존적 고뇌

27 趙園, 〈郁達夫: 在歷史矛盾與文化衝突之間〉, 여기에서는 《論小說十家》(浙江文藝出版社, 1987년), 327쪽 및 333쪽 참조에 의함.

의 종교적 초월에 관한 불철저성이 낭만주의 자체의 창작방법적 한계에 의한 것은 아니었기 때문이다.

그 한 예로서, 이미 앞서 지적한 바와 같이 그의 초기 소설인 〈남천〉에서 주인공의 질병에 의한 죽음을 암시하는 마지막 장면에서 유추될 수 있는 허무의식은, 결국 주인공 자신이 교회의 설교에서 갈파한 예수의 산상수훈을 실현할 수 없는 한계, 다시 말하면 "일종의 세기말적 병약한 이상가"로서의 좌절로부터 야기된 필연적인 결과로서 그려지고 있는 점을 들 수 있을 것이다. 그리고 그러한 결말이야말로 "위다푸가 매우 숙련되게 양날의 칼을 휘둘러, 주인공으로 하여금 저들 기독교 교도들과 마찬가지로, 풍자와 조롱을 받지 않을 수 없게 만들었다"[28]는 분석을 반증하는 것임에 틀림없다. 결국 위다푸는 "사실주의로 위장된 낭만파 문학"의 서사방식에 의해, 오히려 세기말적 퇴폐 유미주의의 허무와 절망의 한계를 넘어서는 내재적 동인으로서의 가능성을 보여 주고 있었던 셈인 것이다.

그리고 그러한 내부적 동력은 리어우판(李歐梵)이 위다푸 문학의 낭만주의적 성격을 분석하면서 다음과 같이 언급한 바대로, 위다푸의 심층심리에 자리하고 있던 '악마'와의 격투를 가능케 하는 힘이기도 하였을 것이다.

> 위다푸의 창작의 목적은 요괴를 내쫓기 위해서였으며, 상상 속의 청중을 향해 까발리는 방법을 통해 그 자신의 내면 심리 깊숙한 곳의 악마를 쫓아내려는 것이었다. 참회는 그가 자신의 감정을 정화하는 수법이었던바, 그가 모든 약점을 폭로한 후에, 그는 편히 지낼 수 있는 느낌이 들었을 것이었다.[29]

소론에서는 이미 앞의 본문 속에서 위다푸의 심층심리에 자리 잡고 있을 것으로 여겨지는 "자신의 욕망을 억압하는 혹은 좌절시키는 대상이나 기제에 대한 원한"을 언급한 바 있다. 위다푸의 작가 생애 내내 그 자신의 내면 깊

28 路易斯·羅賓遜 著, 傅光明·梁剛 譯《兩刃之劍》(業强出版社, 1992년), 32쪽에 의함.
29 李歐梵,《中國現代作家的浪漫一代》. 여기에서는 陳子善·王自立,《郁達夫研究資料》(三聯書店·花城出版社,1986년), 580쪽에 의함.

숙이 똬리를 틀고 있었을 그러한 원한, 그러면서도 그러한 원한에 대한 복수의 욕망을 실현할 수 없는 스스로에 대한 절망과 혐오, 그러한 무엇인가를 만약 '요괴' 혹은 '악마'라고 부를 수 있다면, 위다푸 소설 속의 '수난자(受難者)' 형상의 인물들은 결국 그러한 요괴와 악마에 의해 육체적 질병과 정신적 몰락에 의한 죽음을 맞이하는 것으로 그려졌던 셈인 것이다. 그리고, 이러한 수난자들에게 "열성적인 마음으로 도움과 관심"을 베풂으로써 "그리스도의 빛을 그들의 몸에 비춰 주는" '구원자(拯救者)' 형상들이 그의 일부 기독교 관련 제재의 소설 속에서는 분명히 묘사되고 있었다.[30]

그런 의미에서 본다면 위다푸의 소설은 이토 도라마루가 언급한 '초월과의 대결'을 그 나름의 '방법'으로 지속하고 있었다고 해야 할 것이다. 물론 "기독교의 초월적 계시성과 구원의식에 관해서는 일정한 유보적 입장을 견지"[31]하게 했던 것이 루쉰의 작가정신을 규정하고 있던 리얼리즘적 창작방법의 소산이었다고 한다면, 위다푸의 문학은 적어도 퇴폐와 참회의 갈등 구조를 통한 종교적 구원에의 잠재적 가능성을 결코 거부하지는 않았으며, 그러한 작가정신의 지속은 유미-퇴폐주의 및 낭만주의의 종교적 성립 배경과 결코 무관하지는 않았다고 하는 것이 소론의 결론인 셈이다. 그의 초기 소설 속에서 그려지고 있는 종교적 구원에의 소망이 담긴 다음과 같은 풍경의 상징성이 바로 그 한 예이다.

> 장래에 대해 희망을 품고 있는 사람, 그의 머리 위에는 밝은 별이 한 개 있어, 거기에서 길을 인도하고 있다. 그가 비록 암흑의 사막 가운데를 가고 있을지라도, 그러나 그의 마음속에는 결국 한 유대인의 주가 존재함으로써, 그리하여 그의 삶은 끝내 의미가 있게 되는 것이다.[32]

---

30 이러한 郁達夫 소설 속에서의 기독교적 종교 색채의 구현 양상에 관한 구체적인 분석의 성과로서는 楊劍龍, 〈論郁達夫小說的宗教意味〉(《江西社會科學》 2008년 10월) 참조.

31 魯迅 문학의 기독교적 종교성에 관한 리얼리즘 창작방법과의 연관성에 관해서는, 졸고 〈魯迅 文學의 宗教性—도스토옙스키론을 중심으로〉(《중국어문논총》 39집, 2008년 12월) 참조.

32 〈空虛〉, 原題는 〈風鈴〉, 《創造季刊》 제1권 제2기(1922년 8월). 여기에서는 《郁達夫全集》 제1권 176쪽에 의함.

제2부

혁명과 전쟁 시기의 원한과 구원의식

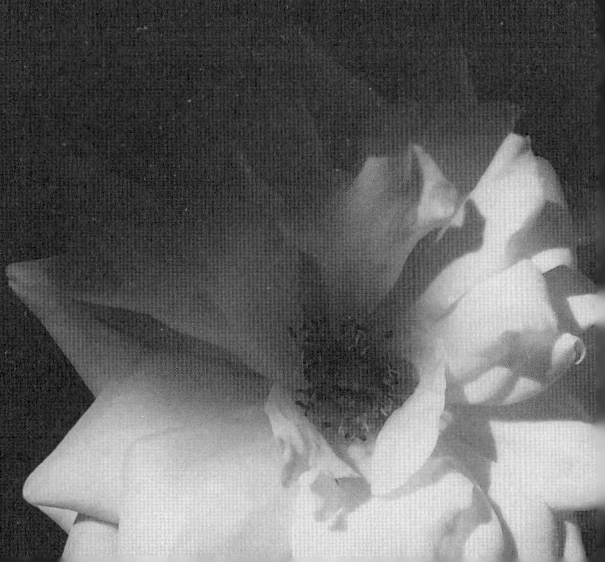

제5장

라오서(老舍) 《고양이 나라 이야기(猫城記)》의 종교적 상징성

1. 머리말

라오서(老舍, 1899-1966)의 동물우화적 장편소설 《고양이 나라 이야기(猫城記)》(1933)[1]는 중국 현대문학사에서나 라오서의 작품 세계에서 그다지 주목을 받지는 못하는 작품이다. 실제로도 이 소설의 예술적 완성도에 관해서는 발표 당시부터 많은 논의가 있어 왔다. 동 시기의 관련 평론 중, 예를 들면 이 작품을 '통속 신문의 사설' 혹은 '화장을 한 강연'이라고 혹평을 한 리창즈의 비평 등이 그 예이다. 그러나, 그러한 리창즈조차 이 작품이 지닌 중국의 '국민성'에 대한 풍자의 깊이를 루쉰의 문학과 비교하면서 그 작가적 개성의 특징에 주목하였던 것도 사실이다.[2] 그만큼 라오서의 이 소설은 1930년대 중국 현대문학사에서 쟁점이 될 만한 요소를 내장한 작품이었던 셈인 것이다.

그리고 기실 이 작품은 그 내용상의 광범위한 문명 비판 및 사회 비판, 특히 마르크스주의에 대한 비판과 풍자적인 묘사로 인해, 작품이 발표되던

1 《猫城記》는 1932년 8월부터 1933년 4월까지 잡지 《現代》에 게재되었으며, 같은 해 8월 現代書局에서 단행본으로 출간되었다. 이 글에서는 이하 《老舍文集》 제7권(人民文學出版社, 1984년)의 판본에 의거함.

2 李長之, 〈《猫城記》〉, 《國聞週報》 제11권 제2기(1934년 11월) 참조. 여기에서는 郜元寶·李書 主編, 《李長之批評文集》(珠海出版社, 1998년), 180-188쪽 수록 자료에 의함.

1930년대 이래 계속해서 논의의 표적이 되기도 하였다. 아울러 작품에 관한 작가 스스로의 평가 역시 처음에는 나름대로의 긍정적인 입장에서 점차 부정적인 방향으로 변화되어 간 것도 자못 흥미로운 현상이다. 그 연장선상에서 결국 신중국 성립 이후 문화대혁명 기간 중 이 작품은 마침내 '매국적 반동소설'로 매도되는 수난을 겪기도 하였으며, 연구자에 따라서는 이 작품이 라오서의 죽음을 초래한 비극적 요인의 하나라고 보고 있기도 하다.[3]

그러나 이《고양이 나라 이야기》가 라오서 초기 작품의 유머적 창작 스타일로부터 후기 작품의 엄숙한 리얼리즘적 창작 스타일로의 전환 궤적을 생생하게 드러내는 소설인 것만은 분명한 사실이다. 즉 라오서의 작품세계 전체를 아우르는 전면적 연구를 위해서 이 소설의 분석은 필수적인 과제인 셈이다.[4] 특히 이 작품은 라오서의 소설에 나타나는 유머와 풍자성의 변형적 계승의 측면과 함께, 종교적 상징성 등 서구 문학으로부터의 영향에 관한 매우 적절한 텍스트 분석 자료로서의 성격을 내장하고 있다. 그중에서도 이 작품에 관한 분석의 핵심적인 의미는 기독교의 종교적 가치관에 바탕을 둔 작가의식의 구현이라는 점에 있다는 것이 소론의 기본 입장이다.

물론 라오서의 문학에 함유된 기독교적 종교성에 관한 연구는 1990년대 이래 라오서 문학 연구의 주요 화두가 되어 오고 있다. 다만 이제까지 라오서 문학의 종교성에 관한 연구의 중심축은 1920년대 전반기 작가의 종교 체험, 그리고 1920년대 후반 영국 체재기에 발표된 일련의 기독교에 대한 풍자적 제재의 작품에 집중되고 있는 것으로 보인다.[5] 그런 점에서 본다면, 라오서가

3 이 작품에 관한 老舍 자신의 평가에 나타나는 변화의 양상과 신중국 성립 이후의 전면적인 부정에 이르는 과정에 관해서는 關紀新,《老舍評傳》(重慶出版社, 1998년), 167-178쪽 및 袁良駿,〈諷刺傑作《猫城記》〉,《齊魯學刊》1975년 제5기 참조.

4 《猫城記》에 관한 국내의 연구 논문으로서는 金宜鎭,〈老舍《猫城記》研究〉,《中國文學》제22집(1994년) 및 김태만,〈《묘성기(猫城記)》의 풍자적 글쓰기〉,《중국어문논집》제12집(1997년)이 있다.

5 실제로 영국 체재기에 씌어진 老舍의 초기 작품 속에 묘사되고 있는 기독교와 관련된 내용은 주로 중국 기독교도들의 기회주의적 행태나 서구 기독교인들의 오만하고 자기중심적인 모습에 대한 풍자와 비판의 측면에 그 초점이 맞춰져 있는 것으로 보인다. 이와 관련된 국내의 연구 성과로는 吳淳邦,〈老舍 小說과 基督敎〉,《中國語文論譯叢刊》제13집(2004년) 참조.

1932년에 발표한 기독교 신앙 관련의 강연 문건 〈선으로 악을 이기라(以善勝惡)〉가 최근 발굴되면서, 1930년대에 이르러서도 라오서의 작가의식 속에 기독교가 여전히 그 중심축을 이루고 있음이 확인된 것은 중요한 연구 성과라고 하지 않을 수 없다.[6]

특히 이러한 작가의식이 바로 같은 시기에 씌어진《고양이 나라 이야기》를 통해 그 예술적 형상화가 시도되고 있었다는 점은 매우 시사적이다. 실제로도 이《고양이 나라 이야기》가 지닌 실험성과 일종의 문화 비판적 알레고리성을 가능케 하고 있는 동력은 바로 이 작품의 종교적 요소라고 할 수 있다. 즉 이 작품은 중국 사회 현실의 암흑에 대한 비판적 예언성과 함께, 일종의 묵시문학적 상징성 및 구원의식의 역설적 가능성을 내장하고 있다고 하는 것이 소론의 출발점이다. 그러한 의미에서 이 작품의 종교성에 관한 집중적인 분석과 재고찰은 라오서 문학의 심층적 작가의식에 대한 새로운 연구의 지평을 확장하는 계기가 될 것으로 기대한다.

2. 라오서 문학의 기독교적 의미망

라오서의 문학을 생각할 때 우선 떠오르는 것은 베이징 서민문화의 체현이라는 창작 스타일, 이른바 '베이징 문화의 인문적 풍경'[7]에 관한 측면이다. 그러한 측면과 비교하여 본다면 라오서의 문학과 기독교의 관계는 그다지 구체적인 개연성이 떠오르지 않는 것이 사실이다. 그러나 라오서의 전기적 연구에서도 이미 잘 밝혀져 있듯이, 1922년 베이징 강와스(缸瓦市) 교회에서 세례

6 劉濤,〈老舍的基督敎信仰與救世觀及其他〉,〈老舍佚文三篇輯校〉,《中國現代文學研究總刊》 2010년 제2기 참조.
7 錢理群 외,《中國現代文學三十年(修訂本)》(北京大學出版社, 1998), 187-188쪽 참조.

입교를 한 라오서가 20대 초반에 전개한 종교 활동이 갖는 의미는 중요하다.[8] 우선 이 무렵은 5·4 퇴조 이후 중국 사회가 새로운 변혁을 향해 진통을 겪고 있던 전환기적 시기이며, 특히 1922년은 중국의 지식인 사회에서 전국적인 규모로 이른바 '비기독교 운동'이 전개되던 시기이다. 말하자면 이 시기 젊은 지식인 라오서가 기독교를 자신의 신앙으로 받아들인 것은, 기독교에 대한 비판의식이 첨예한 사회적 이슈가 되고 있던 시대적 흐름 속에서 이루어진 나름대로의 중요한 인생의 선택이요 결단이었던 셈인 것이다.

아울러 잘 알려져 있듯이, 1924년부터 1929년까지 그가 영국 런던대학의 동양학 학교(東方學院, School of Oriental Studies)에서 교편을 잡으며 영국문학과의 영향 관계 속에서 창작을 시작하게 된 것이나, 또한 귀국 이후에 서양 기독교 재단의 미션스쿨인 치루(齊魯) 대학의 교수로 재임하면서 1930년대 문단에서 독자적인 작가활동을 전개할 수 있었던 것도, 기실은 기독교 관련 단체의 후원과 인적 관계망에 의해 가능했던 것이라는 점 역시 간과될 수는 없다. 어떤 의미에서 1930년대 라오서 문학은 기독교적 종교성 또는 기독교 문화와의 관련성을 배제하고는 그 심층적인 분석과 평가가 일정한 한계를 지닐 수밖에 없다고도 할 수 있을 것이다.

그러한 의미에서 본다면, 만주사변이 일어난 지 1주년이 되는 1932년 9월 18일 일요일에 행해졌을 것으로 추정되는 강연 〈선으로 악을 이기라〉의 내용은 매우 중요하다.[9] 강연 일자에서도 추측되듯이, 이 강연은 9·18 만주 사변과 1·28 상하이 사변 등 일본의 중국 침략에서 비롯된 민족적 위기의식을 그

8 이 시기에 라오서가 저술한 주일학교 아동 교육 및 교회 조직의 중국화에 관한 보고서 등은, 특히 기독교와 관련된 작가 라오서의 민족의식 및 기독교 신앙의 현실적 구현에 관한 라오서의 관심이 투영된 결과로 평가될 수 있을 것이다. 이와 관련된 1920년대 라오서의 기독교 관련 종교 활동에 대해서는 張桂興, 《老舍資料考釋(修訂本)》(中國國際廣播出版社,2000년) 참조.

9 劉濤의 〈老舍的基督敎信仰與救世觀及其他〉에 의하면, 老舍의 이 강연은 1932년 9월18일의 한 교회학교의 주일 예배에서 행해진 '전도 강좌'였을 것으로 추정되며, 《河南中華聖公會會刊 》 제5권 제5기(1932년) '講壇'란에 '舒舍予 강연, 單倫理 기록'이라는 서명으로 게재되었다.

시대적 배경으로 하고 있다. 특히 그러한 위기 상황에서도 아무런 '진보'적인 대응을 하지 못한 채 '내부의 정치·외교·교육'의 낙후를 노정하고 있는 당시의 시대 상황에 대해, 라오서는 이를 총체적인 현실 악으로 규정하고 신랄한 비판을 전개하고 있었다. 그런데 여기에서 흥미로운 것은 그러한 사회·역사적 모순의 원인 및 그 극복 방향에 대한 다음과 같은 라오서의 관점이다.

> 오늘날의 사회가 열악한 사회라는 것, 그것은 누구나가 인정하는 바입니다. 그러나 우리가 그 열악한 원인을 생각해 보면 대답은 한결같지 않습니다. 경제의 곤란이 조성한 것이라고 하는 사람도 있고, 과학이 발달하지 못해 그렇게 만든 것이라고 하는 사람도 있고, 또 농촌이 파산된 결과라고 하는 사람도 있습니다. (그러나—인용자) 그것들은 부분적인 이유입니다. 그 가장 중요한 원인, 사람들이 모두 승인해야만 하는 원인은 바로 '사람들의 마음이 선하지 못하다(人心不良)'는 것 때문이라고 우리는 말해야 할 것입니다.[10]

즉 이 강연에서 라오서는 당대의 중국 사회가 직면한 위기의 근본 원인을 사람들의 정신적 궁핍과 도덕적 타락에서 찾고 있었으며, 따라서 그 근본적인 문제의 해결 방향 역시 사회현실의 구조적 변혁보다는 개별적 인간들의 심령의 변화와 종교적 신앙의 확립에서 모색하고 있었다. 그리고 그것은 결국 종교적 신앙에 입각한 '선'으로써 사회 현실의 '악'을 이겨낸다고 하는, 다음과 같은 기독교적 선과 악의 대립구도라는 시대 인식을 바탕으로 하고 있었던 것이다.

> 우리가 세상을 구원하고자 한다면, 작은 힘으로 바뀔 수 있는 것이 아닙니다. 우리는 큰 결심을 하지 않으면 안 됩니다. 악으로는 악을 이길 수 없으며, 묻지 않아서도 악을 이길 수 없습니다. 오직 선으로만 비로소 악을 이길 수 있으며, 선을 우리의 신앙 중심으로 해야 합니다. 이와 같이 사람들이 모

10 老舍, 〈以善勝惡〉. 여기에서는 劉濤, 〈老舍佚文三篇輯校〉, 같은 글, 192쪽에 의함.

> 두 악을 알아야, 사람들의 마음이 비로소 돌이켜질(挽回) 희망이 있게 되는 것입니다.
>
> ……
>
> 그러면 어떻게 해야 할까요? 로마서 12장에서 바울이 말한 것처럼, 오직 마음을 새롭게 함으로 변화를 받아 하나님의 선하시고 기뻐하시고 온전하신 뜻이 무엇인지 분별해야 합니다(只要心意更新而變化，察驗何爲上帝的善良，純全可喜悅的旨意—밑줄 인용자).[11]

잘 알려져 있듯이, 위 인용문에서 라오서가 결론으로서 제시하고 있는 밑줄 친 부분의 내용은 그 앞에 나오는 '너희는 이 세대를 본받지 말고(不要效法這個世界)'라는 언명이 생략된 신약성경 로마서 12장 2절의 구절이다. 즉 '인간의 선하지 못함'과 '신의 선함'이 대비되어, 인간의 세상에서 추구되는 시대의 사조나 흐름을 본받지 말고, 오직 신의 선함과 그 뜻이 무엇인지를 헤아려 스스로의 마음을 바꾸고 변화시켜야 한다는 사도 바울의 요청이었다.[12] 이러한 의미에서 볼 때, 결국 바울의 '선으로 악을 이기라'라고 하는 언명은 기존의 세상(이 세대)으로부터 새로운 세상(하느님 나라)에로의 전환을 촉구하는 메시지였으며, 그 기본적인 실천적 과제로 제시된 것이 바로 신의 선을 분별할 수 있는 나 자신의 심령의 변화, 즉 나의 회개(방향을 바꿈)와 변화의 요구였던 것이다.

그런데 여기에서 흥미로운 점은 사도 바울의 그러한 '이 세대' 와 '하나님의 뜻'에 대한 대비적 개념을, 라오서는 이 강연문에서 각각 '유물적인 물질의 향수'와 '유심적인 하나님의 추구'라는 구현 형태로서 해석·계승하고 있

---

11 〈以善勝惡〉, 같은 글, 192-193쪽. 여기에서 밑줄 친 부분의 번역은 아가페 큰글 성경 편찬위원회《오픈II 주석성경》, 1995년판의 로마서 12장 2절의 우리말 번역에 의함.

12 실제로 신약성경 속의 바울 서신들이 씌어진 서기 1세기 중반의 '이 세대'에 대한 사도 바울의 진단은 선과 악의 대립 구도에 입각해 있었다. 예를 들면 갈라디아서 1장 4절에서의 '이 악한 세대'에서처럼, 바울은 분명히 선과 악, 빛과 어둠, 신과 사탄과 같은 대립적 구도에서 기독교의 종교적 신앙의 영역과 당시 현실 세계를 지배하던 로마 제국 문명권과의 갈등 관계를 규정하고 있었음을 알 수 있다.

다는 점이다. 다시 말해서 라오서는 '이 세대'의 시대적 조류인 물질 추구의 편향성과 대비된 '하나님'의 영적인 선의 추구를 강조하고 있으며, 그러한 하나님의 영적인 선에 대한 반역의 시대적 조류를 현실의 악으로서 규정하고 비판하고 있었던 셈인 것이다. 후술하게 되는 바와 같이《고양이 나라 이야기》에서의 사회주의적 이념 및 그 제도에 대한 비판 역시, 기본적으로는 사도 바울의 '이 세대'에 대한 규정의 연장선상에서 다음과 같이 그 논의가 전개되는 점에 주목할 필요가 있다.

> 러시아의 건설은 이상적이고, 낭만적입니다. 그들은 생각합니다, 사람들마다 먹을 밥이 있다고. 그 결과는 어떤가요, 사람에게 자유가 없어지고, 예술이 없어지고, 정감이 없어진 겁니다. 왜냐하면 그들의 인간과 인간의 관계는 기계적으로 살아가고 기계적으로 즐거우며, 그럼으로써 모두 사람들이 사람들을 위해 살아가도록 만드는 것이기 때문이지요.[13]

여기에서 주목되는 것은 라오서의 이러한 사회주의 비판이 바로 바울의 로마서에서 제기되고 있는 '그리스도 안에서 한 몸이 되어 서로 지체가 되었느니라'(롬 12:5)라고 하는 초대 기독교의 형제간의 사랑에 대한 대비적 고찰의 결과라는 사실이다. 즉 이어지는 강연 문장 속에서 라오서가 제기하고 있는바, 기독교의 사랑은 '자연발생적이고, 뜨거운 것'이며, 그 삶은 '총체적이고 전체적인 것'이라고 하는 관점, 즉 사회주의적 삶의 '기계적' 인간 관계와는 대비되는 기독교의 신앙 공동체에 대한 전폭적인 긍정이 바로 마르크스주의에 대한 전면적인 비판을 하게 하는 기본 동력이었던 것이다.

그러나 '선으로 악을 이기라'는 사도 바울의 언명을 바탕으로 하고 있는 라오서의 이 강연에서 눈에 띄는 것은, 악에 이기기 위한 선한 싸움에서 요구되는 자기 변화의 구체적인 종교적 계기에 대한 언술이 상대적으로 소략하다

13 〈以善勝惡〉, 같은 글, 193쪽.

는 점이다.[14] 물론 이 강연이 교회학교의 학생들을 청중으로 한 일종의 '전도 강좌'의 성격을 띠고 있었다는 점을 감안하더라도, 이 강연을 관통하는 특징으로서 주목되는 것은 역시 신의 은사에 의한 개별적 인간 영혼의 구원보다는 공동체적 애국주의와 민족의식에의 경사라는 측면이었던 것이다. 말하자면 기독교는 라오서에게 민족적 현실 사회의 위기와 문제를 해결하기 위한 하나의 실천적 방법이었다고까지 말할 수 있으리라.

그리고 그러한 작가의식은《고양이 나라 이야기》라는 동물우화적 소설의 사회 역사적 의미망을 강화하는 요소가 되는 동시에, 다른 한편으로는 그 현실 초월적 상상력의 구현에 일정한 제약의 요인이 될 수도 있었다고 여겨진다. 이하 그러한 작가의식상의 갈등 요인이 작품 내부에서의 주제의식과 인물 성격 및 갈등 구조를 통해 어떠한 특징과 양상을 띠고 전개되는지를 살펴나가기로 한다.

3.《고양이 나라 이야기》의 종교적 갈등 구도

《고양이 나라 이야기》는 화성에 불시착한 우주선에서 살아남은 중국인 내레이터인 '나'에 의해 서술되는 가상의 고양이 나라에서의 체험기이다. 근현대 중국 혹은 문화의 고도 베이징을 연상시키는 이 고양이 나라는 작품의 말미에서 결국 키 작은 또 다른 이웃 고양이 나라에게 파멸이 되고 마는데, 이러한 작품의 줄거리 전개 또한 작품이 구상 집필되던 시기에 발생한 일본의 만주 침략 사건에 대한 작가의 위기의식이 투영된 결과임은 분명하다. 그런 의미에서 이 작품은 당대 중국사회의 역사와 현실을 우화적으로 묘사한 정치 풍

14 왜냐하면 기독교에서 '마음이 돌이켜지는' 자기 변화의 결정적인 계기는 인간의 의지나 노력에 의한 것이라기보다는 실은 신의 용서와 구속에 의해 인간에게 주어지는 것이며, 그 구속의 희생 제물이 바로 예수 그리스도라고 하는 것이 신약성경과 사도 바울의 가르침이었을 것이기 때문이다.

자 소설로서의 성격을 띠고 있다고도 할 수 있다.

그러나, 이 작품은 근현대 중국의 역사와 문화, 또는 중국인의 민족적 정체성 및 그 의식구조에 대한 총체적인 비판적 성찰을 담고 있다는 점에서, 일단 5·4 이래의 '국민성 비판'이라고 하는 계몽주의적 주제의식의 연장선상에서 평가될 수 있는 측면을 지니고 있다. 아울러 그러한 주제의식과 관련된 근대적 담론의 입각점은 바로 앞에서 살펴본 바와 같이, 신약성경에서의 사도 바울의 '이 세대'와 '하나님의 뜻'과의 대비적 개념을 바탕으로 한 것이었다.

우선 이 작품에서 고양이 나라를 지배하고 있는 것은 정신적 가치의 붕괴와 그에 따른 배물주의적 편향이 만연한 사회의 구도이다. 그 첫 번째의 상징성을 띤 파멸의 매개체가 바로 '미혹의 잎(迷葉)'이다. 여기에서 '미혹의 잎'이 근대 중국의 서구 제국주의에 의한 침탈의 빌미가 되었을 뿐만 아니라, 근대적인 국민국가의 성립을 저해하는 내부의 암적 존재였던 '아편'을 연상시키고 있음은 말할 나위도 없다. 그러나, 고양이 나라의 황제에서부터 지배계층은 물론 온 국민 모두가 중독이 되어 '나라 음식(國食)'으로 정해지게 될 정도로 수백 년 간 '고양이 나라의 문명'을 지배해 온 '미혹의 잎'은 아편의 존재를 넘어선 상징성을 띠고 있다고 보아야 할 것이다. 그것은 어쩌면 말세의 죄악 속으로 사람들을 유혹하며 타락시키는 사탄의 도구로서의 의미를 지닌다.

> 미혹의 나무숲은 참 보기에 좋았다. 잎은 이미 손바닥보다 좀 더 커졌으며, 두텁고 짙푸른 잎 가장자라엔 황금빛 테두리가 둘러져 있었다. 그중 제일 실하고 아름다운 잎에는 반점들이 생겨 마치 숲 전체가 온갖 색깔의 커다란 꽃 같았다. 햇빛이 은회색 공중을 뚫고 그 꽃잎 색깔들에 더욱 웅숭깊고 고즈넉한 아름다움을 더하면, 눈부신 광택은 없는 대신 오히려 사람들로 하여금 보면 볼수록 더욱 보기 좋고 마음속을 편하게 만들어, 마치 낡은 그림을 보는 것처럼 색깔은 아직 선명하지만 그러나 종이 위의 그 표면의 빛은 이미 세월에 의해 바랜 것 같았다.[15]

15 《猫城記》, 같은 책, 346쪽.

여기에서 '보기 좋고 마음속을 편하게 만들어' 주는, 세월에 의해 색이 바랜 미혹의 잎은 '혼미한 가운데 약간 취한 것 같은 자극'으로 고양이 나라 사람들의 영혼과 정신을 마비시키며, 죽음과 같은 편안한 망각의 늪으로 빠져들게 한다. 아울러 이러한 '미혹의 잎'은 고양이 나라의 국민을 무기력과 나태의 함정에 빠뜨리는 요인일 뿐 아니라, 나라 전체의 구조를 부패와 타락의 덫에 걸리게 하는 근본 요인이기도 하다. 그것은 바로 〈선으로 악을 구하라〉의 강연에서 제기되었던 '유심적인 하나님의 추구'로서의 종교적 신앙과 대립되는, 혹은 신의 선한 뜻에 반역하는 인간의 죄악, 즉 '유물적인 물질의 향수(享受)'를 촉발하는 매개였던 것이다. 그리고 이러한 '미혹의 잎'이 고양이 나라 사람들에게 일으킨 괴멸적 파괴력은 결국 신의 진노를 야기하는 '우상 숭배'와 성적 부도덕의 세태로 나타나고 있었다.

실제로도 신약성경의 로마서에서는 신의 뜻과 진리에 대한 거부로서의 신의 진노를 부르는 죄악 가운데 '우상 숭배는 근원적인 죄일 것이고 성적 타락은 그 핵심적인 결과의 하나'로 규정되고 있다.[16] 그런 의미에서 '미혹의 잎'은 영적 빈곤의 고통으로부터 신을 향한 갈망을 갖게 되는 인간의 종교적 신앙의 가능성 자체를 차단하는 역할을 한다. 이러한 설정은 동 시기 서구의 '反유토피아' 소설인 올더스 헉슬리의 《멋진 신세계》에서 고독과 죽음을 통해 신을 믿게 되는 인간의 종교성을 '소마(soma)'라는 약을 통해 차단하고, 말초적인 쾌락과 환상의 세계로 함몰시킴으로써 "쾌락의 부도덕에 의해 몸을 타락시킴을 스스로 허용"[17]하는 장면을 연상케 한다.

---

16 여기에서 '우상 숭배'라고 하는 것은 신의 뜻을 분별하고 실천하는 대신 그 신의 자리에 인위적인 숭배의 대상을 놓고 그를 경배하며 섬기는 행위이다. 현대적인 의미에서의 확대 해석이 허용된다면, 그것은 신의 뜻 대신 인간의 욕망을 구현하는 대상으로서의 권력과 물질, 성 등이 상정될 수도 있을 것이다. 더글라스 J. 무 지음, 이경석 옮김, 《로마서의 신학적 강해》(크리스챤 출판사, 2007년), 72쪽 참조.

17 올더스 헉슬리 저, 유종호 역 《훌륭한 新世界》(동화출판공사, 1972년), 297쪽. 그밖에 이 작품에서의 '미혹의 잎'에 대한 묘사에는 그 '생리적 반응', '사용의 광범위도', '사회적 효능' 등의 측면에서, 19세기 이래 중국인들이 피운 아편 그 자체보다는 올더스 헉슬리 작품에서의 '소마'에 대한 묘사로부터의 영향이 클 수밖에 없었다는 한 연구자의 분석 결과 역시 소론의 관점을 뒷받침한다. 이와 관련한 《猫城記》의 《멋진 신세계》와의 관련

아울러 이러한 '미혹의 잎' 외에, '유심적인 신의 추구'와 대립되는 인간의 죄악으로서의 '유물적인 물질의 향수'를 조장하는 현대적인 우상 숭배로서 이 작품에 등장하는 것은 부패하고 탐욕적인 정치 권력 및 사회적 지배 구조이다. 라오서의 강연 〈선으로 악을 이기라〉에서 인간 심성의 타락과 괴멸을 보여 주는 현상으로서 지목되고 있는바 만주 지역의 유린과 상하이의 피침을 초래한 '내부의 정치 외교 교육'의 구제불능한 타락 현상이 그 한 예이다. 그것은 1930년대 초 중국 정부의 '군사와 외교의 여러 실패'를 조성한 '나랏일의 실망'[18]에 다름 아닐 것인데, 《고양이 나라 이야기》에서는 다셰(大蝎)라는 인물로 대표되는 당대 중국 사회의 부패한 지배 계층에 대한 신랄한 비판과 풍자로 이어지고 있다.

다셰는 '대지주 겸 정객, 시인과 군인'을 겸비한 '고양이 나라의 중요 인물'로서, 드넓은 '미혹의 잎' 농장의 경영을 통해 부와 권력을 독점하고 있다. 그리고 그러한 독점적 부와 권력을 유지하기 위해 외국인을 그 '보호자'로 고용함으로써 우매하고 게으른 고양이 나라 백성의 노동력을 잔혹하게 착취 관리하면서, 대외적으로는 그러한 외국인들을 타도할 엄두는 내지도 못하고 오히려 그들을 두려워하고 있다. 그리하여 '외국인의 주재를 거치지 않으면 그들의 황제가 미혹의 잎을 입에 대지도 못할' 지경으로 외국에 종속되어 있는 형편이다. 이러한 비판적 묘사가 당대 중국의 '먼저 내부를 안정시킨 후에 외부를 물리친다(先安內而後攘外)'는 국민 탄압과 제국주의 열강에의 굴종적 정책을 강행하던 '국민당 지도 집단'을 겨냥하고 있음은 분명하다.[19]

이와 함께 이 작품 속에서는 '유심적인 신의 추구'와 대립되는 '유물적인 물질의 향수'를 조장하는 현대적인 우상의 숭배로서, 일종의 의사 종교적 이념으로 우상화되고 고양이 나라 사람들에게 절대적인 영향력을 행사하는 이

성 및 '반유토피아 소설'적 성격에 관해서는 史承鈞, 〈《猫城記》與"反烏托邦小說"〉, 《中國現代文學研究叢刊》 1993년 제1기 참조.

18 老舍, 〈我怎樣寫《猫城記》〉, 《宇宙風》 제6기(1935년 12월). 여기에서는 曾廣燦·吳懷斌 編, 《老舍研究資料》(上)(北京十月文藝出版社, 1985년), 545쪽에 의함.

19 袁良駿, 앞의 글, 〈諷刺傑作《猫城記》〉 참조.

른바 '모두프스키주의(大家夫司基主義)', 즉 마르크스주의가 비판적으로 재현되고 있음이 주목된다. 작품의 말미에서 이웃의 키 작은 고양이 나라의 침략에 의한 국가 멸망의 위기 앞에서 벌어지는 다음과 같은 풍자적 묘사가 그 좋은 예이다.

> 한참을 걷다 우연히 한 무리의 학생들을 만나게 되었다. 그들은 모두 바닥에 무릎을 꿇고 있었으며 그 앞에는 커다란 돌이 놓여 있었는데, 그 위에는 흰 글씨로 이렇게 씌어져 있었다, '마르크스 신선 신위(馬祖大仙之神位)'. …… 맨 앞에서 한 명이 일어나 모두를 향해 외쳤다. "마르크스주의(馬祖主義) 만세! 모두프스키(大家夫司基) 만세! 프롤레타리아트(撲羅普落撲拉撲) 만세!" 그리고 모두도 따라서 외쳤다.[20]

결국 다른 나라에서는 '병에 따라 처방한 좋은 방책'이었던 마르크스주의도 고양이 나라에 와서는 한낱 돌덩이 위에 새겨진 우상 숭배의 대상이 되고 말았던 것이다. 그리고 이어지는 장면에서 마르크스주의가 기존의 '큰 신(大神)'을 대신한 새로운 우상으로 자리 잡는 과정이 '황제'와 '가장'과 '교원'을 '타도'하자는 구호로 이어지고 있는 대목은 결국 유교적 이데올로기로서의 '군사부(君師父)' 지배 구조의 전복을 의미하는 것으로도 볼 수 있으리라. 그러나 이들의 혁명은 결국 '악몽'과 같은 정치적 혼돈과 실패로 끝이 나며, 그러한 역사의 악순환과 타락 속에서 고양이 나라는 마침내 키 작은 이웃 고양이 나라의 침략 속에 괴멸이 되어 갔던 것이다. 그것은 어쩌면 신의 뜻에 어긋난 우상 숭배와 도덕적 타락에 대한 징벌로서, 그리고 신의 공의를 실현하기

20 《猫城記》, 같은 책, 448쪽. 물론 《猫城記》 속에서 그려지고 있는 이러한 마르크스주의 혹은 공산당에 대한 비판과 풍자의 묘사가 1930년대 초 중국의 구체적인 역사 현실과 대응되고 있다고 보기는 어렵다. 한 연구자가 지적하고 있듯이 이 작품에서의 반마르크스주의적 표현은 때로 공상적 사회주의에 대한 막연한 이해, 혹은 러시아 혁명 당시의 상황에 대한 오해에 바탕한 측면 등, 작가 라오서의 "강렬하고 의분에 찬 애국주의 사상의 '좌'경 소아병에 대한 극도의 곤혹"이 반영된 결과로서 파악될 측면이 없지 않기 때문이다. 袁良駿, 앞의 글, 〈諷刺傑作 《猫城記》〉 참조.

위한 수단으로서 이웃의 강대국에 의해 나라와 성전의 파괴를 당하게 되는 이스라엘 역사의 재현이었던 셈이라고도 할 수 있으리라.

4. 《고양이 나라 이야기》의 묵시문학적 상징성

《고양이 나라 이야기》가 기독교적 선과 악의 갈등 구도를 통해 1930년대 초 당대 중국의 현실적 모순과 시대 조류의 부정적 측면을 우화소설적 형식으로 묘사하였음을 살펴보았다. 그런데 이 작품은 서사방식상의 특징으로서 우화소설의 알레고리적 성격과 함께 특히 기독교의 구약성경 중 다니엘서의 묵시문학적 상징성의 표현 방식을 사용하고 있음이 주목된다. 즉 《고양이 나라 이야기》는 구약 묵시문학의 대표적 경전으로 일컬어지는 다니엘서의 제5장에 나오는 이른바 '잔치석상의 손가락 글씨' 사건을 그 주요한 작품 전개의 중심축으로 삼고 있다.

그런데, 이 신의 손가락 글씨 사건은 바벨론의 벨사살 왕이 이스라엘의 솔로몬 성전에서 탈취해 온 금·은의 제기로 연회에서 술을 마시고, 또 그것으로 자기네의 우상을 숭배하는 기물로 사용함으로써 마침내 신의 진노와 징벌을 불러와 결국 벨사살 왕의 죽음과 바벨론의 멸망을 맞이하였다는 이야기이다. 즉 다니엘서의 이 이야기는 나라의 패망에 대한 절망과 그 종교적 극복을 위한 '교훈적 설화'로서의 성격[21]을 띠고 있으며, 라오서가 이러한 묵시문학적 상징을 《고양이 나라 이야기》의 주요 모티프로 설정한 것은 바로 이 시기 중국의 현실을 패망 직전의 예루살렘과 연계할 만한 비관의식을 지녔다는 추론

21 구약성경 중 다니엘의 묵시록은 '사악한 현실세계의 종언(終焉)에 관한 증언'의 성격을 띠고 있으며, 특히 이 제5장의 '잔치석상의 글씨' 이야기는 '기원전 587년 예루살렘의 함락 후, 디아스포라의 삶의 현장에서 체험하는 신앙적 패배주의에 대한 고발'의 의미를 담고 있는 것으로 분석되고 있다. 왕대일, 《묵시문학과 종말론》(대한기독교서회, 2004년), 5-6쪽 및 301-304쪽 참조.

을 가능케 한다.

그렇다면 라오서의 《고양이 나라 이야기》는 이 묵시문학적 상징 사건을 어떠한 각도에서 작품의 주요 모티프로 사용하고 있는 것일까. 일본의 학자 구사카 쓰네오日下恒夫가 지적하고 있듯이, 이 작품에서 고양이 나라는 내레이터인 '나'와의 첫 대면 때부터 실은 '괴멸'에 대한 계시를 보여 주는 것으로 설정되어 있었다. 그러므로 작품의 최후에서 이웃나라 '키 작은 병사(矮兵)' 들의 침략을 받게 되는 사건과 상관없이 '창조주'는 이미 이 나라 거민들의 필연적인 멸망을 결정하였으며, 그러한 멸망의 과정은 바로 '손가락'에 의해 예언되고 있었던 것이다. '손가락'은 결국 '하느님이 하느님을 비방한 사람들에게 내리는 징벌과 최후의 심판'[22]의 상징이었던 셈인 것이다.

예를 들자면 내레이터인 내가 맨 처음 고양이 나라를 보았을 때 왠지 모르게 마음속에 생겨나는 문명의 괴멸에 대한 다음과 같은 예감이 바로 그러한 묵시적 환상의 경우라 하겠다.

> 처음 고양이 나라를 보면서, 왠지 모르게 내 마음속에는 한 마디 말이 생겨났다. 이 문명은 이제 곧 괴멸될 것이다!
>
> ……
>
> 곧 죽을 사람에게도 되비쳐질 빛이 있듯이, 곧 목숨이 다할 문명이라도 시끌벅적함이 전혀 없으란 법은 없다. 한 문명의 멸망은 한 사람의 죽음에 비해 더욱 스스로 깨닫지 못하는 것이다. 마치 창조의 과정에 이미 저 괴멸의 손가락이 문명의 머리에 놓여져 선한 사람—곧 죽을 나라에라도 몇 명의 선한 사람은 있기 마련이다—이나 악한 사람이나 모두 멸망할 수밖에 없게 되어 있었던 것처럼.
>
> ……
>
> 고양이 나라는 시끌벅적했지만, 그 시끌벅적한 풍경 속에서 내게는 저 괴멸

22 여기에서 '괴멸의 손가락' 이미지에 대한 구약성경 다니엘서와의 관련성 및 찰스 디킨즈 소설 속에서의 문장 용례, 그리고 토머스 헉슬리의 《멋진 신세계》로부터의 영향 가능성 등, 老舍의 소설 특히 《猫城記》와 서양문학과의 관련성에 대한 정밀한 분석의 연구 성과로서는 日下恒夫, 〈老舍與西洋—從《猫城記》談起〉, 《復旦學報(社會科學版)》 1986년 제6기 참조.

의 손가락이 아마도 이내 사람들의 가죽과 살을 발라내고, 이 고양이 나라가 백골의 무덤이 되게 할 모습이 보였다.(밑줄—인용자)[23]

여기에서 멸망 직전 문명의 시끌벅적함과 온 나라의 철저한 괴멸에 의한 폐허의 이미지는 구약성경의 창세기에 등장하는 소돔과 고모라 성읍의 멸망 이야기를 연상시키기에 충분하다. 그렇다고 본다면 고양이 나라의 이러한 멸망은 샤오셰나 다잉과 같은 의인의 희생으로도 피할 수 없는 신의 예정된 징벌과 응징의 결과였던 셈인 것이다.[24] 그리고 이 작품 속에서 그러한 소돔과 고모라 성읍의 멸망과 같은 성적 타락의 참혹함과 인성의 파탄을 선명하게 드러내 보여 주는 것은 전직 고양이 나라 공사의 미망인인 '공사 부인'이라는 인물형상과 그 죽음의 장면이다. 특히 무너진 집 흙담의 폐허 속에서 이미 죽어버린 8명의 첩들에 대한 저주 끝에 함께 죽어가는 그녀의 최후는, 구원의 길이 폐쇄된 고양이 나라의 혼돈과 어두움, 그 소돔과 고모라 성의 폐허 이미지와 연관된 묵시적 계시에 다름 아니라고 해야 할 것이다.[25]

결국 이러한 측면에서 볼 때 작품 말미의 적의 침략으로 인한 피난길에서 비관주의자인 샤오셰의 입을 빌어 전개되고 있는 고양이 나라의 필연적인 멸망에 대한 불길한 예언, 즉 "그들은 우리를 마치 가축을 도살하는 것처럼 죽일 것"이며 고양이 나라는 그 스스로의 '어리석음'에 의해 '종족의 멸망'을 맞을 것이라는 예언[26]은, 작가 라오서의 민족의식 혹은 애국 사상이 투영된

23 《猫城記》, 같은 책, 358쪽.

24 특히 '선한 사람(好的, 好人)'과 '악한 사람(壞的)'의 분별에 관한 언급은 '의인' 열 명만 있더라도 성읍을 멸망시키지 말아 달라는 롯의 간청과 그에 대한 신의 응답으로부터 유추된 내용일 것으로 추측된다. 결국 고양이 나라는 성경의 소돔과 고모라 성처럼 끝내 괴멸되고 마는 것이지만, 그러한 비극적 결말은 이 고양이 나라에는 열 명의 의인조차 존재하지 않았다는 사실로 인한 필연적 귀결로 해석될 수 있으리라. 여기에서 소돔과 고모라 성의 괴멸에 관한 성경의 기록은 창세기 18장 16절-33절 및 19장 부분 참조.

25 이 작품에서 매우 인상적으로 그려지고 있는 그녀의 모습은 생전의 남편에게서 받은 성적 소외감과 굴욕감에서 벗어나지 못한 채 살아가는 거의 사디즘적인 성격 파탄자로서의 인물 성격이다. 《猫城記》, 같은 책, 384-385쪽 참조.

26 《猫城記》, 같은 책, 453-454쪽.

현실 비판의 표현이자 중국 국민의 낙후된 민족성에 대한 통렬한 질책이라 해야 할 것이다. 그리고 이러한 고양이 나라의 종말에 대한 불길한 예감은 작품의 마지막 장면에서의 다음과 같은 지옥을 향한 폐허의 이미지로서 마무리가 되고 있는 것이다.

> 하늘은 여전히 그토록 어두웠고, 별은 그토록 밝았으며, 모든 것은 그토록 고즈넉했으나, 오직 망국의 저녁의 눈은 제대로 감겨지지 않았다. 우리는 그들이 깨어 있다는 것을 알았으며, 그들 또한 내가 잠이 들지 않았다는 것을 알고 있었지만, 하지만 아무도 말을 할 수 없었다. 혀가 마치 괴멸의 손가락에 쥐어져, 이후로는 사람과 나라가 영원히 더 이상 소리를 낼 수 없을 것 같았다. 세계에서 또 하나의 문화가 벙어리가 되었고, 그것의 마지막 꿈은 이미 너무 늦어버린 자유의 노래였다. 그것은 영원히 더 이상 깨어나지 않을 것이다. 그것의 영혼은 다만 지옥을 향해 갈 수 있을 뿐이었다, 왜냐하면 그것의 생전의 기록은 역사상 하나의 오점이었으므로.(밑줄—인용자)[27]

그런데 이러한 작중인물인 샤오셰의 입을 빈 통렬한 국민성 비판과 망국의 위기감에 대한 예언, 또한 작중 내레이터인 '나'의 시선을 통해 묘사되는 한 문화의 소멸과 지옥을 향한 영혼에의 만가, 그리고 그 속에 깃들인 함축적 작가로서의 라오서 자신의 작가의식은 어떠한 성격을 띠고 있었을까. 여기에서 무엇보다 주목되는 것은 한 연구자도 지적하고 있듯이, 이 작품에서 사용되고 있는 '두 가지 시각' 중 '이 세계의 암흑을 증오'하며 '그들의 죽음의 시각을 선포'하는 '인간 세상을 초월한 시각'의 측면이다.[28] 소론은 결국 이 작품의 이러한 서사방식상의 특징을 이 작품에 내재된 기독교적 종교성으로서의 묵시문학적 성격으로서 살펴보아 온 셈이다.

---

27 《猫城記》, 같은 책, 461쪽.

28 즉 이 작품에는 고양이 나라에 침입한 내레이터 '나'의 '전방위적 관찰'의 사실적 묘사의 측면과 함께, 다른 한편으로는 '존재의 무의미를 간파하는' 초월적 서술의 측면이 있다는 것이다. 이와 관련한 이 작품의 존재론적 서사의 특징에 관한 분석으로서는 劉英, 〈叩問存在—讀老舍的《猫城記》〉, 《語文學刊(高教版)》 2006년 제11기 참조.

이러한 각도에서 살펴볼 때 《고양이 나라 이야기》 전체의 갈등구조와 상징성을 관통하고 있는 것은 현실의 악과 혼돈에 대한 작가의 위기감과 비판의식이며, 작품의 비극적 결말은 결국 작가의 비관적 현실 인식에 대한 예언을 구현하기 위한 필연적 구성의 성격을 지닌다. 그리고, 그러한 현실 악의 징벌을 상징하는 '괴멸의 손가락'이야말로 '초월적인 실재(Transcendent Reality)'의 계시, 즉 '하나님의 역사 개입을 반증하는 도구', '하나님이 여전히 세상을 다스리신다는 것을 확인해 주는 묵시문학적 암호'[29]였던 셈인 것이다.

그러나 다른 한편으로, 이 작품은 라오서가 〈선으로 악을 이기라〉에서 제시한 현실 악에 대한 궁극적인 선의 승리, 그 종교적 구원에의 전망이 구체적인 형상화를 이루지 못한 것 역시 분명한 사실이다. 그것은 결국 '사악한 현실 세계의 종언'과 함께 그 고난의 '현실을 부정하고 대안적 우주를 제시함으로써 희망과 위로를 제공'하고자 하는 묵시문학의 기능, 그 '역동적 초월의 힘'[30]이 구현되지는 못했다는 결과로 해석해야 할 것이다. 그렇다면 이 작품 속에서 작가는 악에 대한 선의 승리를 향한 종교적 신앙과 소망, 파국의 대재앙과 함께 도래할 종말론적 심판과 구원에의 전망을 어떻게 탐색하고자 했던 것일까. 이하 《고양이 나라 이야기》에서 모색되고 있는 것으로 상정되는 그 역설적인 구원의식의 구현 양상을 살펴보기로 한다.

5. 《고양이 나라 이야기》의 허무의식과 구원의식

《고양이 나라 이야기》의 선과 악의 갈등구조 및 폐허 이미지의 묵시문학적 상징성에 관한 분석과 함께, 이 작품에 함유된 종교적 성격을 총체적으로 이해하기 위한 중요한 열쇠는 바로 그 비극적 결말에 이르는 과정 속에 감추어

29 왕대일, 《묵시문학과 종말론》, 같은 책, 27 및 302쪽 참조.
30 왕대일, 《묵시문학과 종말론》, 같은 책, 61 및 65쪽 참조.

진 구원에의 잠재적 가능성에 대한 검토의 작업이다. 물론《고양이 나라 이야기》에서 묘사되고 있는 현실 악의 암흑과 혼돈, 그 죽음과 파멸에의 결말 자체가 이미 그러한 현실 악에 대한 저항 또는 극복의 당위성에 대한 독자의 의식을 일깨우는 작용을 하고 있다고 볼 수 있으리라. 그러나 이 작품 속에서도 그러한 현실 악에 대한 비판과 저항을 통해 종교적 믿음과 소망의 가능성을 엿보여 주는 계기는 설정되어 있다고 해야 할 것이다. 그것은 바로 '샤오셰'(小蝎, 작은 전갈)와 '다잉'(大鷹, 큰 매)의 인물형상 및 그들의 죽음에 내포된 현실 초월적 역동성의 의미이다.

먼저 이 작품 속에서 샤오셰라는 인물은 고양이 나라의 권력자인 다셰의 아들로서, 고양이 나라의 밝음과 어둠 사이의 경계선상에 존재하는 인물이다. 그는 내레이터인 '나'에 의해 '마음속으로는 분명히 알고 있지만, 용기가 결핍된 비관주의자'라고 불리는, 말하자면 이 고양이 나라의 허무주의적인 선지자형의 인물형상이라고 할 수 있다. 그러한 의미에서 샤오셰는 이 작품의 중요한 문제적 인물이다. 그리고 이러한 샤오셰의 복합적인 성격을 이해하는 것은, 결국 작가 라오서의 작가의식에 내재된 종교적 성향의 중층성을 가늠하는 중요한 포인트가 된다. 예를 들면 이 작품에서 내레이터인 '나'에 의해 서술되는 샤오셰에 관한 다음과 같은 빛과 어둠에 대한 상념의 장면이 그 한 예가 될 수 있으리라.

> 나는 눈을 감았다. 그 일련의 이야기 속의 빛 속에서 나는 사회 변동 그림의 윤곽을 보았다. 그 윤곽의 사방은 어쩌면 밝은 노을(明霞)일 터이지만, 그러나 윤곽의 형성선 안쪽은 분명히 점점 더 어두울 터였다. 그 어둠의 기운(黑氣)이 저 밝은 노을과 연합하여 하나가 되고, 그림자로부터 광명이 될지는 오직 샤오셰의 몸에 약간의 힘 있는 빛이 있는가에 달려 있을 것이다. 나는 그렇게 생각하고 있었다, 비록 샤오셰가 어떤 인물인지는 알지 못하지만.[31]

31 《猫城記》, 같은 책, 371쪽.

작중 비관주의자인 샤오셰와 관련된 이러한 상징적 이미지는 결국 작가 라오서의 내면 세계에서 그를 옭죄고 있었을 수도 있는 인문주의적 자아의식과 함께, 또 다른 한편에서는 종교적 구원을 갈망하는 종교적 자아와의 갈등 구조로서 읽힐 수도 있다. 어떻게 보면 샤오셰는 작가의 이성적 민족의식과 종교적 구원의식의 복합적 성격이라고도 할 수 있을 것이다. 물론 이 시기 작가 라오서를 강렬하게 지탱하고 있던 우국적 민족의식의 측면에 초점을 맞출 경우, 그 민족의식 자체에도 실은 단순한 우국의 격정만이 아닌 복합적인 요소가 뒤섞여 있었다고 보아야 하리라.

그러한 의미에서 이 작품에서의 샤오셰라는 인물 성격 속에는 '애국의 이성적 논술 속의 부조리한 요소', 혹은 '비극적 엘리트주의와 시니시즘의 기묘한 조합'이 혼재하고 있다는 왕더위(王德威)의 관점은 매우 흥미롭다. 왕더위는 그러한 관점에서 이 작품에서의 샤오셰의 자살 역시 일종의 '변형적인 열사의 행위'로도, 혹은 일종의 '실존주의적 부조리 정신의 체현'으로도 볼 수 있다는 입장이다. 다시 말해서《고양이 나라 이야기》라는 작품의 주제의식과 그 안의 주요 인물인 샤오셰의 인물 성격의 표현 속에는, 기실 작가 라오서에게 잠재되어 있는 애국주의 혹은 민족의식 속에 깃들인 실존적 허무의식의 측면이 반영되어 있으리라는 추론인 셈인 것이다.[32]

그러나, 왕더위의 이러한 분석에는 그 나름대로의 흥미로운 심층심리적 성격 분석의 가능성에도 불구하고, 어떻게 보면 작가 라오서의 만주족으로서의 특수한 심리적 갈등 요소 혹은 그 성장 과정에서 겪었을 심리적 상처 내지는 특수한 역사적 경험이 지나치게 확대 해석된 혐의가 있다는 점을 간과할 수 없다. 특히 문혁 시기 작가 라오서의 자살을 '애국주의와 공포주의의 관련성'에 의한 '폭력과 자아 괴멸에의 유혹'의 산물임을 암시하는 관점은 지나친

32 이와 관련한 老舍의 민족의식과《猫城記》의 인물 성격상의 특징에 관해서는 David Der-wei Wang, "Fictional Realism in Twentieth-Century China: Mao Dun, Lao She, Shen Congwen", 1992, Columbia University Press, pp. 166-167 및 王德威,《寫實主義小說的虛構: 茅盾, 老舍, 沈從文》(復旦大學出版社, 2011년), 187-188쪽 참조.

결과론적 추론일 수도 있다고 여겨진다. 그리고 그러한 왕더위의 분석을 성립시키고 있는 원인은 적어도 이 작품에서의 샤오셰의 죽음에 함유된 종교적 구원의식에의 역설적 갈망이 제대로 포착되지 않은 탓이라고 하는 것이 소론의 기본 입장이다.

다시 말해서 이 작품에서의 샤오셰라는 인물 형상은 정치적 민족의식과 종교적 구원의식이 혼재된 복합적 성격이며, 그런 의미에서 그의 자살은 민족의식의 좌절에 의해 구원의식이 소멸된 결과로 파악해야 할 것이다. 그리고 그러한 민족의식과 구원의식의 통합적 가능성을 구현하는 인물로서 이 작품에 등장하고 있는 것이 바로 샤오셰의 정신적 사표로서의 성격을 지닌 '다잉(大鷹)'이라는 인물이다. 실제로 다잉이라는 인물형상은 바로 고양이 나라의 암흑 속에서 그 빛을 발하는, 그리고 스스로를 희생 제물로 함으로써 고양이 나라를 구하려는 선지자적 인물로 그려지고 있다.

> 태양은 이미 지고, 아름다운 밝은 노을이 석양 속에서 절반의 하늘을 붉게 물들이고 있었다. 그 아래의 옅은 안개 띠가 땅 위의 서글픈 적막을 되비쳐 하늘 위의 영광을 더욱 두드러지게 하였다. 미풍이 내 가슴과 등으로 불어오고 있었으며, 개 짖는 소리조차 들리지 않았다. 원시의 세계도 어쩌면 여기보다는 조금 더 번화했으리라. 여기는 대도시련만! 나는 눈물이 주르륵 흘러내렸다.
>
> ……
>
> 나는 하늘을 바라보았다. 어두움이 깔리고 한 조각 붉은 구름이 마치 고독한 큰 꽃처럼 마침 다잉의 머리 위에 둘려 있었다. 나는 멍해져 무엇을 물어야 좋을지 모른 채, 그 외로운 구름을 바라보고만 있었다. 마음속으로 방금 전의 그 영광스러운 저녁 노을이 생각났다.[33]

'하늘 위의 영광'을 두드러지게 하는 다잉 위의 붉은 노을빛을 일종의 신비한 신적 체험의 아우라로 볼 수 있다면, 여기에서 라오서는 분명 다잉이라

---

33 《猫城記》, 같은 책, 436, 437쪽.

는 인물형상을 통해 이 어두운 절망의 폐허 위에 한 줄기 초월적 영생의 소망을 암시하려고 한 것은 아니었을까. 과연 '큰 매'라는 별명으로 불리는 이 인물이 작품 속에서 그러한 평가에 걸맞은 구체적 형상을 획득하고 있는가는 별도로, 이 다잉이라는 인물은 분명히 이 작품의 '구원의 상징'적 알레고리성을 띤 인물임에 틀림이 없다. 실제로 그는 이 작품 속에서 깨어 있는 의식으로 고양이 나라 사람들의 방종과 도덕적 타락을 통렬히 꾸짖으면서 '인격의 회복'과 '부활의 희망'[34]을 역설하는, 거의 유일하게 '미혹의 잎'으로부터 자유로운 선지자적 풍모를 드러내는 인물이다.

그러므로 이러한 다잉의 인물형상으로부터 절망의 극한적인 상황 속에서도 미래에 대한 희망을 위해 자신을 희생의 제물로 바치는 일종의 '순교자'적인 모습을 상정하는 것은 충분히 가능하다. 실제로 다잉은 고양이 나라 사람들의 사악한 이기성과 무사안일의 나태함을 일깨워 민족적 위기에 대한 일치된 저항을 불러일으키기 위해 스스로를 그 제물로 선택한 의인이었다. 라오서가 그를 '모든 고양이 사람들을 대신해 부끄러움을 씻어 주는 희생자, 교주(教主)'였다라고 묘사한 것은, 바로 이 인물에게 종교적 선지자·순교자적인 의미를 부여하려고 한 예증이라 하겠다.

그러나 다잉의 이러한 순교자적인 죽음은 끝내 고양이 나라 사람들에게 철저히 희화화된다. 그의 잘려진 머리는 시끌벅적한 저자거리에 내걸린 채 사람들의 구경거리가 되고 만다. 심지어 '머리 구경 가기'의 아수라장 속에서 '세 명의 노인과 두 명의 여자'가 압사를 당했을 정도이다.[35] 자신들을 위해 희생된 영웅의 죽음을 한낱 말초적인 눈요깃거리로 전락시키는 고양이 나라 사

34 《猫城記》, 같은 책, 439쪽.

35 大鷹의 순교자적인 죽음에 대한 이러한 익살극적인 소동 혹은 아이러니적인 장면의 삽입 속에, 작가 老舍의 우국적 민족주의에 내재하는 만주족으로서의 심층 심리적 갈등의 요소를 지적하고 있는 王德威의 분석, 예를 들면 "老舍의 만주족 경력은 그의 애국심에 일종의 자기 풍자, 즉 가장 미묘한 방식으로 스스로의 열렬한 민족주의적 몸짓을 조롱하는 그러한 풍자를 더하였음에 틀림없다"라는 관점을 적용해 볼 수도 있을 것이다. David Der-wei Wang, "Fictional Realism in Twentieth-Century China: Mao Dun, Lao She, Shen Congwen", p.162 및 王德威《寫實主義小說的虛構: 茅盾, 老舍, 沈從文》, 184쪽 참조.

람들의 그 밑 모를 우매함과 잔혹한 폭력성, 어쩌면 그것은 중국인들의 민족성에 대한 작가 라오서의 절망감에 가까운 비판의식이 투영된 결과였을 것으로 보인다. 그렇다고 해서 이 작품의 이러한 비극적 결말을 라오서 문학의 특징인 '봉건적 사상 문화 전통의 비판'이라는 각도에서만 파악한다면, 이 작품은 결국 5·4 이래 '국민성 비판'의 영역 및 그 한계를 벗어나기 힘들다고 할 수 있다.[36]

그러므로, 이 작품의 진정한 생명력과 문학사적 의미는 오히려 1930년대의 구체적인 사회 역사적 맥락을 넘어선 현실 초월적 종교성에서 찾아져야 한다고 하는 것이 소론의 기본 입장이었다. 다만 이 작품이 지닌 종교적 지향성의 의미는 구원의 전망에 대한 구체적 제시에서가 아니라, 오히려 그러한 구원을 향한 자기 변혁의 지난한 고투의 과정, 혹은 그러한 시도의 좌절과 실패의 비극적 결말에 내재된 일종의 종교적 계시에서 찾아져야 한다고 하는 것이 소론의 결론이라고 할 수 있겠다. 그러한 의미에서 이 작품의 종교적 갈등 구도, 그리고 그 속에 구현된 허무의식과 구원의식의 혼재성과 죽음에 이르는 과정은, 그 자체로서 이미 1930년대 중국의 역사적 현실 속에서 모색된 일종의 종교적 구원을 향한 역설적인 가능성이었던 셈인 것이다.

6. 맺음말

이제까지 라오서의《고양이 나라 이야기》에 내재된 기독교의 종말론적 세계

36 이러한 각도에서 老舍의《猫城記》는 '문화'를 초역사적인 '만고불변' 가치로 묘사함으로써, 결국 '역사 숙명론적인 비판적 결론'을 도출할 수밖에 없게 되었다고 분석한 趙園의 비판적 결론은 그 나름의 설득력을 지닌다. 그러나, 이러한 관점은 동시에 1930년대 중국 사회의 구조적 모순에 대한 작가 老舍의 피상적인 현실 인식, 혹은 사회변동의 한 축으로서의 마르크스주의 및 혁명의 추세에 대한 오해 내지 편견 등 이 시기 老舍의 작가의식상의 문제 지적에 머문 채, 이 작품에 함유된 종교적 성격을 간과할 수밖에 없다는 점을 지적해 둬야 할 것으로 보인다. 이와 관련된 趙園의 老舍 비평 및《猫城記》분석에 관해서는 趙園, 〈老舍—北京市民社會的表現者與批判者〉,《文學評論》1982년 제2기 참조.

관 및 묵시문학적인 성격에 주목함으로써, 이 작품에 대한 리얼리즘 소설 혹은 국민성 비판 소설로서의 한계라는 기존의 편향적 비판의 재검토를 시도하여 왔다. 물론 그렇다고 해서 이 작품에 내재된 '종말론적 심판과 구원에의 전망'의 모호성이라는 문제가 충분히 해명되었다고는 생각되지 않는다. 그리고 그러한 문제는 어쩌면 라오서의 기독교 신앙 및 그 가치관의 실질 내용과 관련된 요인에 의해 파생된 결과라고도 할 수 있을 것이다.

이미 앞에서도 언급하였듯이, 1930년대 초 작가 라오서의 작가의식 속에 강하게 자리 잡고 있었을 우국적 민족주의의 성향은《고양이 나라 이야기》에서 현실 비판적 격정과 현실 악에 대한 종말론적 심판의 문학적 상상을 가능케 하는 동력으로 작용되었다고 하겠다. 다만 그 과정에서 국가와 민족의 현실을 초월한 영원한 생명에의 지향성과 갈망은 상대적으로 모호해졌던 것은 아니었을까. 그리고 이러한 갈등의 요인은 1930년대 이래 이 작품에 대한 작가 스스로의 부정적 평가와 자기 비판으로 이어지며, 끝내 신과 나와의 수직적 관계를 대체할 일종의 의사 종교적인 정치적 이념에의 경사, 더 나아가 사회주의 중국에서의 '인민작가' 라오서의 탄생과 함께 그 삶의 좌절과 죽음을 예비하는 종교적 신앙의 균열이 되었을 것으로 여겨진다.

그럼에도 불구하고, 라오서의《고양이 나라 이야기》에는 1930년대 중국 현대문학사에서 좌익 리얼리즘 소설, 혹은 신감각파를 비롯한 모더니즘 소설의 흐름과는 다른 우화소설적 상징성을 시도한 독자적 예술성이 구현되고 있다는 점을 간과할 수는 없다. 특히 그러한 상징성이 기독교적 종교성의 현실 악에 대한 승리에의 작가적 신념과 전망을 함장한, 그리고 주요 등장인물들의 치열한 자기와의 싸움과 죽음의 결말로 형상화되어 있다는 점은 충분히 주목되어야 할 부분이다. 그러한 의미에서 이 작품은 라오서가 그 작가 생애를 통해 추구했던 단테의《신곡》과 같은 종교성의 예술적 구현을 향한, 중국 현대문학사에서 결코 흔하지 않은 소중한 탐색의 성과였다고 할 수 있을 것이다.[37]

그리고 그러한 맥락에서 살펴본다면,《고양이 나라 이야기》의 결말 부분에서 그려지고 있는 샤오셰와 다잉의 죽음은, 기실 〈선으로 악을 이기라〉라는 라오서의 신앙고백적 강연이 의거하고 있던 바 "너희 몸을 하나님이 기뻐하시는 거룩한 산 제사로 드리라 이는 너희의 드릴 영적 예배니라"고 한 사도 바울의 복음에 대한 실천을, 작가 스스로 그 작품 속에서 예술적으로 형상화한 결과였다고 할 수 있을지도 모르겠다. 그리고《고양이 나라 이야기》에 설정된 그러한 종교적 의미의 복선은, 이 작품의 결말을 그저 허무주의적 비극으로만 해석해 버리고 마는 '이 세대'의 상식적인 현대인들의 머리 위에 쌓아 놓은, 그리하여 우리 모두를 끝내 고통스럽고 부끄럽게 만드는 '숯불'[38]은 아니었을까.

37 초기 작가의식의 형성 과정 이래 老舍가 줄곧 간직했던 단테의 문학세계 및《신곡》에 대한 동경, 특히《猫城記》의 창작 과정에 미친《신곡》의 영향에 관해서는 葛濤, 〈老舍與但丁的文學聯系〉,《新文學史料》2004년 제1기 참조.

38 여기에서 '산 제사'의 '영적 예배'에 관한 언명은 로마서 12장 1절로부터, 그리고 '원수'의 머리에 쌓아 놓는 '숯불'에 관한 언명은 로마서 12장 20절로부터의 인용에 의한다. 이중 특히 '원수'는 '나로 하여금 인간을 악인으로 체험하게 하는 자', 그리고 '악을 악으로써 보복하게끔 나에게 요구하는 자'를 가리킨다. 카를 바르트 지음·조남홍 역《로마서 강해》(한들출판사, 1997년), 725쪽 참조. 또한 '숯불'은 피해자인 내가 그러한 원수조차 사랑함으로써, "그로 하여금 마음의 고통을 느껴서 회개하도록 하는"(《오픈II 주석성경》, 1995년판 해설 참조) 촉매제로서의 상징이며, 이러한 해석은 老舍의 강연 〈선으로 악을 이기라〉의 종교적 지향성에 대한 기본 방향과 어긋나지 않으리라는 것이 소론의 기본 시각이다.

제6장

항전기 린위탕(林語堂) 소설의 종교성

동서문화의 융합과 갈등 양상

1. 머리말

린위탕(林語堂, 1895-1976)은《생활의 발견》(The Importance of Living, 生活的藝術, 1937) 이라는 번역 제목의 저작 등을 통하여, 우리에게도 이미 친숙한 현대 중국의 주요 문필가이자 작가이다. 그러나 린위탕은 자유 사상가이자 유머 작가로서의 측면만이 부각되어 있는 데 비해, 정작 그의 문학 활동이 적극적으로 전개되었던 1930년대와 1940년대의 구체적인 창작성과 및 그 문학사적 의미는 별로 주목이 되고 있지 못한 형편이다. 그 이유로는 여러 가지가 거론될 수 있겠으나, 가장 직접적인 요인은 역시 1936년 도미(渡美) 이래 그의 대부분의 저작이 영어에 의해 서구의 독자를 대상으로 이루어졌다는 점일 것이다. 또한 1949년의 신중국 성립 이래 그가 취한 반공적 정치 입장이 그의 문학 자체에 대한 대륙에서의 부정적 평가를 야기한 점도 간과할 수는 없다.

물론 1980년대에 접어들면서 린위탕의 문학에 관해서는 중국현대문학사에서의 전면적인 재평가 작업이 이루어져 오고 있으며, 그의 영문 작품에 대한 타이완 등지에서의 중문 번역 성과도 대륙의 학계 및 출판계에 거의 반영이 되어 있는 것으로 보인다. 다만 그가 스스로의 문학적 삶의 포부로 밝혔던,

"두 다리로 동서의 문화를 디디고, 한 마음으로 우주의 문장을 평한다(兩脚踏東西文化, 一心評宇宙文章)"[1]라고 하는 동서문화의 융합과 보편적 문학정신 구현의 실질적인 내용을 이해하기 위해서는, 역시 그러한 작가의식이 가장 왕성한 창작의 결실로 이어졌던 1930년대 후반에서 1940년대까지의 창작 성과에 대한 보다 심층적인 규명 작업이 필요하다.

주지하는 바와 같이 첫 영문 저작인《나의 조국, 나의 겨레》(My Country and My People, 吾國與吾民, 1935)의 호평 속에 1936년 미국으로 건너간 린위탕은, 신중국 성립 이전인 1940년대에《베이징의 나날들》·《폭풍 속의 나뭇잎》·《중국인 거리》등 세 편의 장편소설을 창작 발표하였다. 이들 작품은 비록 영문으로 창작된 것이기는 하지만, 모두가 항일전쟁을 작품의 주요 모티프로 하고 있으며, 아울러 항전 현실의 극복을 종교문화의 구현이라는 각도에서 추구하고 있다는 일치된 창작 경향상의 특징을 보이고 있다. 그러므로, 이 시기 린위탕의 소설은 영문학사의 일부로서가 아니라 중국 현대문학사의 유기적 일환으로 간주될 수 있으며, 특히 항전기 소설사의 다원적 성격을 이해하기 위한 소중한 분석 대상이 될 수 있을 것으로 기대된다.[2]

소론은 이러한 관점에서 이들 세 편의 장편소설을, 이른바 1940년대의 중국 항전기(1937-1949) 문학이라는 구도 안에서 새롭게 조명·분석하려는 입장에서 출발한다. 그리고 구체적인 논의의 전개 과정에서는, 특히 이 시기 작가의 문화론을 관통하고 있는 종교적 성향이 당대 중국의 사회현실과의 조응 관계 속에서 어떠한 문학적 형상화를 이루었으며, 아울러 그러한 작가의

---

1 〈與陶亢德書〉,《論語》제28기(1933년 11월). 여기에서는《林語堂散文經典全編》제1권(九州圖書出版社, 1997년), 246쪽에 의함.

2 물론 '민족문학' 혹은 '국민문학'의 개념을 구성하는 기본 요건으로서의 해당 언어에 의한 창작이라는 전제에 입각하여 본다면, 林語堂의 이들 영문 소설은 당연히 중국문학의 범주에 귀속될 수 없다. 다만 작품의 소재와 주제의식의 측면에서, 이들 작품의 중문 번역 텍스트를 중국 현대문학의 일부로서 분석 평가하려는 것이 小論의 기본 입장이다. 또한 다소 애매한 기준이기는 하나, 문학사의 중심축을 이루는 작가에 대한 전면적 연구의 필요성이라는 각도를 고려한다면, 같은 시기 老舍의《四世同堂》제3부《饑荒》및《鼓書藝人》의 발표 원문 텍스트가 영문이었음에도 이들 작품의 중문 번역본이 현재 중국 현대문학사에 편입되어 있는 예도 한 참고가 될 것이다.

식의 창작 내적 구현 양상이 중국 항전기 문학사 속에서 갖는 의미는 무엇인가에 관한 고찰에 중점을 두기로 한다. 그러므로 소론은 린위탕의 1940년대 항전기 소설에 나타나는 핵심적 특징으로서의 종교적 성격을 중심으로, 그가 추구했던 동서문화의 융합 혹은 그 갈등의 양상을 살펴보려는 시론적 의미를 갖는다.

2. 민족의식과 자유주의 사상

1936년에 미국으로 건너간 린위탕은 항일전이 전개되고 있는 중국에 일시 귀국을 했던 기간들을 제외하고는, 1940년대의 항전 기간 중 거의 미국에서 구미 독자를 대상으로 한 영문 저술 활동을 지속하였다. 그러므로, 이 시기 그의 문학은 일견 전쟁 중인 조국의 현실로부터는 일정한 거리를 둔 채, 서구인들의 중국에 대한 일종의 오리엔탈리즘적 상상에 부응하는 중국 전통문화의 소개에 중점이 놓여져 있었던 것으로 보일 수도 있다. 그러나, 1940년대 린위탕의 작가의식이 항전 중국의 현실에 대한 강렬한 관심과 민족의식의 자장 속에 놓여져 있었음은 분명하다.

중일전쟁 발발 이후에 발간된 새로운 판본의《나의 조국 나의 겨레》에 추가된 마지막 장의 서술 내용이, 바로 항전 중국의 역사와 현황에 대한 치밀한 분석과 전망이었다는 사실로도 미루어 알 수 있듯이, 린위탕의 중국 및 전통문화 소개 작업은 현실사회의 변혁 과제에 대한 진지한 물음 속에서 전개되고 있었다. 특히 이 가운데에서 화베이(華北) 지역에서의 일본군에 의한 아편 밀매와 일본제품 밀수 등의 만행이, 결국은 중국 민중에게 민족의식과 항일 정신을 심어 주어 일본을 패배로 이끄는 요인이 될 것이라는 날카로운 지적은, 이후 그의 장편소설《베이징의 나날들》후반부의 주요 제재로서 보다 구체적으로 형상화되고 있음도 주목할 필요가 있다.[3]

그런데, 린위탕의 이러한 적극적 현실인식 및 작가의식은 사실상 새삼스러운 것이 아니었다. 잘 알려져 있듯이 린위탕은 5·4 신문학 운동 이래의 1920년대부터 이미 반봉건적 계몽주의 문학 진영의 주요 문학인으로서 활약한 바가 있다. 특히 이른바 '어사(語絲)' 시기의 문필활동을 통해 보여 준 군벌 정권과 보수주의적 문화계에 대한 신랄한 비판의식은, 그가 결코 관념론적인 전통 문인적 취미 속에 안주하는 작가가 아님을 여실히 증명하고 있다. 다만 그의 이러한 진보적 성향은 국민혁명의 좌절 이후 전개된 1930년대의 문학사 속에서, 그 나름의 지식인으로서의 곤혹과 방향 모색을 거쳐 점차 좌익 주류 문학 그룹과의 대립적 입장으로 변화되어 나갔던 것이 사실이다.

물론 이른바 성령론(性靈論)과 유머 문학론, 그리고 소품문(小品文)의 제창 등 1930년대 '논어파(論語派)'의 중심적 역할을 담당했던 린위탕의 이러한 입장에 대해서는, 예를 들면 좌익 문학계의 신예 비평가였던 후펑이 비판한 바와 같이, 현실 사회의 변혁에 대한 의지가 결핍된 '국수주의'적 '개성 지상주의의 예술관'[4]에의 도피라는 지적도 충분히 제기될 수 있을 것이다. 그러나, 1930년대 린위탕 문학의 이러한 변화 혹은 방향 선회는, 각도를 달리하여 보면 일종의 자유주의적 가치관의 일관된 추구라는 맥락에서 그 나름의 내적 필연성과 역사적 당위성을 지닌 선택이기도 하였다. 일례로 그의 유머 문학론은 결국 현실비판적 태도와 '한적(閑適)'의 심미적 내용의 결합에 의해, "억압된 자연적 인성의 해방" 및 "개성해방과 인격독립이라는 사상 계몽운동"과 그 방향을 같이하는 웃음의 추구였다고 평가될 수도 있기 때문이다.[5]

---

3 尾崎和子, 〈日本における林語堂の受容の一端〉, 《太田進先生退休紀念中國文學論集》(中國文藝研究會, 1995년) 참조.

4 胡風, 〈林語堂論—對於他的發展的一個眺望〉, 《文學》 제4권1호(1935년 1월). 여기에서는 《胡風全集》 제2권(湖人北民出版社, 1999년), 23쪽에 의함.

5 施萍, 《林語堂: 文化轉型的人格符號》(北京大學出版社, 2005년), 207쪽 참조. 다만 1940년대의 항전기 소설 속에서 이러한 유머 문학론의 구체적인 전개 양상을 찾아보기는 어렵다. 물론 넓은 의미에서 도가적 逍遙精神의 구현 형태로서의 이른바 '樂感文化'的 삶의 모습에 대한 묘사를 유머 문학론의 연장선상에서 이해할 수는 있겠으나, 억압된 생명력의 자연스러운 분출을 유도하는 '웃음'의 예술적 형상화는 이 시기의 소설 속에서 작가가 의도하지 않았다고 할 수 있을 것이다.

이러한 맥락에서 살펴볼 때, 1940년대 이래 린위탕의 저술과 창작에 나타나는 민족의식은 결코 민족주의적 이념의 도그마로서가 아니라, 어디까지나 개체의 독립과 자유에 바탕을 둔 정신세계 속의 '개인공간' 혹은 '자유공간'을 전제로 하는 것이었다고 하겠다. 그리고 잘 알려져 있듯이 린위탕의 이러한 자아의식과 자유주의 사상은, 기독교 신앙과의 일정한 조응 관계 속에서 그 나름의 독자적인 종교성을 바탕으로 하여 형성 전개되었던 것이 사실이다. 아울러 바로 이 지점에서 그의 자유주의 정신은 개인의 실존론적 결단에 의한 종교 신앙을 매개로 자아와 타자, 개체와 민족, 나아가 동양문화와 서양문화 간의 화해로운 관계 설정을 추구하는 동력을 획득하게 되었던 것으로 보인다. 그런 의미에서 보자면, 개별적 인간에 대한 끊임없는 추구야말로 "린위탕의 인문주의 사상과 현대 기독교 사상을 연결시키는 대동맥"이었던 셈인 것이다.[6]

그러므로, 1940년대 항전기 소설의 창작을 통하여 린위탕은 중일전쟁으로 인한 중국의 민족적 재난과 항전의 현실을 서구인들에게 호소하는 역할을 수행하였지만, 그 작품 창작 경향상의 특징은 역시 개별적 인간의 실존적 위기와 죽음의 공포를 종교적 구원의식에 의해 극복하려는 인물형상의 창조, 그리고 전쟁의 시련을 통한 자아의 극복 및 타자와 민족에로의 확장이라는 주제의식의 설정에 있었다. 아울러 항전기 린위탕 소설의 이러한 창작 경향상의 특징은, 이 시기 중국 현대소설의 주요한 흐름과도 연계되는 성격을 띠고 있었다고 할 수 있다. 실제로 1940년대 중국 항전기 문학의 정신사적 특징을 이루는 기본 정서는, 기존 사회질서의 붕괴와 생존의 위협에서 비롯된 "고향에 대한 상실감과 회귀에의 갈망"이었다. 그리고 이러한 정서는 필연적으로 생존의 의미와 인생의 고난, 영혼의 회귀처 등에 대한 해답을 갈망하는, "종교적인 구원의식을 향한 예술적 형상화의 전개 가능성"으로 이어지고 있었던 것이다.[7]

---

6 施萍 같은 책, 31쪽 참조.

7 졸고, 〈路翎 小說의 宗教性—救援意識의 變形的 具現樣相〉, 《중국어문논총》 제15집(중국

다만 항전기 문학사의 주류적 경향을 이루고 있던 것은 객관적 사회현실의 여실한 반영을 중시하는 리얼리즘의 창작방법이었던 만큼, 현실의 반영을 넘어선 초월적 가치에의 지향성을 내포하는 종교성의 예술적 형상화 경향은 일종의 상징성을 띨 수밖에 없었으며, 그럼으로써 사실상 항전기 소설사의 주변적 흐름을 형성하거나 혹은 변형적 전개 양상을 보일 수밖에 없었던 것도 사실이다. 그런 점에서 보자면 이 시기에 창작활동의 공간을 미국에 두고 있던 린위탕은, 창작방법의 운용이나 주제의식의 구상 등에서 국내의 작가들보다 상대적으로 자유로울 수 있었으며, 그에 따라 동서문화의 융합을 포함한 보다 본격적인 종교성을 띤 항전소설의 창작을 시도할 수 있었다고 할 수 있다.

물론 그의 이러한 소설 창작경향에 관해서는, 항전 중국의 현실 체험 부족으로 인한 관념적 작품 구상의 결과, 혹은 기독교적 성장 배경 및 서구인을 독자 대상으로 한 데 따른 중국 전통문화의 피상적 이해 등, 중국 문단 내부의 비판적 시각도 없지는 않았다. 린위탕의 중국 전통문화론을 "일반 서양인의 눈도 아닌, 서양 선교사의 눈"[8]으로 본 중국 문화라고 평가절하하는 견해 역시 그러한 비판의 연장선에 있는 한 예일 것이다. 그러한 우려나 비판이 이 시기의 린위탕의 소설에 관한 문학사적 의미 규명을 위한 중요한 참조 사항이 될 것임은 물론이겠거니와, 이하 그러한 관점들의 적실성 여부에 관한 객관적인 점검을 포함하여 린위탕의 항전기 소설에 나타나는 종교성의 구체적인 전개 양상 및 그 의미에 대한 분석을 시도해 가기로 한다.

어문연구회, 1998년) 참조.

8 唐弢, 《西方影響與民族風格》(人民文學出版社, 1989년), 371쪽. 여기에서는 註3) 施萍의 같은 책 63쪽으로부터의 재인용에 의함.

3. 도가적 숙명론과 초탈의식

린위탕의 항전기 소설 중《베이징의 나날들》(Moment in Peking, 京華煙雲, 1939)은 그의 처녀작이자 소설가로서의 작가적 자질을 여실히 보여 준 것으로 평가되는 작품이다. 이 작품은 청말 베이징의 한 부상(富商)의 딸인 야오무란(姚木蘭)의 반생의 삶을 중심으로, 1900년의 의화단 사건에서 1938년 중일전쟁 발발 이듬해까지 격동의 시대를 살아 간 인물들의 모습을, 각각 '도가(道家)의 딸'·'정원(庭園)의 비극'·'가을의 노래'라는 부제하의 3부로 담아내고 있다. 잘 알려져 있듯이 서구인들에게 순수한 중국소설의 스타일을 전달해 달라는 요청에 답하기 위해, 특히《홍루몽(紅樓夢)》의 구성과 인물 성격상의 특징이 녹아든 이 소설을 관통하고 있는 것은, 우선 인생의 무상함과 우연성에 대한 비극적 운명의식 혹은 도가적 숙명론이라고 할 수 있다.

무엇보다도 이 작품의 3부 내용 및 그 구성을 이끄는 상징적 경구는《장자》에서 인용된 대목들로서, 그 의미는 결국 '도(道)의 무소부재(無所不在)' 즉 '도의 편재(遍在)'라는 사상을 바탕으로 삶과 죽음, 아름다움과 추함, 옳고 그름 등 모든 대립적 가치의 상호 전화성(轉化性)에 대한 노장 사상적 깨달음의 제시인바, 그 궁극적 작가의식은 바로 '삶과 죽음의 운명'에 대한 숙명론적 관념의 승인과 초탈이라고 할 수 있다. 이 작품에서 이러한 도가적 깨달음을 체현하는 인물로 설정된 야오무란의 아버지 야오쓰안(姚思安)의 입을 빌어 표현되고 있듯이, "삶과 죽음은 자연의 진리"이며, "죽음이란 '도(道)로 돌아가는 것(返諸於道)'일 뿐"인 만큼, "생명은 끊임없이 연속되는 것"[9] 이라는 관점이 그 한 예이다.

우선 이 작품은 주인공인 무란이 의화단의 난에 의한 8개국 연합군의 베이징 침입의 전란으로부터의 피난길에서 가족을 잃고 유괴되는 사건으로부터

9 여기에서는 張振玉 譯,《京華煙雲》(陝西師範大學出版社, 2005년), 536쪽에 의함.

시작이 되고 있다. 그런데, 그러한 사건은 우연한 순간적 선택에 의해 빚어진 것으로서, 어쩌면 어린 소녀의 일생을 비극으로 이끌 수도 있었을 운명 앞에서 그녀는 알 수 없는 불안과 두려움에 휩싸이게 된다. 그리고 인간의 운명에 대한 무력감과 두려움은 일생 동안 그녀에게 "짙은 숙명론적 심층 심리"로 자리 잡게 된다. 어떤 의미에서 이후 성장 과정 속에서 그녀가 보여 주는 "운명에 대한 일종의 냉담에 가까운 용인과 감내"는, 결국 운명에의 순종에 의해 적극적으로 심리적 평정을 유지하려는 본능적 반응이기도 했던 셈인 것이다.[10]

작품의 전개 과정에서 야오무란이 보여 주는 그러한 운명에의 순응의 모습은 사랑과 결혼의 선택 장면에서 가장 선명하게 나타난다. 어릴 적 실종 유괴 사건으로 인연을 맺게 된 쩡(曾)씨 집안과의 혼담은 결코 그녀의 자유의지에 의한 선택이 아니었지만, 그녀는 마음속으로 연모하는 남성을 동생에게 양보한 채 부모들간의 약조에 따른 결혼을 선택한다. 비록 그녀 역시 신사조의 영향을 받아 친구들을 통해 "기독교는 전통적인 부녀들에 관한 도덕의 규율, 그리고 중매인의 말과 부모의 명에 따른 결혼을 반대한다"는 등의 신선한 주장을 들어 알고 있었지만, 그녀는 결국 "개인의 혼인대사는 운명으로 정해진 것"[11]이라는 믿음 속에 그 결혼을 받아들이고 있는 것이다. 물론 그녀의 이러한 선택은 전근대적인 가부장적 질서에의 굴종으로 비판될 수도 있겠지만, 작가가 그녀의 인물형상을 통해 표현하고자 한 것은 바로 불가해한 궁극적 힘에 의한 일종의 종교적 자아 초월에의 설정이었다고 할 수 있을 것이다.

이러한 측면에서 보자면, 이 작품에서 진정한 도가적 깨달음을 구현하면서 끝내 그 정점에서의 한계를 넘어서는 이상적 인물 역시 바로 주인공 야오무란이라고 할 수 있다. 인간의 삶 혹은 인류의 역사에 대한 그녀의 도가적 깨달음이 함축적으로 묘사되고 있는 타이산(泰山) 등정 장면이 그 한 예이다. 즉 야오무란은 세월의 풍상에 의해 비문의 흔적조차 남아 있지 않은 이른바 진

---

10 劉勇, 〈論林語堂《京華煙雲》的文化意蘊〉, 《北京師範大學學報》 1998년 제3기 참조.

11 《京華煙雲》, 188쪽.

시황(秦始皇)의 '무자비(無字碑)'를 바라보면서, 문득 "인류의 문화와 역사를 향한 비길 데 없이 완강한 도전자"로부터의 마음을 짓누르는 압박감에 빠져들지만, 그것은 동시에 죽음에 대한 두려움 속에 헛되이 장생불사의 영약을 구하려 했던 한 인간의 허망한 삶의 운명을 지배하는 "만물을 창조한 지상(至上)의 주재자(主宰者)"의 존재성을 깨닫는 순간이기도 했다. 그리하여 그녀는 석양의 낙조 속에 말 없이 서 있는 진시황의 비석을 통하여, 자아의 유한성과 비극적 운명으로부터의 초탈을 향한 '돌의 무정함(石頭無情)'이라는 인간 삶의 '수수께끼'의 답에 다가가고 있었던 것이다.[12]

어쩌면 그녀가 이후의 5·4운동, 국민혁명, 그리고 중일전쟁 등 격변기 역사의 와중에서 자유자재로우면서도 강인한 삶의 리듬을 견지할 수 있었던 것도, 특히 3·18 사건으로 사랑하는 딸 아만(阿滿)을 잃은 순간의 절망적인 좌절을 딛고 일어설 수 있었던 것도, 결국은 이러한 '돌의 무정함'에 대한 깨달음을 체화해 가는 과정이었다고 할 수 있으리라. 그리하여 이 작품의 결말 부분인 중일전쟁의 피난길에서 가족을 잃은 고아들을 거두어 주는 장면을 통하여, 야오무란은 마침내 "피난으로 시작해서, 피난으로 끝이 나는(以逃難起, 以逃難終)"[13] 운명에 마주 서서 '자아의 정복'을 이루어 내게 되었던 것이다.

> 무란에게 보이는 밖의 풍경은 바뀌어 있었고, 무란의 마음속도 바뀌어 있었다. 그녀는 공간과 방향을 잃어버렸으며, 스스로의 개체감조차도 잃어버린 채, 스스로가 위대한 보통 백성들 속의 하나라는 느낌이 들었다. 예전에 그녀는 그토록 늘 보통 백성이 되기를 바랐었는데, 이제 그녀의 바람은 이루어지게 되었다. 그녀의 아버지가 오로지 참선과 묵상으로 자아의 정복을 획득하였다면, 그녀는 이제 광대한 군중, 남자와 여자들 그리고 아이들과의 접촉에 의해 이루어 낸 것이다.
> ……

---

12 《京華煙雲》, 367-368쪽 참조.

13 〈給郁達夫的信—關於《瞬息京華》〉, 《宇宙風》 제49기(1937년, 10월16일). 여기에서는 《林語堂散文經典全編》 제2권 433쪽에 의함.

머나먼 지평선 위로 드높은 톈타이산(天台山)이 구름을 뚫고 우뚝 솟아 올라 있었다. 그것은 도가(道家)의 신화 속의 영산(靈山)이었으며, 야오(姚) 노인의 정신이 깃들어 있는 곳이었다. 절 문 앞에는 늙은 주지 스님이 여전히 서 있었다. 그의 눈에는 아직도 무란, 쑨야, 그들의 자녀들, 그리고 그들과 동행하는 아이들, 그 모두의 모습이 비치고 있었다. 그는 그들이 차츰 다른 사람들의 모습과 하나로 뒤섞여 흙먼지가 드날리는 영산의 사람들 무리 속으로, 중국의 위대한 내지(內地)의 사람들 무리 속으로 향해 사라져 갈 때까지, 한참을 바라보고 있었다.[14]

이 인상적인 마지막 장면이 상징하는 것은 결국 도가적 숙명론과 '청정무위(清淨無爲)'의 사상, 혹은 불교적 고난의 승인과 해탈의 정점에서, 끝내 주인공이 평범한 이웃들과 함께 삶의 고통과 비극적 운명의 곤혹을 초월해 가는 모습이라 할 수 있을 터이다. 그러나, 이러한 인물 형상의 창조를 통해 작가 린위탕이 전통문화의 종교적 영역을 넘어선, 굳이 말하자면 기독교적 관용과 구원에의 잠재적인 회귀 가능성까지를 암시하고 있었다고 보는 것은 아마도 지나친 확대 해석의 결론일 것으로 보인다.[15] 왜냐하면 이 작품에서 작가가 야오무란의 형상에 의해 구현하고 있는 도가적 '자아 극복'에 의한 타자와의 연계 방향은, 기실 '돌의 무정함'으로 상징되는 도가적 초탈의 진리와 미학의 연장선에서 전쟁의 현실 악에 대한 문제 해결의 성격을 지니고 있기 때문이다.

여기에서 이와 관련한 류샤오펑(劉小楓)의 표현을 빌면, 그것은 바로 현실 악에 대한 철저한 비판과 극복을 이루지 못한 채, '돌의 청허무성(淸虛無性)'한 장선(莊禪)의 정신 세계 즉 소요(逍遙) 정신의 세계에로의 회귀라고 하는 경향으로 해석될 수 있다. 그리고 '무정과 돌의 절대적 힘'을 승인하는 이러한 도

14 《京華煙雲》, 611쪽.

15 註 10)의 劉勇, 〈論林語堂《京華煙雲》的文化意蘊〉에서와 같이, 이러한 姚木蘭의 삶의 역정을 작가 林語堂이 이상적인 인물로 창조한 그녀에게 부여한 "도가·유가·불교 및 기독교 등 여러 종교 문화사상에 대한 중층적 이해를 융합한" 현상으로 분석하고, 특히 작품 결말에서의 삶의 행로 선택에 나타나는 '기독교의 관용과 연민'의 종교성을 중시하고 있는 관점이 그 일례이다.

가적 소요 정신은 결국 일종의 '근대적 허무주의에의 전화(轉化)' 가능성을 내장하고 있다고도 할 수 있다.[16] 그러한 의미에서, 이 작품의 결말은 어쩌면 바로 이 시기 작가 린위탕이 추구하고 있던 도가적 소요의 정신에 바탕을 둔 현실 악의 극복이라는 삶의 태도에 잠재되어 있던, 작가 자신의 내적 곤혹감 혹은 모종의 결핍감을 해결하기 위한 힘겨운 방향 모색의 반영이었는지도 모른다. 그가 이 작품에 이어 불교적 해탈 정신에 의한 항전 현실의 고난 극복을 형상화하는 두 번째 작품《폭풍 속의 나뭇잎》을 창작하게 된 것은, 바로 그러한 작가 나름의 내적 갈등을 넘어서기 위한 또 다른 시도였다고 하겠다.

4. 인간악의 질곡과 불교적 해탈

항전기 린위탕의 두 번째 장편소설인《폭풍 속의 나뭇잎》(A leaf in the storm, 風聲鶴唳, 1941)은《베이징의 나날들》의 속편적 형태를 띤 작품으로서, 야오(姚)씨 집안의 장손인 야오보야(姚博雅) 및 그의 친구 라오펑(老彭)과 여주인공 추이메이링(崔梅玲, 丹妮) 세 사람 간의 우정과 사랑의 갈등을 주요 전개 축으로, 중일전쟁기 중국인들의 민족적 재난과 항전의 진실을 그린 소설이다. 특히 이 작품에서는 여주인공 단니(丹妮)의 파란 많은 삶의 역경과 전쟁 체험을 통하여, '전쟁과 인간의 관계'에 대한 근본적인 문제 제기와 그 의미에 대한 탐색이 전개되고 있다는 점이 주목될 필요가 있다. 그런 의미에서 전쟁의 고난

16 여기에서 인용하고 있는 표현은《紅樓夢》과 魯迅 문학의 도가적 경향 및 그 한계에 대한 劉小楓의 비판적 관점에 의한다. 이러한 각도에서 본다면,《京華煙雲》의 주요 모티프인 '돌의 무정함'은 결국 莊禪精神의 소요(逍遙)적 심미성에 내재된 위기와 허무의식을 계승함으로써, 기독교적 수난과 구속의 사랑에 의한 현실 악의 극복 및 진정한 구원에의 소망이 결핍되게 하는 주요 요인으로 해석될 수 있다. 이와 관련된 '돌'의 상징적 이미지를 통한 도가적 소요정신과 기독교의 구원정신과의 갈등 양상에 관해서는 劉小楓,《拯救與逍遙》(上海三聯書店, 2001년), 253-265쪽, 322-333쪽 및 졸고 〈中國 現代文學 批評의 宗教性—劉小楓의 基督教 批評談論을 中心으로〉,《중국어문논총》 제24집(중국어문연구회, 2003년) 참조.

을 통하여 삶의 본질과 참사랑의 의미를 깨달아 가는 단니라는 인물 형상은, 바로 작가가 추구하고 있는 항전 현실의 종교적 구현을 위한 전형이었던 셈인 것이다.

무엇보다도 주인공인 단니는 불우한 성장과정을 거친 매국노 부호의 첩으로서 그 나름의 내면적 상처를 지닌 인물이지만, 전쟁은 그녀로 하여금 여성의 성을 상품화하는 전근대적 삶의 질곡과 굴종적 굴레를 벗어나게 하는 민족의식을 불러일으키는 계기로서 작용하고 있다. 즉 이 작품에서 전쟁은 인간의 성욕과 물질욕, 그리고 파괴적 잔혹성 등 모든 잠재적 인간악이 분출되는 극한상황으로서의 의미와 함께, 그에 대한 응전을 통해 그러한 절망의 밑바닥으로부터 새로운 생명력을 잉태시키는 매개체로서의 상징적 의미를 지닌다. 일본의 중국 침략 과정에서 역사상 유례가 없는 인간악이 폭력적으로 자행되었던 난징(南京) 대학살의 장면에 대한 다음과 같은 묘사가 그 한 예이다.

> 신이 인간을 만든 이래, 사람들은 이제까지 미친 듯이 웃으며 병사가 어린 아기를 공중에 던졌다가 칼로 받아 찌르며 그것을 스포츠로 삼는 것을 본 적이 없었다. 또한 눈을 가리운 포로들이 참호 옆에 세워져 살인 교육 중의 총검술의 표적으로 삼아지는 일을 본 적도 없다. ……
> 다만 특수한 시간과 특수한 상황하에서 천사와 악마가 혼합된 인류는 비로소 완전히 수치심을 상실한 채 마음 속에 감추어져 있던 악마에 의해 지배를 받게 되는 것이다. ……
> 이 중국 항전의 역사는 다른 모든 위대한 운동의 역사와 마찬가지로, 이 세대의 뇌리와 마음 속에 새겨져 있다. 오십 년 혹은 백 년 후 찻집의 한담이나 할머니들의 잡담으로 바람에 흩날린 여린 잎들의 수많은 이야기가 전해지게 될 것이다. 바람 속의 나뭇잎들은 하나하나 모두가 영혼과, 감정과, 열망과, 꿈을 지녔던, 그 모두가 다같이 소중한 한 인간들이었다. 여기에서 우리의 임무는 전쟁이 한 여인에게 미친 영향을 더듬어 보는 일이니, 그녀 역시 수천 수백만 낙엽 중의 하나였던 것이다.[17]

17 여기에서는 張振玉 譯, 《風聲鶴唳》(陝西師範大學出版社, 2006년), 207-208, 209쪽에 의함.

결국 이 소설은 남녀의 사랑을 중심 줄거리로 하고 있으면서도, 보다 심층적인 주제 의식은 중일전쟁이 중국인들에게 얼마나 엄청난 고통과 재난을 가져다 주었는지, 그리고 평범한 중국의 민중이 그들의 평범한 삶의 행복을 상실당한 채 일본 군국주의의 침략에 저항을 해 나갔는지를 그리려는 데 있었다고 할 수 있다. 이 작품에서 단니와 라오펑이 베이징을 탈출하여 톈진(天津)으로 가는 도중 도움을 받게 되는 적후방 유격대의 의연한 활약상, 그리고 그 과정에서 조우하게 된 일본군의 잔악한 만행의 희생자인 위메이(玉梅)라는 여인의 모습이 그 생생한 예이다. 특히 신혼 한 달만에 일본군에게 남편을 살해당하고 그 자리에서 그들에게 겁탈을 당한 뒤 자신의 임신 사실을 알게 된 위메이와의 만남은, 주인공 단니로 하여금 스스로의 삶에 대한 좌절을 딛고 전쟁의 고통 한가운데로 나서게 하는 중요한 계기가 되고 있다.

이러한 측면에서 이 작품을 통해 작가가 추구하고 있는 것은, 전쟁의 고통과 시련을 통해 작중 인물들로 하여금 "전쟁의 심연으로부터 벗어나 광명의 길로 나아가게 되는" 새로운 삶의 가능성을 모색하게 한 점에 있다고 하겠다.[18] 그것은 바로 죽음의 절망과 인간성의 말살이라고 하는 극한 상황 속에서도 인간에게 내재된 사랑의 힘에 의한 구원의 빛이었다고 할 수 있다.《폭풍 속의 나뭇잎》에서 린위탕은 그러한 가능성을 이 작품의 남주인공이라고 할 수 있는 라오펑을 통해 다음과 같은 불교 선종(禪宗)의 깨달음에 의한 '영혼의 구원'으로서 제시하고자 하고 있다.

> 도의 깨달음의 기초는 바로 생명을 분명히 보는 데 있습니다. 하지만 생명을 분명히 보려면 반드시 먼저 자아의 관념을 없애지 않으면 안 됩니다. 자기와 다른 사람, '너'와 '나' 사이의 어리석은 구별을 없애야 하는 것이지요. 그런 깨달음이 우리를 모든 비애와 죄악의 정서로부터 해탈시켜 줄 수가 있는 겁니다. …… 이러한 너와 나, 개별성과 일반성의 감각적 구별을 없애면, 보다 높은 불성(佛性)의 지혜를 회복하게 됩니다. 그리고 여기에서 우주적

18 萬平近,《林語堂評傳》(重慶出版社, 1996년), 323쪽 참조.

인 연민과 사심 없는 자비의 마음이 생겨나는 것이지요.[19]

결국 라오펑을 도와 전쟁으로 상처 받은 불행한 고아와 노인들에 대한 헌신적인 보살핌 속에서 이러한 불성에 입각한 연민과 사심 없는 자비를 구현해 나가는 가운데, 단니는 비로소 자신의 영혼의 상처에서 벗어나게 되는 것으로 작품은 전개된다. 그리고, 단니 및 야오보야와 라오펑 사이의 삼각관계적인 사랑의 갈등은, 단니와 라오펑 간의 진정한 사랑을 깨닫게 된 야오보야가 일본군과의 전투에서 자기희생적인 죽음을 맞이함으로써, 마침내 사랑과 우정의 승화를 이루게 된다. 그리하여 작품은 다음과 같은 성경 구절로 종결이 되고 있는 것이다.

> 보야의 무덤은 산에서 멀지 않은 곳에 있었다. 묘지명은 단니가 고르고 라오펑도 찬동을 한 것이었다. 그것은 불교의 명언이면서, 또한 전세계에 통행되는 성경의 시구였다.
> "사람이 친구를 위하여 자기 목숨을 버리면 이에서 더 큰 사랑이 없나니."[20]

이러한 작품의 결말이 앞의《베이징의 나날들》에서 모색되었던 도가적 현실 초탈이라는 작가의식과 작품 내적 항전 현실 사이의 균열에 대한, 불교적 종교문화를 통한 또 다른 작가 나름의 문제 해결의 성격을 띠고 있음은 분명하다. 그러나, 앞 작품에서와 마찬가지로 이《폭풍 속의 나뭇잎》역시 불교적 해탈에 바탕을 둔 '연민과 자비'의 정신이 항전 현실의 고난 극복을 위한 구체적인 작품 내적 형상화로 이어지고 있다고는 평가하기 어려운 것이 사실이다. 그 이유는 무엇보다도 작중 인물들의 내면적 욕망의 승화 및 항전 현실에의 투신 과정이 아무래도 우연적인 사건 전개와 관념적인 불성의 깨달음에 의존하고 있는 작품 구성에 있다고 하지 않을 수 없다.[21]

19 《風聲鶴唳》, 248-249쪽.

20 《風聲鶴唳》, 348쪽.

21 이 작품에서는 여주인공인 丹妮에 비해 주요 남성 형상인 姚博雅와 老彭의 인물 성격이

그러므로, 이 작품 역시 불교와 기독교 정신의 상호 융합의 가능성, 즉 작가가 추구하고 있는 동서문화의 융합을 향한 그 나름의 주제의식을 결말 부분에서 암시하고 있음에도 불구하고, 진정한 항전 현실의 고난에 대한 수난의 정신 및 종교적 구원의식의 구현에는 일정한 한계를 노정하고 있다고 하지 않을 수 없다. 다만 항전 중국의 현실에 대한 보다 입체적인 시공간의 설정, 그리고 특히 작중 여주인공인 단니의 인물 형상이 항전기의 격동기 삶을 통하여 그 나름의 내면적 자각과 근대 여성으로서의 자기 성장을 이루어 나가는 모습으로 그려지고 있는 점 등은, 이 작품의 항전 소설로서의 중요한 성과라고 평가할 수 있을 것이다.

5. 민족적 정체성과 유가적 가족애

《중국인 거리》(Chinatown family, 唐人街, 1948)는 1930년대 미국 뉴욕의 중국인 거리에서 세탁소를 경영하는 화교 가족 평(馮)씨 일가의 삶을 그린, 일종의 '이민소설(移民小說)'의 성격을 띤 항전기 린위탕의 세 번째 장편소설이다. 앞의 두 작품에 비해 항전기 소설로서는 다소 이질적인 작품 배경과 테마를 지닌 작품이지만, 이 소설 역시 미국 화교 가족의 삶을 통한 중국인의 민족적 정체성과 가족애의 이야기를 중심으로, 유가 및 도가적 전통문화와 기독교 신앙과의 융합 과정을 형상화하고 있다는 점에서 앞 두 작품과의 연계성이 확인된다. 또한 주인공의 성장소설적 성격의 전개 과정에서 항일전쟁의 모티프가 주인공의 민족의식 각성과 사랑의 구현이라는 작품의 주제의식을 구현하

단면적 혹은 고정적인 느낌을 주고 있는 것이 사실이다. 특히 老彭은 작가가 불교적 진리를 구현하는 인물로 설정한 데 따른 결과로서 다소 비현실적인 대승적 성격의 소유자로서 그려지고 있으며, 그에 관한 서술 문체 역시 불경의 교리에 관한 추상적 의론문의 형태를 띠고 있는 경우가 적지 않다.

는 계기가 되고 있는 점 역시, 항전기 린위탕 소설의 범주를 형성하고 있다고 할 수 있다.

이 소설은 13세의 중국인 소년 톰(馮湯姆)이 미리 미국으로 건너와 세탁소를 경영하고 있는 아버지와 형들을 찾아 어머니와 누이동생과 함께 뉴욕에 도착하는 것으로부터 이야기가 시작된다. 그리고 소설의 전반부에는 톰이 집안일과 학업을 병행하며 미국 생활에 성실히 적응해 가는 모습이 그려지고 있다. 여기에서 둘째 형 프레디(弗雷迪)의 미국화된 사고방식과 방종한 삶의 태도로부터의 자극, 그리고 아버지와 큰형이 보여 주는 근면하지만 보수적인 화교 하층민으로서의 고생스러운 삶의 모습에 대한 연민 등, 주인공 톰은 미국 사회에서의 성장과정을 가족과의 유대 관계 속에서 이루어 나가고 있다. 특히 이 과정에서 톰에게 전통적인 생활의 윤리와 가족애를 심어 주는 어머니의 자상한 보살핌, 그리고 이탈리아계 미국인인 큰 형수 플로라의 기독교도로서의 소박한 사랑과 진실된 생활 태도는 주인공의 인격 형성에 중요한 영향을 미치는 요소로 묘사되고 있다.

그런데, 무엇보다도 이 작품에서 주목되어야 할 부분은 제12장 이후 전개되는 작품 후반부의 항전모금 활동에서 묘사되고 있는바, 주인공의 민족적 정체성과 동서문화 융합의 가치관을 형성하게 하는 자아의식의 각성 과정이다. 특히 작품의 후반부에서 도가적 사상을 지닌 학자 집안의 딸로서 화교 학교의 여교사로 등장하는 차이아이쓰(蔡愛絲)와의 만남은, 주인공 톰이 남녀 간의 사랑과 민족의식에 눈을 뜨며 소년으로부터 청년으로 성장해 가는 결정적인 계기가 된다.[22] 이 과정에서 펑씨 일가가 중국인으로서의 정체성과 일체감을 확인하게 되는 것은 중일 전면전쟁의 발발이라는 사건이다. 그러므로, 전쟁 소식을 계기로 주인공의 아버지 펑라오얼(馮老二)이 깨닫게 되는 다음과 같은 민족의식은, 결국 이 작품의 항전소설적 성격을 뒷받침하는 중요한 요

22 이 작품에서의 이러한 작중 여성 인물 형상들과의 관계 설정 및 성장소설적 전개 과정에 관해서는, 어머니와 누나로부터 인격형성에 중요한 가족애적 사랑을 받았던 작가 자신의 자전적 체험이 반영된 것이라는 유추 해석도 가능하다.

소라고 할 수 있다.

> 그러나 그 역시 피와 살을 가진 인간이었다. 아무리 자기 장사만 알 뿐 정치 일에는 전혀 관심이 없다 하더라도, 그러나 그들은 자기네의 조국이 강대해질 수 있기를 바라고 있었다. 멀리 바다 건너 이곳에 온 중국인들이 서해안에서 쫓겨나 강탈을 당하고 살해를 당하며, 또한 멕시코·오스트레일리아·뉴질랜드·아프리카에서 쫓겨나더라도, 그들의 조국은 전혀 그들을 보호할 방법이 없었다. …… 그런 오랫동안 느껴 왔던 불평등의 압력, 곳곳에서 쫓겨나던 압력, 그리고 남들에게서 경멸 어린 말투로 중국놈이라 불리우던 압력이 중국의 교민들로 하여금 대량의 미국 달러를 자기 나라로 부치게 만들었다. 그들은 무엇인가를 해서 중국을 강대하게 하기를 바래고 있었다. 평라오얼은 그런 압력을 느꼈으며, 모든 해외의 세탁 노동자들도 그런 압력들을 느끼고 있었던 것이다.[23]

실제로 이후 평씨 집안은 피땀 흘려 저축한 돈의 소중한 일부를 항전모금으로 기부하게 되고, 그러한 모금 활동에 적극 참여하는 일을 통해 주인공 톰은 민족적 자긍심과 함께 중국인으로서의 자기 정체성에 눈을 떠가게 된다. 그러나, 주인공의 이러한 자아인식의 형성에서 보다 중요한 의미를 지니게 되는 것은, 바로 중국의 전통문화에 대한 자각과 현실 삶을 통한 그 가치의 구현이라는 측면이다. 그러한 전통문화는 무엇보다도 모든 난관을 헤쳐나가는 유가적 가족애로서, 혹은 전쟁과 사회적 격변 속에서도 삶의 중심을 견지해 나갈 수 있는 도가적 유연함의 생활철학으로서 그려지고 있다. 그리하여 평라오얼의 갑작스러운 교통사고 사망에도 불구하고, 평씨 집안은 오히려 그러한 사건을 전화위복의 계기로 삼아 마침내 중국 식당을 열게 되고, 어머니의 생일 축하연을 통해 가족간의 사랑과 화교 이민으로서의 생활력을 재확인하는 것으로 작품은 종결이 된다.

그런데, 이러한 작품의 배경을 이루고 있는 실재의 미국은 민주주의적 합

23 여기에서는 唐强 譯, 《唐人街》(陝西師範大學出版社, 2004년), 159-160쪽에 의함.

리성이 추구되는 측면과 함께 자본주의적 도시문명의 경쟁적·기계적 냉혹성이 혼재하는 사회이다. 그러나 이 작품 속에서 화교들의 시각, 특히 주인공 톰의 눈으로 그려지는 미국의 형상은, 낙후된 중국에 비해 월등히 발달된 물질문명과 선진적 사회제도를 갖춘 긍정적 면모가 부각되어 있는 것은 부정할 수 없을 듯하다. 그런 면에서는 일부 평론들에서 지적되고 있는 바와 같이, 《중국인 거리》 집필 과정에서의 작가의 관점은 미국 사회의 내부적 모순이나 화교들의 현실 삶의 곤경에 대한 문제의식이 부족하며, 따라서 등장인물들의 성격 묘사와 작품 전개 및 구성이 지나치게 낙관적으로 안이하게 처리되어 있다는 비판도 나름의 설득력을 지닌다고 하겠다.[24]

그럼에도 불구하고 이 작품에서 주목되는 것은, 중국의 전통문화와 미국으로 상징되는 근대 서구문화와의 조화와 갈등 양상이, 결국 작가가 추구하는 이른바 동서문화의 융합이라고 하는 과제의 실질적 전개 가능성을 가늠하게 하는 요소로 작용되고 있다는 측면이다. 예를 들면, 이 작품 속에서 톰의 가족은 이탈리아계 가톨릭 신자인 큰형수 플로라를 제외하고는 특정 종교 신앙을 가지고 있지 않은 것으로 묘사되고 있다. 그러나, 일상생활 속에서 가족적 유대감을 쌓아 가는 동안 톰의 가족은 자연스럽게 플로라의 기독교 신앙을 포용하는 모습으로 변화되어 간다. 톰의 첫 조카가 태어나 교회에서 세례를 받게 되는 다음과 같은 장면이 그 한 예이다.

> 플로라는 정말 너무 기뻤다. 그녀는 신부와 세례 받는 날짜를 정해 놓았다. 그날이 되자 온 가족은 모두 제일 좋은 옷을 입고 함께 교회당에 갔다. 플로라는 마음 가득히 따사로움과 기쁨을 느꼈다. 온 가족이 그녀를 위해 이 의

24 沈慶利, 〈虛幻想像裏的"中西合璧"〉, 《山東社會科學》 2000년 제5기 참조. 그리고 이와 대비되어 馮씨 일가의 모습 속에 나타나는 유가적인 가족애와 중용적인 삶의 태도, 그리고 중국 전통문화의 화신으로 등장하는 杜格 노인의 신비로운 도가적 풍모 등, 이 작품에서 강조되어 묘사되고 있는 "중국문화의 독특성과 이질성"은, 바로 중국문화에 관한 "서구 독자의 호기심과 기대 시야"를 충족시키기 위한 일종의 '민족적 상상'의 산물이라는 지적도 가능할 것으로 보인다. 孫良好, 〈林語堂筆下的美國形象—以《唐人街》和《奇島》爲中心〉, 《中國現代文學研究叢刊》 2005년 제4기 참조.

> 식을 중시해 주는 것에, 그녀는 자못 감동이 되었던 것이다.
> 세례가 끝난 후 신부는 가족 모두와 악수를 나누며 인사를 했다. 그가 상냥한 어조로 세례의 의미를 간단히 설명해 줄 때에는 온 가족이 그의 곁에 둘러서서 귀를 기울였다. 평씨 부인은 교회당을 떠나기 전 먼저 촛불 몇 개를 켜 놓고, 성모 그림 앞에 무릎을 꿇고는 두 손을 합장하여 불교 신자의 방식으로 기도를 하였다. 그리고 나서 50달러가 든 봉투를 신부에게 건네며 교회에 대한 헌금으로 바쳤다.[25]

물론 이러한 장면의 묘사 속에서 작가가 추구하고 있는 동서문화의 융합 양상, 특히 중국의 전통 종교문화와 기독교문화와의 다원적 공존 혹은 조화의 모습은, 어떤 면에서는 종교의 세속화 혹은 신앙의 풍속화로서의 혐의로부터 자유롭지 못할 수도 있으리라. 그럼에도 불구하고, 이 소설이 한 평범한 미국 이민 화교 가정의 일상생활과 정신세계를 규정하고 있는 전통적 가치관과 종교문화, 그리고 미국으로 대표되는 서구인의 생활방식 및 기독교 문화와의 충돌을 통한, 새로운 종교적 보편성의 구현을 향한 대화의 출발점이 될 수 있다는 가능성 자체를 부정할 수는 없다. 결론적으로 말한다면, 린위탕의 《중국인 거리》는 그러한 동서문화 융합의 가능성과 함께, 그 잠재적인 갈등의 극복을 미완의 과제로서 남겨 놓은 작품이라고 할 수 있다.

6. 맺음말

이제까지의 분석을 통해, 린위탕의 항전기 소설은 기본적으로 전쟁의 위기 상황을 계기로 민족적 정체성과 전통문화의 종교적 보편성을 확인하는 구성으로 이루어져 있음을 확인할 수 있었다. 여기에서 작가가 추구하고 있는 것

25 《唐人街》, 216쪽.

은 결국 도가·불교·유가의 전통 종교문화의 계승에 의한 중국 민족의 정체성 모색, 그리고 이를 바탕으로 한 인류문화의 보편성을 전망하려는 가치인 것으로 여겨진다. 그것은 바로 도가적 숙명관, 불교적 해탈의 경지, 그리고 유가적 인본주의 등으로 요약될 수 있을 것인바, 실제로 린위탕은 다른 어느 작가에 비해서도 전통문화 혹은 중국적 종교문화의 근대적 구현을 일관되게 추구한 작가였다고 할 수 있을 것이다.

물론 항전기의 이들 소설이 과연 작가가 의도한 대로 전통 종교문화의 구체적인 예술적 형상화를 이루고 있는가에 관해서는 다양한 평가가 있을 수 있다. 이 시기 그의 소설이 관념적 인물형상의 배치, 혹은 작위적 줄거리의 전개 및 구성상의 우연성, 그밖에도 서사방식에서의 작가의 과도한 의론성 서술의 개입 등 근대소설로서의 일정한 한계를 노정하고 있음도 부정할 수는 없다. 아울러 종교문화적 주제의식의 설정으로 인한 항전기 중국의 사회현실과 역사에 대한 추상화의 경향 역시 부분적으로는 지적될 수 있는 문제점일 것이다. 중국의 대륙 평론계가 이 시기 린위탕의 소설을 부정적으로 평가하거나 중시하지 않아 온 데에는, 영문 서술이라는 객관적 조건의 문제 이외에도 이러한 작가관 및 주제의식의 측면이 개입되었을 터이다.

그럼에도 불구하고 이 시기 그의 소설이 항전기 중국인들의 운명과 정신세계를 규정하고 있는 전통적 가치관과 종교문화, 그리고 작가가 지속적으로 간직하고 있던 기독교 문화와의 내적 융합을 통한, 새로운 종교적 보편성의 구현을 향한 대화의 출발점을 구축하였다는 사실은 중요하다. 물론 앞에서도 지적하였듯이, 항전기 린위탕의 소설은 비록 전통 종교문화에 의한 항전 현실의 고난 극복이라고 하는 작가의 의도가 구체적인 작품 내적 형상화로 이어져 있다고는 평가하기 어려운 것이 사실이지만, 그러한 한계는 역으로 그의 소설이 항전기 문학에 내재된 종교성의 다원적 의미 탐색을 위한 소중한 분석 대상으로서의 문학사적 의미를 지니게 되는 요인이 될 수도 있다고 하겠다.

그러한 점에서 이 시기 린위탕의 소설을 '민족적 현실의 종교적 형상화'라는 측면에서 새롭게 조명해 보려는 것이 소론의 기본 의도였다고 한다면, 이들 작품에 관한 평가는 바로 작가 자신의 종교의식 및 가치관과 관련한 보다 심층적인 해석으로 이어질 필요가 있다. 실제로 린위탕은 이른바 '이교도에서 기독교도로'에의 개인적 신앙의 여정이 그 저술 및 문학 창작의 정신사적 중심축을 이루고 있는 작가였다. 다만 앞에서도 이미 분석한 바 있듯이, 항전기의 린위탕 소설에 나타나는 기독교적 종교성은 전통 종교문화와의 융합의 대상으로서 간접적 혹은 맹아적으로밖에는 구현되고 있지 않은 것이 사실이다. 적어도 이 시기의 그의 소설 속에서는, 전쟁으로 인한 고통스러운 죽음의 현실을 오히려 영원한 생명에의 부활로 전환시키는 계기로서의 기독교적 수난정신과 구원의식은 결코 충분히 구현되고 있지 못하기 때문이다.

이러한 각도에서 이 시기 린위탕의 소설을 민족적 현실의 종교적 형상화라는 측면에서 조명해 본다면, 그의 1940년대 항전기 소설은 어쩌면 언어와 풍속과 문화의 장벽을 넘어서서, 이후 작가 스스로가 고백한 바 있듯이, 기독교의 '진리의 빛'[26]을 향한, 작가 나름의 힘겨운 탐색의 예술적 궤적이었다고도 할 수 있으리라. 그러므로, 린위탕의 항전기 소설의 창작은 작가가 그의 일생을 통하여 일관되게 추구했던 '동서문화의 융합'이라고 하는 기본 입장의 구현 과정이자 그 한계에 대한 도전적 의미를 지니는 작업이기도 하였던 셈인 것이다.

26 여기에서는 胡簪雲 譯,《從異教徒到基督徒》(新華出版社, 2002년), 234쪽에 의함.

제7장

펑즈(馮至)《오자서(伍子胥)》의 '원한' 서사구조

1. 머리말

펑즈(馮至, 1905-1993)의 1940년대 중편 역사소설《오자서(伍子胥)》는, 오랜 기간 다양한 문학예술의 장르를 통해 민간에게 익숙한 전국시대 오자서의 복수 이야기를 주요 모티프로 하고 있는 작품이다.[1] 그러나, 펑즈의《오자서》는 역동적인 복수의 실현에 대한 예술적 형상화라는 기대를 저버리는 작품이기도 하다. 역설적으로 말한다면, 오히려 복수의 욕망에 내재된 허망함과 그 초극에의 꿈, 그럼에도 불구하고 복수의 행위를 스스로의 실존적 운명으로서 포용해야 하는 내적 갈등을 시적으로 그려낸 이른바 '시화소설(詩化小說)'로서의 특징을 지닌 소설이기 때문이다. 그런 의미에서 이 작품은 항전의식을 기본 주제로 삼고 있는 1940년대의 주류적 소설과는 성격을 달리하는, 말하자면 항전기의 '주변적' 혹은 '비주류적' 소설로서의 성격을 띠고 있다.[2] 이러

1 馮至의《伍子胥》는 1942년에서 1943년 사이에 집필 및 분장(分章) 발표되었으며, 1946년 9월 上海文化生活出版社에서 단행본으로 출간되었다. 소론에서는 기본적으로 이 초판본에 의거한《中國新文學大系 1937-1949》제7집(上海文藝出版社, 1990년) 수록 판본을 사용하였다. 참고로,《馮至全集》제3권(河北教育出版社, 1999년) 수록의 판본은 문장 표현상의 일부 수정이 되어 있다.

2 1940년대의 항전기 소설은 기본적으로 '항전'과 '애국'이라는 시대적 과제를 그 총 주제로 삼고 있었다. 물론 이러한 공통분모적 주제의식은 다양한 각도에서 문학적 형상화를 이루

한 각도에서 본다면, 《오자서》는 1940년대 펑즈의 일련의 작품 세계, 즉 《십사행집(十四行集)》·《산수(山水)》 등을 관통하고 있는 생명의식을 독특한 각도에서 서사화한 실험소설이라고 평가할 만하다.

그럼에도 불구하고, 이 작품이 역사상 존재했던 오자서의 복수를 위한 파란만장한 삶의 궤적 그 자체로부터 이탈되어 있는 것은 아니다. 다만 소설 구성의 중심 축이 복수를 위한 주인공의 자아성장과 내적 격투의 과정에 설정됨으로써, 그 이후의 역동적인 복수의 실현 장면이 생략된 일종의 미완의 복수담으로 남아 있는 셈인 것이다. 그리고, 이러한 작품 구성은 사회역사적 삶의 의미보다는 철학적 삶의 의미 탐색에 중점을 두어 온 펑즈의 작가의식과 밀접한 관련성을 지닌 결과라고 할 수 있다. 그렇다면, 《사기(史記)》의 〈오자서 열전(列傳)〉 이래 현실권력의 악에 저항한 영웅으로 평가되어 온 오자서의 형상이 펑즈의 《오자서》에서 새롭게 조명되는 주요한 계기는 무엇일까.

그것은 바로 인물의 행적과 사건 중심의 복수담을 한 개인의 내면적 정신세계에서의 갈등 및 자기와의 싸움이라는 각도에서 재구성해 나가는 근대소설로서의 서사구조라고 할 수 있다. 그리고, 그러한 서사구조는 복수 이야기를 구성하는 중심 축으로서의 인물의 내면에 잠재된 '원한' 심층심리의 예술적 탐색이라는 특징을 띠고 있다. 그러므로, 이 작품에서 전개되고 있는 이러한 원한 심리구조의 내용을 서사 행위의 주체인 작가 자신의 시대의식 및 미의식과의 관련성 속에서 살펴보는 것은, 이 작품이 추구하는 근대성의 실질적 의미를 되새겨 보는 흥미 있는 작업이 될 것으로 기대된다. 아울러 그러한 분석의 결과는 1940년대의 중국 항전기 소설에 대한 심층적인 이해와 함께 그 현재적 의미를 재검토하기 위한 중요한 시금석이 될 수도 있을 것이다. 소론은 그러한 항전기 문학의 다원적 성격 규명을 위한, 펑즈의 《오자서》에 관

어 내었다. 즉, "전민(全民) 총동원의 항일 소설", "현실의 암흑과 민족 고질의 폭로", "역사와 전통 민족문화에 대한 새로운 성찰", "지식인 삶의 반성과 탐색" 등 '다원화 발전'의 성과가 그 중요한 내용이다. 錢理群, 〈四十年代小說的歷史地位與總體結構〉, 錢理群 主講 《對話與漫游—四十年代小說硏讀》(上海文藝出版社, 1998년), 504쪽 참조.

한 분석을 중심으로 한 시론적 접근인 셈이다.

2. '원한'의 형성과 '출망(出亡)'의 편력

중국 문화 속에서 오랜 역사의 전개 과정을 통해 형성되어 온 파란만장한 복수의 이야기는 민간 문학 예술의 중요한 모티프를 구성하여 왔다. 그리고, 중국 현대문학에서도 이러한 복수 모티프는 루쉰의 〈주검(鑄劍)〉을 비롯하여 여전히 지속적인 예술적 형상화의 과제가 되고 있다. 다만 중국의 전통 문학에서는 복수를 주제로 한 문학작품의 서사방식이 기본적으로 '부수자보(父仇子報)', '십년마검(十年磨劍)'의 줄거리를 중심으로 한 '선-악', '충(忠)-간(奸)'의 대립 구도'를 벗어나지 못한 것이 사실이다. 그러나, 현대문학에서의 복수 모티프 소설은 그러한 기존의 주제 및 서사방식에 대한 전복을 시도해 왔다고 할 수 있다.[3] 이러한 맥락에서 복수를 모티프로 한 펑즈《오자서》의 인물 성격 및 작가의식에 대한 심층적인 이해를 위해서는, 복수 행위를 야기하는 심리적 메커니즘에 대한 보다 구체적인 접근의 방법이 필요하다. 그리고 그러한 접근 방법의 한 열쇠가 바로 '원한' 심리구조에 대한 이해라고 할 수 있다.

원한에 관한 가장 체계적인 연구의 성과를 남긴 막스 셸러의 현상학적 정의에 의하면, 원한은 정서(情緖)와 정동(情動)의 억압적 체험에서 비롯되는 일종의 '자아중독(自我中毒)'적 심리행위의 기제로서, 복수의 충동 등은 이러한

3 예를 들어 魯迅의 〈鑄劍〉, 馮至의《伍子胥》, 그리고 汪曾祺의 〈復仇〉는 공통으로 복수를 주요 모티프 혹은 주제로 삼고 있으면서도, 그것들은 각각 복수행위의 '실효'·'지연'·'용해'를 형상화함으로써 윤리적·사회적 당위성의 복수 이야기로부터 개별적 인간의 생존의 의미에 대한 탐색으로서의 복수 이야기를 구축하고 있다는 점이 그러하다. 이러한 이들 세 작품에 관한 흥미 있는 비교 분석으로서는 袁筱芬, 〈復仇母題在中國現代小說中的"對話"與嬗變—解讀《鑄劍》,《伍子胥》,《復仇》〉,《海南師範學院學報(社會科學版)》, 2003년 1기 참조.

"원한 형성의 가장 중요한 출발점"이다.[4] 또한 이러한 원한 심리는 사회성 원한과 개인성 원한으로 나누어 볼 수 있는바, 일반적으로 사회구조적 계급관계의 불합리성에 기인하는 사회성 원한에 비해, 개인성 억압은 주로 주체의 내면심리 체험에 기인하는 개별성과 내밀성을 그 특징으로 하며 사회성 원한에 비해 보다 지속적이다. 그런데, 원한의 근대성 측면과 관련한 셸러의 분석 가운데 흥미로운 것은 이 원한 형성의 근본적인 원인을 종교적 측면에서 찾고 있다는 점이다. 즉 서구 사회에서 기독교 신앙이 근대의 계몽이성과 자본주의에 의해 대체되면서 현실의 불행과 절망에 대한 구원의 역동성을 상실하게 되고, 이로부터 원한은 "자본주의적 인간의 세계관의 정서적 근저를 이루는 것"이 되었다는 것이다. 그러므로 근대적 원한의 정신적 근원은 '종교적-형이상학적 절망감'이며, 그러한 절망감은 "외부로 넘쳐 나오는 끝없는 활동의 욕망과 동기의 구조를 구성"[5]한다고 하는 것이 셸러의 관점인 것이다.

그렇다면, 평즈의 《오자서》에는 과연 이러한 원한의 근대적 성격을 구성하는 일종의 종교적-형이상학적 요소가 투영되어 있는 것일까. 물론 평즈의 《오자서》는 객관적 사실로서의 오자서의 복수행위에 대한 전통적 해석을 크게 벗어나지는 않고 있다. 그 대표적인 해석의 하나로서는 무엇보다도 사마천(司馬遷)이 《사기(史記)》의 〈오자서 열전(列傳)〉에서 시도한 자기 초극적 영웅으로서의 인물형상을 들 수 있다.[6] 하지만 앞서도 이미 언급하였듯이, 평즈

---

4 "원한(Ressentiment)이란 전적으로 특정한 원인과 결과를 가진 정신의 자아중독의 하나이다. 그것은, 그것 자체로는 정상으로 인간적 본성의 근본 사실에 속하는 일정한 정서의 움직임이나 정동의 발산이 조직적 훈련으로 억제됨으로써 발생하는, 그리고 특정한 양식의 가치착오와 그에 따른 가치판단에 의거하는 어떤 종류의 계속적 태도를 결과로서 수반하는, 하나의 지속적인 심적 태도이다. 이때 우선 고찰되어야 할 정서의 움직임과 정동은, 복수의 감정과 충동·증오·악의·질투·시기·음험이다." Max Scheler, 林田新二·新畑耕作 譯, 《價値の顚倒(上)》, 1977년, 白水社, 55쪽.

5 Max Scheler, 林田新二·新畑耕作 譯, 《價値の顚倒(下)》, 258쪽 및 牛正蘭, 〈怨恨: 現代性倫理的精神品質—馬克斯·舍勒道德建構中的怨恨理論述論〉, 《蘭州大學學報(社會科學版)》 31-5, 2003년 참조. 그밖에 이와 관련된 원한의 중국적 근대성의 의미에 관한 폭넓은 분석으로서는 劉小楓, 〈怨恨與現代性〉, 《現代性社會理論緖論》(上海三聯書店, 1998년) 352-434쪽이 많은 참조가 된다.

6 주지하다시피 司馬遷은 伍子胥라는 인물의 형상을 "작은 의를 버리고 큰 치욕을 씻어 이

의 《오자서》는 이러한 역사적 서술의 큰 틀을 유지하면서도 문학창작으로서의 작가의 주관적 상상력이 매우 짙게 투영된 역사소설이다. 특히 많은 연구자들이 지적하고 있는 바와 같이, 이 작품의 전개 과정 속에는 릴케와 괴테를 비롯하여 실러와 노발리스 등 특히 독일 낭만주의 문학의 주요 작가들과의 관련성이 여러 곳에서 찾아지고 있다.[7] 이러한 관점에서 본다면, 펑즈의 이 작품은 중국의 전통적 오자서 해석을 넘어선 근대 서구 문학의 사조적 특성과 작가의식의 수용이 중요한 기능을 담당하고 있다고 보아야 할 것이다. 이러한 가정은 복수 이야기로서의 이 작품에 내재된 원한 심리구조의 종교적—형이상학적 가치관과 미의식에 관한 보다 진전된 논의의 가능성을 암시한다.

무엇보다도 펑즈의 《오자서》에서는 주인공의 복수의식을 야기하는 원한 심리의 형성과정이 매우 밀도 있게 묘사되고 있다. 즉 주인공은 복수를 실현하는 인물에게 있기 마련인 일반적인 심리 상태로부터 일탈하여, 스스로의 운명과 존재에 대한 반복되는 사색에 잠기고 있다. 이 작품의 첫 장인 〈성부(城父)〉에서 오자서의 삶을 옥죄고 있는 것은 '단지(盆子)'의 이미지로서, 그것은 삶의 활력과 자유를 상실한 패배와 굴욕의 구속감이다. 초(楚) 나라의 수도인 영성(郢城)으로부터 소외된 변방 도시 성부에 고립되어 있는 오자서 형제는, 권력의 중심으로부터 격리된 소외감을 다음과 같은 원한으로 숙성시키고 있었던 것이다.

그토록 큰 초 나라에서 그들을 안중에 두는 사람은 아무도 없었다. 그토록

름을 후세에 길이 남긴" '隱忍功名'의 '烈丈夫'로 서술함으로써, 그 영웅적 의지와 기개를 통해 "漢武帝의 전제통치에 대한 격분의 정과 불만의 뜻"을 담아내고자 하였다. 따라서 그는 伍子胥를 단순한 정치권력 투쟁의 주역 혹은 도구로서가 아니라, 현실 권력의 악에 저항하여 개인적 복수의 욕망을 정의의 투쟁으로 승화시켜 구현한 영웅적 인물 형상으로 부각시켰던 것이다. 그런 의미에서 司馬遷의 伍子胥 해석은 "당시의 역사적 조건하에서의 민주주의 사상"을 표현한 성과라고 하는 것이 일반적인 평가이다. 岳淑珍, 〈《伍子胥列傳》的復仇意識及其內涵〉, 《河南大學學報(社會科學版)》, 42-6, 2002년 참조.

7 이러한 비교문학적 영향 관계에 관한 꼼꼼한 분석으로서는 張慧文, 〈《伍子胥》的西方資源與創新〉, 《中國現代文學研究叢刊》 2002년 1기 참조.

> 큰 초 나라에서 그들 역시 아무도 보이지 않는 것 같았다. 때로는 모욕을 느끼고, 때로는 교만을 느끼며, 모욕과 교만 사이에서 원한(仇恨)의 과실은 하루하루 익어가고 있었다. …… 장왕(莊王) 시절 명신(名臣)의 후손이 뜻밖에도 이러한 조롱을 받는다는 것은 그 얼마나 큰 치욕인가! 이토록 커다란 치욕을 받으면서, 원통함이 밤이고 낮이고 언제나 입안에 담겨 있으면서도 호소하지 못하고, 오직 그 원한의 과실을 키우며 그것이 무르익을 그날만을 바라보고 있었다.[8]

여기에서 오자서의 내면심리를 지배하고 있는 것은 외부로부터의 억압에 대한 치욕감이지만, 그것은 즉각적이고도 공격적인 대응반응에 의해 해소되지 못한 채 복수충동의 지연과 인내 속에서 기회를 기다리고 있을 뿐인 무력의 상태로서 묘사되고 있다. 그런데, 이러한 무력의 상태에 의해 "복수의 감정이 복수의 욕망으로 전화되고 아울러 복수 충동의 방향이 불확정일수록, 즉 복수의 심리가 특정 대상에 대한 복수에서 만족을 얻지 못하거나 혹은 복수의 충동이 강제로 억제를 당할수록, 복수의 욕망은 더욱 더 용이하게 원한의 형성에 이르게 된다."[9] 결국 오자서는 상황에 의해 강요된 인내와 복수 욕망의 지연에 의해 원한의 심리구조를 형성하고 있었던 셈인 것이다. 그리하여 그는 "그 증오의 과실이 나뭇가지에서 무르익어 흔들리며 오직 가볍게 건드리기만을 기대하던" 오랜 인내의 끝에, 마침내 아버지와 형의 죽음이라는 위기의 상황을 계기로 복수에의 여정에 나서게 된다.

> "벽 위의 활은 더 이상 구부리지 않으면 다시는 구부러지지 않게 된다. 자루 속의 화살은 더 이상 사용하지 않으면 다시는 쓸 수 없게 된다." 그는 삼 년의 긴 세월이 모두 이 순간에 응집되어 있음을 느꼈다. 그는 이 순간을 놓칠 수 없었다. 그는 그것을 영원함이 되도록 해야 했다.[10]

---

8 《伍子胥》,《中國新文學大系 1937-1949》 제7집(上海文藝出版社, 1990년), 343-344쪽.

9 Max Scheler, 林田新二·新畑耕作 譯,《價値の顚倒(上)》, 60쪽 및 牛正蘭 〈怨恨: 現代性倫理的精神品質—馬克斯·舍勒道德建構中的怨恨理論述論〉 참조.

10 《伍子胥》, 같은 책, 345쪽.

여기에서 특히 주목되는 바는 오자서의 출망(出亡)이 단순한 외부의 억압에 대한 보복적 대응으로서가 아니라, 삶과 죽음의 경계를 넘어서는 운명의 자각과 실존적 무게를 지니는 결단으로서 묘사되고 있다는 점이다. 스스로 죽음을 맞이하려는 형 오상(伍尙)과의 다음과 같은 대화가 그 한 예이다.

> 앞으로 네가 거친 산으로 들어가고 큰 호수로 들어가거나, 인가가 조밀한 성내로 들어가서 문득 공허감을 느낄 때, 생명이 연기처럼 어렴풋하고 깃털처럼 가볍다고 느껴질 때면, 내 죽음은 커다란 무게가 되고, 묵직한 부담으로 네 몸에 내려앉아, 너로 하여금 진실을 느끼고 생명의 무게를 느끼게 할 것이며, 너는 계속해서 한 걸음 한 걸음 앞으로 나아가야 할 것이다.[11]

결국 이러한 "아버지의 죽음, 형의 죽음이 이미 씨앗처럼 그의 몸 속에 싹을 틔운" 원한의 중하를 짊어진 채 오자서는 출망을 결행한다. 그리고, 이후 그의 편력은 새로운 세상과의 조우를 통한 지적 자기성장 혹은 험난한 모험의 극복을 통한 성인에로의 통과의례적 성격을 넘어선, 부조리한 실존적 운명에 대한 자각과 저항으로서 전개되게 된다.

3. '원한'의 담화(淡化)와 생명의식의 확장

앞에서도 이미 언급하였듯이, 펑즈의 《오자서》는 복수에의 의지를 약화시키는 자연과 사물 혹은 생명의 영원성에 대한 동경이, 주인공의 내면적 갈등에 대한 묘사를 통해 시적으로 형상화된 일종의 시화소설(詩化小說)이다. 그리고, 그 끊임없는 내면적 갈등과 격투는 주인공이 일련의 체험을 통해 원숙한 투사로 변모를 이루는 중요한 성장 요인으로 작용한다. 동시에 그러한 성장 과

11 《伍子胥》, 같은 책, 346쪽.

정은 그의 원한과 복수가 우연적이며 외부적인 압박에 대한 반응의 단계로부터, 보편적이며 외부를 향한 단계로의 전환을 이루는 계기가 되기도 한다. 실제로 펑즈는 오자서의 인물형상을 역사적 복수 이야기의 틀 안에 고착시키지 않고, 시적 상상력과 철학적 실존의식에 의해 보다 입체적인 차원으로 묘사하고자 하였음을 확인할 수 있다. 그런 의미에서 펑즈의 오자서는 역사상의 실존 인물에 비해 보다 풍요로운 개성을 지닌 인물로 재창조되고 있는 셈이다. 그것은 결국 원한의 담화와 생명의식의 확장에 의한 고차원적 복수의 실현이라고 하는 역설적 성과를 낳고 있다고도 할 수 있다.[12]

우선 제2장 〈임택(林澤)〉에 등장하는 늪의 정령과 초 나라 광인(楚狂)과의 만남이 그러한 창작 의도를 잘 보여 주는 첫 장면이다. 여기에서 성부를 떠나 피로와 긴장에 지친 오자서가 임택에 들어서서 꿈결에 만나는 자칭 '학택(涸澤)의 정령'인 '경기(慶忌)'는, 그의 복수 욕망에 대한 부질없음을 일깨워 주는 역할을 하고 있다고 볼 수 있다. 고난에 찬 복수에의 여정을 단 하루 만에 이루게 해 주겠다는 정령의 제안은, 결국 그러한 복수의 행위가 가져다줄 허망함을 상징적으로 드러내 주고 있기 때문이다. 다음과 같은 묘사가 그 일례이다.

> 정령의 말이 채 끝나기도 전에 자서의 몸은 저도 모르게 그를 따라 어지럽게 돌며, 순식간에 수 천리를 지난 듯, 정(鄭) 나라·진(晉) 나라·오(吳) 나라가 모두 그의 머리 속에서 스쳐 지나며 동시에 어디로 날아가 버렸는지 알 수 없었다. 그는 결코 일련의 사물을 포착할 수 없었으며, 마음 속의 원한은

12 《伍子胥》의 제2장 〈林澤〉 이후 전개되는 伍子胥의 복수를 위한 여정은, 역사상으로는 楚 나라로부터 吳 나라에로의 出亡의 과정으로서 말하자면 吳 나라에의 정착을 통해 楚 나라에 대한 복수를 실현하기 위한 복수 구현의 전 단계 혹은 준비 단계로서의 의미를 지닌다. 물론 《史記》의 〈伍子胥列傳〉 외에 《吳越春秋》 등 고래의 많은 史書나 민간문학에서도 이 出亡의 과정 중 伍子胥가 조우하는 일련의 사건과 인물에 대한 記述이 흥미롭게 전개되고 있기는 하다. 그러나, 그러한 기술들이 伍子胥의 복수 실현에 일종의 비장미와 필연성을 부여하기 위한 부수적 효과를 의도한 것이었다고 한다면, 馮至의 《伍子胥》는 그 出亡의 과정 자체만을 작품 전체 구성의 중심 축으로 삼고 있을 뿐만 아니라, 그 일련의 행적에 대한 묘사를 통하여 伍子胥의 복수 행위 및 그 내재적 원한의 본질에 대한 지적 의미 탐색과 예술적 서사화를 시도하고 있다는 점이 주목된다.

한 덩이 막돌마냥 그를 억누른 채 돌면 돌수록 지치게 되어 문득 바닥에 쓰러졌고, 깨어보니 온몸이 땀투성이로 사지가 시큰거리는 느낌이었다.[13]

이는 앞으로 펼쳐질 주인공의 복수를 위한 역경의 예감을 한꺼번에 보여주는 환상이지만, 그에게는 결코 "사물을 포착하지" 못한 채 그저 원한의 중하에 짓눌려 쓰러져 버릴 것이라는 운명의 암시처럼 보인다. 그것은 결국 진정한 삶의 의미에 대한 파악을 할 겨를도 없이 복수의 욕망에 짓눌린 채 패배해 버리고 말 것이라는 두려움, 복수의 실천에 대한 무력감의 예감에 다름 아니다. 그리고, 꿈에서 깨어난 그의 눈앞에 나타난 '초 나라 광인(楚狂)'의 모습이 정령의 이미지와 오버랩되어 출현하는 것은, 꿈과 현실의 중첩성을 의미한다고 하겠다.

그런 의미에서, 현실 세상에 대한 혐오감을 지닌 채 "꿩과 사슴들과 한 무리"가 되어 자연 속에서 욕심 없이 청빈한 소요(逍遙)의 삶을 살아가는 '초 나라 광인'의 모습은, 오자서에게 복수를 향한 자신의 집착을 되돌아보는 중요한 계기를 제공한다. 결국 오자서는 초 나라 광인으로부터 "복수 계획의 고속도의 실현이나 포기는 모두 자아 가치의 허황됨을 의미"한다는 사실의 일깨움을 받는다.[14] 그러므로, 초 나라 광인이 누리는 평정한 자유의 삶에 대한 꿈에 대해, "서로 융화되고 소통되는 바가 있으며, 어느새 서로 연연해하는" 아쉬움을 지니면서도, "눈앞의 것은 그저 아름다운 꿈의 경지일 뿐, 그것은 끝내 환멸을 하고 말 것"[15]이라는 자각과 함께 오자서는 복수에의 편력을 계속하게 되는 것이다.

이러한 측면에서 보면, 오자서의 편력은 원한에 기인하는 복수를 실현해 나가기 위한 자기 성장의 과정이면서, 동시에 복수의 허망함에 대한 회의 혹은 복수 욕망으로부터의 해방을 꿈꾸는 내면의 또 다른 자아와의 격투의 과

13 《伍子胥》, 같은 책, 348쪽.

14 邢斌, 〈"異鄉"母題與"元歷史"想像—論馮至現代期的創作〉, 2003년, 西北師範大學 碩士學位論文, 29쪽.

15 《伍子胥》, 같은 책, 349, 351쪽.

정으로서 그려지고 있다고 하겠다. 그것은 작가 자신이 작품의 후기에서 다음과 같이 밝히고 있는, '견지와 극복'이라고 하는 삶의 본질 이해와 그대로 대응되는 구도이기도 하다.

> 한 과정의 아름다운 생활은, (그것이) 사랑을 위한 것이건 원한을 위한 것이건, 삶을 위한 것이건 죽음을 위한 것이건, 모두 그러한 하나의 내던져짐(抛擲)에 다름 아니다. 멈춤 속에 견지가 있고, 떨어짐 속에 극복이 있는.[16]

여기에서 펑즈가 "공중에서 아름다운 호(弧)를 그리는", "그 중간에 무수한 찰나가 있는" '호형(弧形)'으로 표현하고 있는 삶의 한 단락은, 복수를 향한 오자서의 격정적인 삶과 죽음에 이르기까지의 과정에 대한 작가의 의식을 이해하는 중요한 열쇠이다. 그리고, 이러한 진술 속에서 복수를 향한 의지의 '견지'와 복수에 대한 허무의식의 '극복'이라는 개념이, 오자서의 역사적 삶에 대한 작가 나름의 일정한 가치관을 반영하고 있음은 물론이다. 특히 이러한 작가의식이 이른바 '피투성(被投性)'의 현존재에 대한 실존적 인식으로서 이해될 수 있는 측면은 분명히 있다고 보인다. 즉 오자서는 복수를 위한 삶의 운명을 스스로의 실존적 한계상황으로 받아들이고 있으며, 바로 이 지점에서 그의 원한은 부조리한 생존의 조건 속에서 복수를 통한 삶의 '순간의 충실'[17]을 촉진하는 긍정적 계기로서 작용된다고 하겠다.

펑즈의 이러한 실존적 작가의식이 오자서라는 인물형상을 통해 보다 구체적인 이미지로 구현되는 장면이 이 작품의 중심 장을 이루는 제5장 〈소관(昭關)〉 부분이다. 오 나라로 넘어가기 위한 최대의 난관처인 소관산(昭關山)을 앞두고 황량한 계곡의 물소리를 들으며 문득 엄습해 오는 고독과 절망의 심연에서, 주인공은 다음과 같은 자기 성찰의 독백을 통해 자신의 내부에 꽈리를 틀고 있는 원한의 의미를 되새긴다.

---

16 〈後記〉,《伍子胥》, 같은 책, 387쪽.

17 O. F. 볼노브, 崔東熙 譯,《實存哲學이란 무엇인가》(瑞文堂, 1972년), 108 및 190쪽 참조.

어느 날 그는 새벽빛이 어슴푸레한 속을 걸어 소관산 밑의 수풀 안에 이르렀다. 안개가 흩어진 후 나무가 성긴 틈으로 웅장한 산봉우리가 보였으며, 그와 함께 한 자락의 호각 소리가 들려왔다. 그 순간 그는 그 수풀이 마치 뒤얽힌 그물 같으며, 그는 한 마리 물고기처럼 그 속에 내던저져 살길을 찾기 힘들 것 같다는 느낌이 들었다. 그는 그 속에서 배회를 하였고, 그물의 포위는 점점 더 조여져 왔다. 그는 숲의 바깥, 산의 저편에 새로운 세계가 있을 것이며, 만약 그가 수풀을 벗어나 높은 산을 넘기만 한다면, 그것은 그의 몸에서 무거운 껍질을 벗어버리는 것에 다름 아닐 것이라는 상상을 했다. 누에가 껍질을 벗을 때의 그러한 고통스러운 상황을 자서(子胥)는 깊이깊이 체감하고 있었다. 낡은 껍질은 이미 신체와 생명상의 절실한 관계가 없었지만, 그러나 여전히 몸에 덧씌워져 있어 벗겨낼 수가 없었다. 그리고 새로운 여린 피부는 줄곧 외계의 공기와 접하게 되기를 갈망하고 있었다. 자서는 새로운 껍질이 생겨나 자라고 성숙하고 있음을 느꼈다. 하지만 낡은 껍질은 언제가 되어야 완전히 벗어버릴 수가 있는 것일까?[18]

여기에서 '낡은 껍질의 탈각'이 유년 시절 이후 오자서가 성장하면서 체험하였던 초 나라의 부패하고 탐욕스러운 권력 체계와 사회의 암흑상, 그리고 그 과정에서 그의 가족이 직면했던 불우한 처지와 소외에서 비롯된 원한의 초극을 의미하는 것이라면, 지금 그의 내부에서 새로이 솟아나는 여린 피부는 복수의 운명을 초탈한 온전한 생명의식의 확장으로 이해될 수 있으리라. 그러나, 여기에서 '숲의 바깥, 산의 저편'에 존재할 '새로운 세계'는 결국 그가 자신의 복수 계획을 실현에 옮길 목적지인 오 나라를 가리키는 것인 만큼, 이어지는 대목에서의 "그는 더 이상 생각하고 싶지 않았다. 그는 견딜 수 없는 적막을 느꼈으며, 오직 낡은 모든 것으로부터 벗어나 거듭난(再生的) 몸으로 소관을 나서기를 소망하였다"는 내적 갈망 역시, 보다 성숙한 복수의 체현자로서의 자기 완성을 의미한다고 보는 것이 타당하다.

이러한 확인은《오자서》의 구성 중 자연의 생명력에 대한 가장 빛나는 시

18 《伍子胥》, 같은 책, 365-366쪽.

적 표현을 보여 주고 있는 6장과 7장의 〈강상(江上)〉과 〈율수(溧水)〉에서의 원한과 생명의식의 관련성을 이해하는 데에 있어서도 매우 중요하다. 잘 알려져 있듯이, 전통 서사에서 오자서를 출망의 위기로부터 구출해 주는 결정적 역할을 수행하는 것이 바로 이 강상(江上)의 어부와 율수(溧수)의 여인이다.[19] 펑즈의《오자서》역시 이들의 도움에 의해 주인공이 적의 추적과 기아의 위기를 모면하는 것으로 설정되고 있다. 그러므로, 이 부분에 대한 묘사는 기본적으로 하층 민중의 자기 헌신적인 희생을 통한 주인공 오자서의 복수의 완성이라는 전통 서사방식의 구성 틀을 벗어나기 어려운 대목이다. 그러나 결론부터 앞당겨 말한다면, 펑즈는 이 부분에 대한 묘사를 통해 오자서와 이들과의 만남에 함유된 운명적 비장미를 최대한 자연 속에 용해되어 있는 소박한 인성미로 형상화하고 있으며, 그런 만큼 오자서의 원한과 복수의 욕망에 자연적 생명의식의 확장을 구현하고 있다고 할 수 있다. 바꾸어 말하면, 윤리적 복수의식과 자연적 생명의식을 긴장된 대립관계로서가 아니라, 상호 융합적인 생명력의 획득을 통한 원한의 담화와 그 예술적 승화를 시도하였다고 하겠다.

> 자서는 말이 없었고, 어부도 말이 없었다. 강기슭의 말소리도 점점 더 멀어져 갔다. …… 세계는 다시 원초와 같은 고요 속으로 되돌아갔다.
> 배는 천천히 앞으로 나아가고 있었다. 두 사람은 전혀 다른 세계에 있었다. 하나는 온 낮과 온 밤을 피의 원한 속에 젖어 있었으며, 하나는 청담한 구름과 물의 고향 속에 흩뿌려져 있었다. 그는 그 어부의 노 젓는 모습을 보며, 이제껏 체험해 본 적이 없는 정겨운 느낌을 누리고 있었다. 예전의 마음은 늘 화살처럼 급했었지만, 이 시간 그는 이 강물을 다 건너는 것이 두렵기만 했으며, 될 수만 있다면 오래오래 어부와 함께 이 아름다운 시간들 속에 녹

19 예를 들면, 馮至가 집필 과정에서 가장 중요한 참고 문헌으로 활용했을 것으로 여겨지는 《吳越春秋》에서 이들은 오자서의 복수를 위한 편력을 완성시키기 위해 스스로의 생명을 바치는 인물들로 묘사되고 있다. 여기에서는 趙曄 撰輯·朴光敏 譯註,《吳越春秋》, 2004년, 景仁文化社, 56-59쪽 참조.

아 있기를 소망했다.[20]

이러한 묘사에서 지향되는 바가, 1930년대 독일 유학 이래 작가 펑즈에게 내재되어 있던 독일 낭만주의 미학의 영향, 특히 릴케의 문학세계를 관통하고 있는 '자연률' 속의 '항구성과 위대성'에의 융합이라고 하는 문학정신과 이어지고 있음은 주목될 필요가 있다.[21] 그리고, 이러한 경향은 《오자서》의 제7장 〈율수〉에서 등장하는 여인과의 조우를 통해, 대지의 모성성에 의한 무한대로 승화된 사랑의 감정으로서 보다 선명한 이미지를 부여받고 있는 것이다.

> 그것은 영원히 새로운 한 폭의 그림이었다. 들판의 한 가운데에서 한 여인의 몸이 푸르름 속에서 자라 나온 것처럼, 온 마음을 다하여 눈처럼 새하얀 쌀밥 한 사발을 받쳐 들고, 한 낯선 남자 앞에 꿇어앉아 있었다. 이 남자는 어떤 사람일까? 그녀는 알지 못했다. 어쩌면 전사일지도, 어쩌면 성자일지도 몰라. 이 밥이 그의 배 안으로 먹혀 들어가면, 그건 마치 한 알 한 알의 씨앗이 땅 속에 심겨져, 후에 하늘 높이 치솟은 나무로 자라나는 것과 같을 것이었다. 그 그림은 순식간에 사라지겠지만, 그러나 그것은 영원히 인류의 들판에 남아 인류사상의 중요한 한 장이 될 터였다.[22]

이 대목에서 "한 알의 씨앗이 땅 속에 심겨져" 나무로 자라나는 이미지와, 〈임택〉에서 묘사된 "씨앗처럼 그의 몸 속에 싹을 틔운" 원한의 이미지와의 차별성은 중요하다. 즉 복수를 위한 출망의 순간에 오자서의 몸 속에 심겨져 싹을 틔운 '아버지와 형의 죽음'이라는 원한은, 오랜 편력 끝에 마침내 대지 위의 생명을 위한 씨앗으로 승화되고 있는 것이다. 특히 이러한 생명의식의 확장이 한 여인과의 만남을 통해 구현되고 있다는 것 역시 각별한 의미를 지

20 《伍子胥》, 같은 책, 371-372쪽.

21 馮至의 《伍子胥》 구상과 릴케 문학과의 전반적인 영향 관계에 관해서는, 앞의 張慧文, 〈《伍子胥》的西方資源與創新〉이 많은 참조가 된다.

22 《伍子胥》, 같은 책, 376쪽.

닌다. 오자서는 이러한 체험을 통하여 남녀간의 개별적인 사랑을 넘어선, 우주로 확장된 무한대의 사랑에의 진입 가능성을 엿보여 주고 있기 때문이다. 그리고 이러한 사랑의 의미는 일찍이 펑즈에게 결정적 영향을 미친 릴케의 문학세계, 그 중에서도 릴케가 성경의 '탕자의 우화'를 통해 추구한 사랑의 진정한 의미와의 접점을 암시한다고도 여겨진다.

실제로 펑즈는 1930년대 초 독일 유학 이래 릴케에 관한 지속적인 관심을 지녔으며, 릴케의 탕자의 우화에 관한 문학적 성과에 관해서도 각별한 감동을 받고 있었다.[23] 그런데, 릴케는 성경 속 탕아의 우화를 소유욕으로 점철된 '가족들의 기대감과 사랑'으로 굴레 지워진 운명으로부터 벗어나, '미지의 세계' 속에서 진정한 사랑의 의미를 찾아 편력하는 인물의 이야기로 새롭게 형상화하였다. 그리하여 릴케의 탕아는 오랜 방랑 끝에 마침내 '소유하지 않는 사랑'으로서의 '신을 향한 사랑'이라고 하는 궁극적 가치에의 회귀를 이루게 된다.[24] 그리고 그러한 탕아의 귀가는 결국 "대지를 향한 사랑"이라고 하는, "삶의 총체에 대한 긍정과 예찬"으로 이어지는 "릴케 문학의 대단원을 이루는 주제"를 의미하기도 하였던 것이다.[25]

이러한 각도에서 본다면, 펑즈의 오자서가 가족들의 죽음에서 비롯된 복수의 운명을 짊어진 편력 끝에 '인류의 들판'이라고 하는 원초적 자연의 생명력을 체험하게 되는 것은, 실로 릴케의 탕자가 도달한 '대지를 향한 사랑'에

---

23 1931년 楊晦에게 보낸 서신 중에서 언급하고 있는바, "그는《성경》중의 집을 나간 탕자 이야기를 노래하였지. 그 첫 두 구절은, 〈이제 떠나가는 거다, 우리 것이면서도/ 우리 것이 아닌 모든 뒤엉킨 것들로부터〉일세. 가벼운 두 구절이지만, 얼마나 많은 사람들의 심정을 갈파하였는지!"(《馮至全集》제12권, 119쪽)와 같은 대목이 그 일례이다. 여기에서 馮至가 인용한 것은 릴케의《신시집》중 〈탕아의 가출(Der Auszug des verlorenen Sohnes)〉로서, 릴케는 이 시 속에서 '미지의 세계'를 향한 '새로운 삶의 입구'로의 가출을 노래하고 있다. 여기에서의 시 원문 번역은 김재혁 옮김,《릴케전집 2: 두이노의 비가 外》(책세상, 2000년), 173쪽에 따름.

24 김재혁,《릴케의 작가정신과 예술적 변용》(한국문화사, 1998년), 177-184쪽 참조.

25 여기에서의 "대지를 향한 사랑"이라는 개념은, 릴케의《말테의 수기》의 마지막 장 〈돌아온 탕아〉 및《두이노의 비가》등 그의 후기 문학 속에서 추구되고 있는 핵심적인 주제이다. 이정순, 〈릴케의 중기 시작품에 보이는 사랑의 관념—소유하지 않는 사랑〉,《뷔히너와 현대문학》2001년 17집 참조.

의 귀환에 다름 아닌 셈이었던 것이다. 그러나, 바로 그러한 릴케의 탕아와의 접점의 경계선에서, 펑즈의 오자서는 원한의 초극이 아닌 원한의 세속화를 통한 복수 실현에의 방향을 향해 그 편력을 계속하게 된다.

4. '원한'의 세속화와 복수의 지연(遲延)

> 기나긴 편력 속에서 자서는 자신의 몸 뒤로 수많은 것들을 포기해야 한다는 것을 느끼지 않는 적이 없었다. 그 앞에는 절대의 무명의 힘이 이끌고 있었다. 다만 임택 속의 초가, 강상의 저녁 건넘, 율수의 밥 한 사발이 자서에게는 하나의 반성, 하나의 머무름, 하나의 휴식이었다. 그것들은 자서로 하여금 우주는 반드시 성부(城府)와 소관(昭關)처럼 음울하고 황량한 것이 아니며, 세상 역시 모두가 태자건(太子建)의 집과 완구(宛丘)처럼 너절하고 음험하지는 않다는 느낌을 갖게 하였다. 새벽별마냥 드물기는 해도, 어쨌든 사랑스러운 인간은 이 망망한 인해(人海) 속에서 생존해 있는 것이었다.[26]

이제 출망의 최종 목적지인 오시(吳市)를 목전에 둔 제8장 〈연릉(延陵)〉에서, 자서는 스스로의 고난에 찬 편력의 의미를 되새기며 자신에게 부과된 복수의 운명을 포용한다. 치욕과 절망의 원한에서 비롯된 복수에의 의지는 고통스러웠던 편력의 과정을 통해 순화되었지만, 그만큼 복수에 대한 현실적인 실현의 방향을 찾아가는 그의 모습은 복수의 구현자로서 성숙함을 갖추게 된 것이라 할 수 있으리라. 결국 펑즈는 이 작품의 후기에서 밝혔던바, "머무름 속의 견지"와 "떨어짐 속의 극복" 사이의 자아 투쟁의 과정을 거쳐 마침내 "자신이 이미 내린 인생의 결단을 견지"해 나가게 된 오자서의 인물형상을 구현하게 된다. 그리고, 그것은 결국 복수의 실천과 생명의 확장 사이의 갈

---

26 《伍子胥》, 같은 책, 377쪽.

등, 다시 말하면 자신의 운명과 삶의 고귀한 가치들 사이의 심리상의 충돌을 극복한 것이었다고도 하겠다.[27] 이제 오자서는 복수를 향한 자신의 운명을 짊어진 채, 이 세상의 '음울하고 황량'하며 '너절하고 음험'한 현실 악과의 싸움 속으로 한 발 더 다가선 셈인 것이다.

> 임택에서, 들판에서, 복수의 작업은 시작을 할 방도가 없었다. 하지만 인간 세상에 이르자 또한 지저분한 일들과의 대면을 피할 수가 없었으며, 수많은 기기묘묘한 말들을 듣지 않을 수가 없었다. 편력의 도중에서 그가 조우했던 것들에는 아름다운 것도 있었고, 추한 것들도 있었지만, 그러나 그의 진정한 목적은 여전히 사물의 뒤편에 감추어져 있었다. 그는 이곳에도 이토록 많은 초 나라 사람들이 있으리라고는 생각지도 못했다. 그리하여 하릴없는 분규를 피하기 위해 그는 어쩔 수 없이 그의 본분을 감추어야 했다. 하지만 하루라도 빨리 목적에 도달하기 위해서는, 또한 시급히 그의 본분을 드러내야만 했다. 그러한 감추고자 하면서도 드러내고자 하는 심정 속에서, 그는 한 발 한 발 오시(吳市)로 걸어 들어갔다.[28]

여기에서 오자서의 복수를 위한 편력은 사실상 종결이 되었다고 해야 할 것이다. 물론 펑즈는 이후 작품의 말미를 가장 아름답고 신비로운 시적 분위기에 의해, 즉 '기인(畸人)'으로 변신한 오자서가 오시(吳市)의 저잣거리 한가운데서 연주하는 피리 소리를 통해, 그가 편력의 과정에서 체험했던 생명의 약동과 고귀한 삶의 순간들을 예술로 승화시키는 장면으로 마무리하고 있다. 그리고, 사실상 오자서의 험난했던 편력의 장면들이 파노라마처럼 펼쳐지는 이 부분에서의 묘사는, 한 연구자의 표현을 빌면 "생명에의 깊은 사색 속에서, 남들과는 다른 전쟁의 체험, 투명하고 순정한 언어예술"을 구현함으로써, "40년대에 이르러 백화문 창작이 이미 이토록 정치하고도 표현력이 풍성한

27 範智紅,《世變緣常—四十年代小說論》(人民文學出版社, 2002년), 169쪽 참조.

28 《伍子胥》, 같은 책, 384쪽.

문학언어를 탄생시켰다"고 하는 성과를 이루고 있다.[29] 이러한 관점에서 본다면, 펑즈의 작가적 관심은 역시 주인공의 편력 과정에서의 치열한 내면적 갈등 및 그 과정에서의 긴장된 삶의 충일감과 미적 감수에 관한 예술적 표현에 집중되어 있었던 것으로 보인다.

그렇다고 한다면, 이 작품이 핵심적인 모티프로 삼고 있는 복수의 가치, 그리고 그러한 복수의 충동을 야기시킨 근원으로서의 원한의 의미를 작가 펑즈는 어떻게 처리하고자 했던 것일까. 물론 펑즈의《오자서》가 실제 역사상의 오자서가 지니고 있던 '열장부(烈丈夫)'의 이미지와는 다른 사색과 방황의 지식인으로서 그려지고 있는 것은 사실이다. 그럼에도 불구하고 이 작품이 복수 실현의 정당성과 역사적 의미를 긍정하는 귀결로 이어지고 있음 또한 부정할 수 없다. 작품의 후반에서 오자서의 인물형상에 부여된 궁극적인 지향점이 선진(先秦) 유가사상적 이상의 구현이라는 방향으로 암시되고 있음이 그 한 예이다. 다만《오자서》에서는 그러한 이상적 조화를 구현하는 고귀한 인물들에 대한 동경에도 불구하고, 끝내 고난의 운명을 짊어지고 복수에의 길을 가는 주인공의 '단념'의 부분이 보다 강조되어 표현되고 있음은 물론이다.

> 물 속에는 물고기가 있고, 공중에는 새가 있으되, 물고기가 새의 자유로운 비상을 보며 아무리 부러워하고 몸이 변해 새가 되고 싶다 하더라도, 운명은 그것을 영원히 물 속에로 규정하고 또한 아무런 소리도 낼 수 없게 하였음에랴—자서는 여기까지 생각이 미치자 계찰(季札)을 찾아가 방문하려는 마음을 완전히 단념하였다. 그것은 동시에 그의 생명 속에서 가장 고귀한 사물을 단념하는 것과 같았다.[30]

그런데, 여기에서 공중을 비상하는 새가 되고 싶었으나 끝내 그 삶이 물 속

29 錢理群,〈《伍子胥》敎師講評〉,《對話與漫游—四十年代小說硏讀》, 295 및 300쪽 참조.
30 《伍子胥》, 같은 책, 380쪽.

으로 규정되고 만 물고기의 상징, 그리하여 생명의 가장 고귀한 가치를 단념할 수밖에 없었던 오자서의 이미지는 사실상 이중적 의미를 지닌다. 먼저 오자서가 '단념'하는 "생명 속에서 가장 고귀한 사물"이란 계찰(季札)로 대표되는 권력의 투쟁으로부터 초연한 유가적 덕치사상을 가리키지만, 이 작품에서 계찰은 현실도피적 이상주의자로서 이미 설정이 되어 있다고도 볼 수 있다. 왜냐하면 오자서가 직면하고 있는 것은 보다 강력한 비도덕적 현실 악을 상징하는 초 나라의 정치 권력이기 때문이다. 그렇다면, 작가가 설정하고 있는 오자서의 고난스러운 운명의 감수 행위, 즉 복수의 실현을 위한 편력은 결국 또 다른 현세의 냉혹한 권력에 의한 현실 악에의 저항일 수밖에 없다. 그리고 그것은, '절망 속의 희망'(고난의 현실 악에 대한 절망감의 종교적 구원에의 소망)이 아니라, '희망 속의 절망'(현세의 생명력의 추구를 통한 현실 악에의 침잠)이라는 현실 권력 투쟁의 악순환을 의미한다고도 볼 수 있다.[31]

그러한 의미에서 본다면, 앞의 상징과 이미지를 통하여 작가 펑즈가 사실상 추구했던 것은, 결과적으로 유한한 시간과 공간 속에서 영원과 초월을 꿈꾸는 스스로의 예술혼에 대한 단념이 될 수밖에 없다. 그리고, 그것은 어쩌면 그가《십사행집(十四行集)》에서 다음과 같이 노래했던 기적의 체험을 향한 꿈의 포기였는지도 모른다.

> 우리는 깊이깊이 맞아들일 준비를 하고 있다
> 저 예기치 못했던 기적들을,
> 기나긴 세월 속에 홀연히 생겨날
> 혜성의 출현, 광풍의 솟구침을.[32]

31 이러한 관점은 '원한'의 종교적 의미를 중심으로 한 劉小楓의 魯迅 비판으로부터 시사를 받고 있다. 그리고, 여기에서 劉小楓이 제시하고 있는바 현실 악에 승리할 수 있는 궁극적인 가치는 '신의 구속의 사랑'이라는 기독교적 구원의식을 의미한다. 이러한 관점에 입각한 劉小楓의 중국현대문학 비평론의 특징에 관하여는, 졸고 〈中國 現代文學 批評의 宗教性—劉小楓의 基督教 批評談論을 中心으로〉,《중국어문논총》24집(중국어문연구회, 2003년) 참조.

32 〈我們準備着〉,《十四行集》, 여기에서는《馮至全集》제1권 216쪽에 의함.

그리고, 이러한 작가의 의도와 작품의 구성 및 표현의 결과는 비교적 성공적이었다고 평가할 수 있다. 그의 시 세계를 가장 깊이 이해하고 있었던 문우(文友) 볜즈린(卞之琳)이 이 작품의 성과를 '무지개(彩虹)'와 '다리(橋梁)'라는 상징으로써 분석한 것은, 그런 의미에서 가장 정확한 견해인 것으로 보인다. 결국 이 작품에서 추구되고 있는 삶의 아름다운 순간들, 자연과 인간 속에서 발견하는 충일한 생명의식은 작가 펑즈에게 있어 찬란한 빛을 뿌리며 이내 사라지는 '무지개'와 같은 것이었고, 그것은 또한 자연과 현실 사이에 걸려 있던 다리였던 셈이다. 다시 말해서, 펑즈의《오자서》는 "한편으로는 여전히 전원의 풍광을 남겨 두면서, 한편으로는 보다 많이 현실에 눈을 돌리는" 과도기적 작품이었던 것이다.[33] 그래서였을까,《오자서》의 후기 마지막을 펑즈는 다음과 같은 소회로 맺고 있었다.

> 한 친구가 내 원고를 다 읽고 나서 내게 물었다. 오시 이후의 오자서를, 계속해서 써 내려갈 생각인가? 나는 그에게 대답했다, 계속 써 내려갈 생각은 없노라고. 만약 쓴다면, 나는 삼십 팔 년을 뛰어넘어 오자서의 죽음을 쓰겠노라고. 그리하여 나는 서가 위의《오월춘추(吳越春秋)》를 펼쳐 한 단락을 찾아 그에게 읽어 주었다.
>
> 자서는 돌아와서 피리(被離)에게 말했다. "나는 활에 살을 매긴 채 정(鄭)과 초 나라의 경계를 넘고, 장강(長江)과 회수(淮水)를 건너 스스로 이곳에 이르렀소. 전왕(前王)께서는 나의 계책을 들어 주시어, 초 나라를 깨고 능멸의 복수를 하게 해 주셨소. 전왕의 은혜에 보답코자 하였으나, 이 지경에 이르렀소……."
> 피리(被離)가 말했다. "……자살을 하는 것이 무슨 이익이 있겠습니까, 달아나는 것이 어떻겠습니까?"
> 자서가 말했다. "고국에서 달아났던 망신(亡臣)이 어디로 가겠소?"

33 卞之琳,〈詩與小說: 讀馮至創作《伍子胥》〉,《中國現代文學研究叢刊》1994년 2기 참조.

> 나는 이 단락을 다 읽고 나서 되풀이 말했다. 만약 쓴다면, 나는 그의 두 번째 '출망(出亡)'—죽음을 쓰겠노라고.[34]

아마도 펑즈는 현실의 악에 대한 복수의 욕망에서 비롯된 오자서의 원한 해소는, 결국 그 원한을 현실 속에 환원시킴으로써만, 그러니까 원한을 세속화함으로써만 비로소 가능하리라는 생각을 했었던 듯하다. 아니, 그러한 전제를 하지 않는 오자서 이야기는 역사적으로 성립이 불가능한 만큼, 펑즈는 자신의 초월적 생명의식을 향한 예술 혼을 역사상의 인물 오자서의 복수 직전까지의 내면 세계에 투영시키고자 했는지도 모르겠다. 그리고, 그것은 바로 원한의 세속화와 복수의 지연이었던 셈인 것이다. 오자서의 원한이 초월적 생명의식을 향한 진정한 구원에 이르는 길이 있었다면, 그것은 결국 그의 죽음을 통한 재생일 수밖에 없었을 터이므로.

5. 맺음말

종교적-형이상학적 절망감이 거부되었던 혹은 희박했던 중국의 역사와 문화에서, 원한과 복수의 이야기는 주로 현실 세계의 인간 혹은 집단 상호간의 갈등에서 비롯되어 왔다. 물론 그 끊임없는 원한과 복수의 이야기에 의해서 중국의 역사는 전개되어 왔으며, 또한 그 역사 속에서 중국의 독자적인 문화 역시 형성되어 왔음은 주지의 사실이다. 오자서의 복수담은 바로 그러한 중국의 역사와 문화의 산물이며, 중국인들에게 가장 친숙한 이야기로서 수많은 민간 문학 예술의 주요 모티프로서 사용되어 왔다. 펑즈의 《오자서》 역시 기본적으로는 그러한 역사성과 문화 전통의 틀 안에서 창작된 작품이다. 그리고 그런 가운데에서도, 그의 오자서 이야기는 기존의 역사적 복수담으로부터

34 《伍子胥》, 같은 책, 388-389쪽

벗어나 현대문학으로서의 독자성을 확보하고 있었다. 그 가장 중요한 요소는 오자서의 복수 이야기를 욕망의 역동적인 사건 전개로서가 아니라, 욕망의 내면화 및 담화(淡化) 과정에서의 갈등과 자성을 통한 시적 예술성의 확보라는 점이었다.

그럼에도 불구하고, 펑즈의《오자서》는 이미 지적한 대로 자연의 생명력과 현실 비판적 문제의식 사이의 가교적 의미 이상을 구현하지는 못하였다고 여겨진다. 그 요인은 역시 오자서 이야기의 역사적 사실성과 문화적 전통에서 찾아져야 하겠지만, 작가의 내재적 요인 또한 간과될 수는 없을 듯하다. 사실 펑즈는 이 작품을 통해 시 장르와는 다른 소설로서의 낭만주의 혹은 상징주의의 핵심적인 내용에 도달할 수 있는 가능성을 가지고 있었다고 보인다. 앞에서도 언급한 대로 그의 이 작품이 릴케 문학과의 관련성, 특히 릴케의 '탕자 이야기' 모티프와의 상호 접점을 가지고 있는 점 등이 그 예증이라 할 것이다. 그러나, 이 작품은 원한의 서사구조에 대해 긍정적 의미를 부여하려는 작가의 시도에도 불구하고, 예를 들면 류샤오펑이 제기했던 '절망 속의 희망', 즉 존재의 결핍과 절망을 통해 신성의 원초적 순전한 본질을 획득[35]하는 데까지는 이르지 못했다고 할 수밖에 없다. 그리고, 그러한 한계는 어쩌면 펑즈 개인의 작가적 역량의 문제라기보다는, 1940년대 중국의 전쟁 상황과 역사적 격변이 요구한 시대적 과제로 인한 필연적인 결과일지도 모르겠다.

어떻게 보면, 일본의 침략에 의한 전쟁의 상황과 국내의 계급적 갈등이 가장 첨예했던 중국의 1940년대는, 현실의 구조적 악에 대한 원한과 복수의 열정이 담긴 항전문학이 주류를 이룰 수밖에 없는 역사적 당위성을 가지고 있었다고 해야 할 것이다. 민족주의적 성향을 지닌 '전국책파'의 낭만주의 문학, 그리고 계급적 분노와 해방의 열정을 내장한 '인민문학'의 형성과 전개가 그 구체적인 예이다.[36] 그러나, 전쟁과 혁명의 궁극적인 가치에 대한 믿음이

---

35 劉小楓,《拯救與逍遙》(修訂本)(上海三聯書店, 2001년), 352쪽 참조.

36 이러한 각도에서 볼 때, 펑즈의《伍子胥》는 '전국책파'의 독일 낭만주의 수용 양상과의 부분적인 관련성이 있을 수도 있었을 것으로 보인다. 결과론적이기는 하지만, 전국책파의 '전

세속화되면 될수록, 1940년대의 중국 문학사에는 현실 속의 구체적 대상에 대한 '정신적 상징화' 혹은 '인간의 신격화'라고 하는 의사 종교화의 경향이 존재하였던 것도 사실이다.[37] 그러한 과정 속에서 현실 악에 대한 원한은 현실 변혁의 동력으로서 예찬되며, 잔혹한 복수의 행위는 영웅적인 정의의 실현으로서 정당화될 위험 또한 배태되고 있었던 것이다.

펑즈의《오자서》는 바로 그러한 절박한 과제를 안고 전개되었던 1940년대 항전기 문학의 '주변' 혹은 '경계선'(邊緣)에서, 그 시대적 원한의 종교적-형이상학적 초극에 대한 전망과 함께 그 한계의 한 정점을 보여 주는 작품이었던 듯하다. 그런 의미에서 보자면, 이 작품의 에필로그 부분에서 주인공의 피리 연주 속에 펼쳐지는 장엄한 갈등의 화해 장면은, 한 젊은 연구자가 단순 명쾌하게 지적하고 있듯이, 바로 이 시기 "자유주의 작가와 좌익 작가의 놀라운 일치의 획득"을 암시하는 '50년대의 서곡(序曲)'[38]이었던 셈인 것이다.

국시대의 대정치'를 제창했던 문화론 및 '강력한 힘에의 의지'를 표방했던 낭만주의론의 추구 등은 작가 펑즈가 전국시대의 영웅 형상인 伍子胥의 복수 모티프를 구상하는 과정에서 일정한 시사점을 제공할 수도 있었다고 추측되기 때문이다. 실제로 펑즈는 전국책파의 주요 멤버였던 林同濟로부터 원고 청탁을 받고,《戰國策》제17기(1941년 7월)에 〈一個對於時代的批評〉이라는 평론문을 게재한 바가 있다. 그 경위에 관해서는, 馮至의 解志熙 앞 서신,《馮至全集》제12권, 494쪽 참조.

37 錢理群,〈"流亡者文學"的心理指歸—抗戰時期知識分子精神史的一個側面〉, 王曉明 主編《二十世紀中國文學史論》下卷(中國出版集團, 2003년) 수록 참조.

38 謝茂松,〈《伍子胥》的思想資源與文本解讀〉,《對話與漫游—四十年代小說研讀〉, 269쪽.

제8장

'풍성함의 고통'—항전기 무단(穆旦) 시의 종교성

1. 머리말

현대의 중국 문학사에서 무단(穆旦, 1918-1977)은 가장 개성적인 시 세계를 구축했던 시인의 한 명이다. 특히 그의 시는 1940년대 중국 항전기 모더니즘 시의 한 정점을 이루면서, 동시에 그 모더니즘의 영역을 뛰어넘는 통합적 문학사조의 전개 가능성을 열어놓았다고도 할 수 있다. 전쟁 시기를 배경으로 한 그의 시에 나타나는 개인적 실존의식과 민족적 역사현실 사이의 장력에 대한 투시, 삶과 죽음에 관한 형이상학적 고뇌와 초월적인 상상의 미학에 대한 탐색 등, 그의 시가 이룩한 선행적인 예지와 섬세한 시 언어는 1990년대 이후 집중적인 연구와 관심 속에 다면적인 조명이 이루어져 오고 있다. 그중에서도 많은 논의와 새로운 문제의식 제기의 대상이 되고 있는 것은 그의 시에 함유된 기독교적 종교성의 측면이다.

물론 무단의 시 속에 과연 기성 종교로서의 기독교와 관련된 종교적 신앙의 요소가 존재하는가에 대해서는 관점에 따라 논의의 분기가 있을 수 있다. 그러나 적어도 그의 중요한 일련의 시 작품이 그 주제의식 및 제재의 측면에서 기독교의 종교정신과 문학서사적 특징을 중요한 한 축으로 구현하고 있음은 분명한 사실이다. 문제는 그러한 기독교적 종교성이 무단 시의 핵심적인 본질로 간주될 수 있는가의 여부이다. 이에 관한 중국 학계의 논평을 참조한다면, 예를 들어 무단 시의 정신적 특징을 '수난의 품성'과 '동정심'으로 파악하고, 그 근원으로서는 '작가의 양지(作家良知)'와 함께 '기독교의 진수(基督敎精義)'에 주목한 쑨위스(孫玉石)의 관점이 참조될 수 있을 것이다.

다만 쑨위스는 무단의 시에서 구현되고 있는 이러한 시 정신의 핵심적인 동력을 기독교의 종교성 그 자체로서보다는, 현실 역사와의 관련성 속에서 구현되는 '인도주의적 사상과 정감', '인문적 관심의 정신적 빛'에 포괄되는, 말하자면 근대의 인본주의적인 가치관 및 그 실천적 삶의 각도에서 파악하려는 입장이었던 것으로 보인다. 그가 무단 시 정신의 본질은 결국 "현실의 투쟁적 삶에 바탕하는, 한 지식인으로서의 냉철한 지성과 초인적 각성"에 기인하는 것이었던 만큼, 그러므로 무단의 시 정신의 진수를 '철학적 의미에서의 자아의 본 모습의 상실의 고통'이나, 혹은 '종교적 원죄의 의미에서의 자기 영혼의 고문과 학대' 등, '제2' 혹은 '제3 단계 범위'의 동인에서 찾으려는 것은, 그의 시에 대한 진정한 이해를 하지 못하는 추상적 담론이 될 우려가 있다고 지적하는 데서도 그러한 논점은 분명히 읽을 수 있다.[1]

그리고 그의 이러한 관점은 지금까지 무단 시 속의 종교의식을 적극적으로 평가하려는 입장에 있는 젊은 연구자들에게도 기본적으로는 이어지고 있는 것으로 보인다. 예를 들어 무단 문학의 '정신적 구조'에 관한 정밀한 연구를 전개한 바 있는 돤충쉐(段從學)는 "무단의 시 속의 종교의식은 시인의 내재적인 종교 신앙에서 비롯된 것이 아니라, 시인이 추악함과 암흑이 가득한 생존 현실의 중압을 초월하기 위한 일종의 방식이자 책략"이었다는 결론을 제시하고 있다.[2] 또한 무단의 시에 관한 세심한 분석과 무단 문학의 종교성을 분석한 왕이(王毅) 역시 결론은 부정적이다. 무단은 '하느님을 향해 가려는 의심할 바 없는 인위적인 노력'을 한 사람이지만, 그것은 결국 '신앙이 결핍된 당

---

1 孫玉石, 〈代序: 走進一個永遠走不盡的世界—關於穆旦詩現代性的一些思考〉,《中國現代詩導讀(穆旦卷)》, (北京大學出版社, 2007년), 3-4쪽 참조.

2 段從學, 〈論穆旦詩歌中的宗教意識〉,《內江師範學院學報》 20권 3기(2005년) 참조.

혹감 속에서의 임시 구급의 책략'이었다는 것이 그의 관점이다.[3] 이러한 중국 측 연구자들의 관점은 우선 기독교를 개별적 신앙의 대상으로서보다는 서구 문화의 일부로서 고정화시켜 파악하는 경향이 있으며, 따라서 기독교가 지니고 있는 개방적이며 실천적인 현재 진행형의 신앙의 가능성에 대한 고려가 불충분하다는 점이 지적되어야 할 것이다. 아울러 중국 지식인들의 이러한 종교의식은 결국 서구적 기성 종교로서의 기독교도의 범주를 넘어선, 현대인들의 일상화되고 보편적인 삶 속에서 구현되는 종교의 궁극적 의미를 간과하게 만드는 또 다른 도그마처럼도 여겨진다.

그러나 각도를 달리하여 보면, 이러한 중국 연구자들의 관점과 평가야말로 1940년대 중국의 항전기라고 하는 특수한 시공간에서 이루어졌던 무단 시문학의 종교성에 대한, 보다 중층적이고 개방적인 재검토의 필요성을 환기하는 반증이 될 수도 있을 터이다. 아울러 현재 중국에서 전개되는 종교를 포함한 문화 담론의 원류를 형성하고 있던 1940년대의 문화적 배경 속에서 이루어진 무단 시의 종교성 문학의 성과 자체는 그만큼 각별한 의미를 지닌다고 하겠다. 그리고 그러한 항전기 무단 시의 종교성은 현대 중국문학에서의 기독교 비평 담론의 전개 가능성과 그 총체적 연구에 대한 새로운 지평 혹은 그 한계성을 함께 내장한 흥미로운 연구 과제라는 것이 소론의 기본 입장이다.

2. 낭만주의적 자아와 수난 의식

잘 알려진 것처럼, 무단의 문학사적 위상 및 그 창작의 문학사조적 특징은 '구엽파(九葉派)'라고 하는 시 그룹을 통하여 형성·확립되었다. 또한 이 구엽파의 구성원 대부분은 항전기 국통구의 쿤밍(昆明) 서남연합대학 출신의 이

3 王毅, 〈細讀穆旦《詩八首》〉, 《名作欣賞》 1988년 제2기. 〈圍困與突圍: 關於穆旦詩歌的文化闡釋〉, 《文藝研究》 1998년 제3기 참조.

른바 '자각적인 모더니스트'들로서, 이들은 원이둬(聞一多)·펑즈·볜즈린(卞之琳) 등의 강의 수강과 서구 모더니즘 시인인 릴케·엘리엇·오든 등의 수용을 통해 새로운 모더니즘 시의 창작을 시도하였다.[4] 그리고 이러한 구엽파의 시 창작 경향을 대표하며 1940년대 중국 모더니즘 시의 새로운 지평을 열어 나간 중심 인물이 바로 무단이었다. 그런데 이러한 무단의 초기 시[5]에 나타나는 시적 자아의 특징으로서는, 무엇보다도 먼저 '세계에 대한 본능적 불신감과 공포감을 바탕으로 한 고독한 자아'라고 하는, 일종의 낭만주의적인 '근대성의 주체의식'을 꼽을 수 있다. 아울러 무단의 초기 작품을 관통하고 있는 이러한 자아와 현실세계와의 대립적 갈등 구도, 본원적인 자아와 초월적 가치를 향한 미적 갈망 등의 창작 경향은 기독교의 종교성과 깊은 내재적 관련성을 지니고 있다는 점에 주목할 필요가 있다. 즉 그의 시 문학은 "신의론(神義論)의 전통 사회 속에서, 종교가 눈에 보이는 단편적 경험 세계와 눈에 보이지 않는 신성 세계를 정합시키는 기능을 담당했었다면, 낭만주의는 바로 종교가 쇠퇴한 이후의 인의론(人義論)의 전통 속에서, 시가의 상징을 통해 이미 현대 과학에 의해 분열된 그 두 세계를 다시금 정합시키려 시도한" 문예사조로서의 낭만주의적 성격을 강하게 지니고 있었다는 것이다.[6]

결국 무엇보다도 낭만주의는 현실 초월적인 영원한 피안의 본향에로의 회귀, 신과의 화해와 합일을 동경하며, 유한하고 억압적인 현실 세계에서의 결

4 이 시기 서남 연합대학 강사로 있던 영국 케임브리지 대학 출신의 신비평 학파의 시인이자 비평가였던 엠프슨(William Empson, 1906-1984, 중국명 燕卜蓀)의 지도 하에 穆旦을 비롯한 구엽파 동인들이 영국을 비롯한 서구 모더니즘 시 문학을 수용하게 된 과정 및 이후 그들의 시 창작에 미친 영향 관계에 관한 상세한 내용의 검토로서는, 易彬, 《穆旦與中國新詩的歷史建構》(中國社會科學出版社, 2010년), 141-167쪽 참조.

5 이 글에서의 穆旦 시에 대한 초기와 중기의 분기는 대체로 1942년 3월 초부터의 미얀마 전투 참전의 사건을 그 경계 기준으로 삼고 있다. 이 글의 본문에서도 언급하겠지만, 이 전투에 관한 개인적 소회나 특별한 기록을 거의 남기지 않았음에도 불구하고, 이 전투에서 穆旦이 체험한 죽음의 공포는 도스토옙스키의 사형장 체험과 비견할 만한 작품 창작에서의 종교성 구현 전환의 극적인 계기였다는 것이 이 글의 기본 입장이다.

6 이러한 穆旦 시의 낭만주의적 성격 및 기독교적 종교성에 내재된 문예사조사적 의미에 대한 분석에 관해서는, 段從學, 《穆旦的精神結構與現代性問題》(人民出版社, 2014년), 31-32쪽과 같은 책의 附錄, 〈浪漫主義的歷史形態與思想"根源"〉, 190쪽 및 194쪽 참조.

핍과 단절의 곤경으로부터의 일탈과 해방을 추구하는 예술 사조이다. 그러나 이러한 낭만주의의 이상이 현실에서 좌절되고 절망에 빠지게 될 때 야기되는 것이 바로 '원한'의 심리 기제이다. 막스 셸러에 의하면, 서구 사회에서 기독교 신앙이 근대의 계몽이성과 자본주의에 의해 대체되면서 현실의 불행과 절망에 대한 구원의 역동성을 상실하게 되고, 이로부터 '종교적-형이상학적 절망감'에 연유하는 '원한'이 '자본주의적 인간의 세계관의 정서적 근저'를 이루게 되었다는 것이다. 그러므로 이러한 절망감과 더불어 발생하는 '인간의 인간에 대한 근본적 불신임'은 결국 '외부로 넘쳐 나오는 끝없는 활동의 욕망과 동기의 구조를 구성'하게 된다는 것이 막스 셸러가 제기한 '원한론'의 기본 개념이었다.[7] 아울러 이러한 관점에서 바라본다면 19세기 후반기 서구의 문화적 조류를 형성했던 유미-퇴폐주의의 발생 원인과 더불어, 이와는 반대로 '낭만주의·유미주의 시인의 급진적인 정치혁명에의 도약식 "전향"' 현상에도, 역시 이러한 기독교의 종교적 신앙의 상실로 인한 위기의식과 함께 '현대인의 세계에 대한 "원한과 경멸"'의 심층심리가 작동되고 있었던 셈인 것이다.[8]

무단의 초기 창작 가운데 이러한 낭만주의의 '세계에 대한 원한과 경멸'이 뚜렷이 나타나 있는 작품으로는 우선 〈야수(野獸)〉(1937)를 들 수 있다. 이 작품에서의 "어둔 밤에 울부짖는 야성의 외침, / 누구인가, 그 누가 녀석을 물어뜯어 상처를 입혔는가?", "어둠 속에서, 처절한 울부짖음과 함께, / 녀석은 별처럼 예리한 눈으로, / 저 두려운 복수의 불꽃을 쏘아낸다"[9]와 같은 표현이 바

7 이러한 막스 셸러의 '원한론'에 있어서의 '종교적 절망감'과 현대성의 관련성에 관해서는, 劉小楓,《現代性社會理論緒論—現代性與現代中國》(上海三聯書店, 1998년), 356-357쪽 참조.

8 여기에서 낭만주의 및 유미주의의 퇴폐성과 급진적 정치혁명에의 전향 현상에 내재하는 종교성의 분석에 관해서는, 각각 解志熙,《美的偏至: 中國現代唯美—頹廢主義文學思潮研究》(上海文藝出版社, 1997년), 6-7쪽 및 段從學,《穆旦的精神結構與現代性問題》, 206쪽 참조.

9 "黑夜裏叫出了野性的呼喊, / 是誰, 誰噬咬它受了傷?" "在黑暗中, 隨著一聲淒厲的號叫, / 它是以如星的銳利的眼睛, / 射出那可怕的復仇的光芒." 〈野獸〉, 1937년 11월 집필,《柳州日報·布谷》(1942. 2. 2) 발표,《探險隊》수록. 여기에서는《穆旦詩文集》(增訂版) 제1권(人民文學出版社, 2014년) 수록에 의거함. 이하 본문에서의 穆旦 시 인용은 특별한 설명이 없는 한《穆旦詩文集》수록 원문을 기본 텍스트로 한다. 아울러 작품 관련 연도 표기는 기본적으로 확인 가

로 그러한 예이다. 여기에서 '어둔 밤'·'울부짖음'·'상처'·'복수의 불꽃' 등, 이후 무단 시의 주요 모티프와 상징성이 그 원형적 모습을 띠고 제시되고 있는 것에 주목할 필요가 있다. 그밖에도 이 시기 무단의 시 가운데 "더 이상 자아의 폭발이나 구가가 아니라, 자아의 분쇄와 전환의 강조, 내부 성찰 탐색의 가시화"를 통해, 복잡하고 변화무쌍한 '현대인'으로서의 자아를 그린 모더니즘 작품으로 평가되는 대표작[10]이면서도, 동시에 낭만적 종교성의 자아의식이 잘 드러나는 작품으로서는 〈나(我)〉(1940)를 들 수 있다.

> 자궁에서 떨어져 나와, 따사로움을 잃어버린 채, / 이지러진 부분으로 구원을 갈망하며, / 영원히 스스로는, 황량한 들판에 갇혀 있다, // 고요한 꿈결 무리에서 떨어져 나와, / 세상의 흐름을 아프게 느껴도, 아무 붙잡을 것이 없이, / 끊임없는 추억은 스스로를 데려가지 못한다, // 어쩌다 내 한 쪽을 만나 함께 울부짖으며, / 첫사랑의 미친 듯한 기쁨, 울타리를 뚫고 나가, / 두 손을 뻗어 스스로를 안으려 했으나 // 환상의 모습은, 더 깊은 절망, / 영원히 스스로는, 황량한 들판에 갇혀 있다, / 꿈결에서 떼어 낸 어머니를 증오하며.[11]

이 시에서의 갈라진 또 다른 반 쪽의 자아를 찾는 설정은 아마도 플라톤의 《향연》에 등장하는 그리스 신화에서 그 모티프를 취하고 있는 것으로 추정이 되나, 기실 이 시는 초기 무단 시의 자아의식에 내재된 잠재적 종교성, 혹은 낭만주의적 동경과 격정이 원형 서사처럼 함축된 작품으로서의 요소를 두루 갖추고 있는 작품이다. 무엇보다도 현실 세계 속의 자아를 본향에서 추방당

능한 집필 일자에 의거하기로 한다.

10 梁秉鈞, 〈穆旦與現代的"我"〉, 杜運燮 等編, 《一個民族已經起來》(江蘇人民出版社, 1987년) 참조. 여기에서는 李怡·易彬 編, 《穆旦研究資料》(上)(知識產權出版社, 2013년), 382쪽 참조에 의함.

11 "從子宮割裂, 失去了溫暖, / 是殘缺的部分渴望著救援, / 永遠是自己, 鎖在荒野裏, / 從靜止的夢離開了群體, / 痛感到時流,沒有什麼抓住, / 不斷的回憶帶不回自己, / 遇見部分時在一起哭喊, / 是初戀的狂喜, 想沖出樊籬 / 伸出雙手來抱住了自己, // 幻化的形象, 是更深的絕望, / 永遠是自己, 鎖在荒野裏, / 仇恨著母親給分出了夢境."〈我〉.

한 불완전하고 결핍된 존재로 파악하고, 영원한 본향에로의 회귀를 가로막는 현실 세계의 억압에 대한 원한과 저항의 주체 의식이 강하게 나타나고 있는 구도가 그 한 예이다. 다만 여기에서 무단이 서구 낭만주의 정신에 내재한 종교 사상, 즉 '종교에 대한 갈망과 그것을 받아들일 수 없는 무능이라는 두 주조음의 동시적 공존과 불협화음'[12]을 자각적으로 체화하고 있었다고는 할 수 없을 것이다. 그럼에도 불구하고 무단의 낭만주의 및 모더니즘과 관련한 시 창작 경향에서, 이러한 내부적 생명력의 격동과 그것을 억압하는 사회 현실에 대한 저항과 경멸이 광야 의식의 상징성을 통해 독특한 미적 형상화를 이룩한 다음의 〈광야에서(在曠野上)〉(1940)와 같은 작품은 주목할 필요가 있다.

> 나는 내 마음의 광야에서 소리 지른다, / 내가 엿본 아름다움의 진리를 위해 / 그러나 불행히도, 방황하던 날들은 더 이상 없게 되었다, / 내가 나의 그릇된 어린 시절을 목 졸라 죽였을 때, / (그 정겹던 고집과 편견들!) / 우리의 세계는 망각 속에서 맴을 돈다, / 매일 낮 매일 밤, 거기에는 황금빛 은빛 빛이 있고, / 모든 사람들은 살아가며 더구나 행복하고 / 즐겁고 번화하다, 온갖 죄악 속에서, / 오래 쌓인 미덕은 그저 어린 아이들을 위해서일 뿐 / 저 가장 적막한 야수의 한평생의 울부짖음, / 예로부터 이제껏, 그는 자기의 자손들에게 해를 끼치고 있다.[13]

이 작품에서 광야의 상징은 중의적이다. 무엇보다도 광야는 세속적인 현실 사회의 기계적인 질서와 탐욕과 죄악으로부터 자유로운 영혼의 공간이다. 그곳에서 '나'는 일찍이 엿보았던 '아름다움의 진리'를 위해 한평생을 '야수'처럼 울부짖으며 방황한다. 또한 그 광야에서의 추억과 꿈은 '자유로운 하늘

12 H. G. 쉔크 저, 이영석 역,《유럽 낭만주의의 정신》(대광문화사, 1991년), 105쪽.

13 "我從我心的曠野裏呼喊, / 爲了我窺見的美麗的真理, / 而不幸,彷徨的日子將不再有了, / 當我縊死了我的錯誤的童年, / (那些深情的執拗和偏見!) / 我們的世界是在遺忘裏旋轉, / 每日每夜,它有金色和银色的光亮, / 所有的人們生活而且幸福 / 快樂又繁茂,在各樣的罪惡上, / 積久的美德只是爲了年幼人那最寂寞的野獸一生的哭泣, / 從古到今他在遺害著他的子孫們."〈在曠野上〉.

의 순수한 전자'처럼 작은 우주를 가득 채우고 빛을 번쩍이며, 모든 것을 꿰뚫고 다른 전자들과의 화합을 이룬다. 그리하여 나는 그 광야에서 갑옷 마차를 몰아 달리고 그 금빛 바퀴는 회오리 바람을 일으키며 달려간다. 그러나 현실 속에서의 광야는 저 밑 모를 황량한 들판 아래 '무겁고 어두컴컴한 암층', '깊이 파묻힌 광열의 원천'이 끊임없이 쪼개지고 용트림 치며 불타오르는, 절망과 억압과 죽음의 공간이다. 그리하여 그 광야로 '유혹의 노랫소리'가 스쳐가기라도 하면 나는 탄원한다, '오, 인자한 죽음의 신이시여, 나에게 평온을 주소서'라고.[14] 그런 의미에서 이 시에서의 광야는 어쩌면 뱀의 유혹으로 에덴동산으로부터 지혜의 나무의 열매, 선악과를 먹음으로 인해 수치와 죄의식을 가지게 된 채 가시덤불과 엉겅퀴의 들판으로 추방당한 원초적 인간의 운명, 신과의 단절과 방황의 생존 공간을 의미하는 것으로 당연히 해석할 수 있으리라.

물론 또 다른 의미에서의 광야는 1940년대 항전기 중국 현실의 극한적인 전쟁의 생존 공간에 대한 상징일 수도 있다. 그런 측면에서 본다면, 무단의 초기 시를 관통하고 있는 근대적 자아의식의 부조리한 운명과 세계에 대한 절망과 저항, 내면의 상처와 원한은 동시에 항전기 중국의 전쟁이라고 하는 미증유의 혼돈 속에서 불행한 이웃들과 국가 민족, 그리고 인류의 생존 조건에 대한 수난의식으로 확장되고 있음 역시 주목해야 할 부분이다. 예를 들어 이 시기의 〈불행한 사람들〉(1940)들에서 그려지고 있는바, "어둔 방의 죄수가 광명을 엿보듯이, / 운명과 신의 주재를 잃고 나서부터, / 우리는 더욱 고통스럽게 우리의 상처를 어루만진다"에서처럼, 인간은 "마치 한 마리의 도망친 새처럼, 우리의 삶은 / 외롭게, 언제까지나 두려움 속에서 이어지고 있으니, / 만약 여기에 조금의 사랑이라도 모여진다면, / 틀림없이, 우리는 거기에서

14 "在曠野上,我獨自回憶和夢想： / 在自由的天空中純淨的電子 / 盛著小小的宇宙,閃著光亮, / 穿射一切和別的電子化合, / 當隱隱的春雷停佇在天邊." "然而我的沉重, 幽暗的岩層, / 我久已深埋的光熱的源泉, / 卻不斷地迸裂, 翻轉, 燃燒, / 當曠野上掠過了誘惑的歌聲, / O, 仁慈的死神呵, 給我寧靜." 〈在曠野上〉.

원한을 얻게 될 것"[15]이라고 시인은 좌절한다. 그러나 시인은 결코 철저한 비관주의나 허무주의자는 아니다. 왜냐하면 바로 부조리한 운명과 신의 섭리가 쇠퇴한 원한의 틈새 사이로, 그러한 고난과 불행 자체를 통해 오히려 진정한 자아와 삶의 빛을 찾아 나갈 구원의 가능성이 있으므로. 그리하여 시인과 현실 속 불행한 이웃들의 모든 고난은 바로 인류의 본원적인 생존의 결핍에 관한 사색으로 이어진다.

3. 현실 악과의 대결과 그 고통

시 창작 초기의 낭만주의 및 모더니즘 문학사조와의 영향 관계 외에, 청년 무단의 창작 경향과 문학 사상의 또 다른 동력 축은 당연히 중국의 역사 현실과 그에 대한 시인의 사회적 체험 및 자아 인식의 형성 부분이었다. 실제로 많은 연구자들이 지적하고 있듯이, 1935년 무렵부터 본격적인 시 창작과 발표를 시작하며 칭화대학(清華大學) 외국문학과에 입학한 무단의 초기작들은 "대부분이 이미 사회의 현실을 폭로하고 대중의 질고를 반영하는 것을 주제로 삼고 있었다"[16]고 평가될 만큼, 사회현실의 모순에 대한 비판의식과 기층 민중의 삶에 대한 공감대는 그 창작의 중요한 흐름을 형성하고 있었다. 그렇다면 이러한 현실인식과 그의 낭만주의적 자아인식 및 창작 경향은 어떻게 내재적 융합 혹은 변형의 양상을 띠고 있었을까.

무엇보다도 그의 첫 시집《탐험대(探險隊)》(1945)에 수록된 시들이 씌어진 1937년-1941년간의 시기, 즉 그의 나이 19세에서 23세까지의 그가 보낸 격

15 "如同暗室的囚徒窺伺著光明, / 自從命運和神祗失去了主宰, / 我們更痛地撫摸著我們的傷痕" "像一只逃奔的小鳥, 我們的生活 / 孤單著, 永遠在恐懼下進行, / 如果這裏集腋起一點溫暖, / 一定的, 我們會在那裏得到憎恨"〈不幸的人們〉.

16 〈穆旦小傳〉,《穆旦自選詩集 1937-1948》(天津人民出版社, 2010년), 187쪽.

정의 젊은 시절은 사회 전체적으로도 현대 중국의 역사가 소용돌이치는 격랑의 전쟁 시기였다. 그런 만큼 이 첫 시집에 작가 스스로가 수록하지 않은 몇몇 시들은 그런 격동의 시대와 시인 스스로를 동일시한, 젊은 시절의 의기와 순수성이 그대로 드러나는 작품들이었다. 그 중 한 편인 〈제사(祭)〉(1938)는 칠백 년 역사를 지닌 돌다리 루거우차오(蘆溝橋) 밑을 굽이쳐 흐르는 쌍간허(桑乾河)를 통해, 다리 양편에 묻혀 있는 중국 고대 영웅호걸들의 영혼을 기리는 제사의 노래이다. 그리하여 "쌍간허, 너 조국을 소생시킨 쌍간허야! / 흘러라, 끊임없이 흐르고, 끊임없이 파도를 용솟음치게 하라"는 외침은 시인과 역사와 고대의 영웅들이 혼연일체가 된 항전의 격정이 일종의 제문처럼 울려 퍼지는 성격을 띠고 있다.[17] 이 지점에서 그 내적 갈등의 한 축을 형성하는 자아와 세계와의 대립 구도, 형이상학적 존재론이나 종교적 영혼의 고통이나 죄의식 및 구원의식 등은 부차적인 지점으로 비켜져 있었던 것처럼도 보인다. 다시 말해서 이 시기 대부분의 중국 지식인들처럼 20대 전반의 지식인 청년 무단은 근대적 개인 의식, 초월적 미에 대한 동경과 갈망 등과 함께, 아니 어쩌면 그보다 훨씬 강력한 흡입력에 의해 전쟁 시기의 민족 국가의식 및 민중의식을 그 내적 정신의 주도적 계기로 삼고 있었던 셈인 것이다.

이와 함께 이러한 가치관과 비평의식이 명료하게 드러나는 것이 이 시기에 발표된 아이칭(艾青)과 볜즈린의 시에 관한 두 편의 평론문[18]이었다. 그리고 이들 평론문을 관통하고 있는 것은 항전으로 인해 새롭게 태어난 중국이라고 하는 시대 인식이었다. 결국 이 시기 무단에게 전쟁을 계기로 재인식되는 중국은 오랜 역사와 현실, 도시와 농촌, 빈부의 갈등 구조를 넘어선 새로운 생명력, 재생의 영원성을 획득해 나가고 있는 것으로 여겨지고 있으며, 그런 현실 역사를 표현해 내는 시 문학 속에서 그는 '사랑보다 더 강렬한 그 무엇',

17 이 작품은 1938년 10월 집필, 《益世週報》 제2권 3기(1939년 1월)에 발표되었다. 여기에서는 《穆旦詩文集》 제1권, 22쪽 수록 본문 참조에 의함.

18 艾靑에 관한 〈《他死在第二次》〉, 香港《大公報·綜合》 (1940년 3월 3일) 및 卞之琳에 관한 〈《慰勞信集》—從《魚目集》說起〉, 香港《大公報·綜合》 (1940년 4월 28일). 여기에서는 각각 《穆旦詩文集》 제2권 수록에 의함.

그리고 '민족의 위대한 의지'를 포착해 내며 공감하고 있었던 것이다. 그런데 여기에서 무단의 비평은 현실 속의 암흑보다는 광명에의 낙관적 전망을 강조하는 데 중점을 둠으로써, 이들의 시 속에서 그려지고 있는 중국의 사회 현실에 내재하는 모순과 갈등이 간과될 여지를 남기고 있었던 점도 사실이다. 아니 어떤 면에서 그러한 시각은 볜즈린의 시에 대한 비평에서 무단이 제기하고 있는 다음과 같은 '새로운 서정'의 요청에 비추어 보면, 기실 필연적인 결과였다고도 할 수 있다.

> 사회 혹은 개인이 역사의 일정한 발전하에서 보편적으로 광명의 측면을 향해 우회 전진을 하는 것을 표현하기 위해서, 시로 하여금 이 시대와 감정의 대조화를 이루게 하기 위해서, 우리에게는 '새로운 서정(新的抒情)'이 필요하다. 이 새로운 서정은 마땅히 이성적으로 사람들을 고무시켜 저 광명의 무엇인가를 쟁취하도록 하는 것이어야 한다.[19]

그렇다면 초기 무단 시를 관통하고 있던 자아와 세계와의 분열, 초월적인 순수의 미를 향한 갈망과는 대비되는, 전쟁에 의해 새롭게 생겨난 '이성적'인 사회 역사와의 '대조화'라는 민족 국가적 자아의 동일시 요구와 어떻게 접목될 수 있을 것인가. 이 문제에 관한 해명의 열쇠는 아마도 전쟁 초기 중국 사회의 민족적 항전의 열기와 전쟁의 결과에 대한 낙관적 전망의 시대 상황을 꼽을 수 있을 것이다. 더욱이 이 무렵 무단도 직접 참여한 서남연합대학 성립을 위한 이른바 '후난·구이저우·윈난(湘黔滇)' 횡단의 '삼천리 도보 행군'은, 젊은 시인에게 가히 '새로운 급진적 근대성 의식에로의 전환'을 이루는 계기가 되었을 것이라는 추정이 성립될 수 있겠다. 다만 이러한 극적인 항전 체험과 비통한 민족적 기억은 무단의 젊은 생명에 '거부할 수 없는 흥분·격동과 통쾌함'을 주기도 했지만, 다른 한편 그의 그러한 항전 현실의 체험은 결국 근대 지식인으로서의 '풍경의 발견'을 통한 '자아 확립'의 영역을 크게 벗

19 穆旦, 〈《慰勞信集》—從《魚目集》說起〉, 여기에서는 《穆旦詩文集》, 제2권 60쪽에 의함.

어나지 못하는 것이었다는 지적도 가능하다. 즉 그가 본 농민의 고난, 변방 민중의 빈곤 등은 그 자신의 생활세계는 아니었으며, 그것은 결국 '여행자'로서 외부에서 '바라본' '풍경의 일부분'이었으리라는 분석[20]인 것이다.

그리고 실제로 그러한 주관적 기대와 객관적 사물 사이의 충돌과 갈등은, 이 시기 무단의 시 속에 자아와 민족의 동일시를 향한 사회적 자아 확립 과정의 진통으로서 드러나고 있었다고 보아야 할 것이다. 여기에서 그러한 시인의 내면적 진통과 성장의 단면을 보여 주는 예가 앞의 〈제사〉가 씌어진 2년 후인 1940년에 씌어져 그의 첫 시집《탐험대》에 같은 제목의 〈제사(祭)〉로 수록되었던 시의 경우이다.

> 아다(阿大)는 상하이의 어느 공장에서 10년간 힘든 노동을 했다, / 가난하고, 깡말라 있었다. / 단지 약간의 힘이 아직 남아 있었기에, / 1938년 그는 타이얼좡(台兒莊) 모래벌판에서 전사를 하였다. / 그가 눈을 감을 때 하늘에서는 고운 놀이 피어올라, / 그의 피를 물들였고, 이른 아침 복수의 태양을 기다렸다. // 어젯밤 나는 우연히 젊은 공장주, 내 친구를 만나, / 신문의 사상 소식을 개탄하였다. 우리는 한 시간 동안 폭스 트롯을 / 추었으며, 그리곤 술을 좀 마셨다. 문득 그는 자기 몸에 / 빳빳한 털이 나고, 발밑은 피로 적셔지고, 문밖에서는 큰 바람이 부는 느낌이 들었다. / 그는 이게 무슨 일이냐고 물었고, 나는 그게 무슨 일인지 알 수 없었다.[21]

무단으로서는 다소 예외적인 짧은 산문체 극시 형태의 이 시 속에서 주목

---

20 이러한 항전을 통한 국가와 자아와의 동일시 및 그 시적 스타일의 변화 양상에 관해서는, 앞의 段從學의《穆旦的精神結構與現代性問題》중 특히 제2장 제2절 〈"風景的發現"與"自我"的確立〉 부분에서 흥미로운 분석이 전개되고 있다.

21 "阿大在上海某家工廠裏勞作了十年, / 貧窮, 枯槁. 只因爲還餘下一點力量, / 一九三八年他戰死於台兒莊沙場. / 在他瞑目的時候天空中湧起了彩霞, / 染去他的血, 等待一早復仇 的太陽. // 昨天我碰見了年輕的廠主, 我的朋友, / 而感歎著報上的傷亡. 我們跳了一點鍾 / 狐步, 又喝些酒. 忽然他覺得自己身上 / 長了剛毛, 腳下濡著血, 門外起了大風. / 他驚問這是什麽, 我不知道這是什麽." 〈祭〉. 원 제목은 〈돈 있는 사람은 돈을 내고, 힘 있는 사람은 힘을 내자(有錢出錢, 有力出力), 1940년 9월 12일자 香港《大公報·文藝》에 발표. 여기에서는《穆旦詩文集》제1권, 22쪽 수록에 의함.

되는 것은, 앞의 작품 〈제사〉에서 드러나고 있던 역사와 현실, 조국과 자아의 동일시를 가능케 했던 격정과 저항 정신이 함축적이면서도 억제된 톤으로 정련화되어 있다는 현상이다. 그 대신 이 작품에서는 전투에서 희생된 인물이 '어느 공장에서 10년 간 힘든 노동을 했던' '가난하고 깡마른' 하층 민중 '아다(阿大)'로 구체화되고, 그의 죽음은 부르주아 타인들에게는 그 이유를 알 수 없는 불안과 공포를 야기한다. 결국 작품에서는 전사자의 죽음을 애도하는 고운 노을과 이튿날 아침의 태양에 그 복수를 기다리는 자연의 묘사와 대비되어, 전사자들의 보도에 개탄은 하면서도 본인들은 춤과 술로 밤을 지새우는 내레이터와 그 친구인 젊은 공장주의 어렴풋한 죄의식이 인상적으로 그려지고 있다. 결국 이 시기 무단이 직면하고 있던 갈등 축의 하나는 그 자신이 추구하던 종교성이 새롭게 변화되는 자아와 세계의 관계 속에서 어떻게 구현되어야 할 것인가, 즉 초월적 신성성과 현실적 세속성과의 접점 설정이라는 복합적인 문제가 개입되어 있었던 것이었으리라. 그리고 이러한 문제를 집약적으로 함장하고 있는 작품의 하나가 바로 이 시기 그의 대표작 중의 하나인 〈출발(出發)〉이라는 시였던 것이다.

> 우리에게 화평은 또한 살육이 필요함을, 그리고 / 그 밉살스러운 것을 우리는 먼저 가서 즐겨야 함을 일러 주소서. / '사람'을 아는 것으로는 부족하여, 우리는 그 위에 그것을 유린할 방법을, 기계적인 진형의 설치를 배웁니다, / 지력과 체력이 꿈틀거리는 한 무리의 야수들처럼, // 우리에게 그것이 새로운 아름다움이라고 일러 주소서, 왜냐하면 / 우리가 입맞춤했던 것은 이미 자유를 상실했으며; / 행복했던 날들은 지나갔으나, 미래에 더 가까워졌으니, / 우리에게 실망과 희망을, 우리에게 죽음을 주소서, / 왜냐하면 저 죽음의 제조는 반드시 궤멸하여야 할 터이니, // 우리에게 다감한 영혼을 주시되 그것으로 / 죽음의 노래를 부르게 하소서, 개인의 슬픔과 기쁨은 / 대량으로 만들어지고 또 멸시되어야 하리니, / 부정되고, 경직되어지는 것이, 인생의 의미이며; / 당신의 계획 속에는 독살의 일환이 있사오니, // 우리를 현재 속에 가둬 넣어 주소서, 오 하느님! / 들쑥날쑥한 좁은 길로 우리로 하

여금 반복하여 / 나아가게 하소서, 우리로 하여금 당신의 모든 말씀의 문란함이 / 하나의 진리임을 믿게 하여 주소서. 그리고 우리는 귀의하였사오니, / 당신은 우리에게 풍성함과, 그 풍성함의 고통을 주시옵소서.[22]

무단의 시 〈출발〉은 그의 항전기 시 창작 과정에서 중요한 전환적 의미를 지닌 작품이다. 즉 이 시는 무단의 초기 시와 중기 시를 연계시키면서, 아울러 세계와의 대립적 자아로부터 전쟁의 민족 현실 속으로 자아를 투사시켜 나가는, 그리고 낡은 세계로부터 새로운 세계를 향해 떠나가는 의미를 담은 시이다. 기실 〈출발〉은 무단이 1942년 3월 초의 종군을 앞둔 2월에 쓴 시로서, 직접적인 전투 참여에 대한 본인의 심경이나 신념이 표백된 작품으로 읽힐 요소를 충분히 지니고 있다. 그러므로 이 시에서 제기되고 있는 평화와 살육, '인간'과 '야수', 희망과 절망, 자유와 죽음, 풍성함과 고통의 극단적인 대비는 바로 참혹한 전쟁의 구조적 악에 대한 규탄, 그리고 어쩔 수 없이 또 다른 폭력에 의해 그 악을 극복할 수밖에 없는 현실의 부조리한 상황에 대한 절망적 저항, 혹은 분노의 절규로서 해석할 수 있다. 즉 시인은 이 작품을 종교적 회심 혹은 형이상학적 존재론의 시로서보다는, 구체적인 전쟁의 역사 현실 속으로의 자기 투여, 혹은 민족국가적 자아 확장에의 결단으로서 집필했을 수도 있다는 것이다.[23]

이러한 맥락과 관련하여, 첸리췬은 이 시를 포함한 1940년대 무단의 시 속

---

22 "告訴我們和平又必須殺戮, / 而那可厭的我們先得去歡喜. / 知道了"人"不夠, 我們再學習 / 蹂躪它的方法, 排成機械的陣勢 / 智力體力蠕動著像一群野獸, // 告訴我們這是新的美, 因爲 / 我們吻過的已經失去自由; / 好的日子去了, 可是接近未來, / 給我們失望和希望, 給我們死, / 因爲那死底制造必須摧毀. // 給我們善感的心靈又要它歌唱, / 僵硬的聲音. 個人的哀喜 / 被大量制造又該被蔑視 / 被否定, 被僵化, 是人生底意義; / 在你底計劃裏有毒害的一環, // 就把我們囚進現在, 呵上帝! / 在犬牙的角道中讓我們反複 / 行進, 讓我們相信你句句的紊亂 / 是一個真理. 而我們是皈依的, / 你給我們豐富, 和豐富底痛苦." 〈出發〉. 여기에서는 《穆旦自選詩集(1937-1948)》, 109쪽 수록에 의함.

23 이와 같은 추론과 관련하여서는, 이 시가 《大公報·戰線》(1942)에 발표될 당시에는 〈詩〉라는 제목으로 게재되었으나, 이후 《穆旦詩集(1939-1945)》(1947) 등에 수록되면서 〈출발〉이라는 제목으로 바뀐 점, 더구나 이 시의 작가 스스로에 의한 영역 제목이 "Into Battle", 즉 '출정' 혹은 '전장 속으로' 정도의 의미로 번역된 점 등이 종합적으로 판단될 필요가 있다.

에서, 이 시기 허치팡(何其芳)이나 '칠월파' 의 시인 등 '무한한 광명 속 미래의 신중국, 신시대에 희망을 기탁' 했던 항전기 '돈키호테' 형의 진보적 지식인들과는 대조적으로, 일종의 '미지의 고난에 대한 의구(疑懼)'라고 하는 '햄릿의 명제'를 포착해 내고 있다. 첸리췬에 의하면, 무단은 이 시기의 시대 조류를 지배하고 있던 '과거-현재(현실)-미래'라고 하는 발전적 역사의식의 시간축을 전제로 한 '내일'의 '아름다움'에 대한 예언과 이론들에 잠재된 기만성, 그 눈부신 '계획 속에는 독살의 일환이 있다'는 사실을 간파한 시인이다. 그럼에도 불구하고, 무단은 시대라고 하는 "'쇠발굽하의 희생자'로서의 운명을 피할 수 없음"(〈환상의 승객(幻想底乘客)〉)을 느끼고, 스스로를 설복하여 그 '모든 말의 문람함이 하나의 진리임을' 믿으며, '귀의'를 하고자 한다. 그와 동시에 그는 그 귀의의 결과로서 '우리에게 주는 풍부함과, 그 풍부함의 고통'을 준비하고 있었다는 것이다.[24] 결국 첸리췬은 이 〈출발〉 이래 1940년대 중후반 무단의 시 속에서, 그의 동료 시인 탕스(唐湜)가 평가했던 바와 같은 '예언자적 풍격과 깊은 사상가적 능력'[25]이 구현된, 시대에 대한 불안과 절망적 통찰력을 읽어내고 있던 셈인 것이다.

그러나 여기에서 간과할 수 없는 것은 〈출발〉이 화자인 우리(我們)가 하느님(上帝)인 당신(你)을 향한 기도문 형태의 일종의 종교시적 구도를 지닌 작품이라는 사실이다. 이러한 특징을 염두에 두고 이 시에 대한 좀 더 심층적인 접근을 시도한다면, 이 시는 전쟁 시기의 사회·역사에 대한 자아의 동일시라는 의미망을 넘어서 신의 진리를 향한 내면적 전환이 그려진 작품으로도 해석될 수 있다. 그러한 각도에서 주목되는 것은 현실 역사에서의 인위적인 역사 발전, 가치 추구의 무의미성에 대한 절망적 자각의 부분이다. 다시 말해 인류의 평화·자유·행복을 위한 전쟁이라는 이념에 내재된 폭력적 허구성에 대한 폭

24 錢理群, 《豐富的痛苦 —堂吉訶德與哈姆雷特的東移》(生活·讀書·新知三聯書店, 2015년판), 290-291쪽 참조.

25 唐湜 〈穆旦論〉, 《中國詩集》 제3, 4집(1948년). 여기에서는 《穆旦研究資料》(上), 350쪽 참조에 의함.

로와 탄식의 외침 부분이 이 시의 핵심 메시지라는 것이다. 물론 그렇다고 해서 이 시를 역사에 대한 허무의식, 혹은 반전 사상을 담은 염세시로 해석한다면, 그것은 이 시에 대한 피상적 이해가 될 수밖에 없다. 이 시에서 중요한 것은 현실 역사에 대한 철저한 절망과 좌절을 계기로 도달한 신의 섭리와 공의에 대한 계시적 깨달음과 그에 대한 신앙의 결단이다. 그러므로 이 시를 "인류 사회의 합리성과 구제의 가능성에 절망한 뒤, 무단이 '끝없는 황량함' 속에서 신성의 생존에로 전향한",[26] 즉 '인의론'에서 '신의론'에로의 전환을 이룬 종교시적 작품으로 분석한 관점은 그 나름의 설득력을 지닌다.

여기에서 이러한 중층적 성격을 종합적으로 고려한다면, 이 시는 결코 무단의 동료 시인 왕쭤량(王佐良)이 제시한 것처럼 좌·우의 정치적 이데올로기를 초월한 '모든 구두식 정치의 용속함을 간파한'[27] 현실 비판적 저항시의 범주에서만 해석될 수는 없다. 결국 이 시는 항전기 중국의 사회현실에 대한 위기의식을 계기로 시인 내부의 실존론적 갈등과 격투를 반영한, 그런 의미에서는 현실 역사에의 자기 투여를 통한 종교성의 확장 내지는 구원의식의 실현을 향한 고뇌의 출발을 알리는 작품이었을 수도 있다. 그렇다면 이 시의 마지막 구절에서의 '豊富, 和豊富底痛苦'의 의미는 어떻게 해석해야 할 것인가. 결국 이 구절은 '풍성하고도 풍성한 고통'이 아니라, '풍성함과 풍성함의 고통'이라는 의미로서 해석되는 것이 타당하다.[28] 문제는 여기에서 '풍성함'의 진

---

26 段從學, 〈論穆旦詩歌中的宗教意識〉 참조.

27 王佐良, 〈一個中國詩人〉, 런던 "Life and Letter" 1946년 6월호. 여기에서는《穆旦自選詩集(1937-1948)》附錄에 의함.

28 단순한 자구에 대한 천착 같기도 하지만, 기실 이 구절에 관한 穆旦의 의도는 1948년에 스스로 편집한 시고에서 1942년판의 '你給我們豊富, 和豊富的痛苦'를 '你給我們豊富, 和豊富底痛苦'(밑줄 인용자)로 수정한 점, 즉 관형어적 용법으로부터 소유격으로의 전환을 염두에 둔 점이 고려되어야 할 것이다. 아울러 이 시에 관한 穆旦 스스로의 영역본에서는 이 구절이 "fulfilment, and its agonies"로 되어 있으므로, 그 해석은 결국 '풍성함과, 그리고 그 고통'이 된다는 점이 역시 참작되어야 할 것이다. 여기에서 이 시에 대한 穆旦의 영역 텍스트는《穆旦詩文集》 제1권, 373-374쪽 수록에 의함. 그밖에 이 구절을 포함한 〈출발〉의 마지막 부분 "而我們是皈依的, / 你給我們豐富, 和豐富底痛苦."에 대한 중국 측 학자의 영역 결과를 참조한다면 다음과 같다. "And we are converted, You enrich us and enrich our pains(그리고 우리는 귀의하였사오니, 당신은 저희를 풍요롭게 하시고 저희의 고통을 풍요롭게 하여 주소서)." 王宏印 著譯,

정한 의미일 터인데, 우선 그 의미를 유한하고 현재적인 생명의 풍성함, 혹은 행복과 희망이라고 해석한다면, 이 구절은 제한적인 현세적 풍요로움에 내재된 필연적 고통을 가리키는 것이라고 해석할 수 있다. 그러나 각도를 달리하면, 이 구절은 현실의 악과 혼돈, 그리고 타락한 인간의 욕망이 가득한 세상을 가리킨다고도 할 수 있다. 그것은 바로 "악이 충만한 현실 속에서 진정한 사랑은 더 깊은 고통일 수밖에 없다"는 종교적 주제, 즉 "삶의 '충만함'은 삶의 '고통의 충만함'과 관련되어 있는 것"이라는 엘리엇의 시와 시극의 주제[29]에 맞닿아 있는 의미이기도 하였던 셈인 것이다. 다시 말해서 이 마지막 구절이 함장하고 있는 다양한 해석의 가능성과 중층적 의미망의 탐색을 위한 열쇠는 바로 기독교적 종교성의 본원적 전제인 예수의 수난, 그 십자가상의 고난에 깃들인 그리스도의 삶과 죽음, 그리고 그 부활의 '기쁨과 고통'에 대한 심층적 재해석에 간직되어 있다고 해야 할 것이다.[30]

그리고 기실 이러한 작품의 해석과 연관한 무단의 종교적 결단의 조짐은 이미 다음과 같은 시 속에서도 이미 암시되고 있었는지도 모른다. "눈에 보이는 곳곳마다의 번화함도 알고 보니 지옥이었네, / 발버둥을 쳐도 벗어날 수 없이, 사랑은 변하여 원한이 되리니, / 스스로의 폐허 위에, 비천한 진흙으로, / 그들은 바닥을 기면서 이교(異教)의 신(神)을 세웠다"(〈조석(潮汐)〉, 1941).[31]

《穆旦詩英譯與解析》(河北教育出版社, 2004년), 85쪽.

29 李俊鶴,《T. S. 엘리엇의 시와 시극에 대한 종교적 접근》, 283-285쪽 참조.

30 그런 의미에서 이 작품의 문학사조적 특징은 '그리스도의 수난'을 중심으로 한 헤겔의 낭만주의 미학과의 관련성 속에서 조명될 수 있다. 실제로 헤겔의 미학에서는 서구 낭만주의 문학예술의 핵심적인 전개 구조와 그 이상의 구현 양상을 "주체의 영혼과 신과의 화해"에서 찾고, 그 구체적인 내용에 관해서는 "그것(주체의 영혼—인용자)이 스스로를 버림으로써 신의 몸에서 새롭게 자기를 찾아내며 기쁨을 느끼게 된다"고 보며, "그것이 바로 사랑의 본질, 즉 진정한 친밀의 정감이자, 욕념을 지니지 않은 채 동시에 화해를 가져 오는, 평화롭고 신의 복을 지닌 종교성"이라고 설명하고 있다. 그리고 이러한 사랑은 '고난'과 '가장 참담한 상실' 속에서 오히려 더욱 깊은 "사랑의 정감과 사랑에 대한 믿음"에 도달하게 되는 것임을 강조하고 있다. 나아가 그것은 결국 "사랑을 위한 개인의 독자성의 희생"을 전제로 하는 것이라고 보고 있다. 헤겔《미학》참조, 여기에서는 朱光潛 譯,《美學》(商務印書館, 1979년판) 제3권 上冊, 244-246쪽 참조에 의함.

31 "看見到處的繁華原來是地獄, / 不能夠掙脫, 愛情將變成仇恨, / 是在自己的廢墟上, 以卑賤的泥土, / 他們匍匐著豎起了異教的神."〈潮汐〉.

그러고 보면, 잘 알려져 있듯이 같은 글에서 왕쭤량이 무단의 최대 공헌을 중국 현대시에 '하나의 하느님을 창조한 것'이라고 새로운 종교시의 가능성을 전망하면서도, 그 평론의 마지막에서 "그가 마지막에 도달한 하느님은 어쩌면 하느님이 아니라 사탄(魔鬼) 그 자체였는지도 모르겠다"[32]라고 한 지적은 매우 시사적인 언급이었던 셈이다. 어쩌면 무단은 1940년대 전쟁의 와중에 있는 중국의 민족 현실, 그리고 스스로의 내부에 잠재해 있는 현실 악, 그 사탄과의 고통스러운 싸움을 통해 진정한 하느님을 향한 발걸음을 내딛으려는 결단을 하고 있었을 수도 있기 때문이다.

4. 신의 섭리와 계시의 구현

〈출발〉을 쓰고 난 후 1942년 3월 초, 중국 원정군 제 19연대 소속의 통역장교로 미얀마 전투에 참전했던 무단이 지옥과 같은 혹독한 전선에서 실종된 채 생사의 고비를 넘기며 기적적으로 생환한 것은 그해 가을과 겨울이 갈마들 무렵의 일이었다. 이후 1940년대 상반기 동안에 씌어진 무단의 중기 시 속에는 뚜렷이 기독교적 종교성이 구현되는 일련의 창작 성과가 나타났다. 그런 의미에서 무단의 시가 현대의 중국문학 속에서 가장 독자적인 작품 세계의 정신적 특질을 구현한 것으로 평가된다면, 그 독자성은 단순한 낭만주의 혹은 모더니즘의 사조적 특징이나 시 형식의 새로움에 의해서가 아니라, 무엇보다도 기독교의 종교성이 무단 시 특유의 서정과 작가 정신 속에 녹아 든 측면과 관련될 것이다. 그리고 그 가장 핵심적인 정서는 바로 시인의 내면 정신 세계에 충만한 죄악과 허물에 대한 참회 의식과 그에 대한 고통의 심경이었다. 그 한 예로 시 〈기억(憶)〉(1945)에서 그려지고 있는 죄의식과 '침묵'의 종

32 王佐良, 〈一個中國詩人〉. 참고로 이 문장의 영문 텍스트 "A Chinese Poet"에서의 표현은 "The God he eventually arrives at may not be a god at all, but Satan himself."로 되어 있다.

교성을 음미해 볼 수 있다.

> 여러 해 동안의 지난 일들이, 조용히 앉아 있노라면 / 한꺼번에 내 마음속에 떠올라, / 마치 이 사월의 황혼처럼, 창밖에서, / 향기와 근심이 뒤섞인 채, 문득 나를 골똘하게 한다—/ 한 송이 흰 꽃이, 피어난다, 검은 밤의 / 생명처럼 군센 침입 속에서, / 주여, 이 찰나에, 나의 슬픔과 찬미를 거두어 주소서. // 지나간 그 시절들에, 나는 침묵하고 있었다 / 마치 창밖의 저 나란히 줄지어 선 / 도시의 건물들처럼, 죄악 같은 공허로 가득 찬, / 나는 침묵하고 있었다 마치 도처의 번화한 / 음악 소리처럼, 나의 피는 그것을 찾아 두근거렸지만, / 그러나 저 침묵이 모인 침묵이 문득 소리 내어 울리고 / 화려한 등불이 켜지자, 내 검은 생명은 주와 하나가 되었다. // 더욱 거센 소동, 더욱 깊은 / 고통. 그 모든 포착할 수는 없으나 내 한가운데 / 우뚝 서 있는, 울 시간도 없이, 웃을 / 시간도 없이 사라져 버린, 깊은 어둠 속, / 아무것도 없어진 그 속에서 지금 당신이 나타나심을 봅니다. / 주여! 내가 사랑하던 모든 것을 덮어 버리심으로, 당신은 / 크나큰 빛을 내시며, 당신의 웃음은 내 비애를 꿰뚫습니다.[33]

이 시 속에서 지난 시절 시인을 옭죄고 있던 것은 '죄악 같은 공허'였으며, 그로 인해 '나'는 신의 섭리와 공의로부터 단절될 수밖에 없었다고 노래한다. 그 세속의 욕망과 번화는 자극적이며 현란했지만, 그것들은 결국 '더욱 거센 소동, 더욱 깊은 고통'으로 나를 몰고 갔으며 결국 시인은 고뇌와 절망 끝에 '침묵'을 할 수밖에 없었다고 고백하고 있다. 여기에서 '침묵'을 일반적인 은유로서 포착한다면, 그것은 고요함이나 자기 성찰의 결과로서가 아

33 "多少年的往事, 當我靜坐, / 一起浮上我的心來, / 一如這四月的黃昏, 在窗外, / 揉合著香味與煩擾, 使我忽而凝住一 / 一朵白色的花, 張開, 在黑夜的 / 和生命一樣剛強的侵襲裏, / 主呵,這一刹那間, 吸取我的傷感和贊美. // 在過去那些時候, 我是沉默, / 一如窗外這些排比成列的 / 都市的樓台, 充滿了罪過似的空虛, / 我是沉默一如到處的繁華 / 的樂聲, 我的血追尋它跳動, / 但是那沉默聚起的沉默忽然鳴響, / 當華燈初上, 我黑色的生命和主結合. // 是更劇烈的騷擾, 更深的 / 痛苦. 那一切把握不住而卻站在 / 我的中央的, 沒有時間哭, 沒有 / 時間笑的消失了, 在幽暗裏, / 在一無所有裏如今卻見你隱現. / 主呵! 淹沒了我愛的一切, 你因而 / 放大光彩, 你的笑刺過我的悲哀."〈憶〉.

닌 '영혼과 정신의 적멸(死寂)'의 피동적이며 필연적인 결과이다.[34] 그러나 각도를 달리하면, 여기에서 '침묵'의 주체인 '나'의 침묵은 오히려 세속적인 허무나 번잡함을 음성으로 담은 '인간의 말'이 아닌, 오히려 참 진리와 생명의 근원인 신의 침묵의 '말씀'을 갈망하는 시련과 인내로서의 적극적인 구도 행위의 표현으로 볼 수는 없을 것인가. 그것은 바로 엘리엇의 "성회 수요일(Ash Wednesday)"의 한 대목에서 그려지고 있는, 신의 '침묵의 말씀'을 추구하는 '신비'의 체험일 수도 있는 것이다.

> 침묵의 말은 고요하고, 말씀은 들리지 않으며, / 말이 없는 말씀, 세상 속과 / 세상을 위한 말씀도 고요합니다. / 빛은 어둠 속에서 빛났으며 / 말씀에 대항하여 고요하지 않은 세계는 / 침묵의 말씀의 중심의 둘레를 빙빙 돌았습니다.[35]

그러므로 무단의 시 〈기억〉 속에서 나의 '침묵'은 시끄럽고 번잡한 욕망의 세속에서, 신의 "'발언하지 않은, 안 들리는 말씀(Word)'을 추구함으로써 신의 말씀을 통해 직접 인간 실존의 소외를 극복시켜 줄 어떤 계시(revelation)를 찾으려하는 것"으로 해석할 수 있겠다. 실제로 〈기억〉의 마지막 연에서 "깊은 어둠 속, / 아무것도 없어진 그 속에서 지금 당신이 나타나심(隱現)을 본다."라고 노래했을 때, 무단의 시는 엘리엇의 이른바 '인간이 겪은 신비의 체험에 대한 완전한 언어의 등가물(verbal equivalents)'[36]을 찾는 종교적 체험의 시적 표현에 도달했다고 볼 수도 있다. '침묵이 모인 침묵'의 갑작스러운 울림이란 결국 궁극적인 신의 말씀과의 결합, 신과의 일체감에 대한 신비적 체험

---

34 孫玉石 主編, 《中國現代詩導讀(穆旦卷)》, 226쪽 참조.

35 "Still is the unspoken word, the Word unheard, / the Word without a word, the Word within / The word and for the world; / And the light shone in darkness and / Against the Word the unstilled world still whirled / About the centre of the centre of the silent Word" 여기에서는 李俊鶴 《T.S. 엘리엇의 시와 시극에 대한 종교적 접근》(전남대학교 출판부, 2004년), 80, 81쪽으로부터의 번역 및 원문의 재인용에 의함.

36 李俊鶴, 앞의 책, 82쪽.

에 다름 아니었던 셈이기 때문이다. 그리하여 내 안에 나를 구속하고 있던 기존의 나, 어쩌면 나를 지배하고 있던 모든 희로애락의 욕망, 이제까지 끊임없이 나를 옭죄고 있던 자아의 정체성이 무너져 내려 '아무것도 없어진 그 속'에서, 그때 비로소 신은 빛으로 내게 보이셨다는 신앙의 고백이 바로 이 시의 진정한 의미라고 할 수 있다. 그런 맥락에서 이 시기 무단이 쓴 일련의 종교적 성향의 시에서 구현되고 있는 구도자적 형상, 혹은 인간의 소외와 허무, 그리고 절망적인 자기 존재의 부정과 신과의 일체화를 향한 시적 성취에 대해 기독교적 종교성의 존재를 확인하는 것은 당연하다 하겠다. 그리고 바로 이 지점에서 그의 시는 기독교의 가장 핵심적인 신앙의 전제가 되는 인간의 본원적 죄의식, 원죄의 문제로 연결이 되고 있다.

다만 여기에서 무단의 종교적 성향의 시 속에 구현되고 있는 죄의식을 기독교의 원죄에 관한 신학적 교리와 직접적으로 연계하여 천착하는 것은 다소 부적절하다고 해야 할 것이다. 그러므로 원죄에 관한 기독교의 교리를 실존적인 인간의 운명에 대한 근대적이며 개방적인 시각에서 재해석한다면, 무단의 종교적 성향의 시에서 보편적 인간 상황으로서의 원죄의식에 관한 문학적 형상화의 요소가 발견된다는 점은 중요하다. 이러한 각도에서 살펴볼 때, 무단의 시 속에서 인간의 원죄에 의한 신과의 분리 및 추방의 실존 상황으로부터 신과의 결합 및 신에로의 회귀의 갈망이 가장 심도 있게 그려진 작품은 〈은현(隱現)〉[37]이다. 무엇보다도 이 시 속에서 시인은 "고통스럽고 모순되며 심지어는 분열되어 있던 '나'"로부터 '현세 중의 모든 것(우리 자신을 포함한)이 모두 철저히 부정'됨으로써 비로소 새롭게 인식되는 신에의 귀의를 노래한다. 그리하여 이 시 속에서 "현세 및 자아는 모두 철저히 비판되고 부정되

37 여기에서는 이 시 〈隱現〉의 우리말 제목을 일단 〈은현〉으로 번역하였으나, 이 시에 대한 저자 자신의 영어 번역 텍스트의 제목 "Revelation"을 참작한다면, 이 시의 실제적인 함의를 반영한 제목은 〈계시〉라고도 할 수 있을 것이다. 이 시의 내용은 인간의 극한적 실존 상황에서의 신과의 만남, 신의 모습의 발견이라고 하는 종교적 신비 체험을 그 궁극적 의미로 하고 있기 때문이다. 여기에서 이 시의 영역 텍스트는《穆旦詩文集》제1권, 375-383쪽에 의함.

며 동시에 또한 전혀 새로운 인식을 획득하고, 새로운 면모를 갖추게 된다."[38]는 점을 확인할 수 있기 때문이다.

> 만약 우리가 욕망의 암실과 / 습관의 단단한 껍데기로부터 벗어나 / 그를 맞이할 수만 있다면, / 만약 우리가 달콤한 껍질이 아닌 / 그 밑 경험의 쓴 속을 맛볼 수 있다면, // 그는 정지된 가운데 분란을 일으키며, / 그는 뭇 힘의 끝에서 반대의 힘을 일으킨다. / 오 그가 설치해 놓은 기로와 혼돈! / 우리가 지친 후에 갈구하게 하려는 / 원래의 자리. / 그는 우리를 이토록 사랑하여 / 그는 우리를 흩뜨려 놓으며 / 그는 우리에게 약간의 권력을 주고 그것이 재가 될 때까지 기다리노니, / 오 그는 우리가 소진된 모든 열기로 / 그의 자애로운 품으로 돌아와 안기기를 기다리신다.[39]

시인은 현실 삶 속에서의 모든 고통과 시련, 특히 20세기 현대 사회의 기계문명과 욕망의 혼돈, 정신적 황폐에 대비되는 신의 섭리와 공의에 대한 갈망, 진정한 '생명의 원천'에 대한 갈구를 통절한 심경과 시어를 통해 그려내고 있음이 주목된다. 다만 이 시를 통해 시인의 상상과 감성, 이성과 인식의 범위 내에서 추구되는 신의 형상은 구체적인 신앙 체험의 영역으로부터 비껴나고 있음이 엿보여지는 것도 사실이다. 어찌 보면 바로 그러한 신에 대한 간절한 바람에도 불구하고 다가설 수 없는 신앙의 곤경을 시인은 다음과 같이 노래하고 있었다.

> 당신의 모습을 형용할 수 없을 때, 저희로 하여금 인내하며 평온케 하여 주시고, / 당신의 말로 부를 수 없는 이름이 저희의 애타는 입술, 정처 없는 손

38 李章斌,〈從《隱現》看穆旦詩歌中的宗教意識〉,《名作欣賞》2008년 제3기.

39 "如果我們能夠掙脫 / 欲望的暗室和習慣的硬殼 / 迎接他, / 如果我們能夠嘗到 / 不是一層甜皮下的經驗的苦心, // 他是靜止的生出動亂, / 他是眾力的一端生出他的違反. / O他給安排的歧路和錯雜! / 爲了我們倦了以後渴求 / 原來的地方. / 他是這樣地喜愛我們 / 他讓我們分離 / 他給我們一點權力等它自己變灰, / O他正等我們以損耗的全熱 / 投回他慈愛的胸懷."〈隱現〉중에서.

과 불안한 발길에 더 가까이 다가오게 하소서, / 저희는 이미 잊고 있었기 때문이오니, / 저희는 모두 실패함으로써 비로소 당신의 광대함과 온전함에 더욱 가까워지게 될 것이며, / 저희는 무수한 원을 에둘러서야 비로소 모든 방향에서 당신과 결합하게 될 것입니다.[40]

결국 신은 인간이 고통과 인내를 오히려 기쁨과 소망으로 견뎌내며, 무수한 실패와 방황을 거쳐야만 비로소 그 드넓고 온전한 존재에 다가갈 수 있는 존재일 수밖에 없음을 시인은 노래하고 있는 것이다. 그리고 그러한 신에의 접근은 자기를 희생함으로써 온 인류의 구세주가 된 예수를 내 안에 영접함으로써, 즉 철저한 자아의 포기와 초극에 의한 새로운 생명으로의 탄생이어야 함을 무단은 다음과 같이 기도하고 있었다.

저희로 하여금 예수처럼, 당신께서 그에게 주신 기쁨을 얻게 하소서, / 저희는 내가 아님 속에서 나 자신을 확대하는 것을 이미 잊어버렸사오니, / 저희로 하여금 당신을 향한 비상을 체험케 하여 주시고, / 끊임없이 이어져 있는 사물 속에서, 저희로 하여금 스스로를 거슬러, 한없이 광대한 영역을 감싸안게 하여 주소서.[41]

그리하여 이 시의 마지막에서 시인이 노래하고 있는 통절한 자기 참회와 겸허한 구원에의 갈망은, 바로 중국 항전기 문학의 치열한 삶과 죽음의 고비를 넘어오며 그 지옥 같은 현실 악의 끝자락에서, 오랜 방황과 수 없는 절망을 거친 광야의 한가운데에서 신을 향해 절규하는 신앙 고백이 되었던 것이다.

주여, 우리는 보았습니다, 우리의 총명한 어리석음 속에서, / 우리에게는 이

40 “在無法形容你的時候, 讓我們忍耐而且快樂, / 讓你的說不出的名字貼近我們焦灼的嘴唇, 無所歸宿的手和不穩的腳步, / 因爲我們已經忘記了 / 我們各自失敗了才更接近你的博大和完整, / 我們繞過無數圈子才能在每個方向裏與你結合”〈隱現〉 중에서

41 “讓我們和耶蘇一樣, 給我們你給他的歡樂, / 因爲我們已經忘記了 / 在非我之中擴大我自己, / 讓我們體驗我們朝你的飛揚, 在不斷連續的事物裏, / 讓我們違反自己, 擁抱一片廣大的面積,”〈隱現〉 중에서.

> 미 너무나 많은, 남들과 스스로를 향한 전쟁이 있었음을, / 너무나 많은 불만, 너무나 많은 삶 속의 죽음, 죽음 속의 삶, / 우리에게는 너무나 많은 이해, 분열, 음모, 보복이 있었음을, / 그 모든 것이 우리를 상반된 극단으로 밀어내었으니, 우리는 마땅히 / 문득 몸을 돌이켜, 당신을 봐야 하겠습니다 // 이제 때가 되었습니다, 여기에 우리의 구부려진 생명이 있사오니, 당신께서 평평하게 펴 주시옵소서, 여기에 우리의 메말라 버린 뭇 마음이 있사오니, / 당신께서 빚어 뭉쳐 주시옵소서, / 주여, 생명의 원천이시오니, 우리에게 당신의 흐르는 소리를 듣게 하소서.[42]

그렇다면 이제 여기에서 이 작품이 창작되고 발표되는 1940년대 항전기의 긴 과정을 통해, 시인 무단이 체험하고 추구했던 '종교적-형이상학적 절망감'과 그 구원에의 여정은 과연 어떠한 궁극적인 가치와의 화해 또는 사랑의 구현에 이르렀는지를 검토해 볼 필요가 있을 것이다. 그것은 바로 "인간과 세계와의 원초적 관계에서 낭만주의의 세계에 대한 원한과 경멸을 세계에 대한 사랑과 찬미로 전환시킨다"[43]고 하는, 어떻게 보면 낭만주의의 근원적 이상 혹은 그 정점의 초극을 향한 지난한 문학적 삶의 궤적에 대한 점검의 작업이 될 터이다.

5. 항전기 문학사에서의 종교성

이제까지 1940년대 무단의 시에 관한 종교성을 중심축으로 한 검토를 전개

---

42 "主呵, 因爲我們看見了, 在我們聰明的愚昧裏, / 我們已經有太多的戰爭, 朝向別人和自己, / 太多的不滿, 太多的生中之死, 死中之生, / 我們有太多的利害, 分裂, 陰謀, 報複, / 這一切把我們推到相反的極端, 我們應該 / 忽然轉身, 看見你 // 這是時候了, 這裏是我們被曲解的生命 / 請你舒平, 這裏是我們枯竭的眾心 / 請你揉合, / 主呵, 生命的源泉, 讓我們聽見你流動的聲音." 〈隱現〉 중에서.

43 段從學, 《穆旦的精神結構與現代性問題》, 209쪽.

해 왔지만, 기실 중국 항전기 문학사에서 전쟁으로 인한 민족국가적 통합과 역사적 근대성의 구현을 추구하는 문학사조로서의 리얼리즘에 비해, 낭만주의 및 모더니즘의 미적 근대성 및 종교성의 탐색을 활성화하는 문화적 동력은 취약할 수밖에 없었다고 해야 할 것이다. 그러나 역으로 그러한 환경 하에서야말로 특히 시 장르에서의 낭만주의 및 모더니즘의 본질에 다가갔던 무단시의 문학적 성취는 충분히 주목을 받을 만하다고 하겠다. 구체적인 예를 든다면, 1941년 완난(皖南) 사변 이후 국민정부의 반공정책으로 인한 국통구의 억압적 분위기와 여전히 치유되지 않는 사회악과 인간의 이기적인 탐욕들, 그러한 밑 모를 어두움에 대해 무단은 〈고발(控訴)〉(1941)이라는 시 속에서 다음과 같이 절규하고 있었다.

> "우리의 배경에 있는 것은 수많은 인민, / 비참하고, 뜨거우며, 어쩌면 우매하게, / 그들은 두려움과 어깨를 나란히 한 채 전쟁을 하고 있는데, / 이기적인 것은 보위되고 있는 저 도시들"
> "우리가 보는, 그러한 현실의 태도들은 / 그대의 그 어떤 이상보다도 강고하여서, 오직 그것만은 / 전쟁에도 파괴되는 법이 없다. 복종, 갈채, 고통은, / 흐느껴 우는 양심의 유일한 책임—"
> "우리는 무엇을 하는가? 우리는 무엇을 하는가? / 오 누가 이런 범행을 책임져야 할 것인가: / 한 평범한 사람, 그 속에 간직되어 있는 것은 / 무수한 암살, 무수한 탄생."[44]

결국 시인이 이듬해인 1942년에 전장에 나가 참혹한 사선을 넘을 수밖에 없었던 현실적 요인들 속에, 그리고 동시대의 시인 엘리엇이 '낡은 것의 죽음을 통한 생명의 정화와 새로운 생명으로서의 재생에 대한 갈망'[45]을 위해 기

---

44 "因爲我們的背景是千萬人民, / 悲慘, 熱烈, 或者愚昧的, / 他們和恐懼並肩而戰爭, / 自私的, 是被保衛的那些個城;" "我們看見, 這樣現實的態度 / 強過你任何的理想, 只有它 / 不毁於戰爭. 服從, 喝彩, 受苦, / 是哭泣的良心唯一的責任—" "我們做什麼? 我們做什麼? / 呵, 誰該負責這樣的罪行: / 一個平凡的人, 裏面蘊藏著 / 無數的暗殺, 無數的誕生." 〈控訴〉.

45 李俊鶴, 《T. S. 엘리엇의 시와 시극에 대한 종교적 접근》, 285쪽.

독교를 신앙으로 수용하게 되는 계기 속에도, 20세기 전반기 동서양의 시공간을 넘어선 보편적 위기의식과 그것의 극복을 위한 구원 의식은 함께 존재했을 터이다. 그러므로 무단의 장편시 〈은현〉에서 그려지고 있던 것은 현실 역사에서의 전쟁 그 자체에 대한 규탄이나 승리에의 호소가 아니라, 바로 전쟁과 죽음이라는 인간 악의 근원으로서의 삶의 한계와 유한성을 넘어선 영원한 생명의 원천인 신을 향한 구원의 기도에 다름 아니었던 것이리라. 결국 1940년대의 전쟁과 혁명의 역사 현실 속에서, 그리고 개별적인 생명의 존엄이 부정되고 궤멸되는 절망적인 상황 속에서, 무단이 문득 몸을 돌려 '생명의 원천'인 신의 '흐르는 소리'를 들려 달라 절규한 것은, 결코 그 절망적인 현실에서의 구제를 염두에 둔 신에의 투항은 아니었다. 그것은 바로 욥이 "내가 주께 대하여 귀로 듣기만 하였삽더니 이제는 눈으로 뵈옵나이다. 그러므로 내가 스스로 한하고 티끌과 재 가운데에서 회개하나이다"(욥기 42:5-6)[46]라고 했던 것처럼, 그가 직면한 모든 절망의 고통을 통해 오히려 진정한 사랑과 구원의 주체인 신의 모습을 발견하고자 한 종교적 구도의 표현이었던 것이다. 그것이 바로 무단의 시 〈은현〉의 의미였으며, 〈출발〉에서 간구한 생의 풍성함과 그 '풍성함의 고통'에 담긴 종교성의 함의에 다름 아니었을 터이다.

그런데 그토록 무거운 삶의 고통과 통절한 구원에의 갈망을 노래했던 항전기 무단의 시 속에, 비록 많지는 않은 가운데 널리 수작으로 꼽히는 '사랑시'가 있다. 1942년 2월에 씌어진 〈시 여덟 편(詩八章)〉이다. 물론 이 시 역시 단순한 남녀 간의 감성적인 사랑의 이야기를 넘어, 인간의 사랑 속에 깃들인 우주의 질서, 신의 종교적 섭리에 관한 함축적인 시 정신이 구현된 작품이라고 할 수 있다. 그 한 예로 이 시에 관한 정치한 분석을 전개한 한 평론문에서, 구엽파의 동인이었던 여류 시인 정민(鄭敏)은 이 시의 여덟 번째 마지막의 시 구절, "계절이 바뀌면 서로 흩날려 떨어지겠지만, / 우리에게 생명을 준 나무는 영원히 푸르리니, / 우리를 향한 그의 어질지 못한 조롱 / (그리고 흐느낌)

46 여기에서는《오픈II 주석성경》(아가페 출판사, 1995년)에 의함.

은 하나 된 뿌리 속에서 평온이 되리"[47]에 담겨 있는 철학적 의미를 이렇게 정리한 바 있다.

> '하느님'의 폭력 통치는 강대하여 흔들림이 없다. 여기에서 사랑하는 사람들에게 생명을 준 '영원히 푸른 큰 나무'—'하느님'의 부호—는 사랑하는 사람들의 마지막 저주, 그의 사랑하는 사람들에 대한 '어질지 못한 조롱'으로 저주를 받았지만, 그러나 겨울이 되었을 때 조물주는 그의 사랑하는 사람들에 대한 조롱과 사랑하는 사람들의 시체(낙엽)를 함께 그 뿌리에 묻어 주었다. 원한·저주와 사랑은 함께 묻힌 속에서 평온이 되었다. 이러한 종교식의 마무리는 일종의 장엄하고 엄숙한 적막과 처량함의 무드, 그리고 진혼곡 식의 아름다움을 남겨 준다.[48]

아울러 정민(鄭敏)은 이러한 무단 시의 '진정한 생명의 원천'으로서의 종교성에 관한 시 분석 비평의 목표에 관해, 데리다의 '흔적'(trace) 이론을 빌어 시 형식의 구조 '형(形)'에 생명력을 불어 넣는 '신(神)(혹은 흔적)'에로의 회귀, 즉 '본질적이면서 무형의 최고 구조'의 이해와 감상이라고 정리하였다. 이러한 맥락에서 본다면, 시인 무단의 시 세계와 그의 창작 생애는 어쩌면 그 자체가 바로 세상에 대한 원한과 신에 대한 저항의 과정을 거쳐, 결국 신에로의 회귀를 꿈꾸던 영혼의 궤적이었을지도 모른다. 그리고 중국 항전기의 혁명과 투쟁의 역사, 그 거대한 민족적·계급적 원한과 복수의 전개 과정의 정점을 이루었던 문화대혁명이 종결되던 해, 시인 무단은 그의 굴곡진 작가 생애를 〈지혜의 노래(智慧之歌)〉(1976)라는 시 속에서 이렇게 노래하고 있었다.

> "나는 이미 환상의 끝자락까지 걸어 왔다, / 이곳은 온통 낙엽이 흩날리는 나무숲, / 모든 나뭇잎마다 기쁨이 새겨져 있으나, / 이제는 모두 누렇게 시들어 속마음에 쌓여 있다."

47 "等季候一到, 就要各自飄落, / 而賜生我們的巨樹永青, / 它對我們不仁的嘲弄 / (和哭泣)在合一的老根裏化为平静." 〈詩八章〉.

48 鄭敏, 〈詩人與矛盾〉, 《一個民族已經起來》. 여기에서는 《穆旦研究資料》(上), 366-367쪽 및 368쪽에 의함.

> "오직 고통만이 여전히 남고, 그것은 일상의 삶이 되어 / 매일 스스로의 지난날 오만을 징벌한다, / 그 빛나던 하늘까지 꾸지람을 받는데, / 이 온통 황무지에 무슨 색깔이 남아 있으랴? // 다만 오직 한 그루 지혜의 나무만이 시들지 않았으니, / 나는 안다 그것은 나의 쓰라린 즙을 영양으로 삼고, / 그것의 짙푸름은 나에 대한 무정한 조롱임을, / 나는 그 모든 입사귀의 성장을 저주한다"[49]

어쩌면 항전기의 스물네 살에 썼던 사랑의 노래나 문혁 직후 생애를 마감하기 전 해에 쓴 지혜의 노래나, 무단의 모든 시 세계와 그 일생의 삶을 관통하는 것은 인간의 원한과 저주, 그리고 그 모든 인간의 악과 죄까지도 감싸 안으며 용서하는 신의 사랑과 구원을 향한 굴곡진 회귀의 흔적이었던 것으로 여겨진다. 그리고 그 원형 서사의 무대는 어쩌면 창세기의 에덴 동산이었으며, 그곳에서 이루어진 사탄의 유혹과 인간의 타락을 모두 지켜 본 지혜의 나무야말로, 무단이 끊임없이 되풀이해서 맴을 돌며 '지난날 오만을 징벌' 받는 그 회한의 원천은 아니었을까. 그리고 그러한 해석은 이미 한 일본의 중국문학 연구자에 의해 이렇게 서술되고 있었다.

> 그렇다면 무단의 작품을 관통하고 있는 정신은 무엇이었을까? 그것은 바로 그가 밤낮으로 쉼 없이 추구했던 지혜, "오직 한 그루 지혜의 나무만이 시들지 않았으니"였다.(〈智慧之歌〉) ……
> 그것은 일종의 인류가 태어나면서부터 짊어지고 있던 원죄의식이었다. 인류는 바로 스스로의 지혜가 완전하지 못함을 분명히 알고 있으며, 그렇기에 살아 있는 동안 끊임없이 이상적인 경계를 추구하는 것이다. 무단은 바로 현대 중국 시의 '길의 창조자, 갈 곳 없는 나그네'(〈海戀〉)였던 것이다.[50]

49 "我已走到了幻想底盡頭, / 這是一片落葉飄零的樹林, / 每一片葉子標記著一種歡喜, / 現在都枯黃地堆積在內心." "只有痛苦還在, 它是日常生活 / 每天在懲罰自己過去的傲慢, / 那絢爛的天空都受到譴責, / 還有什麼彩色留在這片荒原? // 但唯有一棵智慧之樹不凋, / 我知道它以我的苦汁爲營養, / 它的碧綠是對我無情的嘲弄, / 我咒詛它每一片葉的滋長."〈智慧之歌〉.

50 秋吉久紀夫, 〈祈求智慧的詩人—穆旦〉, 杜運燮 等編, 《豊富和豊富的痛苦: 穆旦逝世二十周年紀念文集》(北京師範大學出版社, 1997년), 41-42쪽 참조.

제3부

분열의 원한과 화해의 전망

제9장

중국 현대문학 비평의 종교성

류샤오펑(劉小楓)의 기독교 비평 담론을 중심으로

1. 머리말

1980년대 이래 중국의 이른바 신시기 문학비평은, 기존의 사회주의 이념을 축으로 한 좌익문학 담론 중심의 틀을 넘어선 다양한 문학의식의 추구 양상을 보여 오고 있다. 중국 현당대 문학에 나타나는 기독교 문화 및 종교 정신에 대한 새로운 관심 역시 그러한 다원적 문학비평의 일환이라고 할 수 있다. 물론 5·4 이래 지속되어 온 "중국 민족주의와 기독교 신앙 간의 모순"에도 불구하고, 기독교가 중국 현대문학의 중요한 문학적 모티프 및 사상적 자원의 일부분을 이루고 있었던 것은 틀림없는 사실이다. 그리고 그 과정에서의 현대 중국 작가들의 기독교를 중심으로 한 종교적 제재의 운용상의 특징에 관해서도, 이미 미국 학자인 루이스 로빈슨에 의해 흥미롭고도 면밀한 분석이 이루어진 바 있다.[1] 아울러 20세기 중국문학과 기독교 문화의 관련성에 관한 일련의 전면적 고찰의 연구서들이 1990년대 이후의 중국 학술계에서 본격적으로 출간되기 시작한 것 역시, 중국 현대문학사의 보다 심층적이고도 온전한 재

1 루이스 로빈슨 著, 傅光明·梁剛 譯《兩刃之劍》(業强出版社, 1992년판), 15-20쪽 참조. 原著 Lewis Stewart Robinson, *Double-edged Sword : Christianity and 20th Century Chinese Fiction*, HK. Tao-Fong Shan Ecumenical Center, 1986.

구성 작업을 위한 중요한 성과이다.[2]

다만, 이들 연구의 기본 방향이 아직은 개별 작가의 문학관념 및 작품 제재상의 기독교 관련 영향 관계에 집중되어 있고, 그 연구의 초점 역시 작가의 기독교에 대한 긍정 혹은 비판적 태도의 분석에 놓여져 있음은 부정할 수 없다. 그러나, 이러한 연구 경향상의 단조로움과 한계가 단순한 연구방법론의 문제에 기인하는 것이 아니라, 실은 현당대 중국의 정치문화적 구조의 특수성 혹은 일정한 한계와 무관하지 않다는 점은 확인해 둘 필요가 있다. 여기에서 우선 눈에 띄는 현상이라면, 기독교의 종교적 본질과 종교 정신에 대한 심층적인 논의 및 합의점의 형성이 아직 충분히 이루어지고 있지 못하다는 사실이다. 그리고 이와 관련된 제도적인 요인으로는, 기독교의 신앙 자체에 대한 문화적·사회적 편견과 종교 활동에 대한 제약의 상존 등이 거론될 수 있을 것이다. 이러한 측면에서 본다면, 중국의 전통문학에 내재된 소요정신 및 20세기의 인류가 직면한 허무주의에 대한 비판의식을 바탕으로, 기독교의 수난정신과 구원의식에 의해 새로운 종교적 담론 체계를 구축하려는 류샤오펑(劉小楓)의 일련의 저술 및 비평 활동은, 1980·90년대 이래 중국 신시기 문학비평의 종교성에 관한 새로운 논의의 지평을 연 성과라고 여겨진다.

물론 1990년대 이후 류샤오펑의 연구 방향은 철학·사회학·심리학의 범주를 아우르는 광범위한 신학 연구에로의 확대 혹은 심화 경향을 보여 오고 있으며, 그러한 의미에서는 구체적인 문학비평의 틀 속에서 그의 기독교 담론의 성과를 다루기에는 여러 어려움이 따르는 것이 사실이다. 그러나, 문학비

---

2 그런데 이들 1990년대 이래 중국 학계의 주요 저술들 역시 루이스 로빈슨의 연구 결과 및 서술 방식으로부터 많은 시사를 받은 것으로 여겨지지만, 기본적으로는 기독교를 종교 자체로서보다는 구미 문화의 수용이라는 측면에서 이해함으로써, 기독교의 문학 내적 구현 양상을 '中西 문화의 충돌' 혹은 '中西 문화의 융합'이라는 범주로서 접근하고 있는 것이 그 대체적인 연구 방향의 패턴을 이루고 있다. 이와 관련하여 소론의 작성 과정에서 확인된 이제까지의 주요 저술로는 다음과 같은 자료들이 있다. 馬佳.《十字架下的徘徊》(學林出版社, 1995년). 楊劍龍,《曠野的呼喚》(上海教育出版社, 1998년). 劉勇,《中國現代作家的宗教文化情結》(北京師範大學出版社, 1998년). 王本朝,《20世紀中國文學與基督教文化》(安徽教育出版社, 2000년). 王列耀,《基督教文化與中國現代戲劇的悲劇意識》(上海三聯書店, 2002년). 許正林,《中國現代文學與基督教》(上海大學出版社, 2003년).

평 및 창작 경향의 사상사적 맥락을 검토하는 작업 자체의 의미가 부정될 수 없다면, 이른바 '중국어 담론 체계' 속에서 '기독교 사상의 민족성적 어문 구축'을 모색하는 류샤오펑의 기독교 담론[3]이, 1980·90년대 중국 당대 문학비평의 종교성에 관한 심층적 탐색의 중요한 한 입각점을 제공할 수 있으리라는 점은 분명하다. 이러한 측면에서, 소론은 가능한 한 그 초점을 현당대 문학비평과 관련된 문제에 집중시켜, 류샤오펑의 기독교 비평 담론을 중심으로 한 중국 현대 기독교 문학비평의 가능성 및 그 의미를 검토하려는 시론적 연구 작업의 일환이다.

2. 마르크스주의와 '기독신학'론

류샤오펑의 기독교 비평 담론 및 신앙의 표명은 중국의 일반적인 문화풍토에서 볼 때 아직 그다지 보편적인 현상은 아니다. 특히 그의 기독교 비평 담론과 중국 현당대 문학의 중심 담론 사이에는 일정한 간극이 존재하는 것도 사실이다. 물론 종교적 신앙은 개별적인 체험과 결단의 문제로서, 개인의 종교 선택이 반드시 역사의 '필연성'에 의한 결과일 필요는 없다. 그럼에도 불구하고, 류샤오펑의 기독교 담론 및 현당대 문학과 관련된 가치론이 단순히 개인적 범주의 관심 사항에 멈추는 것은 아니다. 그것은 어느 측면에서 당대 중국 문화 추세의 한 방향을 반영하고 있을 뿐만 아니라, 당대 문화 및 문학비평의 심층적인 검토를 위한 하나의 계기이기도 하기 때문이다. 그의 대표 저작인

3 劉小楓,《聖靈降臨的敍事》(三聯書店, 2003년), 103쪽 참조. 참고로 劉小楓의 기독교 관련 문화 비평에서 일관되게 사용되고 있는 것은 '基督敎'가 아닌 '基督'이라는 용어이다. 이는 기성 종교로서의 '기독교 교회'의 틀을 넘어서서 신앙의 본질적 대상인 '그리스도'와의 직접적인 만남을 중시한 비평적 태도의 표명이라고 할 수 있다. 따라서 그가 사용하고 있는 '基督神學'·'基督信仰' 등의 개념에서의 '基督'의 정확한 번역은 '그리스도'가 올바르지만, 우리말의 표현 관습상 이하 소론에서는 종교로서의 기독교와 관련된 개념에 관한 한 '기독교'라는 번역어로 통일하여 사용하기로 한다.

《구원과 소요(拯救與逍遙)》 속의 다음과 같은 회고의 문장으로부터, 이러한 당대 중국 지식인의 '문화적 기독교도'(文化基督徒)로서의 자아의식 형성 과정의 한 단초를 엿볼 수 있을 것이다.

> 고등학교 2학년 때 소설《학대 받은 사람들》을 읽고, 나의 소설 읽기에는 결정적인 전환이 생겼다. 그것은 40년대의 낡은 번역본으로, 세로쓰기에 종이는 누렇게 변색이 되어 있었다. 다 읽고나서 나는 얼굴이 눈물범벅이 되었고, 마음이 아팠다. 민족혁명의 이야기가 20세기 중국어 서사의 대부분 시간을 차지하는 속에서, 도스토옙스키로부터 나는 비로소 소설에는 또 다른 세계가 있다는 것을 깨달았다. …… 그 뒤로 나는 더 이상 중국 소설을 읽지 않았다. 열일곱 살에 고등학교를 졸업하고, 가슴 가득히 '농촌 개조'의 혁명적 열정을 품고 시골로 내려가서도, 나는 계속해서 구역본의 러시아(소련이 아닌)와 프랑스 고전 소설을 찾아 내 읽었고, 노트에 두서없이 수많은 말들을 적어 넣었다. 나는 방향을 바꾸어 유럽 고전소설 속에서 철학을 배웠으며, 대학에 들어가서도 여전히 그러했다.[4]

'민족혁명의 이야기'로부터 '러시아(소련이 아닌)와 프랑스 고전소설'로의 전환, 그리고 '유럽 고전소설 속에서 철학'을 배워 나가면서, 그는 아마도 '기독교 신앙'에 조우하게 되었던 것으로 보인다. 그중에서도 특히 도스토옙스키와 셰스토프 등 러시아의 문학과 철학 속에 구현되어 있는바, 절망적 심연에서의 구원의 사랑을 향한 종교적 수난 정신이야말로 그의 기독교 신학을 구성하는 핵심적인 내용이라고 할 수 있다. 그리고 이러한 정신적 체험은, 아마도 1970년대 초 문혁 기간 중 중국 젊은 세대의 내면 풍경과 관련이 되어 있었던 것으로 여겨진다. 다음의 회고성 산문의 인용문을 통해서도 그러한 단면을 엿볼 수 있으리라.

---

4 劉小楓,《拯救與逍遙》(上海人民出版社, 1988년). 여기에서는《拯救與逍遙》(修訂本)(上海三聯書店, 2001년판), 2-3쪽 참조. 이하 소론에서의 이 책 인용은 모두 이 수정본에 의함.

우리 세대는 태어나는 날부터 이상주의와는 떼려야 뗄 수 없는 인연을 맺었었다. 그러나, 우리 세대는 이상주의에도 참과 거짓의 구분이 있으리라는 것을 처음에는 미처 생각지 못했다. 우리 세대는 신성한 사회적 이상은 반드시 역사의 행동 속에서 실현될 것이라고 순진하게 믿고 있었던 것이다.
……
역사 이성과 신성한 영원은 물과 불처럼 서로 용납될 수 없는 것이다. 우리는 과연 얼마나 많은 꽃도 묘지명도 없는 버려진 무덤이 있고나서야, 비로소 문득 섬광 같은 깨달음에 다다르게 될 것인가, 역사 이성은 한갓 거짓말에 불과하다는 것을! ……
진정한 이상은 마땅히 고통과 불행에 무릎을 꿇어야 한다. 마땅히 두려움과 사랑의 삶 자체가 역사 이성의 절대 명령보다 귀중하다는 것을 알아야 한다. 마땅히 수난의 희생자 그리스도의 부활을 향해 달려가 맞아들여야 한다.[5]

결국 류샤오펑이 러시아 정신 속에서 발견해 낸 것은 '역사 이성'을 초극할 수 있는 '러시아 기독교 정신'[6]이었으며, 그중에서도 19세기 말 러시아의 이른바 문화 정신운동의 일환으로 전개되었던 종교 부흥운동에 관심을 지니게 된 것으로 보인다. 특히 류샤오펑의 기독교 신학론은 "19-20세기 교차기의 러시아 수난문화(受難文化)" 그리고, 러시아 혁명 이후의 '망명 문화(流亡文化)'·'망명 담론(流亡話語)'을 형성했던 주요 문인 학자의 기독교 사상과 문학으로부터 적지 않은 시사를 받고 있다. 그런 각도에서 본다면, 그의 기독교 비평 담론은 지식인으로서의 마르크스주의에 대한 반성적 사유 혹은 안티테제의 성격을 지닌다. 류샤오펑의 표현을 빌면, 그것은 바로 '인민 이데올로기 담

5 劉小楓, 〈我們這一代人的怕和愛-重溫《金薔薇》〉, 《這一代人的怕和愛》(北京三聯書店, 1996년판).
6 잘 알려져 있는 바와 같이, 러시아 정신을 구성하는 주요한 특질은 깊은 도덕감과 강렬한 종교의식이다. 그중에서도 동방정교의 말세론을 중심으로 하는 메시아 의식은 러시아 문학으로 하여금 뚜렷한 선지자 정신과 계시 정서를 지니게 하였다. 그리고, 러시아 이념의 이러한 종교적 성향은 특히 그리스도의 수난 형상을 통하여 19세기의 도스토옙스키와 톨스토이의 주요 작품을 비롯한 근현대의 저명한 계시문학을 탄생시켰다. 梁工 主編, 《基督教文學》(宗教文化出版社, 2001년), 282쪽 참조.

론'의 사회적 존재화에 직면한 지식인으로서 "개체적 담론을 포기하고 이데올로기의 총체적 담론에 동화될 것인가 말 것인가의 자아 선택"의 일환이었던 셈인 것이다.[7] 러시아 망명문화의 대표적 철학가이자 문학비평가인 셰스토프(Лев Шестов)에 대한 다음과 같은 적극적인 평가와 공명이 그 일례이다.

> 러시아의 망명 혼은 고초를 겪고 있었다. 그러나 러시아 사상은 무엇인가를 포착해 냈으며, 이성의 거짓말과 쉼 없는 투쟁을 전개하였다. 셰스토프의 저작은 수난의 그리스도와 선지자들과 하나가 된 러시아 혼의 정신적 비밀을 드러내 보임으로써, 자신의 사상적 발자취로 가치 허무의 곤경으로부터 벗어나는 길을 열었다. 그 길은 셰스토프가 보여 주는 바와 같이, 바로 파스칼처럼 신음을 하면서도 진리를 탐색해 가는 사람이 걸어가던 길이며, 욥이 재 가운데 앉아 악창을 긁으면서도 하나님이 열어 주신 길을 찬송하던 그런 길이었던 것이다.[8]

물론 여기에서 류샤오펑이 제기하고 있는 '역사 이성' 혹은 '이성의 거짓말'에 대한 비판의식과 위기감이, 문혁의 통절한 체험과 1970년대 초기 중국의 시대 상황에서 비롯되었을 것임은 충분히 짐작할 수 있다. 그리고, 그러한 개별적 체험이 러시아 혁명 이후의 망명문화 및 기독교 신앙에 대한 공감대를 축으로, 역사 이성 및 그 결과로서의 마르크스주의를 포함한 근대 이후 계몽주의 이념 체계 전반에 대한 반성적 재사유를 촉진하였을 것이라 여겨진다.[9] 결국 근대 이후 초월적 신과 초험적 신성의 세계가 배제된 채 도덕 혹은

---

7 劉小楓, 〈流亡話語與意識形態〉, 《這一代人的怕和愛》 수록.

8 劉小楓, 《走向十字架上的眞》(海三聯書店, 1995년), 9쪽.

9 劉小楓에 의하면, 원래 과학적 이성은 서양 전통정신 가운데 그리스 정신의 한 측면에 지나지 않으며, 그 또 다른 중요한 축은 "그리스의 로고스와 헤브라이의 신이 결합하여 확립된 기독교 정신", 즉 그리스 정신과 유대 정신의 충돌과 통일을 통해 이루어진 기독교 정신이다. 그러나, 근대 이후의 기독교 정신은 그리스의 이성 정신을 계승·강화시킨 과학주의 정신, 그리고 각 민족국가의 성립 및 확장에 의한 민족주의를 통해 점차 '성경의 하느님'으로부터 '자연성의 실체 형태'에로의 종교 정신으로 변질되었다는 것이 劉小楓의 관점이라 할 수 있다. 劉小楓, 《聖靈降臨的敍事》(北京三聯書店, 2003년판), 27쪽 참조.

이성이 신의 위치로 드높여진 결과, 20세기의 인류는 삶의 본질에 대한 위기와 허무의식에 빠질 수밖에 없게 되었다고 하는 것이 류샤오펑의 기독교 비평 담론의 출발점인 셈이다. 그리고, 사실상 그의《구원과 소요》를 비롯한 기독교 문화비평 혹은 신학론이 일관되게 주목하고 있는 것도 다름 아닌 20세기 인류의 전통문화가 직면하고 있는 위기 상황이다. 그것은 바로 "20세기 가치 허무의 심연"이 조성한 역사의 곤경인바, "극단적인 개인주의와 전권적(全權的) 집체주의"에 의해 지배되는 이러한 현대사회의 고질은, 궁극적으로 "기독교의 사랑의 율법"이 와해됨으로써 사람과 사람의 상호 고립 및 신의 윤리로부터의 이탈에 의한 결과라고 하는 것이다.[10]

그러므로, 류샤오펑에 의한 기독교 정신의 참 의미는 결국 그리스의 이성 정신에 의한 로고스적 기독교 이해의 극복에서 모색되고 있다고 여겨진다. 그것은 개별적 인간이 "그리스도의 사건 속에서 현세 중의 인성(人性)이 다시금 둘로 쪼개지고, 그리스도의 수난과 부활에 의해 인간이 하느님의 구원의 은혜와 다시 만나는 증표"[11]를 확인하는 과정이어야 한다는 것이다. 다시 말하면, 인간 존재의 절망과 무의미를 구원하는 예수와의 만남 그 자체 속에 기독교의 본질이 있다는 관점이라 하겠다. 결국 류샤오펑이 설정하고 있는 이상적 형태의 기독교 신학은 하느님의 말씀 자체에 의지해야 한다는 것으로서, 그러므로 한어(漢語) 기독교 신학 역시 마땅히 "자신의 원초적인 궁극적 실재를 벗어나, 하느님의 말씀 자체 즉 그리스도의 신앙 사건에 대한 믿음에로의 전향"[12]을 추구해야 한다는 입장이라고 할 수 있다. 이러한 측면에서 본다면, 그의 기독교 신학론은 카를 바르트(Karl Barth)의 이른바 '변증 신학' 혹은 '계시 신학'의 핵심 내용에 비교적 근접해 있다.[13] 결국, 류샤오펑은 셰스토

10 劉小楓,《走向十字架上的眞》, 9쪽 참조.

11 劉小楓,《拯救與逍遙》, 350쪽.

12 劉小楓,《聖靈降臨的敍事》, 90-99쪽.

13 20세기 기독교 신학계의 대표적 인물로 평가되는 카를 바르트는, 인류는 스스로의 이성에 의해서는 하느님을 인식할 수가 없으며 오직 그리스도 자신의 계시에 의지해야만 한다는 신학론을 제시한 바 있다. 그의 기본 사상은 '인간의 위기'와 '신과 인간과의 격절'을 강조하고, "하느님과 세상 사람은 전혀 서로 통하는 바가 없다"는 관점을 그 신학의 출발점으로 삼

프와 바르트 등의 신학 사상에 대한 공감을 통해 자신의 내면에 잠재되어 있는바 '역사 이성'에 의해 야기된 위기감을 극복하고, 나아가 이러한 기독교 신학론을 바탕으로 '한어 기독교 신학' 구축에의 방향을 모색하고 있었다고 여겨진다.

여기에서 류샤오펑이 특히 주목하고 있는 것은, 그렇다면 이러한 기독교가 현대 중국의 사회 문화 풍토 속에서 뿌리를 내리기 위한 조건은 무엇인가 하는 문제이다. 말할 나위도 없이 가장 절실한 현실적 문제 해결의 과제는 전통문화적 사유 방식과 종교적 관습에 의한 제약 및 한계 요인의 극복이다. 예를 들면, 최근의 평론집《성령 강림의 이야기(聖靈降臨的敍事)》의 주요 논문인 〈한어 신학과 역사철학〉 속에서, 류샤오펑은 '한어 기독교 신학'이란 "한어 사상이 구체적인 민족 어문으로서 역사적인 신앙 담론 속에서 새롭게 창조적으로 해석되는 것이며, 한어 사상 자체로 하여금 기독교 신앙의 담론이 되게 하는 것"[14]이라는 입장으로부터, 구체적인 중국 문화사상 담론 체계 속에서의 기독교 정신의 수용 및 그 발전 방향의 문제를 탐색하고 있다. 그리고, 바로 그 연장선상에서 "중국의 언어 환경에서 보자면, 기독교 사회 윤리의 주요 경쟁 대상은 마르크스주의 및 기타 현대 인문'주의'의 새로운 전통과 유교 윤리를 주로 하는 옛 전통"이라는 관점을 피력하고 있다.[15]

그런데, 이중에서 1980년대 이래 중국의 학술 사상계는 이데올로기화된

고 있었다. 卓新平 主編,《基督教小辭典》(上海辭書出版社, 2001년), 309-310쪽 참조.

14 劉小楓,《聖靈降臨的敍事》, 106쪽.

15 이러한 관점하에서, 劉小楓의 기독교 비평 담론은 중국 전통문화의 사유방식 및 종교적 규율의 제약과 한계에 대한 비판과 극복에도 주목을 하고 있다. 劉小楓에 의하면, 이성적 인식과 사회윤리적 실천에 의한 현실 삶의 완결성을 추구하는 유가사상이나, 초공리적이며 초시공적인 자연상태의 본연적 생명을 추구하는 도가사상은 현실에 대한 태도나 가치관은 상반되지만, 이들은 양 극단 속에서 결국 "현세 생명의 궁극적 자성(自性)을 긍정하고, 초험적 세계를 배제"함으로써 진정한 종교적 신성 추구에의 길을 두절시키고 있다는 것이다. 한편 선종(禪宗)의 경우에는 도가사상 중의 근본적 허무를 주체의 심의(心意) 속에 위치시키고 이에 대한 '자성청정(自性淸靜)'에 의한 소멸을 추구함으로써, 인도 불교의 출세간법(出世間法)을 차세간법(此世間法)으로 전환시킴과 동시에 종교성의 사려와 초월성을 상실하였다고 분석하고 있다.《拯救與逍遙》중 특히 75-76, 108, 218-223쪽 참조.

마르크스주의로부터는 점차 벗어나 왔지만, 사회사상의 일종으로서의 마르크스주의는 오히려 '새로운 사상적 동력'으로 전환되었으며 그 사상적 역량은 주로 사회 민주주의적 정치 윤리에의 요구에 있다는 점을 류샤오펑은 중시한다. 다만 중국에서 마르크스주의는 일종의 종교적 윤리성의 매력을 이미 상실하였으므로, 이런 점에서 보자면 "기독교 사상과 마르크스주의는 결코 실질적인 경쟁 관계를 구성하지는 않는다"라고 진단하고 있다. 그리고, 그의 이러한 사회 사상사적 맥락에서의 기독교와 마르크스주의 사이의 관계 해석에는, 기독교의 종교 윤리적 측면에 대한 그 나름의 뚜렷한 입장이 개재되어 있는 듯이 보인다. 즉, 여기에는 "기독교의 종교 윤리가 근본적으로 중시하는 것은 오직 개인 생명의 구원이며, 군체(群體)의 생활 도덕 질서와 사회의 공의 혹은 평등은 아니다. 기독교가 제공할 수 있는 것은 다만 개인의 절대적 가치의 관념과 하느님이 세계를 위해 마련한 자연 질서의 관념일 뿐이다"[16]라는 견해가 관련되어 있다.

그런데, 이러한 관점이 기독교 정신의 신앙적 체험에 관한 원론적 해석으로서는 충분히 납득이 되지만, 사실 그의 기독교 정신과 마르크스주의와의 관계 해석에는 그 나름의 일정한 변화가 있는 것도 사실이다. 실제로 몰트만(J. Moltmann)의 해방신학에 관한 평론문에서 류샤오펑은 다음과 같이 기독교와 마르크스주의와의 종교적 측면에서의 관련성 및 상호 대화의 필요성을 강조하고 있었기 때문이다.

> 많은 사상가들이 거듭 일깨우고 있듯이 마르크스는 유대인이며, 그 사상의 격정과 지향은 적어도 유형상으로는 선지자와 비슷하다. 그 외에 마르크스가 제기한 공산주의의 이상, 그리고 인류가 원시 공산주의 사회에서 소외 사회로 떨어지고 나아가 해방과 복귀를 요구하는 구상은, 유대-기독교 중의 낙원의 상실과 낙원의 회복 사상과 역시 같은 구조의 유사성을 지니고 있다. 마르크스주의 사상 속의 낭만적 성분 및 신화적 요소 역시 입증할 수

16 劉小楓,《聖靈降臨的敍事》, 53쪽.

있는 사실이다.

그러나, 마찬가지로 분명한 사실은 마르크스주의는 일종의 종교를 창립하려고 한 적은 없었다는 점이다. (그런 의미에서—인용자) 마르크스 사상과 유대-기독교 사상의 친화성을 추급하는 것은 그다지 큰 의미가 없다. 마르크스 철학 속에서 인간과 사회의 해방은 줄곧 중심 문제였다. 그렇다고 한다면, 마찬가지로 인간과 사회의 해방 및 구원에 관련된 기독교 사상은, 공동의 화제에 관해 대화를 전개할 수 있으며 또 그래야만 하는 것이다.[17]

굳이 부연설명을 할 필요도 없이, 이러한 관점의 변화에 1990년대 이래 중국 사회체제의 변화 및 세계 기존 사회주의권의 실질적인 와해라고 하는 역사적인 사실이 개입되고 있음은 당연할 터이다. 다만 여기에서 이러한 관점의 변화가 중국 현당대 문학의 가치 평가와 그 전망에 대한 문제, 그리고 이와 관련한 기독교적 종교성의 구현 방식에도 적지 않은 편차를 야기할 수 있다는 점만은 확인해 둘 필요가 있다. 이러한 각도에서 보자면, 류샤오펑의 기독교 비평 담론이 직면할 수 있는 중요한 문제는 마르크스주의, 중국의 문화역사적 맥락에서는 1940년대 이후의 마오쩌둥 사상과 중국 공산당의 의미를 어떻게 평가할 것인가 하는 점이다. 그리고 문학비평의 측면에서 이러한 문제는 바로 1940년대 이후의 인민문학을 어떻게 객관적으로 평가할 것인가, 아울러 중국 현당대 문학사에서 루쉰의 문학 전통을 어떻게 계승 혹은 극복할 것인가 하는, 문학사의 올바른 정립을 위한 과제와 직결된다고 할 수 있다.

3. 루쉰 비평과 현대문학론

이상에서 살펴본 류샤오펑의 신학 관점 및 종교론은, 그의 대표 저작인《구원과 소요(拯救與逍遙)》에서 중국과 서양의 주요 문학작품에 구현된 예술성 및

17 劉小楓,《走向十字架上的眞》, 426쪽.

종교성의 특징에 관한 비교 분석의 바탕을 이루고 있다. 여기에서 그가 특별히 주목하고 있는 것은 20세기 인류의 전통문화, 동서양의 '정신 충돌의 대화'를 통한 모든 민족문화 전통의 새로운 건립 필요성이다. 그것은 곧 20세기의 가치 허무의 심연이 제기하고 있는 필연적인 요구인바, "역사의 곤경 속에 빠진 인간의 생명형식과 체험형식이 진실된 의미를 탐색"해 나가기 위한 동서양 공통의 시대적 과제에 다름 아니다. 그리고, 류샤오펑은 이러한 동서양 문화의 충돌과 대화를 위한 근본적인 정신 품성의 차이에 대한 확인을 '구원(拯救)과 소요(逍遙)'의 현상에서 시도하고자 한다.

> 중국의 정신 속에서는 평온한 즐거움의 소요가 최고의 정신적 경계이다. 장자(莊子)는 말할 것도 없고, 공자(孔子)의 "오여점야(吾與點也)" 역시 마찬가지이다. 서양의 정신 속에서는 수난의 인류가 예수 그리스도의 신의 사랑을 통하여 구원을 얻고, 인간이 몸소 고난의 심연에 임한 신과 다시 화해를 이루는 것이 최고의 경계이다. 이 두 정신 품성의 차이가 '낙감문화(樂感文化)'와 '애감문화(愛感文化)', 소요(逍遙)와 구원(拯救)의 정신 충돌을 이끌어낸다.[18]

이러한 각도에서, 그는 굴원(屈原)·도연명(陶淵明)·조설근(曹雪芹) 등의 작가의식과 그 작품 텍스트의 분석을 통해 유가적 왕도사상의 한계와 좌절, 그리고 장선정신(莊禪精神)의 소요적(逍遙的) 심미성에 내재된 위기와 허무의식을 지적해 내고 있다.[19] 또한 그 연장선상에서 현대문학과 관련된 루쉰의 문

---

18 류샤오펑, 《拯救與逍遙》, 29쪽.

19 劉小楓의 관점에서 볼 때, 屈原의 〈天問〉은 유가 신념의 경계선상에서 표출된 '회의정신(懷疑精神)'을 상징하고 있는바, 그것은 곧 인간 성명(性命)의 결핍성과 유한성에 대한 '초험적인 물음'의 성격을 띠고 있다. 그러나, 屈原의 '천문(天問)'은 역사적 왕도(王道)를 넘어선 신의 응답이 결여됨으로써, 끝내 초월적인 기도가 될 수 없었다. 그러므로, 시인의 자살 자체는 "찾아 내지 못한 神"을 향한 "하나의 상징 부호"였다는 것이다. 또한 "인위적인 작위성을 벗어나 무의지적이며 무목적적인 자연의 상태로 되돌아가려 했던" 도가적 시인 陶淵明의 문학세계도 실은 현실 정치활동에 대한 실망과 절망으로부터 자유롭지 못했던바, 결국 도가 정신 속의 초공리적인 이른바 초월의 가치는 "사실상 세간악(世間惡)의 변형에 다름 아니었다"고 분석하고 있다. 劉小楓, 《拯救與逍遙》, 130-135쪽 및 175-184쪽 참조.

학과 사상에 대한 비판적 검토를 전개하고 있다. 여기에서 류샤오펑의 루쉰론을 다소 단순화하여 개괄한다면, 루쉰은 '왕도(王道)의 역사와 국민성'에 대한 치열한 비판을 전개한 작가이지만, '자연성의 생명력'에의 집착에 의해 끝내 소요정신의 전통과 현실 악의 심연에서 벗어나지 못한 인물이었다고 보고 있다는 점이다. 그것은 유가적 예교 사회의 악에 대한 대항 논리였던 장선(莊禪) 사상이, 결국은 현실 악으로부터의 격절에 의해 '청전(淸淨)한 일상'에서 소요하는 자아로 귀결될 수밖에 없었던 악순환의 구조라고도 할 수 있다. 그런 의미에서 루쉰의 문학세계는, 바로 조설근(曹雪芹)의 '신인 형상'이 벗어나려 하면서도 끝내 되돌아갈 수밖에 없었던 '돌의 세계(石頭世界)', 장선(莊禪)의 뿌리 깊은 소요정신의 세계를 계승하고 있는 셈이다.[20] 물론 루쉰 속에서 중국 전통문화의 소요정신은 '계승과 발전'의 질적 변화를 일으켰던 것이 사실이다. 루쉰의 문학과 사상을 특징짓는 '음침한 차가움(陰冷)'은 더 이상 무정한 세계 속에서 유유자적 소요하는 초탈의 경지로서가 아니라, "무정과 돌의 절대적 힘"을 승인하는 "악의 세계 속의 한 덩이 돌"이 됨으로써, 마침내 근대적 허무주의에의 '창조적 전화(轉化)'를 이루었기 때문이다.[21]

그렇다면, 현실의 암흑과 잔혹에 대한 "절망·회의·번민·방황"을 루쉰보다 더 절실히 경험했던 도스토옙스키가 궁극적으로는 "사랑의 마음, 기도에 대한 신뢰"에 의해 현실 악에 대한 승리에의 소망을 구현해 낼 수 있었던 요인은 무엇일까. 류샤오펑은 그것이 결코 루쉰과 도스토옙스키가 처해 있던 사회·역사적 환경, 혹은 개별적 체험의 차이에서 비롯된 것이 아니라, "그 개인의 기질 및 그가 이어받은 정신 전통의 결과"라고 주장한다. 여기에서 이러한

20 劉小楓의 관점에 의하면, 《紅樓夢》 속에서 남성은 '현세 악'을 상징하며, 여성은 그와 대립되어 "그 현세 악을 극복할 힘"을 지니고 있기도 하다. 그러나, 曹雪芹이 제시했던 여성다움의 '情'은 기독교의 아가페(摯愛)가 아니라, "인간의 본연적 성정으로서의 愛(에로스)"를 끝내 넘어서지 못하는 것이었다. 그러므로, 曹雪芹의 '신인 형상'은 현실 악에 대한 철저한 비판과 극복을 이루지 못한 채 '돌의 청허 무성(淸虛無性)'한 莊禪의 정신 세계, 그 소요정신의 세계로 되돌아갈 수밖에 없었다는 것이다. 劉小楓,, 《拯救與逍遙》, 253-265쪽 및 328-329쪽 참조.

21 劉小楓, 《拯救與逍遙》, 322-333쪽 참조.

류샤오펑의 루쉰 비판 및 그 가치 평가의 중심축을 이루고 있는 것은 말할 나위도 없이 현세의 악에 대한 기독교 정신의 기본 태도이다. 그것은 기독교 정신의 핵심에 있는 예수의 십자가상의 고난 및 구속의 사랑과 관련이 되고 있다. 도스토옙스키와 루쉰에 관한 다음과 같은 비교의 문장이 그 일례이다.

> 도스토옙스키가 간파한 것은 계몽 이성은 신성과 인성의 긴장 관계를 해소시키지 못한다는 것으로서, 그는 여전히 하느님에 대한 절망적 신념을 지니고 있었다. 루쉰이 간파한 것은 악(惡)이 생명 세계의 사실이라면 마땅히 악을 칭송해야 하고, 신성한 것을 믿거나 기구해서는 안되며, 인간의 생명의 권리를 제외한 그 모든 가치는 다 허위로서, 그것들은 역사의 악이 생명을 압살하는 것을 돕는다는 것이었다. …… 루쉰은 결코 그리스도의 신념을 믿지 않고, 악의 사실적 힘을 믿고 있었다. 루쉰이 믿고 있었던 것은 또 다른 신념이었으니, 그것은 사랑의 마음과 기도의 힘은 사실만큼 힘을 지니고 있지 않다는 것이었다.[22]

결국 여기에서 류샤오펑의 루쉰론을 관통하고 있는 것은 계몽 이성과 역사의 사실 법칙을 넘어선, 기독교의 사랑과 십자가상의 진실로서의 구원 의식에 대한 절대적 긍정의 가치관이라고 할 수 있다. 그것은 셰스토프에 관한 평론에서 언급하고 있듯이, "십자가상의 신의 아들의 수난은 신의 구속의 사랑이 현실의 불행과 냉혹을 이겨냈다는 것의 분명한 증거임을 표명하고 있다"[23]와 같은 진술이 그 일례이다. 십자가상의 수난과 구속의 사랑이 현실의 악에 승리할 수 있는 궁극적 가치임을 주장하고 있는 이 대목에서 유추되듯이, "현실의 불행과 냉혹"은 또 다른 냉혹과 복수 혹은 인간의 의지나 생명력에 의해서는 결코 제압될 수 없다는 것이 류샤오펑의 루쉰 비판을 이루는 바탕 논리라고 할 수 있다. 이러한 의미에서 볼 때, 루쉰은 결국 '절망 속의 희망'(고난의 현실 악에 대한 절망감의 종교적 구원에의 소망)이 아니라, '희망 속의

---

22 劉小楓,《拯救與逍遙》, 328-329쪽.

23 劉小楓,《走向十字架上的眞》, 33쪽.

절망'(현세의 생명력의 추구를 통한 현실 악에의 침잠)의 심연에서 벗어날 수 없었다는 것이 류샤오펑의 루쉰론의 결론인 셈인 것이다. 아울러 여기에서 다소의 확대 해석이 허용된다면, 결국 루쉰의 문학과 사상은 '인민 대중'의 '원한' 심리를 이용하여 구축되는 마르크스주의 이념에로의 전화 가능성, 즉 진정한 기독교적 구원에의 길이 두절된 대체 종교적 위험성을 내포하고 있다는 것이 류샤오펑의 루쉰 비판론을 구성하는 내면 논리였다고도 할 수 있으리라.

그리고 이러한 각도에서 본다면, 루쉰의 죽음 후에 전개되어진 중국의 현당대 문학 역시 현실 악과의 고투 속에 펼쳐졌던 그 루쉰 문학의 전통으로부터 결코 자유롭지는 못했다고도 볼 수 있다. 무엇보다도 현실의 악에 대한 개별적 자아의 절망과 구원의 문학이 아니라, 현실의 구조적 악에 대한 계급적 분노와 복수의 열정이 담긴 항전기 문학 및 인민문학 등 1940년대 이후 중국 현당대 문학의 주류적 흐름이 그 반증이다. 그 속에서 개별적 존재로서의 인간이 직면하는 절망적 현실의 악은, 구체적인 계급적 적의 타도를 통한 새로운 사회주의적 혁명과 건설의 실천 과정 속에서 극복될 수 있는 현실의 과제로 변화되고, 문학은 그러한 투쟁을 적극적으로 전개해 나가는 영웅적 신인형상의 창조를 열정적으로 수행해 나갔던 것이다. 아울러 그러한 신인의 형상이 또 다른 의미에서 불요불굴의 '돌'의 이미지로서 추구되었던 경향을 《홍암(紅岩)》(1961)과 같은 작품에서 유추하는 것도 어렵지 않다. 류샤오펑의 비평적 관점에 의한다면, 그것은 루쉰 사후의 중국 현당대 문학이 '돌'의 '절대적 힘'을 계승 발전시키고 마침내 "신화의 돌이야말로 인성의 위대한 힘"[24] 이라는 역사적 사실을 증명한 셈일 터이다. 그리고 다시 류샤오펑의 표현을 빈다면, 그것은 점차 "'인민'의 명의로 정신적 권위를 건립"해 나가는 길이었으며, "새로운 이데올로기로써 전통적인 종교를 대치시켜 나가는"[25] 과정이기도 하였다고 할 수 있으리라.

그렇다고 한다면, 중국 현당대 문학비평의 기독교 담론은 아마도 루쉰 문

24 劉小楓, 《拯救與逍遙》, 352쪽.

25 劉小楓, 《現代性社會理論緒論》(上海三聯書店, 1998년), 448, 450쪽 참조.

학에 대한 재해석으로부터 비로소 그 비평 체계 구축의 계기와 가능성이 마련될 수밖에 없는 셈이 된다. 물론 루쉰은 류샤오펑이 다음 문장을 인용하면서 지적했듯이, 기독교의 "사랑의 마음과 기도의 힘"에 내재된 궁극적 구원에의 소망을 거부한 비기독교도 문학인이었다.

> 예수는 말했다, 수레가 쓰러지려는 것을 보면 일으켜 세워 주라고. 니체는 말했다, 수레가 쓰러지려는 것을 보면 넘어뜨려 주라고. 물론 나는 예수의 말에 찬성이다. 하지만 만약 일으켜 주는 것을 달가워하지 않는다고 생각되면, 억지로 일으켜 주지는 않고 마음대로 하게 내버려 둘 것이다. …… 만약 끝내 쓰러져 버리고 만다면, 그 뒤에 차근차근히 세워지도록 도와 주겠다.[26]

그러나, 류샤오펑 자신이 논평하며 인용했던 하이데거의 다음과 같은 니체론, 즉 "철학가의 신과 제1 추동인으로서의 신을 저버릴 수밖에 없었던 무신(無神)의 사상이, 어쩌면 신성한 신에 보다 가까웠을지도 모른다"[27]는 지적처럼, 어쩌면 중국 현대문학의 초기 단계에서 기독교의 예수의 실체에 가장 근접했던 작가 역시 루쉰이었다는 사실을 부정할 수는 없으리라. 그리고 다케우치 요시미가 언급했던 바와 같이, 사실 루쉰은 "어느 누구인가에 대한 속죄의 느낌"에 그 누구보다도 절실하게 대면하고 있었던, 그래서 그의 삶과 죽음 자체가 가장 종교적인 파토스를 지니고 있던 작가였다는 점만은 틀림이 없다.[28] 물론 〈복수 2〉에서 "루쉰은 예수의 죽음을 묘사하면서, 그것을 예수의 무능함의 최종적인 구현으로 간주하였다"[29]는 지적 자체가 부정될 수는 없겠지만, 그럼에도 불구하고 루쉰의 문학 속에 내장된 절망감과 일종의 참회의식이 오히려 구원의식을 향한 필연적 계기의 표징으로서 해석될 여지는 충분히 있다고 보아야 할 것이다.

---

26 魯迅,《集外集: 渡河與引路》, 여기에서는《拯救與逍遙》329쪽으로부터의 재인용에 의함.

27 劉小楓,《走向十字架上的眞》, 264쪽.

28 竹內好,《魯迅》(未來社, 1961년판), 10-12쪽 참조.

29 루이스 로빈슨 著, 傅光明·梁剛 譯,《兩刃之劍》, 107쪽.

특히 여기에서 주목되어야 할 것은, 루쉰의 문학 속에 함유된 이러한 종교적 성향이 항전기 '칠월파'의 이른바 '수난의 정신'(Passion) 개념으로 계승 발전됨으로써, 항전기 문학에서의 종교성 구현의 새로운 지평을 열고 있었다는 사실이다.[30] 칠월파의 대표적 작가인 루링(路翎)의 《청춘의 축복(青春的祝福)》과 《부호의 자식들(財主底兒女們)》 등의 작품에서 묘사되고 있는바 , 인간의 내면적 약점 및 이기심과의 격투를 통한 예수의 수난 정신과 종교적 구원에의 상징적 표현이 그 일례이다. 물론 칠월파가 추구했던 것은 어디까지나 리얼리즘 사조였으며, 그들 역시 '역사 이성'의 시대적 제약을 받고 있었던 것은 틀림없는 사실이다. 그럼에도 불구하고, 루링의 구체적인 창작이 현실 반영의 틀을 넘어선 일종의 초월적 종교성 및 상징성을 내장하고 있다는 점은 의심할 나위가 없다고 생각된다.[31] 이러한 맥락에서 본다면, 루쉰 사후의 항전기 문학 속에서도 루쉰 문학 전통의 계승 혹은 극복을 통한 새로운 종교성의 예술적 형상화의 탐색 가능성은 분명히 존재하고 있었다고 보아야 할 터이다. 다만 이러한 종교성의 추구 경향 역시 항전기 인민문학과의 긴장된 장력 속에서 이루어지고 있었음은 말할 나위도 없다.

실제로 고난의 항전 현실 속에서 전개된 1940년대의 중국 문학에는, 첸리췬도 흥미롭게 분석하고 있듯이, 현실의 모든 모순과 고난을 해결해 줄 일종의 정신적 '귀의처의 탐색(追尋歸宿)' 주제가 형성되어 있었다. 특히 해방구의 작가들에게 나타나는바, 농민을 중심으로 한 인민대중 및 옌안(延安)의 공산당 정권과 그 지도자인 마오쩌둥에 대한 신뢰와 기대감은 일종의 종교적 믿음에 가까운 것이었다. 그리고, 그것은 결국 구체적 대상의 '정신적 상징화'를 통한 사물의 인격화, 인간의 신격화라고 하는 문학사적 비극의 시발이기

30 魯迅의 '반봉건적 전투정신'을 계승한 胡風의 '수난의 정신'(Passion) 개념 속에는 바로 예수의 십자가상의 고난을 통해 부활을 추구하는 종교적 믿음과 의지, 그리고 그 열정과 환희의 성격이 내포되어 있다고 할 수 있다. 졸고, 〈胡風 '主觀戰鬪精神'論의 成立—'Passion'의 개념을 중심으로〉, 《중국어문논총》 5집(중국어문연구회, 1992년) 참조.

31 졸고, 〈路翎 小說의 宗敎性—救援意識의 變形的 具現樣相〉, 《중국어문논총》 15집(중국어문연구회, 1998년) 참조.

도 하였다.[32] 그러나, 이러한 문학 경향 및 그 역사적 의미에 대한 심층적 이해를 위해 여기에서 먼저 요구되는 것은, 1940년대 이래의 문학 속에 존재하는 이러한 이데올로기화된 '인민 대중적 종교'의 경향에 대한 일방적 비판 혹은 전면적 부정의 극복이 아닐 수 없다. 즉 여기에서 무엇보다 필요한 것은 40년대의 중국 문학이 지향하고자 했던 사회주의 이념의 본원적 가치와 그 이상에 대한 객관적인 이해이며, 나아가 그 속에 내포된 일종의 유사 종교성의 위험과 정치 전략적 한계까지도 포용하면서, 이를 전쟁이라는 절박한 실존적 상황 하에서 추구된 변형적 종교성으로 재해석할 수 있는 열려진 비평의 관점일 것이다.

물론, 류샤오펑 자신이 몰트만의 신학 사상을 긍정적으로 요약했던 다음과 같은 진술이, 개혁 개방 체제 하의 엄청난 변화를 겪고 있는 현재의 중국 상황에 적실한 것은 이미 아니다.

> 마르크스주의와 기독교의 이념 대립을 청산할 시대는 이미 도래했다. 양자의 한계는 마땅히 쌍방의 자기 비판에 유효한 것으로 되어야 한다. 왜냐하면 기독교와 마르크스주의는 오늘날 세계 혁명의 중심 위치에 있으며, 모두가 더욱 아름다운 미래를 향해 나아가려 하기 때문이다.[33]

그러나, 이어서 류샤오펑도 강조했듯이 많은 마르크스주의자들이 예수 그리스도를 철저히 역사·사회화하여 예수는 역사적 영웅일 뿐이라고 애써 주장하는 단계를, 현재 중국의 문화계가 이미 벗어나 있는 것은 아니다. 그리고, 바로 이 지점에서 중국 현당대 문학비평의 기독교 담론은 루쉰 문학의 위상을 새롭게 모색해 볼 수 있는 가능성을 찾게 될 것으로 여겨진다. 루쉰에 대한 비판과 부정이 오히려 기독교 문학비평 담론의 전개 가능성 자체를 약화시키는

---

32 錢理群, 〈'流亡者文學'的心理指歸—抗戰時期知識分子精神史的一個側面〉, 王曉明 主編 《二十世紀中國文學史論》下卷(中國出版集團, 2003년) 수록 참조.

33 劉小楓《走向十字架上的眞》, 429쪽.

요인으로 작용된다면 더욱 그러하다.[34] 어떤 의미에서는, 바로 이러한 상황하에서야말로 중국 당대문학 비평의 기독교 신학 담론은 반기독교 혹은 비기독교 인문과학 담론과의 대화가 보다 절실히 필요하다고도 할 수 있다. 현당대 중국 문학과 기독교 문화의 관련성에 관한 면밀한 고찰을 전개한 한 학자의 다음과 같은 개인적 감회와 곤혹감이, 바로 그러한 필요성에 대한 반증이다.

> 작가들은 기독교를 표현하는 가운데 현실과 자아를 표현하고, 절대 '본체(本體)' 속에서 자아를 살펴보지만, 그러나 그들은 결코 이 '본체'를 완전히 믿지는 않고 있으며, 자아의 의미는 여전히 비종교적인 전통 문화와 사회 시대에 의해 규범화됨으로써, 자아의 의미는 곤혹과 공허 속에 남아 있게 된다.[35]

4. 기독교 비평 담론의 과제와 전망

주지하다시피, 1980년대 이후의 중국 문학비평과 창작은 기존의 사회주의

34 이와 관련하여 劉小楓의 魯迅 비판에 관한 當代 비평계의 반론으로서는, 高旭東 〈魯迅是陰冷, 陰毒的無賴嗎?—與劉小楓對話之一〉, 《魯迅研究月刊》 2003년 2기 참조. 이 글에서 高旭東이 제기하고 있는 반론의 요지는, 魯迅의 예교와 가족제도에 대한 비판은 인도주의 및 헌신의 정신에서 비롯된 것인바, 이를 개인적 기질에 의한 '원한'으로 해석하는 것은 악의적인 魯迅 폄하에 지나지 않는다는 것이다. 아울러 '원한'과 '소요'의 "두 가지 서로 다른 정감의 방식"이 동시에 魯迅에게 적용된다는 주장도 논리적이지 못할 뿐더러, 魯迅의 일관된 莊子 비판의 노력이 무시되었다는 점이 지적되고 있다. 특히 기독교 신앙의 유무 자체를 작가에 대한 평가의 절대 기준으로 삼음으로써, 도스토옙스키와 魯迅의 문학이 각각 긍정적·부정적으로 비교 평가되는 것은 전혀 사실에 부합되지 않는 자의적인 독단이라는 점이 강조되고 있다. 이러한 高旭東의 반론에서 '원한'의 개념이 단순한 개인적 기질 혹은 '정감'의 차원에서 해석됨으로써, 劉小楓이 이 개념에 부여하고 있는 철학적·사회학적 의미에 대한 고려가 불충분한 점은 부정할 수 없으리라. 그러나, 劉小楓의 기독교 비평 담론이 도스토옙스키 문학에서의 기독교 정신 구현의 복합적 전개 양상 중 종교성 추구의 측면을 다소 일면적으로 부각하고 있는 점, 그밖에 魯迅을 포함한 현대 중국문학의 구체적인 전개 양상 및 그 사회·역사적 상황에 대한 충분한 배려의 부족이 이러한 반박을 야기한 요인일 수도 있을 것으로 여겨진다.

35 王本朝, 《20世紀中國文學與基督教文化》(安徽教育出版社, 2000년), 337쪽 후기(後記).

문학 경향에 대한 전반적인 반성적 재사유와 새로운 가치관의 모색에 부심해 오고 있다. 더욱이 1990년대에 접어들며 더욱 가속화되는 대도시의 산업화 현상에 따른 가치관의 혼란과 기존 이념의 전면적인 해체라는 시대적인 배경 속에서, 문학계에도 종교성에 주목한 새로운 비평 체계의 모색과 종교적 테마를 형상화한 작품의 창작이 활성화되기 시작하였다. 그러나, 이러한 다원적인 비평의식과 창작경향의 일환으로서의 종교성에 대한 모색이 기존의 좌익문학에 대한 자연 발생적인 반동의 일환으로서만 전개된다면, 그것이 결코 진정한 의미에서의 종교적 문학 담론으로 심화 발전되기는 어려울 것이라는 점 또한 자명하다. 어떤 의미에서는 신시기 종교적 문학 담론의 새로운 계기를 마련했다고 여겨지는 류샤오펑의 기독교 문화 비평의 전개 과정 역시 이러한 전반적인 문학사적 흐름의 경향 및 문제점과 무관하지는 않아 보인다. 그의 대표 저작인《구원과 소요》에서 최근에 출간된 평론집《성령 강림의 서사》에 이르기까지의 종교성 탐색의 과정은, 바로 이러한 당대 중국 기독교 비평 담론의 시대적 의미 및 과제와 관련된 진지한 자기 성찰과 방향 모색의 궤적을 잘 보여 주고 있다.

> 성령의 담론은 불가피하게 배타성의 힘을 지닐 수밖에 없으며, 인간의—민족 신화, 국가 정신의—담론과의 분열과 충돌을 초래할 수밖에 없다. 그리고 바로 인류의 민족 신화와 국가 정신의 이러한 분열과 충돌 속에서, 신의 담론은 그 충분한 의미를 드러내며, 아울러 민족 언어의 기록·전달·기념을 통하여 현실적 생명의 힘으로 전화되는 것이다.[36]

여기에서 '성령의 담론'이 전환적인 중국의 사회 역사 속에서 어떻게 구현될 수 있을 것인가 하는 시대적인 과제의 문제가 당연히 제기된다. 그리고, 사실상 중국 기독교 신학의 시대적 상황 및 그 실천 방향에 관해 류샤오펑이 관심을 기울이며 언급하고 있는 범위는 비교적 광범위하다. 그 내용의 핵심을

36 劉小楓,《聖靈降臨的敍事》, 100쪽.

간략히 개괄한다면, 그것은 아마도 "자유 민주주의 사회 속에서의 의의 공약(意義共契)의 종교성 문제"가 될 듯하다. 이와 관련하여 그는 특히 가톨릭 철학가인 셸러(Max Scheler)가 제시하는 "무한한 정신적 위격(즉 신)과 체결한 사랑의 공동체와 사랑으로 결성된 정신적 단체 계약"으로서의, 즉 "방임적 개인주의 사회 이상과 전권적 집체주의 사회 이념을 뛰어넘은" '제3의 길(ein dritter Weg)'에로의 사회 이상에 주목하고 있는 것으로 여겨진다. 이러한 의미에서 류샤오펑의 기독교 비평 담론이 모색하는 "기독교 사상의 민족성 어문 구축"은, 결국 현존 자본주의 혹은 사회주의의 "종교적 형이상학의 절망감에 연유하는" '원한'을 극복한, 종교적 사랑과 평등에 바탕을 둔 이상적 사회 존재 형식인 셈인 것이다.[37]

물론 류샤오펑이 상정하고 있는 이러한 이상의 실현 가능성 및 현실적 정합성에 관해서는 다양한 각도에서의 검토와 논의의 여지가 있을 터이다. 그럼에도 불구하고 그의 이러한 '문화적 기독교도'로서의 "역사적인 구체적 신앙 담론"이, 전환적인 사회 역사적 상황하에서의 새로운 종교적 실천의 한 계기로서 작용될 가능성은 충분히 있다고 하겠다. 그리고, 실제로 이러한 기독교 비평 담론 탐색의 실마리는 1980년대 이후 중국 당대문학의 구체적인 창작 속에서도 분명히 확인이 된다. 예를 들면 스톄성(史鐵生)의 일련의 소설 속에서 묘사되고 있는바, 과학으로서의 정치적 이념을 넘어선 인류의 이상으로서의 종교적 공동체의 추구 양상, 인간의 자기 중심성과 이기적 욕망을 넘어선 사랑과 자유의 공동체를 구현하려는 종교성의 형상화 작업 등이 그 중요한 성과이다. 특히 《잔 목사에 관한 르포르타주(關於詹牧師的報告文學)》(1984)나 〈종소리(鐘聲)〉(1990) 등에서 묘사되고 있는바, 사회주의 이념과 공산당 집권의 제도 하에서 점차 왜소화되고 황폐화되어 가는 기독교의 목회자 및 교회의 모습, 그리고 그러한 정치적 이념과 계급적 증오를 넘어선 자유와 참된 사랑을 향한 종교적 구원 의식의 상징적 표현 등이 주목될 필요가 있다. 다시 말

37 여기에서 언급되고 있는 기독교의 사회윤리 및 정치체제와의 관련성에 관해서는, 劉小楓, 《走向十字架上的眞》, 99-100쪽 및 《現代性社會理論緖論》, 356-358, 436쪽 참조.

하면, 그것은 바로 신앙적인 신성한 사랑에 의해 현세의 악을 극복해 나가는, 인간의 죄악에 대한 종교적 구원에의 문학적 표징일 것이기 때문이다.[38]

물론 1990년대 이래의 복잡하고 다원적인 문학 상황 하에서는 기독교 문학비평 담론 및 그 창작의 구체적인 실천 역시 일직선적인 심화 발전의 양상만을 보일 수는 없을 것이며, 다원적인 가치관의 도전과 시행착오에 직면하게 될 것임에 틀림없다.[39] 그러나, 이러한 비평 관점의 편차 및 가치관의 충돌이야말로 1990년대 이래 중국 문화와 문학에 내재된 다양성과 역동성의 표현 양상일 것이다. 그러므로, 당대 중국 문학 속에서 기독교 문학 비평이 그 나름의 생명력 있는 담론 체계를 구축하기 위해서는, 다양한 가치관 및 심미의식과의 대화 혹은 경쟁이 필요할 수밖에 없다. 또한 기독교 신학이 문학 예술의 구체적인 담론권에 속하기 위해서는, 그것이 지향하는 궁극적 가치 역시 문학비평을 포함하는 광범위한 문화 이론의 일환으로 전환되는 과정이 필요하다. 이러한 각도에서 볼 때, "기독교 신학의 전통적 교의가 현대 문화 담론 환경 속에서 생명력과 경쟁력을 갖추려면, 반드시 일종의 문화 이론으로 전환되어야 하며, 아울러 기타 문화 이론과 마찬가지로 문화 비판의 검증을 거쳐야만 한다"[40]는 류샤오펑의 지적은 그 나름의 현실적 정합성을 지닌다. 그리고, 이러한 노력이야말로, 그가 제기하고 있는 대로 '마르크스주의·현대 인문주의·유교 윤리'의 극복을 통한 '한어 기독교 신학' 담론 실현의 중요한 전제 조건이 될 것이다.

---

38 졸고, 〈史鐵生 小說의 宗敎性—理念의 喪失과 生命意識〉, 《동아시아 역사 연구》 6집(1999년) 참조.

39 그 일례로 제시될 수 있는 것이 王安憶의 중편소설 《유토피아 詩篇(烏托邦詩篇)》(1991)에서의 작가의식 및 그에 관한 비평계의 평가라고 할 수 있다. 즉, 이 작품에서 묘사되고 있는 바, 주인공 '나'의 작가로서의 실존적 허무의식과 일종의 종교적 구원에의 갈망이 결국 '허망의 세계'로부터 '현실의 세계'에로의 회귀로 귀결되는 작품 구조는, 종교성의 본질을 현실 사회의 공리적인 삶의 차원에서 추구할 수밖에 없는 당대 중국문학과 문화 의식구조의 한 단면을 보여 주고 있다고 분석된다. 이 작품과 관련된 당대 중국 문학에서의 종교성의 구현 양상 및 비평계의 평가에 관해서는, 졸고, 〈王安憶 小說의 虛無意識과 宗敎性—《유토피아 詩篇》을 중심으로〉, 《중국어문논총》 23집(중국어문연구회, 2002년) 참조.

40 劉小楓, 《聖靈降臨的敍事》, 90쪽.

그러나 다른 한편으로는, 류샤오펑도 많은 영향을 받고 있는 신학자 카를 바르트의 다음과 같은 주장의 의미 역시, 여기에서 마땅히 재음미될 필요가 있다.

> 신학의 주제는, 바로 '하느님의 말씀'이다. 신학은 일종의 과학이며, 학설이다. 그것은 그 특수한 제목의 살아 있는 요구, 즉 선택된 연구 방법, 그것의 문제와 답안, 그것의 개념과 언어, 그것의 목표와 한계에 대해, 자각적으로 책임을 져야 한다. 이들 외에는, 천지간에 그 어떤 문제도 아랑곳할 필요가 없다.[41]

말할 나위도 없이, 바르트의 이러한 단언은 그의 이른바 "하느님 말씀의 신학" 혹은 "복음 전파의 신학"에서 비롯된 것이다. 또한 바르트의 신학을 논평하는 문장 가운데 류샤오펑이 제기한 다음과 같은 태도 역시 동일한 내용에 바탕을 두고 있다고 해야 할 것이다. "사람은 진리를 파악할 수 없다. 단지 신성한 진리—십자가상의 진리를 향해 나아가는 도중에 있을 뿐이다."[42] 그런 의미에서 기독교의 신학 담론은 어쩌면 "세상에 속한 말"로는 규명할 수 없는, 그리하여 "진리의 영과 미혹의 영"을 이로써 알 수 있는 "우리의 말"(요한일서 4 : 5-6)을 찾아 나가는 과정 그 자체일 수도 있을 것이다. 그리고, 아마도 구체적인 문화 환경과 다원적인 언어 환경 속에서 이러한 진리를 어떻게 실천해 나갈 것인가 하는 것이야말로, 바로 '한어 기독교 신학'이 계속 탐색하고 찾아 나가야 할 명제이리라. 중국 당대문학의 기독교 비평 담론은 이러한 진리 구현의 중요한 일환에 다름 아닐 것이다. 나아가 그것은 단지 '한어' 기독교 신학 혹은 비평 담론의 과제일 뿐만 아니라, 동시에 '동아시아어' 기독교 신학 혹은 비평 담론의 소명이기도 할 터이다.

---

41 賀安得, 〈從卡爾·巴特看"上帝話語的神學"〉, 《天風》 2003년 제3기에서 재인용.

42 劉小楓, 《走向十字架上的眞》, 65쪽.

제10장

스테성(史鐵生) 소설의 종교성

이념의 상실과 생명의식

1. 머리말

스테성(史鐵生, 1951-2010)은 1980년대 이후의 당대 중국 문단에서, 문화대혁명에 대한 반성적 사유와 장애인의 고통을 제재로 한 일련의 소설을 발표하면서 독자적인 작품세계를 구축해 온 작가이다. 문혁의 하방 기간 중 중노동의 후유증으로 인해 하반신이 마비됨으로써 장애인이 된 그는, 특히 80년대 중반 이후의 소설에서 인간의 존재 의미와 운명에 대한 철학적 사색을 실험적인 구성과 정밀한 문체로 형상화함으로써, 이른바 신시기 중국 문학의 새로운 지평을 열어 가고 있는 작가로 평가받아 오고 있기도 하다.[1]

1 史鐵生은 이미 당대 중국 문단에서 주목받는 중견작가이지만, 우리 학계에서는 아직 그의 작품에 관한 체계적인 소개와 평가가 이루어지지 못하고 있다. 여기에서 그의 작가 경력을 간략히 소개하기로 한다. 史鐵生은 1951년 베이징 출생으로, 1967년 칭화(清華)대학 부속 중학을 졸업하였다. 그후 1969년 이른바 '上山下鄉' 운동에 호응하여 옌안 근교의 산간 농촌에 이주하였으나, 가혹한 생활 환경과 노동으로 인하여 척추의 통증과 다리의 마비 증세를 보이기 시작하여 1972년 베이징으로 귀환하였으며, 이후 하반신 전체가 마비되어 휠체어 생활을 할 수밖에 없게 되었다. 그런 가운데 그림과 문학 창작을 시도하나 성공하지 못한 채 전통 공예 미술 가공 공장에 취직하여 단순 작업에 종사하던 중, 1978년 창작을 재개하면서 주목을 받기 시작하였다. 1983년과 1984년에 전국 최우수 단편소설상을 수상한 이래 1990년대에 이르기까지 활발한 작품 활동을 전개, 대표작으로는 〈我的遙遠的清平灣〉, 〈命若琴弦〉, 〈鐘聲〉, 《務虛筆記》 등이 있다. 우리 나라에는 이 중 〈命若琴弦〉이 陳凱歌 감독에 의해 영화화된 작품이 《현 위의 인생》이라는 제목으로 소개된 바 있다. 2010년 지병으로 사망하였다.

이 글은 스톄성의 소설에 나타나는 사회주의 이념에 대한 비판적 의미 탐색과 공동체적 사회 구현을 향한 꿈, 그리고 장애인으로서의 개인적 곤경의 극복 과정에서 보여지는 새로운 생명의식의 추구 양상 등을 살펴봄으로써, 사회주의 신중국(新中國)의 성립 이래 중국 지식인들이 모색해 온 삶의 궤적을 추적해 보려는 의도에서 출발한다. 그 과정에서는 특히 그의 작품이 궁극적으로 모색하고 있는 인간 삶의 본원적 의미와 초월적 가치에의 지향에 나타나는 종교성을 중심으로, 당대(當代) 중국문학의 다양한 발전 양상의 한 측면에 접근해 보고자 한다.

2. 이념의 상실과 '대동(大同)' 세계에의 꿈

스톄성의 소설에서 그 문학세계의 원형을 이루는 시공간은 문혁 기간 중 그의 하방 체험이 이루어졌던 옌안(延安) 지구의 산간 농촌이다. 신시기 문학의 대표적인 반사소설(反思小說)로 주목을 받았던 그의 1980년대 초기작 〈나의 머나먼 청평만(我的遙遠的清平灣)〉(1982)은, 지식인 청년과 농민들과의 융화 과정이 산간마을의 자연 속에서 정감 어린 필치로 묘사된 작품[2]이다. 물질적 궁핍과 열악한 생존의 조건과 싸워 나가면서도 소박한 인정을 간직하고 있는 농민들의 모습과 삶의 애환, 그리고 그러한 산간 마을 속에서 소 떼를 키우며 자아를 형성해 가는 젊은 주인공의 정신세계가, 애잔하면서도 유장한 민가(民歌)의 멜로디와 함께 어우러져 펼쳐지는 이 작품은, 문혁 시기의 하방체험이 독특한 감성과 시각에서 예술적으로 추체험되고 있다는 점에서 다소 특이한 성격을 띠고 있다.

물론 이 작품에서는 사회주의 이념의 역사적인 실천 과제로서의 지식인과

2 〈我的遙遠清平灣〉,《史鐵生作品集》(中國社會科學出版社, 1995년) 제1권 참조.

민중과의 결합이라는 문제가 정면으로 제시되고 있지는 않다. 작품 속에 드러나고 있는 것은, 이제는 이미 과거의 추억이 되어 버린 젊은 날의 순수와 열정이 농촌의 자연 풍경 속에 녹아 들어간 정물적인 서정일 뿐인 것처럼도 보여진다. 실제로 그의 하방체험을 사실적으로 재구성한 중편소설《생산대 참여기(插隊的故事)》(1985)에 그려지고 있는 작가 자신의 모습은, 거대한 역사의 흐름에 무자각적으로 동화되어 가던 한 젊은이의 미성숙한 흥분과 두려움이 솔직하게 투영되고 있다.

> 물론, 마음속으로부터 생산대에 참여하려는 사람은 극소수였다. 나처럼 조류에 휩쓸려, 그리고 공허한 시적 정취를 품고 생산대에 참여한 이들이 조금 더 있었다. 그렇다면 보다 다수는? 실은 모두가 가고 싶지 않았으며, 하는 수 없이 간 것일 뿐이었을 게다. 하는 수 없이 가는 것이기에, 이것이 사실은 영광스럽고 장렬한 일이라고 믿고 싶었던 것이다.[3]

그러나, 여기에서 작품을 통해 나타나는 주인공 '나'의 내적 변화와 농민들과 일체감을 획득해 가는 과정을 묘사하는 작가의 긍정적 시각 자체가 부정될 수는 없다. 다시 말해, 베이징 복귀 이후 10여 년의 내적 고뇌의 과정을 거쳐 예술적으로 승화된 하방체험에 대한 작가의 의식은, 결코 단순한 감상적 낭만성으로서가 아니라, 오히려 그의 장애인 체험을 매개로 재확인된 농촌사회의 공동체적 이상, 어쩌면 사회주의 이념의 본원적인 가치 구현에로 이어지는 요소를 지니고 있다고도 볼 수 있다.

그러한 각도에서 볼 때, 문혁기 중국의 암흑적 현실에 대한 1980년대 전반기 스톄성의 풍자 소설에 나타나는 비판적 성격은, 결코 사회주의 이념 자체에 대한 부정과 회의라기보다는, 그러한 이념이 왜곡되고 교조화됨으로써 인간성 자체를 말살시켜 가던 현실 사회주의 체제의 한계와 부정적 측면에 대한 비판으로서 읽혀져야 한다. 〈법학교수와 그 부인(法學教授及其夫人)〉(1978),

3 《插隊的故事》,《史鐵生作品集》 제2권 52쪽.

《잔 목사에 관한 르포르타주(關於詹牧師的報告文學)》(1984) 등에서 그려지고 있는바, 선량하고 성실한 지식인이 사회주의 체제와 문혁에 의해 왜소화하고 황폐화되어 가는 과정은, 바로 사회주의 현실 사회의 체제 내적 허구성과 모순에 대한 날카로운 풍자였던 것이다.

특히 사회주의 중국의 건국을 계기로 계급적인 자기 변화를 끊임없이 모색하던 한 목회자가, 수많은 시행착오와 황당한 현실에의 순응 과정 속에서도 끝내 인간에 대한 사랑과 종교에 대한 믿음을 내밀히 간직한 채 쓸쓸히 그 삶을 마감하는 모습을 그린《잔 목사에 관한 르포르타주》는, 결코 나약한 기회주의적 지식인에 대한 풍자나 혹은 사회주의 이념의 허위성에 대한 비판으로서만 읽혀질 수는 없는 감동을 전해 준다. 굳이 이 작품의 의미를 부연해서 설명한다면, 그것은 아마도 계급적 증오나 정치적 투쟁에 의해서가 아닌, 사랑과 자유에 바탕을 둔 공동체적 삶의 진실의 추구라고 할 수 있지 않을까 여겨진다.[4]

여기에서 기독교 신앙과 사회주의 이념의 관계는, 그 궁극적인 이상과 목표를 향한 실현 과정 속에서의 대립과 적대 관계에도 불구하고, 어쩌면 조화로운 화해의 장을 마련해 줄 수 있는 피안과 차안의 접점처럼도 보여진다. 80년대 중반 이후의 스톄성이 인간의 운명과 삶의 본원적인 의미에 대한 형이상학적인 문제의식에로의 심화 양상을 보이면서도, 종교와 이념의 갈등 및 그 상호 보완적 관계의 모색에 여전히 작가적 관심을 드러내고 있음이 그러한 추론을 뒷받침한다.

사회주의 중국의 성립을 계기로 신에 의해 약속된 천년 왕국이 중국의 현실 속에서 구현되리라는 확신을 간직한 한 목회자의 배교(背敎) 과정이, 어린 조카의 시각을 통해 인상적으로 그려지고 있는 단편 〈종소리(鐘聲)〉(1990)에

4 《關於詹牧師的報告文學》,《史鐵生作品集》 제1권 참조. 다만 이 작품에서 사용되고 있는 반어적 풍자 수법이나 대상 인물과의 객관적 거리 두기와 같은 서술 체제로 보아, 작가의 주인공 詹 목사에 관한 시각이 일정한 비판적 시각을 유지하고 있음을 부정하기는 어렵다. 보다 엄밀히 말하자면, 주인공의 인물 형상은 문혁에 의한 중국인들의 정신적 황폐화를 압축적으로 드러내 보여 주는 비극적 성격으로도 파악될 수 있을 것이다.

서의 다음과 같은 장면이 그 한 예이다.

> 고모부는 마치 교회당에서 포교를 하는 것 같았다. 하나님이 허락하신 저 낙원이 지금 막 실현이 되고 있는 중이란다. 아무도 남을 노예로 부리는 일이 없고, 굶주리는 자가 없으며, 가난이 없고, 죄악과 폭행과, 심지어는 원한과 이기심도 없는 낙원이 이제 막 실현이 되려고 하고 있구나. 고모부의 생기가 넘치는 새하얀 얼굴에는 불그레한 빛이 감돌았으며, 그 어조의 높고 낮음은 마치 찬송을 부르고 있는 것 같았다. 하나님은 그런 낙원을 제일 먼저 우리에게 선사하신 거란다. 하나님은 온 세계가 자나깨나 바라던, 온 인류가 그 옛날부터 자나깨나 바라던 저 세상의 천국을, 제일 먼저 우리 조국에 주신 거란다.[5]

결국 고모부는 자발적으로 교회를 폐쇄하고 신의 존재를 부정하면서, 지상의 낙원을 실현하기 위해 교회당을 '붉은 주민 아파트'로 개축하는 데 앞장을 선다. 그 고모부의 꿈이 이후의 현실 속에서 어떻게 실현이 되어 갔는가, 혹은 어떠한 좌절을 겪게 되었는가에 대해 작가는 아무런 구체적인 묘사도 하고 있지 않다. 다만 이 작품에서는 황폐하게 버려진 교회당 건물 안에서 어린 조카가 조국을 떠나간 부모에 대한 그리운 정을 달래기 위해 몰래 울리는 교회 종소리의 "따사롭고도 애달픈" 울림, 그리고 교회당 주변에 가득 자라난 해바라기의 황금빛 눈부신 빛깔만이 상징적으로 그려지고 있다.

미루어 짐작컨대, 고모부의 순수한 열정과 꿈은 모든 이웃들을 수용할 수 있을 것으로 기대했던 주민 아파트가 제한적으로 선별된 주민만을 수용할 수밖에 없었다는 언급에서 드러나듯이, 사회주의 이념의 구체적인 실현 과정에서 점차 세속화되고 축소되어지거나, 어쩌면 철저하게 좌절이 되어 갔으리라. 그러나, 이 작품에서 작가가 전달하고자 하는 것이 정치적 이념을 좇던 한 종교인의 좌절을 통해 이념의 허구성을 비판하려는 것이었거나, 혹은 종교의

5 〈鐘聲〉,《史鐵生作品集》제3권 7쪽.

초월적인 영원성과 정치의 현실적인 유한성을 대립적으로 묘사하려는 데 있었다고만은 보여지지 않는다.

이 작품의 진정한 의미는, 이념에 의해 진정한 삶의 가치를 구현하려는 인간 의지의 오만과 역사의 한계를, 어린 조카의 육친의 사랑에 대한 갈구와 시공을 초월하는 아름다운 자연에의 동화에 의해 극복하고자 하는, 작가 스테성의 독특한 예술적 구현 방식 속에서 찾아져야 할 것이다. 아마도 작가는 초월적인 영원한 가치 혹은 인간 삶의 궁극적인 의미를, 현실과의 힘겨운 싸움을 지속해 나가는 평범한 삶의 과정 자체 속에서, 그리고 무엇보다도 보편적인 인류애의 공동체를 구현해 나가려는 꿈의 갈망 자체 속에서 추구하고 있었다고도 보여진다.

결국 1980년대 이래 1990년대까지 지속되는 이러한 스테성의 작가적 관심이, 〈나의 머나먼 청평만〉에 그려지고 있는 지식인 청년과 소치기 노인과의 정신적인 교감, 혹은 지식인과 민중과의 결합이라고 하는 사회주의 중국 사회 성립의 역동적인 힘에 대한 예술적 접근에 있었다고 한다면, 그것은 계급투쟁과 정치체제의 구축 단계를 넘어선 사랑과 평등에 기반한 이상적 사회에의 꿈이었는지도 모른다. 어쩌면 그것은 문혁에 의해 상실되어진 사회주의 이념의 원형으로서의, 일종의 '대동(大同)' 세계를 향한 꿈[6]이었다고도 할 수 있을 것이다.

6 물론 여기에서 말하는 '대동(大同)' 세계의 개념이 청말 변법(變法) 사상가들, 예를 들면 康有爲가 추구하였던 바와 같이 "어디까지나 성인(聖人)의 절대적 권위, 황제의 절대적 권력이라고 하는 큰 틀을 온존시키고 이를 활용하여, 사람들의 평등 자유와 생활 향상을 실현하려 한" 근대의 과도기적 사상과 구체적인 관련성을 갖고 있는 것은 아니다. 이와 관련하여서는 近藤邦康·湯志鈞 著,《中國近代の思想家》(岩波書店, 1985년) 251쪽 참조. 굳이 말하자면, 이 글에서의 '大同' 세계의 개념은 중국의 전통적인 이상 세계 혹은 서구의 초대 기독교적 신앙 공동체를 상정한 광범위한 의미로서 사용하고 있다.

3. 장애인 의식과 운명에의 저항

스톄성의 소설에서 문혁의 체험 및 역사 현실에 대한 재사색의 모티프와 함께, 그 문학세계를 구축하고 있는 또 하나의 중요 모티프는 장애인 의식이다. 1980년대 초기 이래 1990년대의 〈나와 지단(我與地壇)〉(1990)으로 이어지는 일련의 작품에서 그려지고 있는바, 인간 삶의 고통스러운 운명에 대한 탐색은 무엇보다도 우선 장애인으로서의 자기 인식에서 출발한다. 실제로 자신의 하방체험 과정 이후 갑자기 발생한 하반신 마비 증세는 그의 삶의 설계와 행로를 송두리째 뒤바꿔 놓은 절망적인 사건이었다. 어떤 측면에서 보면, 작가 스톄성의 창작 행위는 바로 그러한 개인적인 절망과 죽음에의 유혹을 벗어나기 위한 필사적인 자기와의 싸움에서 비롯되었다고도 할 수 있다.

《산꼭대기의 전설(山頂上的傳說)》(1984)에서 장애인인 주인공은 세상의 질시와 편견으로 더 이상 삶에 대한 의욕과 자존심이 유지되기 어려운 상황에서, 차라리 죽는 것이 낫겠다는 충동에 휩싸인다.

> 무엇 때문에 꼭 살아가야만 하는 것일까? 이토록 어렵고 이토록 괴롭고 이토록 힘겹고 이토록 지쳐 있으면서, 무엇 때문에 꼭 살아가야 하는 걸까?
> ……
> 이렇게 고즈넉한 밤, 죽어 버린다는 것은 얼마나 가뿐하고 얼마나 흐뭇한 노릇일까?[7]

그러므로, 이 작품에서 작가 지망생인 절름발이 주인공이 연인과의 추억이 담긴 날아가 버린 비둘기를 찾아 산꼭대기를 오르는 상황의 설정은, 결국 삶과 죽음의 의문에 대한 작가 자신의 해답 찾기를 상징적으로 표현한 셈이라 하겠다. 천순신(陳順馨)이 적절하게 분석하고 있듯이, 여기에서 비둘기는

7 《山頂上的傳說》,《史鐵生作品集》 제1권 282, 289쪽.

잃어버린 사랑을 되찾으려는 표층적인 의미를 띠지만, 그것은 잃어버린 자아, 즉 '날' 수 있는 자아를 찾아 떠난다는 심층적인 의미를 지니고 있다. 또한 산꼭대기는 정신적이고도 창조적인 또 다른 높은 목표를 상징한다. 결국 이 작품의 주인공은 "운명은 그대가 견딜 수 없는 고통을 그대에게 줄 리가 없다"[8]는 믿음과 함께, 이 세상에서의 곤경은 그 운명에 저항하는 가운데 누릴 수 있는 '기쁨'과 '자랑스러움'의 계기가 될 수도 있다는 사실을 깨닫게 된다.

물론 이 작품에서는 그러한 목표가 영원히 도달할 수 없는 하나의 '전설'이라는 서술 구조를 취하고 있는 데서도 알 수 있듯이, 스톄성의 작품에서 절망과 죽음을 넘어서기 위한 필사적인 시도에는 사실상 늘 일종의 비관적인 예감이 동반된다. 그래서였을까, 1980년대 전반에 씌어진 스톄성의 장애인 제재 소설에서 두드러진 특징은 불행한 장애인 이웃들과 고통을 함께 나누려는 작가의 진지한 자세이며, 그들의 곤경을 통해 죽음을 넘어선 사랑과 삶의 의미를 확인하려는 절실한 갈구였다고 보여진다.

자신들과 같은 불행한 아이를 낳지 않으려는 절름발이 남편과 곱사등이 아내의 장애인 부부가, 양자를 맞으려던 꿈이 깨어진 채 이웃들의 편견과 냉대 속에서 되돌아서는 어느 쓸쓸한 겨울밤의 골목길 풍경을 담은 〈어느 겨울밤(一個冬天的晩上)〉(1983), 이 작품의 말미에서 그려지고 있는 부부간의 서로에 대한 연민과 애잔한 사랑, 그리고 보잘것없는 작은 생명까지도 소중히 여기는 그들의 아름다운 마음은 작가 자신의 고통과 간절한 소망이 담긴 예술적 성과일 터이다. 또한 선천성 지체 부자유 증세를 보이는 딸아이에 대한 한 부부의 내면적 고뇌와 그 아이에게 홀로 설 수 있는 의지를 심어 주기 위한 애절한 노력의 과정이 감동적으로 묘사된 〈세상에 태어나서(來到人間)〉(1985)와 같은 작품 역시, 작가의 내면 풍경이 짙게 투영된 작품이라 하겠다.

그런데, 80년대의 후반기에 들어선 스톄성의 장애인 제재 소설에서는, 그러한 작가의 의지와 노력이 보다 본원적인 인간의 운명에 대한 철학적 사색

---

8 〈山頂上的傳說〉,《史鐵生作品集》 제1권 291쪽.

과 관념적 회의의 경향을 띠게 되는 것도 사실이다. 전반기 소설에서의 장애인에 대한 감성적 공감과 일종의 '낭만적 감상의 분출'이, 후반기의 소설에서는 인간의 운명에 대한 보다 이성적인 분석과 본원적인 의미 탐색에로 전환되고 있다고도 할 수 있으리라. 그러므로, 이 시기의 스톄성 소설은 "문학을 인본적 의미의 사상적 높이를 지닌, 심지어 종교와 공통된 인간에 관한 궁극적 관심을 지닌 것으로 간주"[9]하는 경향을 보이게 된다.

〈생명은 현과 같이(命若琴弦)〉(1985)에서, 오로지 눈을 떠서 세상을 한 번 보겠다는 목적으로 삼현금의 현 천 줄이 끊어지기를 기다렸던 늙은 맹인 이야기꾼 악사는, 끝내 그 꿈이 한갓 허구였음을 발견한 순간 절망에 빠지지만, 사실은 허구의 목적을 좇아 힘겹게 살아왔던 과정 과정마다의 애환 그 자체 속에 자기 삶의 참 의미가 있었음을 깨닫게 된다. 사랑의 욕망에 눈을 떠가며 삶의 고통을 겪기 시작한 어린 맹인 악사에게 그가 전수한 비방 역시 똑같은 허구의 목적이었음은 물론이다. "기억해 두거라, 사람의 생명은 이 현과 같아서 팽팽하게 조여져 있을 때라야만 제대로 켤 수가 있단다. 제대로 켜게 된다면 그걸로 충분한 게다"[10]

소설《원죄·숙명(原罪·宿命)》(1987)에서는 유학을 목전에 둔 전도 유망한 청년이 일순간의 교통사고로 하반신 마비라는 운명을 맞이하게 되는데, 그 사고의 원인을 캐 들어가 보면 그것은 결국 개 한 마리가 "학교 정문 한 가운데의 커다란 표어를 바라보며 뀐 방귀" 때문이었다. 그 터무니없는 원인과 비극적인 결과 사이에서 어떤 합리적인 필연을 찾아낼 수는 없다. 그렇다면 그것은 오직 "신이 보기에 그것이 좋았으므로, 일이 그렇게 된 것"[11]이라고 해석하지 않고는 감당하기 어려운 사건이다. 〈소설 세 편(小說三篇)〉(1988)에서 인

9 陳順馨,《中國當代文學的敍事與性別》(北京大學出版社, 1995년) 213쪽. 물론 1980년대 전반의 장애인 제재 작품에 나타나는 부부간이나 육친간의 사랑을 포함한 인간 상호간의 사랑, 혹은 자연과의 융화 사상이, 1990년대까지의 史鐵生 문학을 관통하는 종교정신의 중요한 한 핵을 이루고 있다는 사실 자체를 부정할 수는 없다.

10 〈命若琴弦〉,《史鐵生作品集》 제2권 40쪽.

11 〈原罪·宿命〉,《史鐵生作品集》 제2권 304쪽.

간이 그 답을 알 수 없는 수수께끼 같은 신의 의도는, 결국 전능한 신이 꿈을 꾸고 싶다는 욕망을 해결하기 위한 '각본의 구상'으로 추측되기도 한다.

모든 것을 바라는 바대로 다 이룰 수 있는 신에게 불가능한 것의 실현을 욕망하는 꿈꾸는 행위란 있을 수가 없다. 그러니까 신의 꿈에 대한 욕망은 그 자체가 모순이다. 그 모순을 해결하기 위해 신이 고안해 낸 것이 '연극'이라는 장난이고, 신은 그 연극의 각본과 인물 설정과 또한 그 인물들의 위치를 뒤집어엎어 버리는 마무리 작업까지를 해낸다. 그리고 등장 인물들에게는 그 모든 것이 결국 신의 의도라는 것을 '믿지 않게' 함으로써, 가장 훌륭한 꿈의 효과를 구현하는 것이다. 그러므로, 인간의 비극적인 운명은 처음부터 끝까지 이기적인 신의 욕망을 실현하기 위한 자의적 장난의 결과인지도 모른다.[12]

그러나 다른 각도에서 생각해 보면, 인간은 모두가 사실상 넓은 의미에서의 장애인들이다. 나와 타인과의 단절에 의한 고독, 욕망과 그것을 실현할 능력과의 영원한 거리에 의한 고통, 필연적인 죽음에 대한 공포, 우주의 무한함에 대한 인간의 유한성에서 생겨나는 절망감을 안고 살아갈 수밖에 없는 운명, 그것은 결국 모든 인간이 본원적으로 처해져 있는 삶의 곤경인 것이다.[13] 다시 말해 스톄성의 소설에서 제기되고 있는 장애인 의식은, 우리 인간이 지닌 정신적 불구 현상과 운명의 곤경을 함축적으로 드러내 보여주는 매개체였던 셈인 것이다.

그렇다면 인간에게 그러한 밑 모를 어둠의 곤경을 부여한 초자연적인 힘, 혹은 신의 진정한 의도는 도대체 무엇일까? 또한 죽음의 유혹에도 불구하고 사람들이 힘겨운 삶의 여정을 계속해 나가는 것은 어떤 이유에서일까? 그 미궁 같은 수수께끼의 해답 역시 인간의 힘으로는 영원히 찾아낼 수 없다. 단지 그런 힘겨운 물음에 대해 스톄성이 다다른 결론은, 죽음이란 어차피 누구나가 언젠가는 맞이할 수밖에 없는 필연인 이상, 인간이 그 죽음에 이르는 과정으로서 영위하는 삶은 바로 그 "과정 자체가 목적"이 될 수 있으리라는 깨달

12 〈小說三篇〉,《史鐵生作品集》 제2권 참조.

13 〈自言自語〉(1988),《史鐵生作品集》 제2권 431-432쪽 참조.

음이었다.[14]

어떤 의미에서 이 시기 스테성의 소설 쓰기는 죽음과 삶의 접점에서 참 삶의 의미에 대한 끝없는 물음과 해답 찾기를 시도하고 있었던 것처럼 보여진다. 그러한 맥락에서, 이 시기 스테성 소설의 주인공들은 부조리한 운명과의 힘겨운 싸움의 과정 속에서, 어느덧 종교적 영역의 생명의식을 향한 예술적 탐색의 길을 가고 있었던 셈인 것이다.

4. 생명의식의 종교적 탐색

이제까지 살펴본 바와 같이, 스테성의 인간의 운명에 대한 치열한 사색과 저항은 그의 모든 작품에 일관되게 나타나는 주제의식의 일부를 이루고 있지만, 그의 작품이 결코 실존주의적 저항이나 허무주의적 사변으로 끝나고 있는 것은 아니다. 그러한 결과는, 그가 궁극적으로 지향하고 있는 현실을 넘어선 초월적인 생명의식의 추구와 절대적인 아름다움에의 동경에서 기인하는 것으로 여겨진다. 그러한 예술적 가능성의 단초를 보여 주는 작품이, 90년대에 들어서면서 발표되어 주목을 받은 바 있는 소설과 산문의 경계를 넘어선 자전적 산문체 소설 〈나와 지단(我與地壇)〉이다.

이 작품에서 그려지고 있는 작가인 '나'는, 하반신 마비로 인한 삶의 곤경을 소설 창작에 의한 새로운 생명에의 눈뜸의 과정 속에서 이겨내고 있다. 여기에서 구체적인 욕망을 지닌 자아로부터 자아를 초월한 절대적인 아름다움과 가치에로의 접근 가능성을 이루어 주는 매개체라면, 그것은 자식에 대한 어머니의 절대적인 사랑, 불행한 이웃들의 고통과 기쁨에 대한 나의 연민과 공감, 주위의 사물에 내재된 생명력의 직관적 포착력 같은 것이라고 할 수 있

14 〈好運設計〉(1990), 《史鐵生作品集》 제3권, 199쪽.

다. 그리고 이러한 요소들은 결국 스톄성의 예술적 원천이라고 할 수 있는 인간과 자연과의 조화, 나와 타자와의 일체화를 이루는 진정한 생명의식의 추구 속에서, 일종의 심미적인 통합의 양상을 띠고 있다.

> 어느 날엔가, 나는 돌아오라고 나를 부르는 소리를 듣게 될 것이다.……
> 한 걸음 한 걸음이, 사실은 걸음마다 모두가 돌아가는 길을 걷고 있는 것이다. 나팔꽃이 처음 필 무렵, 장례의 신호 나팔은 이미 울리고 있다.
> 그러나 태양, 그것은 매 시각마다 모두가 지는 해이자 또한 모두가 막 떠오르는 해이다. 그것이 꺼지면서 산을 내려가 쓸쓸히 석양을 거두어들일 무렵은, 바로 그것이 또 다른 쪽에서 이글거리며 산 위로 올라 뜨겁고 찬란한 빛을 흩뿌릴 때인 것이다. 그날 나는 고즈넉이 산을 걸어 내려가고 있을 것이다, 나의 지팡이를 짚고. 어느 날, 또 다른 산골짜기에서, 틀림없이 한 아이가 기쁨에 팔짝팔짝 뛰어 올라올 것이다, 장난감을 품에 안고.
> 물론, 그것은 내가 아니다.
> 그러나, 그것은 내가 아니겠는가?
> 우주는 그 쉼 없는 욕망으로 하나의 노래와 춤을 영원으로 빚어낸다. 그 욕망이 이 세상의 어떤 이름을 갖고 있건, 그것은 아무래도 상관없는 일이다.[15]

이 지점에서 작가는 그 자연의 주재자, 혹은 신의 섭리가 나의 개체적 생명에 존재의 의미를 부여하고 있었음을 받아들인다. 그리하여, "여기에서, 생명은 개체적 형태의 한계를 벗어나, 우주 생명의 본질을 이루는, 무한하고 영원한 힘과 밀접한 교류를 갖게 되며, 일종의 광대하고 심오한, 천지와 하나가 되는 초시공적 존재로서의 모습을 나타나게 되는 것"[16]이다. 이러한 초시공적 존재론서의 생명체험은, 말하자면 초논리적인 '예지적 직관' 혹은 '신비적 직

15 〈我與地壇〉,《史鐵生作品集》 제3권 180, 181쪽. 이 작품의 결말 부분을 포함한 史鐵生 소설의 종교적 성격을 어느 특정 기성 종교와의 관련성으로만 국한하여 단정하기는 어렵다. 적어도 여기에는 불교의 윤회 사상, 기독교의 부활 신앙, 도가의 무위자연(無爲自然)의 경지, 혹은 중국의 전통 미학 등과의 관련성 및 영향이 지적될 수 있을 것이다.

16 石杰,〈史鐵生小說中的宗教精神〉,《人民大學學報》1994년 제1기.

관'에 의한 것이라고 할 수 있겠거니와, 그것은 필연적으로 종교적 영역의 종교정신과 관련이 될 수밖에 없다.

물론 스톄성의 소설에는 장애인으로서의 불구 의식이 늘 잿빛 구름 같은 무거운 색조를 드리우고 있다. 그러나, 그 어두움 위에 선명한 구원의 빛을 비추는 것은, 자유와 사랑을 향한 작가의 진지하고도 뜨거운 갈망이다. 그러한 갈망은 어쩌면 육체적 부자유스러움에 의해 더욱 절실한 종교적 기원으로서의 성격을 띠고 있다고도 보여진다. 그리하여 그의 소설에는 주위의 사물과 자연, 그리고 평범하고 불행한 인간들의 삶 속에서 포착되는 경이로운 생명의 숨결과 약동이 느껴진다.

〈나의 춤(我之舞)〉(1986)에서 하반신이 마비된 주인공 '나', 돌아오지 않을 아내와 아이를 기다리는 장애인 스치(世啓), 하체 장애자이며 맹인인 멍(孟)씨, 정신장애자인 루(路)의 네 사람이 고원(古園)에서 체험하는 시공을 초월한 초자연적인 생명의 약동, 제단(祭壇)을 배회하는 귀신들과의 대화와 같은 장면의 묘사는, 그 황당한 설정에도 불구하고 표면적인 사실을 넘어선 우주의 본질과 생명의 역동성을 전달하는 데 성공하고 있다. '흰눈 같이 새하얀 치마'를 입고 찾아 온 '정령 같은 여인'과 함께 휠체어를 탄 채 생명이 쇠진하도록 추는 맹인 멍씨의 춤은, 그런 의미에서 열여덟 살의 주인공이 죽음과 허무로부터 벗어나 '태양이 솟아 나올 때 태어난' 자아를 의식하는 성장의 계기로서 마무리되고 있는 것이다.

인간들간의 소외와 애정의 결핍을 그리고 있는 것으로 보여지는 〈일요일(禮拜日)〉(1987)에서, 신비한 우주의 생명력은 거대한 자연 속에서 펼쳐지는 사슴 떼의 이동 장면을 통해서 제시되고 있다. 발정기에 들어선 암컷을 차지하기 위해 벌이는 숫사슴들 간의 처절한 격투, 그리고 온 힘을 다한 교미 뒤에 사슴 떼의 안전한 이동을 돕기 위해 이리들과의 싸움 끝에 장엄하게 죽어가는 숫사슴의 모습 등은, 작가가 갈망하고 있는 생명력의 약동을 상징적으로 형상화한 장면이라 할 수 있을 것이다. 그런 의미에서, 자연을 주재하는 절대적인 힘에 대한 경외감은 이 작품에서 제시되고 있는 인간들의 소외와 격절을 극복하기 위한 일종의 종교적 구원에의 지향으로 이어지고 있다고 여겨진다.

주인공이 존재의 허망함과 사랑의 불확실성을 넘어서기 위한 방황 끝에 산자락 밑에서 발견한, "천당의 아름다운 신화"와 "지옥의 잔혹한 귀신 이야기"가 적혀져 있는 두 책에 관한 꿈의 묘사가 상징하는 것은, 바로 자유와 상호 이해에 바탕을 둔 종교적 구원과 생명의식에의 갈망에 다름 아닌 것이다.

> 남자는 걷기에 지치고, 생각하기에 지쳐, 암초 위에 누워 잠이 들었다. 하늘이 내려오고 땅이 솟아올라 하나로 합쳐졌다. 그리하여 남자는 꿈을 꾸기 시작하였다. ……
> 그는 꿈속에서 이제껏 잊고 있었던 꿈을 꾸었다. 그리하여 기억을 해 내었다. 두 책은 서로 함께는 완전히 이해할 수 없으며, 그것은 마치 두 사람 사이와 같다는 것을. 그렇게 하여 그는 책을 거꾸로 끝에서부터 앞을 향해 읽어 보자는 생각이 났다. 그는 발견을 하였다. 자유란 부자유스러움 속에 씌어져 있는 하나의 마음인 것임을, 철저한 이해는 철저한 이해가 불가능한 것 위에 씌어져 있는 하나의 지혜인 것임을.[17]

이러한 작품 성격의 연장선상에서 볼 때, 앞서 살펴본 바 있는 단편 〈종소리(鐘聲)〉(1990)도 실은 역사적 전환기의 중국인들이 직면했던 삶의 곤경과 그것의 정신적 초극을 예술적으로 승화시킨 작품으로 읽혀질 수 있다. 결국 이 소설은 사회주의 중국의 성립 과정에서 생겨난 한 가족의 이산과 사랑의 상실을, 한 어린아이의 마음의 상처와 그것의 극복과정을 통해 아름답게 그려낸 작품이다. 다시 말하면, '종소리'의 "따사롭고도 애달픈" 울림과 해바라기의 황금빛 눈부신 빛깔이 상징하고 있는 것은, 바로 인간 존재의 한계를 절대적인 생명에로 승화시키는 일종의 종교적 구원과 관련시켜 이해할 수밖에 없는 내용인 것이다.

---

17 〈禮拜日〉,《史鐵生作品集》제2권 263-264쪽. 여기에서 천국과 지옥에 관한 책이라는 개념은 거대 담론으로서의 종교에 대한 해체주의적 시각을 반영하고 있다고도 보여진다. 그런 의미에서 보자면, 종교성에의 지향과 그에 대한 위기 의식은 史鐵生의 80년대 후기 소설에서도 이미 강하게 나타나기 시작하고 있는 셈이다.

그러나, 작가는 사실상 그러한 종교적 영역에의 문턱에서 한 걸음 더 나아가기를 주저하고 있는 듯이 보인다. 아니, 어쩌면 기성 종교와의 구체적인 관계를 넘어선 본원적인 종교성, 혹은 인류 역사의 발전을 추동시키는 광의의 종교적 정신을 모색하고 있다고도 보여진다. 여러 평론가들이 지적하고 있는 다음과 같은 작가의 종교정신에 관한 언급이 그 한 예가 됨은 물론이다.

> 만약 종교가 사람들이 '알지 못할' 때의 상관없는 사물에 대한 맹목적인 숭배이면서도, 그러나 그 생명의 본원에서 발해지는 고집스러운 바램이 종교정신을 이루어냈다면, 종교정신이란 바로 사람들이 '알거나 알지 못할' 때에도 여전히 간직하고 있는 굳건한 신념이며, 인류의 대군(大軍)이 겹겹의 포위망에 빠져 있을 때에 차라리 죽음으로 나아가면서도 추구하는 것일지언정 결코 두려움에 물러나서 잃어버리려 하지 않는 장렬한 이상일 것이다.[18]

그러므로, 이 지점에서 스톄성에게 요구되는 것은, 초시공적 생명을 향한 신념과 이상으로서의 종교정신이 현실 세계의 시공간 속에서 어떻게 구체화되고 확장되는가를 예술적으로 드러내어 보이는 작업이 될 것이다. 그것은 바로 그의 문학세계를 구성하고 있는 대동세계에의 꿈과 장애인 의식, 그리고 생명의식이라는 요소들이, 과연 어떻게 역사 현실 속에서 하나의 동심원으로 융합되어 예술적인 미로 형상화될 것인가라고 하는 과제에 다름 아니다. 90년대 이후의 스톄성 소설은 바로 그러한 지난한 창작 과제와의 고투인지도 모른다.

5. 해체와 위기의식을 넘어서

장애인으로서의 개인적 운명에 대한 저항을 통해, 인간의 존재론적 의미와 본

18 〈自言自語〉,《作家》1988년 제10기. 여기에서는《史鐵生作品集》제2권 437쪽에 의함.

원적 생명의식의 추구라고 하는 일종의 종교정신을 띠고 있던 스톄성의 1980년대 문학은, 1990년대로 들어서면서 사실상 그러한 종교적 구원에 의한 심미적 통합이 오히려 해체되고 추상화되는 경향을 보여 주고 있다고도 보여진다. 물론, 이러한 현상은 하방 체험 이후 작가에게 결핍될 수밖에 없었던 생동적인 현실 체험의 제약, 또는 1990년대 이후 당대 중국 문단 상황과의 영향 관계 등 복합적인 요인에 의한 결과일지 모르겠다. 아울러 1990년대 이후 가속화되는 대도시의 산업화 현상에 의한 가치관의 혼란과 기존 이념의 전면적인 해체라는 시대적인 배경이 그 한 요인으로 지적될 수도 있을 것이다.

예를 들면, 단편 〈제1인칭(第一人稱)〉(1990)에서 교외의 아파트 단지에 새로 입주할 집을 보러 간 한 남자의 이야기를 통해 묘사되고 있는 바와 같이, 한 층씩 계단을 걸어 올라가는 주인공의 눈에 비친 건물 밖 풍경의 조감과 주인공의 내면 심리에서 전개되는 환상은, 분명히 과거와 현재, 현실과 환상, 진실과 허구가 혼재되고 상호 충돌하는 구조를 이루고 있다. 그러나, 생각하기에 지친 주인공이 건물을 다시 내려와 건물 밖 나무 밑에 앉아 있던 현실 속의 여인과 결혼을 하는 것으로 처리되는 이 작품의 마지막 장면은, '자연에 내맡기기(順其自然)'라는 체념적인 갈등 해소의 성격마저도 드러내고 있는 것이다.[19]

이러한 각도에서 볼 때, 《중편 1 혹은 단편 4(中篇1或短篇〉4)》(1991)에 노정되고 있는 작가의 의도적인 서사구조 및 언어의 파괴와 분열의 현상, 또는 〈주변〉, 〈국부〉, 〈구성〉과 〈중생(衆生)〉이라는 4개의 단편에 나타나고 있는 "일종의 반중심적인 해체주의적 태도"[20]는, 이제까지 작가 스톄성을 지탱해 오던 고통스럽고도 긴장된 창작의 욕구 자체가 흔들리는 듯한 위기감을 나타

19 〈第一人稱〉, 《史鐵生作品集》 제3권 참조. 물론 이 작품의 이러한 결말을 불교의 선종에서 주장하는 자연에의 순응에 의한 '청정무욕(淸淨無慾)'과 같은 일종의 '열반의 경지'에의 접근으로 보는 해석도 부분적으로는 가능하다. 이러한 해석과 관련하여 史鐵生 소설이 기본적으로는 인간의 곤경으로부터의 형이상학적 해탈을 추구하는 불교적 성격을 띠고 있다는 분석으로는 石杰, 〈史鐵生小說的佛敎色彩〉, 《貴州大學學報》(社科版) 1994년 제2기 참조.

20 陳順馨, 《中國當代文學的敍事與性別》, 223쪽.

내고 있음도 부정할 수 없을 듯하다. 특히 〈중생〉에서 제기되고 있는바, "모든 사람이 이미 부처가 되어" "욕심도 두려움도 없이, 모든 고통에서 해탈하여 극락에 들어간" 후의 모든 차별이 사라진 세계에서의, '가치의 무화' 혹은 존재의 무의미함에 대한 의문[21]은 어쩌면 인간 본성의 자기 중심적인 욕망에 대한 체념으로 비쳐지기까지 한다.

이러한 결과는 아마도 작가가 이제까지 보여 온 생명의식과 자연과의 융합을 가능케 했던 근원적인 힘으로서의 '사랑'에 대한 확신의 동요에 기인하는 것이라고 할 수 있겠거니와, 보다 직접적인 요인은 '사랑'의 궁극적인 실현을 가능케 하는 매개로서의 종교적 본질과의 관계 설정에 대한 작가 자신의 망설임에 있는 것이 아닐까 여겨진다. 다시 말하면, 작가가 그의 문학세계를 구축하고 있는 중요한 요소로 상정하고 있는 '사랑'이 사실상 충족될 수 없는 남녀간의 성적 욕망의 추상화, 혹은 가족과 육친 간의 애절한 정에 대한 회고적 반추의 범위에 머물러 있는 한, 그의 문학이 추구하고 있는 사랑이 종교적 차원에로 승화될 수 있는 가능성은 제한될 수밖에 없었다고 보여진다.

물론 앞서도 언급하였듯이 스톄성의 문학에 내재된 종교성이 구체적인 특정 기존 종교와의 구체적인 관련성을 드러내고 있는 것은 아니다. 하지만 그의 문학이 분명히 인간 운명의 불가지성과 우연성에 대한 절망적 인식을 통해 그 운명을 주재하는 초월적 존재에의 지향을 보여 주고 있으며, 그러한 접점에서 삶의 영원성과 기쁨을 예술적으로 형상화하려는 시도를 계속해 왔다는 사실을 부정할 수는 없으리라. 그런 의미에서 스톄성의 문학은 필연적으로 종교정신의 예술적 형상화라는 방향에로의 확장 가능성을 내포하고 있는 셈이다. 결국 1990년대 스톄성의 문학은 그러한 확장 가능성이 일정한 한계에 부닥치거나, 혹은 새로운 발전 방향의 모색을 위한 진통을 겪고 있는 듯이도 보인다.

그러므로, 1990년대 중반에 들어 스톄성이 첫 장편《허구 작업 노트(務虛筆

---

21 《中篇1或短篇4》,《史鐵生作品集》제3권 77, 79쪽 참조.

記)》(1996)에서 시도하고 있는 바와 같이, 이제까지 씌어져 온 작품들의 집필 의도와 창작 배경의 해부를 통해 자아의 정체성과 문학 창작 행위의 의미를 전면적으로 재구축하고자 하는 작가적 성실성을 보이고 있음은, 그 성과가 충분히 주목받아 마땅할 것으로 여겨진다. 무엇보다도 이 작품에서는 장애자 지식인 C, 화가 Z, 시인 L, 의사 F, 방랑자 WR 등이 각각 개성을 지닌 독자적 인물이면서, 동시에 작가 자신인 '나'의 총합적 분신으로도 상정되고 있는 작품의 구성 및 독특한 내면 심리 묘사가 흥미롭다.

> 나는 그들을 표현해 낼 수가 없다, 내가 그들에 의해 표현된 것이다. 하지만 나는 결코 그들이 서로 합해진 결과는 아니다. 나는 그들의 혼융이며, 그들이 혼융되어 내가 된 것이다. 내 속에서 그들은 서로 무작위적으로 연결되고, 중첩되고, 혼융되어 그 사이에 분명한 경계선은 없다. 마치 그 어느 가을밤 놀러왔던 사람들이 다 흩어져 간 저 고원(古園)에서, 하릴없이 불어 온 바람의 물결이 알록달록한 낙엽들을 일렁이고, 마치 생명을 일렁이어 내게 준 인상처럼. 바로 그 허허로이 불어 온 바람이 알록달록한 낙엽 혹은 인상을 떨구거나 불러일으킬 때, 나는 비로소 스스로의 존재를 포착해 냈던 것이다.[22]

그런데 이 작품에서는 이러한 등장 인물들이 끊임없이 갈망하는 이상적인 사랑의 좌절이, 결국은 계급적 갈등과 폐쇄적 사회구조, 그리고 신체적 편견에 의한 결과인 것으로서 묘사되고 있다. 또한 등장 인물들의 삶과 죽음에 드리워진 허무와 소외 의식을 조장하는 근본적인 요인이 인간의 자기중심적인 욕망과 이기심에 있음을, 이 작품은 선명하게 드러내어 보여 주고 있다. 그것은 바로 '차별'과 '욕망'이라는 인간 생명의 근원적인 힘을 인정하면서도, 그러한 생명력을 '평등'과 '자유'를 향한 진정한 사랑의 지향으로 승화시키고자 하는 스톄성의 진지한 작가의식의 산물일 것으로 여겨진다.

---

22 《務虛筆記》(上海文藝出版社, 1996년), 347-348쪽.

결국《허구 작업 노트》는 사랑의 갈구와 좌절, 그리고 존재의 의미와 생명의식의 탐구라고 하는 두 가지 중심 축에 의해, 1950년대 이후 중국의 굴절된 역사를 살아 온 지식인들의 모습을 투영한, 작가 스톄성의 자기 해부적 소설이라고 보여진다. 작가 자신은 소설이라는 허구의 해체와 재구축의 과정을 통해 스스로의 존재 의미를 재확인하고 있는 셈이라고 하겠다. 어쩌면 그것은 문학창작과 정치적 이념, 혹은 역사의식과 종교정신까지에 대해서도 철저한 회의와 해체를 시도하는 과정을 통해, 그가 이제까지 추구해 온 진정한 삶의 의미와 생명의식의 예술적 구현을 위한 보다 적실한 창작방법을 모색하려는 노력의 일환일 수도 있으리라.

그런 의미에서 '생명의 근본'에 관한 다음과 같은 작가의 진지한 관심이, 삶에 대한 철학적 탐색과 종교정신의 구현을 추구해 온 스톄성의 문학세계에서 과연 어떠한 구체적인 창작의 결실로 이어질 수 있을 것인가를 지켜보는 일 역시, 새로운 세기를 맞이하며 그의 예술적 성과를 기대하는 우리 모두의 과제일 터이다.

> 물·녹색·평화는 생명의 근본이며, 지구의 유일무이한 아름다움과 찬란함의 근본이다.
> 그러나, 오늘날 우리의 주위에서 물·녹색·평화는 나날이 희귀해지고 있다. 오히려 증오와 전쟁이 잠시도 끊임이 없으며, 오만하고 무분별한 남성문화가 과학의 성공의 힘을 빌어 기승을 부리고 있다. …… 바야흐로 인류의 무절제한 향락으로 인해 지구상의 물은 오염되고, 삼림과 초원은 급격히 감소하고 있으며, 생태의 균형(자연계의 평화)은 인류의 광적인 개발 속에서 만회할 수 없이 파괴됨으로써 지구를 병이 들게 하였고, 더구나 병에 대한 저항과 스스로의 회복의 능력을 상실케 함으로써 병을 나날이 깊어지게 하고 있다. 물·녹색·생태의 균형이야말로 아마도 그러한 지구 자신의 면역체계일 것이라고, 나는 생각한다.[23]

23 〈隨筆三則—水 綠色 平和〉(1993년),《史鐵生作品集》제3권 302-303쪽.

6. 맺음말

1949년 신중국의 성립 이래 반세기를 맞이하면서, 중국은 기존의 사회주의 정치 체제를 유지한 채 이른바 개방개혁 정책하의 시장경제 체제를 발전시켜 나간다고 하는 거대한 역사적 실험을 지속하고 있다. 그러한 정책과 방향의 역사적 적실성은 차치한다 하더라도, 1940년대 항전기 문학의 연장선상에서 수많은 시행착오와 새로운 모색을 거듭해 온 중국 현당대문학 역시, 기본적으로는 이러한 구도 속에서 그 나름의 전개 방향을 찾아나갈 것임에 틀림이 없다. 스톄성의 문학에 관한 이해와 평가는, 그러한 현당대문학의 전개 방향을 올바르게 전망하기 위한 가늠자이다.

기존의 리얼리즘 문학을 주류로 하는 현당대문학사의 흐름이 이제 로맨티시즘과 모더니즘 혹은 포스트모더니즘까지를 아우르는 다원적인 발전 양상을 보이는 가운데, 스톄성의 문학은 분명히 그 나름의 뚜렷한 색깔을 지닌 변화를 시도하고 있는 것으로 여겨진다. 특히 항전기 문학의 핵심적인 과제였던 지식인과 민중과의 결합이라고 하는 역사적인 과제를, 단순한 사회 과학적 당위성으로서가 아니라, 작가의 개별적인 삶의 고뇌와 생명의 의미에 대한 탐색의 과정에서 종교적인 차원으로 승화시켜 나가고 있는 그의 문학은, 아마도 사회주의 이념의 발전적 극복을 위한 소중한 시도로서의 의미를 획득해 나갈 수 있을 것이다.

물론 종교적 피안의 세계는 국가나 정부의 형태를 띤 외면적인 것이 아니라, 어디까지나 인간의 내면적·정신적 영역의 이상임에는 틀림이 없다. 그러나, 그러한 종교정신 역시 인간 간의 진정한 교류와 자연과의 조화 속에서, 그리고 현실과 역사 속에서 그 진리가 구현되는 것이라는 사실 또한 분명하리라. 그렇다고 한다면, 스톄성의 문학에 내재되어 있는바 인간의 자기 중심성과 이기적 욕망을 넘어선 사랑과 자유의 공동체를 구현하려는 종교성이, 사회주의 혹은 자본주의의 틀을 넘어선 새로운 중국 역사의 장에서, 구체적인

삶의 예술적 구현의 한 방향으로서 자리 잡을 가능성은 충분히 있다고 할 수 있을 것이다.[24]

그런 의미에서, 그의 치열한 작가정신에 대한 신뢰와 건강의 유지를 전제로 한 주관적인 예상이 허용된다면, 스톄성의 문학은 금후의 중국문학사에서 종교성의 예술적 체화라고 하는 새로운 장을 펼쳐 나가는 계기가 될 수도 있을 것이다. 다음과 같은 작가 자신의 기원이, 그러한 기대를 가능케 하는 출발점이다.

> 신의 존재는 궁극적인 답안이나 궁극적인 결과에 의해 증명이 되는 것이 아니라, 궁극적인 질문과 궁극적인 관심에 의해 증명이 되는 것일 터이다. 끊임없는 고난을 마주한 끊임없는 질문이야말로, 바로 신의 현현(顯現)이다. 그 끊임없는 질문과 관심이 인간의 마음을 신성(神聖)으로 향하게 하며, 인간으로 하여금 생명에 대해 새로운 태도를 갖게 하고, 그리고 인간으로 하여금 자애로운 이상을 숭상하게 할 것이기 때문이다. …… 진정한 종교정신은 모두가 서로 통하는 것이다, 동방이건 아니면 서방이건.[25]

---

24 실제로 작가 자신 과학으로서의 정치적 이념을 넘어선 인류의 이상으로서의 종교정신에 관해서는, 1980년대 이래 분명한 인식상의 심화를 보여 오고 있기도 하다. 다음과 같은 언급이 그 일례이다. "종교정신으로서의 이상, 예를 들면 대동세계, 자유박애의 행복한 낙원, 각자가 능력에 따라 일하고 각자가 필요에 의해 분배받는다는 것 등은 과학에 기원하는 것이 아니다(그 누가 그것들의 필연적인 실현을 논증할 수 있으며, 그 누가 그것들의 실현을 단계적으로 유도해 낼 수 있을 것인가). 그것은 오직 생명에의 열애에 기원하는 것이며, 그러한 이상에의 신앙은 생명의 무조건적인 포용인 것이다." 〈自言自語〉(1988년), 《史鐵生作品集》 제2권 438439쪽.

25 〈神位 官位 心位〉(1994년), 《史鐵生作品集》 제3권 321, 322쪽.

제11장

천잉전(陳映眞) 《만상제군(萬商帝君)》의 종교성

기독교 담론의 굴절과 세속화

1. 머리말 — '기독교 신앙과 사회주의 신념'의 문제

천잉전(陳映眞, 1937-2016)은 당대 타이완의 문학계에서뿐만 아니라, 1990년대 이후 대륙과 중국어권 세계를 포함한 현대의 전체 중국 문학계에서도 주목을 받아 온 작가이다. 또한 그의 문학활동은 소설을 중심으로 산문·평론·르포르타주 등의 창작 외에도, 잡지 발행 및 사회비평 등 다방면에 걸친 문화운동과의 연계 속에서 전개되었던 만큼, 그의 문학세계를 소설 장르에 국한시켜 조망하는 것은 제한적인 시야에 머물 우려가 있다. 그러나 그의 소설에 내장된 격정적인 인간애와 역사 현실에 대한 적극적인 참여 정신, 그리고 섬세한 서정적 문체는 그를 '진정한 예술가'[1]로서 자리매김하게 하는 핵심적인 요소이다. 그 중에서도 그의 소설을 관통하는 일관된 주제인 불행한 이웃들에 대한 연대의식과 애정 속에 깃들인 좌익적 정치 이념과 함께, 그러한 현실 역사의 틀을 넘어서는 존재론적 삶의 의미 탐색 및 기독교적 종교성에 대한 규명은 천잉전의 문학사상을 심층적으로 이해하기 위한 중요한 열쇠이다.

물론 천잉전의 소설 속에서 기독교적 종교성이 집중적으로 구현되고 있는

1 姚一葦 〈姚序〉, 《我的弟弟康雄: 陳映眞小說集1》(洪範書店, 2001년판).

것은 그의 창작 초기[2] 단편들로서, 이 시기의 작품에 나타나는 지식인 주인공들의 내적 고뇌와 허무의식의 바탕에 깔려 있는 일종의 종교적 참회의식은 역사 현실의 모순에 대한 저항의식과 함께, 천잉전의 문학세계를 관통하는 두 축을 이루는 원형 구조라고 할 수 있다. 그리고 이에 관한 기존 연구 중 천잉전 초기 문학의 특징을 '기독교 신앙과 사회주의 신념 사이의 사상적·정감적 긴장과 갈등'의 구조로 파악하는 자오강(趙剛)의 관점은 매우 시사적이다. 또한 이러한 분석의 틀에서 흥미로운 것은 소설 속에 구현되고 있는 천잉전의 '좌익사상'이 마르크스주의보다 더욱 중층적인 의미를 지니는 '인도주의적 사회주의'일 수 있는 요소의 하나로 '기독교(특히 해방신학)와의 깊이 있는 대화'를 꼽고 있다는 점이다.[3]

그러나 주지하는 바와 같이, 인도주의를 매개로 한 사회주의와 기독교의 조화라는 관점은 마르크스주의에서 비판·부정될 소지가 있을 뿐만 아니라, 기독교에서도 그 종교적 본질인 신성성의 범주에서 적지 않은 논란을 불러일으킬 수 있는 문제점을 내포하고 있다. 그러므로 이와 관련한 천잉전 문학 내에서의 마르크스주의와 기독교의 관계에 관해서 자오강 역시 다음과 같은 단서를 달고 있음은 주목할 필요가 있다.

> '예수'와 '마르크스'는 청년 천잉전에게 있어, 줄곧 서로 충돌하지 않고 서로 어긋남이 없이 정의·평등과 해방을 추구할 수 있는, 모두가 그의 '채찍과 랜턴'이었다. ……
> 지극한 진심을 간직하고 예수를 앙모하면서, 그러나 동시에 또한 지극히 진정으로 마귀에게 공감을 하는 …… 그것이 천잉전 종교 사상의 특징이다. 그리고 그 특징을 달리 표현하면, 그것은 곧 천잉전의 기독교와 좌익 사이

2 이하 소론에서의 陳映眞의 소설 창작 시기 구분에 관해서는, 趙剛의 다음과 같은 3단계 관점을 참조하기로 한다. 초기(早期): 寓言 시기(1959-1965), 중기: 사회비판 시기(1966-1982), 후기(晚期): 역사 시기(1983-2001). 趙剛, 《左眼臺灣: 重讀陳映眞》(北京大學出版社, 2016년판), 6쪽 참조.

3 趙剛, 《左眼臺灣: 重讀陳映眞》, 5쪽 및 趙剛, 〈青年陳映眞: 對性' 宗敎與左翼的反思〉, 《陳映眞: 思想與文學學術會議》(新竹交通大學, 2009년), 59-60쪽 참조.

에서의 몸부림이었다.[4]

여기에서 '예수'와 '마르크스' 및 '마귀' 이미지의 동시 병치에 의한 개성적인 논리 전개의 적절성 여부에 대한 논의는 차치하더라도, 기실 이러한 '천잉전 종교 사상의 특징'은 구체적인 역사 현실 속에 개입하는 신의 섭리에 대한 문학적 탐색의 계기가 될 수도 있지만, 다른 한편으로는 기독교적 종교성의 보다 심층적인 구현에 일정한 한계 요인이 될 수도 있으리라는 것이 소론의 기본 입장이다. 즉 천잉전의 문학 속에서의 기독교와 마르크스주의와의 긴장된 동거는 '절망 속의 희망'(존재의 결핍과 절망을 통한 종교적 구원에의 소망)이 아니라, '희망 속의 절망'(현세의 생명력의 추구를 통한 현실 악에의 침잠)에 이르는 길일 수도 있다는 관점인 것이다.[5] 그리고 이러한 천잉전 문학의 종교 사상적 특징과 동시에 한계는 그의 초기 소설에서뿐만 아니라 그의 창작 생애 전반과 관련된 성격이며, 그 한 예로 거론할 수 있는 작품이 바로《만상제군(萬商帝君)》(1982)이라고 생각된다.

우선 천잉전의 이른바 '워싱턴 빌딩(華盛頓大樓)' 4부작 중 마지막 작품인 중편소설《만상제군》은 기독교적 종교성의 구현이라는 각도에서 살펴볼 때, 그의 초기와 후기 소설 창작을 매개하는 위치에 있는 작품이다.[6] 그리고 이 작품의 기본 줄거리는, 린더왕(林德旺)이라는 농촌 출신의 한 젊은이가 타이베이의 미국계 다국적 기업에서의 '성공'과 '출세'를 위해 안간힘을 쓰지만, 결

4 趙剛,〈青年陳映眞: 對性, 宗教與左翼的反思〉,《陳映眞: 思想與文學學術會議》, 120 및 124쪽.

5 여기에서의 절망과 희망의 종교적 의미에 관한 관점은 도스토옙스키와 魯迅의 문학 정신에 관한 劉小楓의 비평에 근거하고 있다. 졸고,〈中國 現代文學 批評의 宗敎性—劉小楓의 基督教 批評 談論을 中心으로〉,《중국어문논총》24집(중국어문연구회, 2003년) 참조.

6 《萬商帝君》은 1982년 12월《現代文學》復刊 9기에 발표되었다. 작가는 이 작품을 통해 "다국적 기업 하의 문화, 민족적 정체성, 인간 소외 등의 문제"를 검토하고자 했다고 하지만, 이 작품에 관한 기존 평론계의 평가는 그다지 긍정적이지 않았다. 예를 들면 呂正惠는 "《萬商帝君》의 결함은 매우 많지만, 그 중의 하나는 너무 경제 논문 같고 소설 같지가 않다는 점이다. 이것은 陳映眞의 최대 '비극'이다. 이 '비극'은 陳映眞이 점차 '각성'—점차 주관적 소설가에서 객관적 소설가로 변화되고 싶어 하면서 점점 더 분명하게 드러나게 되었다."고 혹평하기도 하였다. 呂正惠,〈從山村小鎭到華盛頓大樓—論陳映真的歷程及其矛盾〉,《文星》1987년 106기 참조.

국 치열한 경쟁 사회 속에서 소외·도태된 끝에 미쳐 버리고 마는 이야기이다. 그런 의미에서 이 작품의 기본 주제는 다국적 기업으로 상징되는 글로벌 자본주의 체제에 대한 구조적 비판의식에 있다. 아울러 그러한 다국적 자본주의 근대화에 대한 비판적 대항 담론으로 제시되고 있는 것이 바로 사회주의적 이념 혹은 마르크스주의의 근본 정신으로서의 '인도주의적 사회주의' 정신이라고 할 수 있다. 그리고 그러한 주제의식과 관련하여 작품에서 암시되고 있는 것이 기독교의 '해방신학' 담론이다. 따라서 자오강은 이 소설을 천잉전의 초기소설에 대한 '종교와 좌익 주체의 도덕 차원'이라는 분석틀의 연장선상에서, 타이완의 현실 '체제 교회'에 대한 애증 및 제3세계 '해방신학'론의 실천적 과제와 관련한 '저항 주체의 문제의식과 신념 면에서 중심 역량을 상실한 채 추락'한 비극적 작품으로서 분석하고 있다.[7]

소론 역시 이러한 분석 내용의 타당성에 대해서는 대체적으로 동의하지만, 그러나 이 작품에 함유된 종교성의 의미 분석의 측면에서 본다면, 이 작품의 비극적 결말은 오히려 기독교적 구원의식에 대한 일정한 지향성과 그 당위성이 구현된 것으로 해석되어야 한다는 입장이다. 그리고 그러한 관점은 바로 '사회주의 신념과 기독교 신앙'이라는 천잉전 문학 비평 틀의 적절성에 대한 비판적 재검토를 통해, 타이완 당대문학에 구현되고 있는 기독교 담론의 특징과 그 의미를 좀 더 심층적으로 탐색하기 위한 작업의 일환으로서의 성격을 띠고 있다. 이러한 논지의 구체적인 논술을 위해, 이하 작품에 등장하는 주요 인물들의 성격 분석 및 그 종교성 구현의 양상을 검토해 나가기로 한다.

2. '가난한 이웃'과 글로벌 자본주의

먼저《만상제군》의 주요 갈등 구조는 미국계 다국적 기업인 타이완 모페이무

7 趙剛, 〈青年陳映眞: 對性, 宗教與左翼的反思〉, 《陳映眞: 思想與文學學術會議》, 118-120쪽 참조.

(莫飛穆, Moffitt & Moore)라는 회사 내부에서의 기업경영 방침을 둘러싼 본토 실무형의 외성인 매니저 천자치와 미국식 관리형의 본성인 류푸진(劉福金) 사이의 계파 간 알력 투쟁을 한 축으로 전개되고 있다. 그러므로 이 작품의 주인공 린더왕의 비극적 파멸 역시 그러한 글로벌 자본주의의 물질적 풍요 지향 과정에 내재된 인간성 파괴와 타이완 전통 사회 및 농촌 경제의 붕괴를 상징하는 단면이라고도 볼 수 있다. 다른 한편으로 이 작품 속에서는 그의 뒷바라지를 위해 젊음을 희생해 가며 고향의 민간신앙 도교 사원에서 여도사의 옷을 입고 점을 쳐 주고 있는 누이, 그리고 회사 안에서 비서직을 담당하며 린더왕에게 따뜻한 연민의 정을 간직하며 전도를 하려는 독실한 기독교도 리타(Rita)가 등장한다. 그밖에 작품 속에 직접 등장하지는 않지만, 리타의 여고 동창생이면서 현재 남미에서 수녀를 하고 있는 것으로 추측이 되는 충(瓊)이라는 인물이 이 작품의 종교성 담론과 관련한 상징성을 띠고 회상되고 있다.

그런데《만상제군》에서 천잉전의 작품세계를 관통하는 '기독교 신앙과 사회주의 신념' 사이의 갈등 혹은 접점의 구도를 이루는 핵심은 '가난한 이웃'에 대한 개념이다. 여기에서 먼저 사회주의 및 마르크스주의에서의 '가난한 이웃'의 개념 및 그 지향점은 물질적 빈곤과 계급적 갈등의 극복에 있다. 그러므로 마르크스주의의 궁극적인 목표는 물질 세계의 본질을 이루는 경제구조의 변혁과 계급투쟁에 의한 인류 해방에 주어져 있다. 이에 비해 기독교에서의 '가난한 이웃'의 범주와 '이웃 사랑'이라고 하는 과제는 '하나님을 사랑하고 이웃을 사랑하라'는 인간에게 주어진 계명이자, 그 법을 지키는 백성들에게 대한 구원의 약속이었다.[8] 그러므로 기독교의 성경에서의 '가난한 자'에 대한 개념은 현실 세계의 물질적 가치와 계급적 갈등의 구조에 국한되지 않는다.[9]

8 이재서, 〈기독교의 이웃 사랑과 그 실천 신학적 의의〉,《신학 지남》69(1)(2002년), 310쪽 참조.

9 실제로 구약에서 '가난한 자'라는 말은 "진정한 하나님 백성 또는 의의 특성을 강조하는 표현법"으로서, "하나님의 뜻에 순종하여 살기 때문에 현실적으로 무기력하고 무능한 존재가 된 상태"를 가리킨다. 그러므로 이 말은 "오직 하나님만의 도움을 바라는 겸손한 자"를

이러한 각도에서 살펴보면, 《만상제군》에서 천잉전의 초기 작품 이래 나타나는 복합적인 기독교 종교성의 구현 양상을 함축적으로 내장하고 있는 인물은 린더왕이다. 린더왕은 이 작품 속에서 글로벌 자본주의의 현세 악을 상징하는 타이완 모페이무 다국적 기업에서 철저하게 소외된 끝에 처참하게 자멸하는 희생양적인 인물이다. 그런 의미에서 린더왕은 기독교에서 신의 은총과 구원의 손길을 절실하게 기다리는 가난하고 병들어 고통받는 이웃을 상징한다. 실제로 이 작품에서 기독교의 복음을 전파하는 메신저로서의 역할을 담당하고 있는 리타가 처음 등장하는 장면에서, 린더왕에게 그녀가 전해 준 복음 전도지(福音單張)의 성경 구절 "수고하고 무거운 짐 진 자들아 다 내게로 오라(凡勞苦背重擔的人, 到我這裏來)"(마 11:28)는 종교적 메시지를 둘러싼 대화는 매우 상징적이다.

> "리타, 저 세관에 갑니다." 린더왕이 말했다. "천(陳) 매니저가 물으시면, 일하러 갔다고 말해 주세요."
> "네."
> "그리고, 리타," 그가 말했다. "수고하고 무거운 짐 진 자들아 다 …… 저는 구원을 받을 거예요."
> "주님 감사합니다!"
> 리타의 눈이 빛났다. 기묘한 구원의 은총! 그녀는 린더왕이 말 잘 듣는 어린 아이처럼 사무실을 나가는 것을 눈으로 배웅하고 있었다. 온 사무실에서, 오직 리타만이 그녀의 기독교도로서의 자애와 어진 어머니의 심정으로, 이유는 모르겠지만, 그러나 린더왕의 마음속 깊은 곳에 감춰져 있는 말로 할 수 없는 비통함, 중압과 상처를 분명히 느끼고 있었다.—놀라운 구원의 은총 ……[10]

물론 이 작품 속에서 작가가 이 린더왕에게 부여하고 있는 인물 성격은 동

의미하기도 한다. 렘 20:13 '가난한 자'에 관한 《오픈II 주석성경》(아가페 출판사, 1995년), 1083쪽 주석 참조.

10 陳映眞, 《萬商帝君》, 《萬商帝君: 陳映眞小說集 4》(洪範書店, 2001년판), 144쪽.

정과 풍자가 뒤섞인 입체적인 형상이다. 린더왕은 리타가 건네 준 전도지들을 '오른쪽 첫 번째 서랍 안'에 '가지런히 보관'하고 있었지만, 이 '수고하고 무거운 짐 진 자'라는 예수의 부름을 맹자(孟子)가 말한 "하늘이 장차 큰 임무를 이 사람에게 내릴 것이다(天將降大任於斯人也)"라는 부류의 사람쯤으로 간주한다. 그리하여 "반드시 먼저 그 신체를 힘들게 하고, 그 의지를 괴롭게 한다(必先勞其筋骨, 苦其心志)"[11]는 구절을 연상한다. 다시 말해서 기독교도인 리타의 눈에는 신의 구원의 손길을 갈망하는 상처 입은 절망적 상황의 이웃으로 느껴지고 있었지만, 정작 린더왕 자신은 하늘이 대임(大任)을 맡기기 위해 스스로를 단련시키고 있는 것으로 받아들이고 있었다는 것이다. 그리고 이 장면은 사실상 이 작품의 갈등 구도 전개 및 종교성의 주제의식 구현의 측면에서 복합적인 의미망이 중첩된 부분이기도 하다.

먼저 린더왕의 의식 속에서 떠오른 이 유가적 경구는 그 자신이 직면해 있는 이 회사 내에서의 곤경과 소외의 상황을 일종의 아Q식 '정신 승리법'에 의해 해소 내지 호도하는, 그리하여 이 인물에 내재된 비극적 페이소스를 더욱 증폭시키는 기능을 수행한다. 린더왕은 지금 이 회사에서 거의 아무 쓸모도 없는 무능력하고 어리석은 잉여 인물로 취급되고 있는 형편이다. 그런 그가 이 살얼음판같이 치열하고 각박한 다국적 기업에서, 더구나 그중에서도 가장 야심차고 냉혹한 영업부 매니저 천자치(陳家齊) 밑에서 노예적인 굴종과 충성을 다하는 것은 물론 그 나름의 생존 본능과 이해타산을 위한 선택이었다. 그러나 천자치는 그런 린더왕을 철저히 무시하며 노골적으로 그 무능을 힐책하고 있는 입장이다. 그러므로 천자치로부터의 그러한 모멸을 오히려 자신을 단련시켜 새로운 매니저로 승진시키려는 위장 제스처로 해석하는 린더왕은 무모하고 아둔한 인물이지만, 그것은 기실 그만큼 스스로의 절박한 처지와 곤경에서 벗어나려는 필사의 발버둥이기도 했던 셈인 것이다. 결국 린더왕은 자신에 대한 질병을 의심하는 천자치의 질책대로 서서히 정신병 발작 증세의

11 "故天將降大任於是人也, 必先苦其心志, 勞其筋骨, ……"《孟子: 告子下》. 여기에서는《四書章句集注》(臺大出版中心, 2016년판), 487쪽에 의함.

늪으로 빠져들어 가게 된다.

그렇다면 이러한 인물 성격의 설정을 통해 작가는 유가적 예교윤리와 통치이념, 그리고 그와 관련된 가족관계 및 현세적 가치관 등에 관한 어떠한 메시지를 전달하고자 하였을까. 여기에서 우선 린더왕이 받아들이고 있는 대임을 위한 고난의 감내란, 결국 유가적 가치의 궁극적 이상인 '치국평천하(治國平天下)'의 규정에 종속되기 위한 개체 인격의 수양 논리로서 해석될 수 있다.[12] 그리고 그러한 유가적 가치관을 근대 자본주의 체제와 연결시킨다면, 그것은 곧 자본주의적 경제 구조 혹은 그 연장선상에서의 국가 사회에의 자기 일체화라고 하는 행위 규범이 성립될 수 있겠다. 그런 의미에서 다국적 기업이라는 자본주의적 경제 구조에의 편입을 향한 환상을 통해 '나는 구원받게 될 것'이라고 한 린더왕과 이를 기독교적 영혼 구원에 대한 믿음으로 받아들인 리타의 대화는 일종의 아이러니한 어긋남의 효과를 나타낸다.

물론 근대 산업혁명 이후 프로테스탄트 윤리와 금욕주의적인 소명 의식 및 구원론이 자본주의 발전에 중요한 동력을 제공하였다는 막스 베버의 이론을 염두에 둔다면, 이 작품에서 글로벌 자본주의의 다국적 기업 내에서의 갈등 구조가 기독교적 종교성의 범주와 전혀 무관하다고는 할 수 없다.[13] 이러한 각도에서 본다면, 이 작품에서 린더왕이라는 인물의 설정을 통해 작가가 제기하고자 한 문제의식은 아마도 전통 유가사상과 관련된 유교적 예교윤리와 가족 관계, 그리고 그와 관련된 자본주의적 경제 구조하에서의 과도한 경쟁 체제와 출세 지향적 가치관, 아울러 기성 기독교 교회에서의 프로테스탄

---

12 이러한 유가적 가치 체계의 근대적 혁명 담론에의 계승 관계 및 그 전개 양상의 특징과 관련해서는 劉小楓, 《儒家革命精神源流考》(上海三聯書店, 2000년판), 70쪽 참조.

13 실제로도 신자유주의 경제체계 하에서 자본주의의 고도화 발전에 따른 '물질만능주의, 경쟁주의, 양극화 현상' 등 '기술만능주의와 황금만능주의가 결합한 21세기 바벨탑 쌓기'의 한 표본으로서, 거대한 다국적 글로벌 기업들 내부에서의 직원들에 대한 일종의 '종교화'되어 가는 기업 가치관의 주입과 통제 현상이 거론될 수 있을 것이며, 그러한 폐해는 기성 기독교 교회의 세속화를 야기하는 시대적 배경이었다고 할 수 있다. 김은정, 〈현대 자본주의 사회에서 프로테스탄트 신앙회복 필요성 고찰: 막스 베버 사상을 중심으로〉2014년, 총신대학교 교육대학원 석사학위논문, 49쪽 참조.

트 윤리의 변질과 세속화 현상 등에 대한 중층적인 비판에 놓여 있었다고 여겨진다. 그러한 의미에서 이 다국적 기업인 모페이무 회사를 자신의 인생 목표와 동일시하면서, 그를 통해 본인의 농촌 출신 배경과 가족관계와의 단절을 다짐하는 린더왕의 다음과 같은 모습은 이 인물에 대한 작가의 동정과 함께 비판적 시선을 함께 느낄 수 있는 대목이다.

> 만약 그더러 타이완 모페이무를 떠나라고 한다면, 그는 차라리 곤두박질로 7층에서 떨어져 이 궁전같이 우뚝 서 있는 워싱턴 빌딩에서 떨어져 버릴 터였다. 냉방, 카펫, 아름다운 사무용 책걸상, 아름다운 사람들 …… 그 모든 것은 '성공'과 '출세'의 상징이었던 것이다. 그는 화장실 안에서 혼자 눈물을 흘리면서, 혼자서 스스로를 위로하고 혼자서 웃었다. 그는 성공하기로 결심하였다. 타이완 모페이무를 떠난다면, 그에게는 더 이상 시골 부모의 저 거칠고 힘겨운 삶과 단칼로 갈라설 더 좋은 기회는 없게 될 터였다.[14]

물론 이러한 인물 형성의 성장 배경에서 거론될 수 있는 농촌경제의 피폐, 전근대적 예교 윤리와 가족의 해체, 열악한 교육 문화 환경 등 린더왕으로 하여금 각박한 도시에 집착하게 하는 요인은 충분히 고려되어야 할 사항이다. 특히 궁핍한 가계로 인해 어쩔 수 없이 어린 나이에 채무자에게 빚 대신 양자로 넘겨져 폭력적 억압과 고독 속에서 지내야 했던 유년 시절의 정신적 상처, 그리고 무엇보다도 온갖 궂은일로 집안의 가계를 꾸려 나가며 동생의 뒷바라지와 병원비를 위해 자신을 희생해 오고 있는 누이 쑤샹(素香)과의 결별과 그녀에 대한 부채 의식은 린더왕으로 하여금 결국 돌아갈 집이 없이, 이 냉담한 고립무원의 대도시 속에서 구차하게라도 살아갈 수밖에 없게 하는 결정적인 요인들이었던 것이다.

아울러 여기에서 흥미로운 것은 이 다국적 기업에서 가장 유능하고 적극적으로 업무에 자신을 투여하는 영업부 매니저 천자치의 경우 역시, 개인적

---

14 陳映眞,《萬商帝君》, 141-142쪽.

으로는 유가적인 전통 가정에서의 성장 배경과 가치관을 지닌 인물로 설정되어 있다는 점이다. 특히 그는 상하이(上海) 본적의 외성인으로서 퇴역 장군인 아버지의 엄격하고 혹독한 가정 훈육 하에서 성장하고, 3년간의 미국 유학 후에도 '국가에 보답하라(報效國家)'는 아버지의 명령에 따라 귀국을 할 만큼, 결국 그에게 '깊이 존재하는 종족(宗族)의 정감과 애국 충당(愛國忠黨)의 마음'은 그의 헌신적인 업무 태도를 가능케 하는 원동력이었다는 점도 간과될 수 없는 측면이라 하겠다. 그러므로 그에 대한 '서양 주인들이 오고 가며 서너 차례 이동이 되었으나', 이 회사의 '중견 초석'으로서 '단단한 역량을 스스로 이루었다'는 평가는, 그러한 유가적 가치관 및 가족 관계와 무관하지 않은 결과였던 셈인 것이다.[15]

이러한 복합적인 관계망을 고려한다면, 이 글로벌 자본주의의 다국적 기업을 둘러싼 인물 형상들을 이끌어 나가는 의식 형태 속에는 유가적 가치관과 가족 관계, 또한 도교적 민간신앙과 생존 환경, 그리고 기독교적 신앙의 공동체 의식 등이 중층적인 공생 관계, 또는 전략적 제휴와 충돌 속의 관련성을 형성하며 고도 자본주의 근대성의 현세적 생명력을 확장·심화시켜 나가고 있었다고 할 수 있다. 그리고 그 근대화의 흐름 속에서 주변부에 위치하는 계층은 점차 가족의 해체와 더불어 생존의 기본 권리와 가능성을 박탈당하며 소외·도태되어 갈 수밖에 없음을 이 작품은 '가난한 이웃'인 비극적 인물 린더왕을 통해 심도 있게 보여 주고 있는 셈인 것이다.

3. 기독교적 사랑 — '작은 천사' 리타(Rita)

이 작품 속에서 구현되고 있는 종교성 가운데 그 중심 축을 형성하고 있는 기

15 《萬商帝君》, 149-150쪽 참조.

독교의 신앙과 사랑을 전파하는 인물은 리타 류(劉)이다. 업무부 매니저 천자치의 여비서인 그녀는 어떻게 보면 광야와 같은 이 타이완 모페이무 기업에서 신의 구원이 가장 절실한 린더왕에게 신의 손길을 인도하여 주려는 매개자, 복음의 메신저로서의 역할을 담당하는 인물이다.

> 리타는 업무부 천(陳) 매니저의 비서였다. 하지만 그녀는 회사의 여느 비서들과는 달랐다. 그녀는 여태껏 화장을 한 적이 없으며, 아양을 떨고 교태를 부리거나, 어리광을 떨며 말하는 법이 없었다. 서른 남짓이었지만, 사람들은 그녀를 '오바상(奧巴桑)'이라고 불렀다. 그녀는 사람됨이 겸손하고 온화하며, 일은 열심이고, 하루 종일 거의 일 편집광에 가까운 천 매니저와 씨름을 하였다. 그러나 그녀는 아무리 바쁘더라도 항상 기회를 잡아 그녀가 느끼기에 복음이 절실히 필요한 사람에게 전도지를 보내는 것을 잊지 않았다.[16]

리타라는 인물이 처음 소개되고 있는 이 부분에서, 그녀의 여성으로서의 성적 정체성과 잠재적 정욕에 관한 묘사는 중요한 함의를 지닌다. 그것들은 리타가 간직한 신에 대한 사랑이 인간의 자연적인 본성으로서의 정욕을 뛰어넘는가의 종교 신앙의 본질적인 사랑의 내용과 관계되기 때문이다. 우선 위 대목에서 서른 남짓한 미혼 여성이 화장을 하지 않고, 남들에게서 '오바상(아주머니)'이라고 불리는 것은 아무래도 여성으로서의 아름다움 또는 성적 매력의 결핍으로 받아들여지기 십상이다. 그런 면에서 사람됨이 겸손·온화하고 일을 열심히 하며 정성껏 전도를 하는 그녀의 모습은 자신의 여성으로서의 성적 매력의 결핍을 보상받기 위한, 혹은 자신에게 잠재된 대체 능력을 발휘함으로써 무의식적인 복수 욕망의 대리 만족을 찾으려는 것으로 비칠 수도 있다. 여기에서 다소의 확대 해석이 허용된다면, 이러한 그녀의 신앙 전도의 모습은 바로 니체가 지적했던바 기독교도의 심층심리에 내재된, "근본적

---

16 《萬商帝君》, 139쪽.

으로 행위 차원의 복수를 할 수 없는 무력한 자들이 품는 상상의 복수"로서의 '노예 도덕의 계보'인 '원한'[17]의 표출일 수도 있을 것이기 때문이다.

그러나 이 작품 속에서 기독교도 리타의 종교 신앙과 용모에 대한 복합심리는 작가에 의해 매우 섬세하게 그려지고 있다. 작품의 후반부에서 회사를 무단결근하고 있는 린더왕의 집을 찾아가는 철도 건널목에서의 "주여 감사합니다, 그녀는 생각했다. 하나님께서 제게 이런 용모를 주셨으니, 하나님 말고, 제가 누구의 사랑받기를 원하겠습니까?"[18]와 같은 자기 고백이 그 한 예이다. 결국 이 작품 속에서 그녀의 이웃 사랑은 자연 본성적인 에로스적 영역을 넘어서서, 신과의 일체화를 향한 아가페적 영역에의 고양 가능성을 간직하고 있었다고 해야 할 것이다. 그리고 이러한 그녀의 종교적 사랑의 성결함을 구축해 나가기 위한 성장 과정의 동반자로 설정된 인물이 바로 충(瓊)이라는 동창생이었던 것이다. 이 작품 속에서 충은 리타의 추억으로만 회상될 뿐 현실로는 등장하지 않지만, 그녀는 기실 리타의 기독교 신앙과 이웃 사랑이 예수의 사랑을 통한 구원에 이르도록 하는 신앙 성장의 매개적인 인물, 혹은 자아의 결핍을 채워 주는 상상의 분신 같은 인물이다.

> 그녀가 예수를 믿게 된 것은 바로 충(瓊), 그녀의 소녀 시절 가장 절친했던 친구의 인도에 의해서였다. 충은 키가 늘씬하고, 피부는 좀 검었지만 윤택하고 섬세했다. 그러나 다소 검은 충의 피부는 그녀의 크고 아름다운 눈을 유난히 크고 아름답게 보이게 했으며, 그녀의 도톰한 소녀의 입술을 유난히 도톰하게 보이게 했다. 충의 학과 성적은 좋아서, 줄곧 그녀와 번갈아 가며 반의 1등을 하였다. 그 시절 충은 얼마나 아름답고 순결했으며, 그녀들이 서로 알게 된 여고생에게만 세를 내주는 그 아파트에서, 그녀들은 깊은 밤의 침대가에 무릎을 꿇고 사랑스럽게, 간절하게, 동시에 그녀들의 마음속에 포도 빛깔 머리와 수염, 준수하고 우수에 차 있으면서도 부드럽고 다정하게 간직된 예수 그리스도를 향해, 그녀들의 한 마음의 경모를 기도했던

17 백승영, 《니체 도덕의 계보》(서울대학교 철학사상연구소, 2005년판), 60-61쪽 참조.
18 《萬商帝君》, 213쪽.

> 것이다. "주여, 오, 나의 주, 저로 하여금 당신을 더욱 사랑하게, 당신을 더욱 깊이 사랑하게 하여 주소서 …… " 그녀는 충의 간절한 기도 소리를 들었다. 그녀의 목소리는 그토록 따사롭고, 그토록 부드러워, 그녀는 저도 모르게 눈을 떠 옆방의 충이 서로 맞잡은 자신의 두 손을 그녀의 그 부드럽고 풍만한 가슴 앞에 꼭 기대고 있는 모습을 보았다.[19]

이러한 회상 장면에서 느껴지는 여고생 시절의 섬세한 감성과 에로스적 숨결, 예수 그리스도를 향한 풋풋한 연모의 정은 어떻게 해석될 수 있을까. 이 부분은 아마도 잠재적인 에로스의 충동이 종교적 아가페의 단계로의 승화 과정, 말하자면 독실하고 순결한 소녀 간에 이루어지는 종교적 감정 속에 잠재된 우정과 정욕의 혼융 상태로부터 진정한 예수 그리스도의 구원의 사랑을 향한 성화의 계기로서의 그려진 장면으로 생각된다.[20] 그것은 달리 말하면, 기독교의 신앙에서 "감성적 개체의 본연적 정감으로 하여금 그 본연적 상태의 한계를 뛰어넘게 하기 위해" 먼저 요구되는 '하느님 사랑'에의 고양 과정이기도 했던 셈이리라.[21] 실제로 두 사람은 대학 진학 후 이러한 여고 시절의 우정과 감성적 신앙 형태로부터의 결별을 겪는 것으로 작품은 전개되고 있다. 그리고 그러한 설정은 이 작품의 주제의식의 하나인 진정한 기독교적 사랑, 신의 구원의 은총을 향한 여정의 탐색으로 이어지게 된다.

특히 작품의 제5장 '작은 천사'라는 제목의 도입부, 회사를 무단결근하고 있는 린더왕의 집을 찾아나서는 리타의 모습은, 그녀가 몰고 있는 선홍색 작은 오토바이 '작은 천사'만큼이나 밝고 산뜻하며 주위에 기쁨을 전파하는 독실한 기독교도의 이미지가 아름다운 풍경화처럼 전해져 온다. 그러나 이어지는 장면에서 그녀가 마침내 찾아낸 린더왕이 사는 곳은 그녀가 이제껏 별

19 《萬商帝君》, 210-21쪽.

20 실제로 이 작품 속에서 묘사되고 있는 리타와 충(瓊) 사이의 이러한 내밀한 애정과 신앙의 공유 관계에 관해서는, 陳光興도 분석하고 있는 바와 같이 '준수한 예수를 매개로 한 동성애'로 해석될 만큼 미묘한 에로스적 요소가 잠재되어 있는 것도 사실일 것이다. 陳光興, 〈陳映眞的第三世界: 狂人/瘋子/精神病篇〉, 《陳映眞: 思想與文學學術會議》, 263쪽 참조.

21 劉小楓, 《拯救與逍遙(修訂本)》, 273쪽 참조.

로 보지 못한 '낡고, 음침하고, 썩은 냄새가 풍기는 곳'이었다. 그리고 그녀는 이웃집 아낙네로부터 린더왕이 오래 전부터 밤이고 낮이고 큰소리로 혼잣말을 하며 머리가 돈 것 같다는 이야기를 전해 듣게 된다. 또한 그녀가 린더왕의 방안에서 발견한 것은 벽이고 침상 기둥이며 창문에 온통 붙어 있는, 'MANAGER(매니저)'라는 글자마다 그 밑에는 몇 줄이고 '검붉은, 피와도 같은 굵은 선'으로 겹쳐 칠해진 신문 구인 광고 스크랩이었다.

치열한 경쟁과 비인간적인 억압이 끊이지 않는 다국적 기업에서의 극단적인 소외가 마침내 농촌 출신의 한 젊은이를 비정상적인 집착과 위기감 속으로 몰아넣고 있었던 것이다. 물론 그간의 경위와 사정을 모르는 그녀에게는 도무지 이해가 되지 않는 그 광경 속에서, 그녀의 눈에 띈 것이 바로 아래층 침상 천장에 붙어 있는 '제군태자 린더왕 화상(帝君太子林德旺繪像)'이란 글귀가 씌어 있는 그림이었다. 그리고 '태사의(太師椅)' 같은 의자에 양복을 입고 넥타이를 맨 한 젊은이 그림의 머리 후광 가에 씌어져 있는 영어 문자는 'MANAGER'라는 주문 같은 글자였다. '작은 천사' 리타는 그 순간 걷잡을 수 없는 당혹과 비통함에 빠져 든다.

> 그녀는 한껏 치켜 올려다 보던 머리를 내렸다. 그녀의 마음속에는 비통함이 가득했다. 그녀는 기도를 하고 싶었다. 그래서 그녀는 똑바로 앉아서 머리를 숙였다.
> "오 주, 나의 하나님, 오, 주여……" 그녀는 웅얼웅얼 말했다. 그녀는 무슨 말을 해야 할지 몰랐다. 왜냐하면 오직 감각에만 의지해서 발견해 낸 린더왕의 모든 슬픔과 고통의 내함을 그녀는 전혀 이해할 수 없었기 때문이었다. 그녀의 꼭 쥐고 기도하던 두 손이 식어 왔으나, 그녀의 가슴은 답답하고 뜨거운 무엇인가로 꽉 막혀 있었다. "오, 주여," 그녀는 신음을 하며 쉼 없이 되풀이했다. "오 하나님, 자비하신 아버지…… " 그녀는 울고 싶었다. 눈물로 그녀의 번민과 쓰라림을 깨끗이 씻어내게 하고 싶었다. 하지만 그녀는 눈이 뜨거운 느낌만 들 뿐, 아무리 해도 눈물은 흘러 나오지 않았다. "주여, 저희를 불쌍히 여겨 주소서……" 그녀는 애원하듯 말했다.

그녀는 묵묵히 침상가에 앉아 있었다. 아기가 옆집에서 왜 그런지는 모르지만 원망스레 우는 소리가 들렸다. 그녀는 이것이 자신에게 여간해서 일어나지 않는, 하나님과 교통이 되지 않고, 하나님이 들어 주시지 않는 기도라는 것을 알고 있었다. 틀림없이 무엇인가 잘못된 거야, 그녀는 생각했다, 그녀는 문득 충(瓊)의 말이 생각났다.

"수많은 세상의 고난을, 우리 여기의 교회와 신도들은 전혀 이해를 못하고 있어."[22]

그녀는 결국 간절한 애원에도 불구하고 끝내 응답을 받지 못한 기도 끝에 그 집을 나선다. 그리고 그때 계단참에서 긴 의자에 엎드려 공부를 하고 있던 이웃집 여가애가 문득 "아줌마 안녕!"이라고 건네는 인사에 갑자기 눈물이 흘러내리는 것이었다. 그녀는 여러 해 동안 없었던 비통한 마음으로 충을 그리며 그 음침한 계단을 한 걸음씩 내려가고 있었다. 아마 천잉전의 이 작품 가운데 가장 인상적일 이 장면은 결국 이 시기 작가를 억누르고 있던 시대적 위기감과 종교의식, 그리고 작가로서의 무거운 책임감이 이 선량하지만 연약한 기독교도 리타라는 인물에게 투영된 순간이었으리라. 그리고 이 순간 '작은 천사' 리타의 모습을 통해 작가가 표현하고자 한 것은 "네 이웃을 네 몸과 같이 사랑하라"는 기독교의 언명에 담긴 실존적 신앙의 결단, 그리고 이웃의 고난에 동참하기 위한 종교적 신앙 체험의 확장의 문제였을 것으로 생각할 수 있다. 그러므로 그녀가 응답받지 못한 기도의 무거운 마음으로 계단을 내려서는 순간, 가난한 이웃집 어린 소녀의 티 없이 맑은 '아줌마 안녕'이라는 음성에 눈물이 터져 나온 것은, 바로 '선량하고 독실한' 그녀의 영혼에 들려온 또 다른 '작은 천사'의 입을 통한 신의 위로와 격려의 목소리였을지도 모르겠다.

22 《萬商帝君》, 221쪽.

4. 현세 악의 짐과 해방신학론

이 작품에서 충이라는 인물이 리타의 회상 속에서만 등장하고 배경으로 사라져 가는 작품 전개는, 리타가 스스로의 내부에 잠재해 있는 자연적 본성으로서의 정욕, 특히 여성으로서의 정체성과 결핍감을 극복하기 위한, 그리고 원죄를 짊어진 인간으로서의 자기 중심적 이기성과 교만으로부터의 해방을 위한 종교적 성화의 과정이었던 셈이다. 아울러 기독교에서의 이러한 성화의 과정은 단순한 개인의 인격 수양이나 도덕률에 의한 자기 억제로서가 아니라, 예수 그리스도의 자기 희생에 의한 인간의 구속과 영원한 생명에의 은총을 받아들임으로써, 비로소 자연적 본성으로서의 애욕의 굴레와 현세 악의 법칙에서 벗어나고 이겨 낼 수 있는 것임을 확인할 필요가 있다. 그 과정은 바로 사도 바울이 제시했던 믿음·소망·사랑의 일체에 대한 요청, 즉 "인간의 사랑은 오직 소망과 신앙의 형식 속에서만 비로소 현세 악을 감당할 힘이 되는 것이며, 그 어떠한 자연적 요소에도 좌우되지 않는다"[23]는 진리의 구현이기도 했던 셈인 것이다.

그렇다면 이 작품에서 자연 성정의 애욕을 넘어선 믿음·소망의 형식 속에서 구현되는 종교적 사랑이 감당해야 할 '현세의 악'은 어떻게 규정될 수 있을 것인가? 그 아가페적 사랑에 의한 구속의 대상은 무엇인가? 그러한 지난한 과제에 대한 화두를 남겨 준 것이 바로 리타가 성장기 소녀 시절의 감성적 우정과 신앙의 동반자였던 충과의 다음과 같은 이별 장면이다.

> "나 때문에 염려하지 마."
> 충은 차분하게 그녀가 조심스레 눈물을 훔치는 것을 지켜보고 있었다. 하나님은 틀림없이 우리가 아무것도 모른 채 하나님께 그저 막대사탕이나 졸라댈 줄 아는 그런 얌전한 아이들이 되라는 건 아니실 거야. 충(瓊)이 말했다.

23 劉小楓,《拯救與逍遙(修訂本)》(華東師範大學出版社, 2011년판), 274쪽.

> 수많은 무신론자들이 모두 크나큰 죄악으로 간주하는 것을, 교회는 침묵한 채 말을 하지 않아. 충이 서글프게 말했다.
> "수많은 세상의 고난을, 우리 여기의 교회와 신도들은 전혀 이해를 못하고 있어."[24]

이어지는 회상에서 충은 대학을 중퇴하고 천주교로 개종하였으며, 수녀가 되려 한다는 이야기가 들려온다. 그리고 리타가 대학을 졸업하고 모페이무 다국적 기업에 입사한 후 수녀의 수업으로 로마에 가 있었던 충이 볼리비아에서 보내온 성탄 카드를 받은 이후 두 사람의 소식은 끊어지는 것으로 회상이 되고 있다. 결국 작가 천잉전이 이 작품을 통해 모색한 기독교의 현실 세계악에 대한 대결과 그 극복의 방향은 대체로 1970년대 이래 1980년대까지 라틴 아메리카에서 전개된 '해방신학'에의 공감 및 그 연대였으리라는 것이 일반적인 분석이다. 어쩌면 충이 서구의 진보적인 신학이론을 통해 이러한 해방신학에 접하고, 타이완 현실 기독교의 보수성과 폐쇄성에 대한 회의와 절망감 속에서 가톨릭 성직자에의 수행 길을 떠난 것이라면, 그녀에 비해 외모나 지적 성장이 '훨씬 멀리 미치지 못했던' 리타는 평범한 현실의 일상 속에서 그러한 종교적 사랑의 실천에 관한 체험을 하고 있었다고 볼 수 있으리라. 그러한 그녀에게 린더왕은 먼 남미의 제3세계가 아닌 바로 자신의 주변에서 종교적 사랑의 구원을 절실히 필요로 하는 길 잃은 어린 양이었던 셈인 것이다.

그러나 각도를 달리하여 보면, 그 '놀라운 구원의 은총'의 대상은 길을 잃은 병든 양 린더왕뿐만 아니라, 실은 그를 통해 구원의 은총을 함께 체험함으로써 스스로의 자기 중심성과 비좁은 자기애의 굴레에서 벗어나게 되는 그녀 자신일 수도 있었던 것이다. 그런 의미에서 충이 던져 주고 간 화두, '수많은 세상의 고난'에 대한 이해와 체험은, 그녀 자신의 신앙의 깊이와 폭을 확장하는 새로운 계기이자 도전이었던 셈이다. 앞에서도 이미 살펴보았듯이 린더왕의 비참한 현실의 고통에 접했을 때, 그녀가 기도의 응답을 받지 못한 채 스스

---

24 《萬商帝君》, 216쪽.

로의 신앙의 한계를 절감하며 그 집을 나서던 장면은 그 좋은 예이다. 실제로 그녀가 목격한 그 궁핍한 물질적 생활환경 속에서, 린더왕은 회사에서의 실직과 소외에서 오는 스트레스와 함께 그를 억누르고 있는 성욕의 충동과 죄책감이 복합적으로 뒤엉킨 채, 이미 다음과 같이 그 육체와 영혼이 무너져 가고 있었기 때문이다.

> 린더왕이 깨어났을 때는, 하늘은 아직 한창 밝았다. 그는 그 낡은 양털 담요를 걷어내며, 꿈을 꾸는 동안 흘린 식은땀이 그의 온몸을 축축하게 만들었다는 느낌이 들었다. 그는 러닝셔츠를 벗어 둘둘 말아 천천히 목과 가슴과 등뒤의 땀을 훔쳤다. 그리고 때때로 러닝셔츠를 코끝에 갖다 대고 깊이 냄새를 맡았다. 그는 팬티를 벗어 말라 버린, 새로 몽정을 한 흔적을 보았다. 그는 벗어 놓은 팬티로 아랫도리를 훔치고는, 땀에 젖은 러닝셔츠로 팬티를 싸서 침대 밑으로 내던졌다. 이제 11월의 햇빛이 이제껏 여닫은 적이 없는 창을 통해, 그의 깡마르고 창백한 나체를 비추고 있었다. 그는 멍하니 서서 창을 마주하고, 문득 그의 그 보기에 맥이 빠진 마른 손으로 몸의 이곳저곳 가려운 데를 긁었다. 그의 짙은 갈색의 성기가, 서글프고도 꾀죄죄한 모습으로, 어지러운 체모 속에서, 힘없이 축 늘어져 있었다.[25]

그런 의미에서 결국 이 작품을 통해 작가가 제기하고자 한 문제는 가난한 이웃에 대한 진정한 기독교적 사랑의 구현을 위한 빈곤한 삶의 고통에 대한 '이해'와 그 극복을 향한 실천적 연대의 과제였을 터이다. 그리고 그러한 문제의식은 궁극적으로 '기독교의 사랑과 계급투쟁은 공존할 수 있는가?'라는 매우 첨예한 물음으로 연결될 수밖에 없다. 주지하는 바와 같이 이에 대한 해방신학론의 입장은 명확하다. 그 대표적인 해방신학론자인 구티에레즈에 의하면, "서구의 신학이 계급투쟁의 사실을 기독교의 사랑이라는 이름으로 은폐하려고 한다면, 해방신학은 계급투쟁의 현실을 기독교의 사랑으로 해소" 하려는 신학운동이며, 그러므로 "그리스도교적 가난은 '가난한 자들과의 유

25 《萬商帝君》, 190-191쪽.

대'이고 '가난에 대한 저항'이며 이것이 진정한 기독교의 사랑의 의미"라는 것이었다.[26]

이러한 해방신학론의 시각에서 앞의 장면을 다시 되새겨 본다면, 리타가 린더왕을 위한 기도 가운데 주의 응답을 받지 못한 것은, 진정한 주의 사랑을 실현하기 위한 신앙의 의무로서 '가난한 사람들과 충분히 결합되어 있지 않기 때문일 것'[27]이라고 해석해야 하리라. 그렇게 본다면, '그녀의 가슴을 답답하게 꽉 가로막고 있던 뜨거운 그 무엇'이란, 결국 개체의 영혼 구원이라는 기도 제목에 안주한 채 현실 세계의 악을 방관하는 '인간 착취와 소외의 궁극 원인'으로서의 자기 중심적 이기심으로 인한 죄의식의 통증이었다고 말해야 하리라. 그리고 그러한 의미에서 본다면, 이 작품은 충이 제기한 해방신학론의 과제에 관한 구체적인 실천이나 전망을 보여 주지 못한 채 파국을 맞이하고 있는 셈이 된다. 작품의 마지막 장에서 묘사되고 있는 것은 타이오안 모페이무의 성공적인 국제회의 개최, 중미 수교의 뉴스, 그리고 린더왕의 발광을 한낱 미치광이의 해프닝으로 무화시켜 버리는 글로벌 다국적 기업의 거대한 실체에 대한 르포르타주 형태의 마무리이기 때문이다.

그러므로 이러한 작품의 구도 속에서 거대한 글로벌 자본주의화의 물결에 대한 마르크스주의적 사회·경제 구조론이나 유물사관에 입각한 계급혁명론이 개입할 여지는 매우 제한적이다. 이 작품의 결말 부분에서 제시되는 중미 수교(1979. 1) 사건처럼 역사는 이미 기존 사회주의 혁명의 종식과 냉전체제의 급격한 해체 방향으로 접어드는 단계였던 만큼, 글로벌 자본주의 체제로의 재편 과정 자체에 대한 전면 비판이나 전복의 담론은 사실상 제시되기 어

26 결국 구티에레즈의 관점에 의하면, "우리는 개인의 종교적 도덕적 견해가 무엇이냐에 상관없이 계급투쟁의 현실이 우리의 경제, 정치, 문화, 종교의 모든 영역에 존재하고 있다는 사실을 인정해야 한다"는 것이었다. 구스타보 구티에레즈 저, 성염 역,《해방신학: 역사와 정치와 구원》(분도출판사, 1987년판), 350쪽, 353쪽, 379쪽. 여기에서는 이남섭〈신자유주의 시대 제3세계 50억 대중의 희망: 구스타보 구티에레즈의《해방신학》다시 읽기〉,《진보평론》제19호(2004년 봄호), 각각 196쪽, 197쪽 및 198쪽으로부터의 재인용에 의함.

27 구스타보 구티에레즈 저, 성염 역,《해방신학: 역사와 정치와 구원》, 380-381쪽. 여기에서는 이남섭의 같은 글, 198쪽으로부터의 재인용에 의함.

려운 상황이었기 때문이다. 그럼에도 불구하고 이 작품이 이후 타이완을 비롯한 이른바 '제3세계'의 민중 담론에로의 새로운 전개 가능성을 엿보여 주는 대목은 역시 종교성의 측면이다. 그것은 이제까지 살펴본 해방신학론에서 제기되었던 가난한 이웃의 사회 경제적 구도를 포괄하되, 그러한 개념의 범주를 넘어선 기독교의 원죄의식과 구원의식의 본원으로부터 되비쳐 본 작중 인물의 재해석의 과제가 되어야 할 것이다.

실제로《만상제군》에서 천잉전이 추구하고 있던 기독교 인도주의라는 범주 내에서 제시된 해방신학론은, 이후 작가 자신이 일관되게 관심을 기울였던바 '서방 중심의, 제국주의 중심의 시야'가 아닌 '민중의 맥락(context)'에서 '신앙과 실천'이 일체화된, 이른바 제3세계 '민중의 신학'에서의 기독교적 '민중 공동체'의 이상을 지향하는 것이었다.[28] 또한 이러한 가치관에 입각하여 천잉전이 당시 타이완의 현실 기독교 교회에 대해 그 폐쇄적 보수성과 '세속화' 경향을 지적 비판한 점도 충분히 그 나름의 적실성은 인정받아야 할 것이다.[29] 다만 그럼에도 불구하고, 그가 중시한 기독교의 사회적 사명에 대한 가치론은 결국 현실 세계의 물질적 궁핍과 인도주의적 인간애의 범주에 제한되어 있었던 것이 아닌가 하는 의구심은 여전히 남는다. 그리고 그러한 맥락에서 본다면, 다음과 같은 언술은 바로 천잉전 문학의 기독교 정신에 함유된 그러한 인간애의 특징과 그 한계에 대한 그 나름의 중요한 문제 제기가 될 터이다.

> 기실 기독교는 '정욕'의 내부에서 지고지순한 '사랑'을 분해해 내었던 바, 그것은 다름 아닌 일종의 모든 물질적 형태와 물질적 수단을 내버린, 초험

---

28 陳映眞은 특히 1980년대의 한국 기독교 및 가톨릭 교회의 '민중신학' 운동을 비롯한 사회 역사적 소명의 실천 현황에 대하여 지대한 관심을 기울인 바 있다. 본문에서 언급된 내용은 작가가 당시 한국의 민중 신학자 安炳茂와의 인터뷰를 토대로 작성한 잡지 게재 기사문의 일부이다. 陳映眞,〈耶蘇在窮人中興起新教會〉,《人間》1989년 6월호 참조.

29 타이완의 기독교 교회에 내재하는 보수적 폐쇄성에 대한 陳映眞의 문제 제기, 특히 대중 소비문화 시대의 '세속화된 교회' 현상에 대한 통렬한 비판에 관해서는 陳映真等著, 康來新, 彭海瑩合編,《曲扭的鏡子—關於臺灣基督教會的若干隨想》(雅歌出版社, 1987년)참조.

적 가치 체계를 수립하려는 것이었다. 그리고 바로 그러한 의미에서, 예수는 비로소 '사랑'을 '최대의 계명'으로 세운 것이었다.[30]

그렇게 본다면, 바로 이 지점에서 기존의 천잉전 문학에 대한 기독교 신앙과 사회주의 이념과의 관계라는 평가틀의 정당성에 대해서는 보다 객관적인 재검토가 필요하다. 적어도 이 작품 속에서 역사적 실천 과제로서 제시된 해방신학 운동의 경우, 1940년대 이후 중국에서 전개된 사회주의 혁명과의 조응 관계에 대한 엄정한 논의가 요청될 것이기 때문이다. 그리고 그 과정에서의 핵심적인 쟁점은 결국 신의 존재 여부에 대한 근본적인 입장 차이의 간극을 어떻게 극복할 것인가의 문제가 될 터이다. 다시 말해서 마르크스주의적 인도주의를 보완하는 현실적 대안으로서의 기독교라고 하는 현세적 종교론의 범주를 넘어서서, 이 작품에 내재된 기독교적 종교성의 본질에로의 회귀를 통한 재해석과 비평 작업이 필요하다는 관점인 것이다.

5. 궁핍함의 종교적 재해석

이제까지 살펴본 바와 같이 이 작품의 비극적 중심 인물인 린더왕의 삶의 파탄을 불러 온 데에는 물론 그의 불우했던 성장과정과 가정환경, 그리고 무엇보다 다국적 기업으로 상징되는 글로벌 자본주의 체제의 구조적 모순 등 복합적인 요인이 작용되고 있었다. 그러나 이러한 외부적 환경 외에 린더왕 개인의 가장 결정적인 파멸의 계기는 바로 정신병의 문제라고 할 수 있다. 특히 그가 고등학교 2학년 때 첫 번째 발작을 일으킨 그 정신병의 근원적 심리 요인은 어릴 적 옆집 아창(阿倉) 형과의 심한 다툼 끝에 겪었던 익사 직전의 죽음에 대한 극도의 공포감, 그리고 그 직후 길을 잃어버렸던 어둠 속 절망의 경

30 楊慧林,《罪惡與救贖》(東方出版社, 1995년), 36쪽.

험이었다. 다시 말해서 린더왕의 정신병 발병의 근원에는 인간에 내재된 이기적 욕망과 자기 중심적 본능에서 비롯된 다툼과 증오와 원한, 그리고 그로 인한 죽음과 고립에 대한 절망적 공포감이 자리 잡고 있었다는 것이다. 다소의 비약을 무릅쓰고 말하자면, 그의 파멸을 불러온 정신병은 기독교의 본질적 원리인 원죄의식과 내재적 관련성을 지닌다. 작품 속에서 반복되어 출현하고 있는, 다음과 같은 그 원형적 체험의 풍경 묘사가 그 예이다.

> 그는 개울가의 한 큰 돌 위에 멍하니 앉아 있었다. 그리곤 몸을 일으켜 아창형과 걸어 왔던 모래자갈과 돌 위에 찍힌 발자국을 찾아 개울 언덕을 떠나갔다. 그때 석양은 온 언덕의 억새(菅芒)를 온통 황금빛으로 물들이고 있었다. 하지만 황토 언덕으로 올라서자 하늘은 점차 어둑해졌다. 원래는 짙은 녹색의, 바람 속에서 흔들리고 있던 대만 아카시아(相思樹) 숲이 이제는 커다란 검은 색의 아득히 넓은 나무 그림자로 변해 있었다. 바로 그때, 그는 왔던 길과 가려고 하던 모든 길들이 전혀 알지 못하게 되었다는 느낌이 들었다. 점점 더 어두워지는 하늘빛 속에서 그의 어린 마음속에는 이제껏 알지 못했던 초조, 두려움과 절망이 가득 차 왔다. 그는 그가 확정할 도리가 없는 방향을 향해 밤길 속에서 급히 내달렸다. 그 무렵 온 세상에는 그의 두렵고 놀란 발자국 소리, 그리고 자기의 가늘고 다급한 헐떡임 소리만이 남아 있는 것 같았다.[31]

바로 이 어둠 속에서 온 세상에 고립무원인 채로 겪었던 낯설음과 어둠 속의 절망은, 이후 그의 첫 번 째 정신병 발작 당시와 현재 타이베이 도심 한가운데에서의 정신병 재발 과정에서 '그 두렵고, 혼란스럽던 지옥 같은 날들'의 기억으로 되풀이해서 그를 엄습해 오게 된다. 말하자면 린더왕의 절망적 방황은 인간의 원죄로 인해 에덴 동산에서 추방당한 아담과 하와의 아들들 가인과 아벨처럼, 그 형제간의 원한과 죄악으로 인해 핏소리가 들리는 땅으로부터 유리(流離)되어 벌을 받는 상징성을 띠고 있다고도 해석할 수 있다. 다음

---

31 《萬商帝君》, 178쪽.

과 같은 되풀이되는 저주의 악몽이 그 한 예이다.

> 이런 꿈을, '고정된' 꿈으로 칠 수 있을까? 그는 생각했다. 그리하여 그는 다시 그런 꿈을 떠올렸다. 그는 분노에 차서—왜인지도 모르지만, 어쨌든, 그는 그렇게 몹시도 화를 내며 고향 퉁뤄(銅鑼)의, 말라 버린 강바닥을 내달리고 있었다. 강바닥의 돌은 단단하고, 발을 찌르며, 태양 빛에 내리쬐어 화끈화끈했다. 매번 그의 발가락이 돌에 차일 때마다, 그는 온 가슴까지 통증이 사무쳤다. "아이고 이 x 니미 씨발!" 그는 꿈속에서 욕지거리를 하고 있었다. 하지만 그는 여전히 그렇게 화를 내며 집요하게 달리고 있었다, 오로지 그 황량하고, 끝없어 뵈는 고향의 강바닥에서 달아나려는 일념으로. 그러나, 온 강바닥은 마치 룰렛처럼 천천히 회전을 하여 그를 기진맥진하게 하였으며, 아무리 해도 악의에 차 있고 뜨거우며, 황량하고, 또한 그를 수치스럽게 하는 그 온 강바닥에서 달아날 수는 없었다.[32]

이 장면에 그려진 그 악몽의 '강바닥'은 이 작품의 주인공 린더왕이 성장하며 부딪혔던 현실 세계 속에서의 여러 난관들의 원형을 이루는, 어쩌면 신의 징벌을 받아 에덴의 동쪽 '놋 땅'으로 쫓겨난 '카인의 심리적 현실'[33]로 해석될 수도 있으리라. 인간의 힘과 의지만으로는 아무리 애를 써도 도저히 벗어날 수 없는 그 밑 모를 어둠의 심연. 천광싱(陳光興)은 이 작품 속에서 묘사되고 있는 이러한 린더왕의 정신병 발작에 대해, "수많은 이른바 정신병 환자들로 하여금 얼핏 자살의 생각이 스치게 하고, 그 일부는 결국 죽음의 막다른 길로 향해 육신의 해탈을 찾는 것을 피하기 어렵게 만드는" '견디기 힘든 고통'으로 해석하고 있다.[34] 린더왕은 더 이상 나아갈 길 없는 절망 속에서 신의 구원의 손길을 갈망할 수밖에 없는, 진정한 '가난한 이웃'이었던 것이다.

---

32 《萬商帝君》, 194쪽.

33 劉驥鵬, 〈魯迅的兄弟題材創作與"諧隱殺弟"〉, 《東方叢刊》, 2008년 4기 참조.

34 陳光興은 특히 정신병을 모티프로 한 陳映眞 문학의 '제3세계 문학'으로서의 특징이라는 각도에서, 이 《萬商帝君》을 "제3세계 전식민지 국가가 1970-80년대 농촌으로부터 도시로 이동하는 정신(붕괴)사"를 심도 있게 묘사한 작품으로 높이 평가하고 있다. 陳光興, 〈陳映眞的第三世界: 狂人/瘋子/精神病篇〉, 《陳映眞: 思想與文學學術會議》, 260쪽 참조.

그러나, 작가 천잉전은 아마도 그러한 종교적 죄의식과 구원의 각도에서보다는, 그 해답을 현실 역사의 과제들에 대한 사회주의적 신념에서의 실천과 도전 속에서 찾고자 했었던 듯하다. 이《만상제군》이후 이른바 후기 창작의 '역사 시기'에 발표된 타이완 마르크스주의자들의 비극적 투쟁의 삶, 민족분단 현실 하의 잔혹한 사회적 억압 구조에 대한 탐색의 과정이 그 반증이다. 물론 그의 이 시기 창작 중에서, 잘 알려진 대로〈산길(山路)〉(1983)이나《자오난둥(趙南棟)》(1987)에서 보이는 여성 인물형상의 자기 희생적인 동지애나 가족애, 혹은 투쟁의 현실 속에 용해된 모성애적 인간성의 확장 가운데에서 예수 그리스도 혹은 성모 마리아의 모습을 유추하는 것은 충분히 가능한 분석일 터이다. 그러나 그 과정 속에서 역사 현실을 관통하며 개별적 인간의 본성을 종교적 신앙의 문제와 연계시켜 입체적으로 그려 내려는 작가의식은 오히려 담화되었던 것이 사실이다. 결국 그의 후기 창작은 기독교적 신앙과 사회주의 신념 사이의 긴장과 갈등이 점차 마르크스주의에의 일체화를 향해 세속화되어 간 과정이었다고도 할 수 있을 것이다. 그리고 그 연장선상에서 살펴볼 때, 이 작품의 결말 부분에서 그려지고 있는 다음과 같은 린더왕의 광기의 저항은 바로 마르크스주의적 혁명의 전망에 입각한 작가의 비판적 현실의식 및 절망감을 반영하는 결과였던 셈인 것이다.

> 어디서 생겨난 초인적인 힘인지, 그 남자는 많은 사람들을 힘껏 떨쳐내고는, 거칠고 사납게 일어섰다. 그의 두 눈에는 그 어떤 분노와 당혹이 뒤섞인 서늘한 눈빛이 번득였다.
> "나 만상제군님이 분부하노라……"라고 하면서, 그가 낡은 양복을 열어젖히자 더럽고 누런 와이셔츠가 드러났다. 셔츠에는 핏빛의, 아주 큰 영문자가 씌어 있었다, MANAGER. "너희는 세상과 통상하며, 남의 풍속을 해치지 말고, 남의 재물을 갈취하지 말지니……" 그는 노래라도 부르듯이 말했다.
> "아! 린더왕!" 천자치의 외침 소리가 났다.
> "더왕!" 천자치가 노기 띤 목소리로 꾸짖었다. "소란 피우지 말아!"

그러자 신기하게도, 천자치의 목소리를 듣자, 그 남자는 이내 양처럼, 순순히 호텔 경비원과 매니저에게 잡혀 나갔다.[35]

여기에서 린더왕이 '만상제군'이라는 도교적 민간신앙의 힘을 빌어 스스로의 억압심리와 강박관념을 발산하는 이 장면은 분명히 객관적인 현실 인식이나 냉철한 자기 성찰과는 거리가 먼, 기복신앙의 미신 또는 자기기만의 환상적인 정신착란 현상이라고 할 수밖에 없으리라. 더구나 '맹목적 민족주의'라는 '악마의 이빨'을 뽑아버리겠다는 이 다국적 기업의 새로운 '글로벌 매니저'[36] 천자치의 일갈에 양처럼 순순히 끌려나가는 린더왕의 모습은, 가히 "'워싱턴 빌딩'이라고 하는 이 당대의 쇠로 된 방"에서 '내버려지고, 미쳐 쫓겨나는' 광인에 다름없다 하겠다. 그런 의미에서 이 작품은 '출로가 전혀 없이' '앞길이 봉쇄된', '저항 주체의 문제의식과 신념 면에서 중심 역량을 상실한 채 추락'한 이야기[37]임에 틀림없다.

그럼에도 불구하고, 《만상제군》의 주제의식을 종교성의 구현이라는 각도에서 살펴본다면, 이 작품의 결말이 결코 출로가 전혀 없는 절망의 구도였던 것만은 아니다. 오히려 이 작품에서의 현실 세계 악의 승리에 의한 절망적 파국은, 진정한 기독교적 종교성의 구현을 위한 다양한 의미 해석과 실천적 과제를 제시하고 있기 때문이다. 아울러 이러한 시각에서 이 작품의 갈등 구도를 되돌아본다면, 린더왕에게는 기독교의 전도와 사랑의 손길을 내밀어 준 리타 외에도, 스스로의 청춘을 희생하면서까지 가족과 특히 재능 있는 남동생을 위해 민간종교의 도교 사당인 '삼계궁(三界宮)'에서 '여 점술사(女乩童)' 일을 마다하지 않는 누이 쑤샹(素香)과의 분열 극복, 농촌 가족과의 유대감 회복이라는 과제 혹은 문제해결의 길이 남아 있었다. 적어도 자신을 위해 스스로 불행한 삶의 곤경을 감내하는 누이의 충고, "화초가 흙을 떠나면 시들게

35 《萬商帝君》, 234-235쪽.

36 《萬商帝君》, 251-252쪽.

37 趙剛, 《左眼臺灣: 重讀陳映眞》, 153, 156, 160쪽 참조.

된다"는 말은 다국적 기업의 일견 국제적이고 근대적인 외견 속에 잠재된 구조적 모순과 비도덕성에 대한 애정 어린 출로의 제시였다고 해야 할 터이기 때문이다.

그렇다고 할 때, 이 마지막 장면에서의 광기와 미신 속에 잠재되어 있는 절박한 삶의 욕망이나 두려움에서 비롯된 종교적 신앙의 요소에 대해서는 보다 적극적인 의미 부여가 가능해진다. 무엇보다도 이 결말 부분의 파국을 린더왕의 무의식적인 누이의 민간신앙에로의 회귀, 즉 천잉전의 초기문학에서 구현되는 '좌익 남성' 주인공의 '여성, 인민과의 화해'라고 하는 사회주의 인도주의적 주제 의식과 연계시키는 해석도 부분적으로는 가능하다.[38] 또한 이 작품에서의 쑤샹·리타·린더왕의 종교 신앙을 통해 '제3세계 근대성의 구조'를 설명하고 있는 천광싱의 분석 역시 그 나름의 설득력을 지닌다. 즉 작가는 이 결말을 통해 낙후된 미신으로 여겨지는 민간종교와 진보의 상징으로 여겨지는 외래 종교인 기독교·가톨릭과의 갈등 구도 및 그 복합적 연계성을 보여 주고 있다는 것이다. 그런 면에서 보자면 "일단 치명적인 순간에 이르자 진보적 자본주의에 버림받은 더왕이 동원할 수 있었던 생존의 자원은 역시 스스로도 미신으로 여겼던 제군(帝君)에 속하는 것이었다"는 지적은 흥미롭다.[39]

이러한 각도에서 볼 때 《만상제군》의 이 유니크한 마지막 장면은 타이완, 혹은 현대 중국의 사회 역사 속에서 기독교 신앙이 진정으로 구현되기 위한 실천적 과제, 그리고 다원적인 언어 문화 환경 속에서 기독교 담론이 그 종교적 진리를 확장해 나가기 위한 방향을 제시해 준다고도 할 수 있다.[40] 아울러

38 이러한 관점과 관련하여서는 趙剛, 《左眼臺灣: 重讀陳映眞》, 39쪽 '(二) 自我改造尋找出路: 與女性, 與人民和解' 소절 참조.

39 陳光興, 〈陳映眞的第三世界: 狂人/瘋子/精神病篇〉, 《陳映眞: 思想與文學學術會議》, 263쪽 참조.

40 그러한 의미에서 해방신학론과 관련하여 작가 陳映眞이 특별한 관심과 공감을 표시한 바 있는 한국의 기독교에 관한 연구서에서의 다음과 같은 분석은 중요한 참조항이 될 수 있을 것이다. "샤머니즘은 여전히 한국인의 종교적 감성의 모태로 작동하고 있으며, 놀라운 융화력을 발휘하며 민간신앙을 포용한 불교는 강성하게 되었다. …… 오늘의 한국은 불교, 기독교라는 세계 종교가 강성한 세력을 가지고 있음에도 불구하고 여전히 어떤 종교도 주도권을 갖지 못한 채 공존하는 다종교 사회이며, 한국인은 종교의 종류와 관계없이 민간신앙의 원초적

이러한 '중층적 신앙구조'의 동시대적 의미망에서 이 작품의 파국을 재해석하자면, 이 부분은 작가 천잉전의 자본주의 현실 체제에 대한 비판의식과 마르크스주의적인 시대 인식에도 불구하고, 궁극적으로는 작가 자신을 포함한 타이완의 종교 현상, 나아가서는 심층적인 중국인의 가족관계 및 민족 국가 의식에 대한 재해석의 과제와 맞물려 있다고 해야 할 것이다.[41]

그러한 의미에서 이 작품의 비극적 인물 린더왕을 억누르고 있던 죽음과 절망에 대한 두려움, 그리고 'Manager'로 상징되는 근대적 욕망과 원한을 담아 빚어낸 '만상제군'이라는 우상의 종교적 함의는 1980년대 초의 타이완이라는 특정한 시공간에 국한되지 않는다. 물론 1980년대 중반 이후 천잉전은 이 작품에서 미완의 과제로 남겨 놓은 제3세계 해방신학론의 연장선상에서, 특히 한국의 '민중 신학' 운동을 계기로 한 일종의 '기독교 사회주의'에로의 접근 가능성을 모색했던 것이 사실이다.[42] 그럼에도 불구하고 그의 문학세계에서의 기독교 담론은 소론의 앞 절에서도 이미 검토한 바와 같이, 결국 '인도주의적 사회주의'의 실현을 위한 세속화의 범주를 벗어날 수 없었다고 해야 할 것이다. 그러한 측면에서 결론적으로 말하자면, 이 작품 속에서의 '만상제군' 형상은 결국 '개체성과 세속 초월성(超世性)'을 그 핵심으로 하는 '기독교의 종말론'[43]에 대한, 근현대 중국의 역사 현실 속에서 굴절되고 세속화

감성 및 유교적 윤리관과 연결된 중층적 신앙구조를 가지고 있다." 류대영,《한국 근현대사와 기독교》(푸른역사, 2009년판), 186쪽 참조.

41 그밖에 이 작품의 파국적 결말을 작가 陳映眞 자신의 무의식 속에 잠재해 있는 가족 콤플렉스와 기독교 신앙에 대한 애증이 복합적으로 반영된 측면으로 해석하는 가정 역시 가능하다. 이와 관련하여 작가 陳映眞의 친부 陳炎興과 양부 陳根旺의 친일 경력에 대한 심층심리적 거부감과 증오가 결국 그의 삶 및 문학세계 속에서의 '교회 배반(叛離教會)' 및 '부친 배반'이라고 하는 일종의 '弒父' 코드를 형성하는 요인이었다는 陳明成의 가설은 매우 흥미로운 관점이라 하겠다. 여기에서는 특히 陳明成,《陳映眞現象: 關於陳映眞的家族書寫及其國族認同》(前衛出版社, 2013년판), 129-130쪽 참조.

42 이와 관련하여《萬商帝君》의 예술성 및 사상성의 상호 작용에 주목하면서, 이 작품을 통해 구현되고 있는 작가 陳映眞의 식민주의에 대한 비판의식과 관련된 제3세계적 참여신학의 성격을 흥미롭게 분석한 국내의 연구 성과로서는 송가배, 〈陳映眞 소설《萬商帝君》의 식민주의 비판의식〉,《東亞文化》 제52집(2014년) 참조.

43 이와 관련한 '서양의 현대 인민 민주혁명의 신성성'과 기독교 종말론과의 관련성 및 그 본질적 변별성에 관해서는, 劉小楓,《儒家革命精神源流考》, 105쪽 참조.

된 투영이었던 셈인 것이다. 바로 그렇기 때문에 이 작품에서 역설적으로 확인할 수 있는 기독교 담론의 핵심은, 그러한 어둠의 현실 세계를 지배하는 세력에 대한 종말론적인 승리와 심판의 당위성과 함께 그 실현의 지난함에 대한 신앙의 메시지일 터이다. 여기에서 그러한 현세의 악을 마귀라고 이름 할 수 있다면, 그 귀신의 권세를 궁극적으로 이겨낼 수 있는 것은 바로 진정한 신에 대한 믿음과 구원뿐일 것이므로. 그리고 그러한 믿음이야말로 기독교의 성경에서 예수 그리스도에 의해 선포된 마귀를 소멸시킴으로써 맞이할 하늘나라의 복음에 다름 아닐 것이므로.

> 그러나 내가 하나님의 성령을 힘입어 귀신을 쫓아내는 것이면 하나님의 나라가 이미 너희에게 임하였느니라.(마 12:28)[44]

6. 맺음말

현대의 중국문학 속에 구현되고 있는 기독교의 영향 관계에 관해서는, 1990년대 이후 중국의 학계에서도 활발한 논의와 연구가 이루어져 오고 있다. 다만 기독교의 제재를 다루거나 성경의 은유 및 언어를 사용한 작품이나 작가에 대한 관심을 넘어선 종교적 본질과 관련한 문학의 종교성에 대한 심도 있는 검토는 아직 충분히 이루어져 오고 있지 못한 것으로 여겨진다. 그런 의미에서 분단체제하의 타이완 당대 문학을 대표하는 작가 천잉전의 소설 속에 구현되고 있는 기독교 담론의 성격을 분석하는 작업은 흥미 있는 연구과제이다.

그리고 본문에서 검토한 바와 같이, 천잉전의 문학세계에서 기독교는 개인의 내면적 공허와 실존적 불안에서 비롯한 구원의 신앙으로서보다는, 예수

44 《오픈II 주석성경》, 20쪽.

그리스도의 자기 희생적인 이웃사랑의 종교정신에 입각한 국가와 민족, 사회 저변층 가난한 자들에 대한 공의를 실현해 나가기 위한 실천적 종교에 다름 아니었다. 그러므로 특히 그의 초기 작품 속에는 그러한 종교적 믿음을 현실 삶 속에서 실천해 내지 못하는 일종의 죄책감에서 비롯한 고난의식과 참회의식이 복합적으로 체화되고 있었던 것으로 여겨진다. 그런 의미에서 천잉전의 기독교 정신은 중국의 현실 역사 속에서 타이완의 자본주의적 사회 모순과 현실 악에 대한 비판과 저항, 동시에 신중국 성립 이후 대륙 사회주의 혁명에 대한 긍정과 자기 동일시의 연장선상에서 문학적 형상화를 획득해 나가고 있었던 것으로 평가된다.

그러나 당대 타이완의 대표적인 진보적 좌익작가 천잉전의 문학세계에서 기독교의 종교성은 사회주의나 자본주의라는 사회체제의 틀, 또는 대륙과 타이완이라는 공간적 분단 현실을 넘어선 본원적인 종교적 고난의식과 구원의식을 함장한 것이었음에도 불구하고, 현실적으로는 냉전체제 시기 자본주의 문화권에서의 현실 비판 및 해방신학론에 대한 당위성의 공감 속에서 세속적 신학 담론의 범주에 머물러 있었던 것은 아닌가 생각된다. 또한 그의 이러한 자본주의 체제의 모순에 대한 기독교 인도주의적 관점의 비판적 작가의식은 1990년대 이후 포스트모더니즘적인 중화 패권주의 또는 대륙 사회주의 시장경제 체제의 정당성과 상대적 우월성을 드러내기 위한 일종의 전략적 도구로서 사용된 측면이 있음을 전적으로 배제하기는 어려울 성싶다.[45] 그리고 그러한 결과는 어쩌면 20세기 중국의 전체 문화 구조 속에서 기독교가 종교적 구원을 향한 신앙으로서가 아니라, 어디까지나 현실 역사와 민족 국가의 변화와 갈등 해결을 위한 문화 담론의 영역으로부터 자유롭지 못한 중국적 특징과 한계를 여실히 보여주는 예가 될 것이다.

45 중국 대륙의 중견 여류 작가 王安憶의 소설《유토피아 시편(烏托邦詩篇)》(1991년)에 나타나는 타이완의 작가 陳映眞의 기독교적 종교성에 대한 작가적 공명과 그 문학사적 의미에 관해서는, 졸고 〈王安憶 小說의 虛無意識과 宗教性—《유토피아 詩篇》을 중심으로〉,《중국어문논총》23집(중국어문연구회, 2002년) 참조.

그럼에도 불구하고 천잉전의 작가적 삶과 문학세계에서 기독교 신앙과 사회주의 이념은 상호 배타적인 대립의 가치로서가 아니라, 그 나름의 현실 역사의 구조적 모순에 대한 극복과 초월을 향한 '피안의 혁명' 담론으로서의 의미를 지니는 시도였다는 점이 부정될 수는 없으리라. 본문에서 검토한 그의 창작 전후기의 중간 매개적 위치를 차지하는 중편소설《만상제군》은 그러한 의미에서, 특히 분단체제의 현대 타이완의 현실을 그 나름의 '비뚤어진 거울'[46]로 심도 있게 되비쳐 준 문제작이었다고 해야 할 것이다. 그리하여 이 작품은 자본주의와 마르크스주의 등 다양한 근대의 욕망 부호들로 뒤얽힌 세속의 넓은 길에서, 그 현실 세계의 경계를 넘어선 영원한 진리에의 좁은 길을 우리 모두에게 되묻는 소중한 예술적 성과였던 셈이다.

46 陳映真等著, 康來新, 彭海瑩合編,《曲扭的鏡子—關於臺灣基督教會的若干隨想》참조.

제12장

천잉전(陳映眞)과 왕안이(王安憶) 문학 속의 기독교 담론

1. 머리말

1980년대 이래 대륙의 왕안이(王安憶, 1954-)와 타이완의 천잉전(陳映眞) 두 작가 사이에 전개된 문학적 교류 및 영향 관계에 관해서는, 이제까지 중국 양안(兩岸)의 학계에서도 일련의 관심과 주목 속에서 다양한 분석 검토 작업이 이루어져 왔다. 그러나 정치 체제 및 성별과 연령의 차이를 넘어선 이 두 작가의 문학적 공감대를 형성하게 한 접점으로서의 기독교의 종교성에 관해서는, 이제까지 그 본질적인 문제의식을 포함한 집중적인 논의가 이루어지지 못한 것이 사실이다. 그리고 이러한 결과의 배경에는 이 두 작가의 작가의식 속에 깃들인 기독교의 신앙에 관한 체험과 관점의 차이뿐만 아니라, 실은 그러한 변별성을 형성한 당대 중국의 학술계 및 문화 담론 환경상의 일정한 구조적인 경향성이 개재되어 있다는 것이 소론의 기본 입장이다. 아울러 이러한 현상은 기실 근현대 이래 중국에서 형성 구축되어온 민족주의 및 사회주의 이념과의 내재적인 관련성 또는 충돌의 요인에서 비롯된 중국 기독교 담론의 특성이자 한계일 수도 있음을 규명하고자 하는 것이 소론의 기본 의도이다.

2. 왕안이의《유토피아 시편》과 '세속의 사랑'

왕안이의 자전적 산문성을 지닌 중편소설《유토피아 시편(烏托邦詩篇)》(1991)에서 회상되고 있는 천잉전과의 미국에서 첫 만남이 이루어졌던 1983년은, 이들 중국의 대륙과 타이완의 두 작가를 둘러싼 시대적 흐름이 커다란 변환을 맞이한 시기였다. 먼저 왕안이는 문화대혁명의 하방(下放) 체험을 바탕으로 한 이른바 '지청(知靑)' 제재 소설로 문단에 데뷔한 신예 작가로서, 사회주의 혁명 역사의 현실 체험을 반추하면서 새로운 문학 창작의 방향을 모색하려는 입장이었다. 그리고 이러한 개별적 상황은 1980년대 전반기 중국이 탈문혁의 개혁과 서구 문학사조 수용의 개방을 통해, 문혁기의 문화적 전제의 속박으로부터 벗어나 새로운 문화적 계몽의 구현을 이루어나가려는 시대적 흐름과 밀접한 관련성을 지니고 있었다. 그러한 의미에서 왕안이에게 내재된 사회주의 혁명 역사에의 동참 체험과 함께 그에 대한 거부감 및 비판의식은 기실 1980년대의 대륙 지식 청년으로서의 시대적 전형성을 띤 현상이었다고 할 수 있다.

이에 비해 천잉전은 타이완의 억압적 군사정권 하에서의 투옥(1968-1975) 체험 등 진보적 좌익 성향의 작가로서, 향토문학 논쟁과 현실 비판적 리얼리즘 문학운동을 통해 사회주의적 가치 지향의 창작 경향을 띤 문학인으로 주목받던 중견 작가였다. 그러므로 이 시기의 천잉전은 자본주의 체제 하에서의 개인적 자유의 상실 체험을 통해, 자본주의의 산업화 현대 사회에서의 개인이란 기실 사회적 생산 수단의 한 도구일 뿐임을 뼈저리게 느끼고 있었으며, 그러한 개별적 신념은 곧 사회주의 혁명에의 동경을 구성하는 밑바탕을 이루고 있었다. 바로 이 해 쓰여 발표된 천잉전의 단편소설 〈산길(山路)〉에서 그려지고 있는바, 사회주의적 이상을 위해 자신의 개인적 삶을 희생하는 여성 인물 형상은 그러한 작가의식을 뛰어난 예술성으로 구현해 낸 대표적인 성과였다. 즉 이 작품의 여주인공 차이첸후이(蔡千惠)는 개별적 인간으로서의 본성과 신체를 훼멸시키면서까지 끝내 사회주의적 이상에 대한 확고한 신념과 초자아적 가치 체계로의 회귀를 이루어내는 모습으로 그려지고 있었던 것이다.[1]

이러한 천잉전과 비교해서, 이제 막 문단에 데뷔한 신예 여류작가로서의 왕안이의 작품에서 그려지고 있는 사회주의 체제 하에서 살아가는 한 여성 인물에 대한 묘사는 매우 흥미로운 인물 성격의 변별점을 드러내고 있었다. 즉 이 시기의 주요 중편소설인《흘러가는 것(流逝)》[2]에서 여주인공 어우양돤리(歐陽端麗)가 구현하고 있는 문혁기의 정치적 격랑 속에서 궁핍하고 불안정한 가정의 살림을 꾸려나가며 자아의 정체성을 찾아 나가는 부르주아 출신 여성의 내면적 공허감과 생명의식의 갈등 양상은 매우 시사적이다. 어떤 면에서 왕안이는 정치적 이념과 혁명의 억압을 극복해 나가는 원동력을 여성적 일상의 섬세한 애정과 애착에서 찾아 나가고 있는 것처럼 보이기 때문이다.

결국 두 작가의 작품 세계의 접점과 변별점을 형성하는 핵심적인 요소는 가족 간의 사랑과 일상을 관통하는 생명의 동력을 어디에 설정하고 있는가 하는 주제의식과 관련된 점이라고 할 수 있다. 여기에서 분명한 것은 천잉전의 작품에서 주인공의 일생을 견지하는 핵심이 정치적 이념과 윤리적 가치라고 한다면, 왕안이의 작품에서는 가족 혹은 남녀 간의 정을 축으로 한 자잘한 일상 속에서의 삶의 의미 탐색이었다는 점이다. 기실 1980년대 초 문화대혁명의 체험을 거친 왕안이가 직면했던 가장 절실한 삶의 가치관 설정 문제는 사회주의적 혁명 이념과 자아와의 동일시를 향한 목표 상실의 혼돈으로부터의 탈피와 새로운 가치 구현 대상의 탐색이라는 과제였을 것이다. 그런 의미에서 이 시기 그녀의 사회주의와 마르크스주의에 대한 관점이 '매우 고정적이지 않았다'라는 황원첸(黃文倩)의 지적[3]은 적절하다. 그리고 이러한 각도에

1 陳映眞, 〈산길(山路)〉(1983년 7월 14일 作, 동년 8월《文季》1권 3기 발표). 아울러 이 작품에 구현되고 있는 작가 陳映眞의 좌익 문학사상의 특징에 관해서는 歐崇敬, 〈"異鄕的存在"與"物化之虛無"的《山路》左翼政治思想〉,《思與言》제45권 3기(2007년 9월) 참조.

2 王安憶,《流逝》,《鐘山》1982년 제6기.

3 黃文倩, 〈茹志鵑·陳映眞與王安憶的淵源與文學影響考察〉,《文藝爭鳴》2015년 12기 참조.

서 살펴본다면, 이 시기 왕안이에게 사회주의 이념은 일종의 '상징적 아버지'의 기표로서의 의미를 지니고 있었다고도 생각된다. 그러므로 1983년 미국에서 만난 타이완의 작가 천잉전에게서 왕안이가 찾아내고자 했던 것은 바로 그러한 사회주의적 이념의 궁극적 체현으로서의 '상징적 아버지'에 대한 일종의 대체 부성애적 정감이었다고도 유추할 수 있으리라. 결국 이 시기의 왕안이가 지니고 있던 천잉전에 대한 기독교를 매개로 한 존경과 친밀감은 기독교의 종교적 신앙의 체험이 결핍된 상태에서의 사회주의 이념에의 의사(疑似) 종교성의 성격을 내장한 셈인 것이다.

즉 왕안이가 처음 천잉전을 만나면서 지니게 되는 대체 부성애적 정감을 형성하게 되는 결정적 계기가 된 것으로 회고되고 있는바, 천잉전의 초기작 중 〈장군족(將軍族)〉(1964)을 읽으면서 받게 된 '일종의 신령한 사랑과 같은 정감'의 경우가 그 한 예이다.

> 나는 그 사람의 정감은 일종의 신령의 사랑과 같은 정감이라고 느꼈는데, 애정은 세속의 사랑이며, 세속의 사랑은 온 세상에 널려 있어 얼마든지 얻을 수 있는 것이기 때문이었다. 나같이 이렇게 세속 속에서 살고 있는 아이는 종교적 배경도 없고, 신앙도 없지만, 때로는 일종의 속세를 초월한 정경을 동경하게도 되는 것이다. 그리고 나는 그러한 정경을 위해 우상과 화신을 만들 수도 있으며, 그러한 제작 활동은 어른이 될 때까지 줄곧 이어질 수도 있는 것이었다.[4]

세속적인 사랑이 아닌 신령한 사랑의 속세를 초월한 정경에 대한 동경, 그리고 그를 위한 '우상과 화신' 만들기의 행위라고 하는 왕안이 스스로의 분석처럼, 천잉전은 그녀에게 신성한 사랑의 우상 혹은 화신으로 만들어질 개연성을 가지고 출현했던 셈인 것이다. 그런 의미에서 천잉전은 세속을 초월한 신령의 사랑과 정경을 향한 동경의 상상적 매개체였다고도 할 수 있으리라.

4 王安憶, 《烏托邦詩篇》, 《鐘山》 1991년 5기. 여기에서는 《王安憶自選集之三—香港的情與愛》(作家出版社, 1996년), 260쪽에 의함.

문혁을 체험한 젊은 대륙의 여류작가 왕안이에게 있어 천잉전은 사회주의적 부성애의 상징이었으며, 그러므로 이 과정에서 기독교는 문혁에 의해 파손되고 변질된 사회주의적 부성애를 치유 혹은 대체하기 위한 감성적 동경의 이미지로서 모색되고 있었다.

> 나중에 나는 그 사람의 아버지를 알게 되었으며, 그 아버지의 말 한 단락은 나로 하여금 평생 잊지 못하게 하였다. ……
>
> 얘야, 앞으로 잘 기억해 두거라.
> 먼저, 너는 하나님의 자식이다.
> 그 다음에, 너는 중국의 자식이다.
> 그러고 나서, 아, 너는 나의 자식이다.
>
> 여러 해 뒤, 그것은 내 시편의 정수가 되었으며, 내 시편의 가장 핵심적인 부분이 되었다. 그 사람의 아버지는 목사이셨고, 나는 그가 저 음습하고 비가 많은 시골 예배당에서 설교하는 것을 상상했다. 내 마음속은 격동되면서도 정밀했고, 따스하면서도 서늘해졌다. ……
> 나는 동화의 세계에 놓여 있는 느낌이 들었다. 그리고 내가 동화의 세계에 놓여 있다고 느껴졌던 그때, 나는 문득 몸과 마음의 피곤과 노쇠함이 느껴졌다. 내 성년의 시기가 문득 시작되고 있었다.[5]

신과 민족국가와 가족 관계의 일체화를 관통하는 그 핵심은 사랑이며, 그러므로 왕안이는 천잉전의 부자 관계를 압축한 그 말 속에서 '신령의 사랑'을 느꼈고, 그것을 키워드로 '유토피아 시편'을 창작했다고 할 수 있으리라. 그러므로 여기에서의 유토피아는 세속적인 사랑밖에는 이루어질 수 없는 '속세'에서는 존재할 수 없는 이상적인 시공간이자, 그 안에서는 모든 사회적 갈등이나 계층 간의 대립이 존재하지 않는, 말하자면 화해와 조화의 대동(大同)

---

5 《烏托邦詩篇》, 같은 책, 263쪽.

사회 혹은 피안의 본향이기도 했다. 그런 만큼 그러한 현세를 초월한 이상적 세상에 대한 이야기는 산문이 아닌 시편, 일종의 종교적 갈망의 노래가 되었던 셈인 것이다. 그런 의미에서 이 시기 왕안이가 상상했던 기독교는 개인적 사랑의 욕망을 상징적 부성애로 승화시키는 매개이자, 동시에 변질되고 상실된 사회주의적 민족국가 의식에 새로운 생명력을 부여하는 일종의 종교적 '우상과 화신'의 요소를 담은 개념이었다고도 추론할 수 있을 것이다.

여기에서 이러한 추론의 정당성을 뒷받침하는 것은 바로 이 두 사람이 미국에서 체류했던 시기의 한 단락에 대한 다음과 같은 왕안이의 회고 내용이다.

> 그 무렵, 그는 마치 소년 선봉대원처럼 나의 어머니가 들려주는 전쟁 시기의 영웅 이야기를 즐겨 듣곤 하였다. 근거지의 생활은 그를 동경하게 하였고, 사람들이 형제자매처럼 함께 생활하는 것은 그의 마음을 탁 트이고 유쾌하게 하였다. 그 무렵 그는 막 한 편의 소설을 썼었는데, 어느 혁명당원의 아내 이야기였다. 그런데 나는 늘 가장 결정적인 순간에 그의 사상의 폐단을 날카롭게 지적하곤 하였다. 즉 사회주의 과도기의 시기에 출현하는 문제를 예증으로 들며, 어머니들의 희생이 오히려 역사를 잘못된 길로 접어들게 만든다는 것을 설명하려고 했던 것이다.[6]

이 부분에서 언급하고 있는 '어느 혁명당원의 아내 이야기'가 이 무렵 막 발표된 천잉전의 〈산길〉을 가리키고 있음은 물론이다. 이렇게 본다면 왕안이는 천잉전 문학의 이념적 지향점이라 할 수 있는 항전기 해방구의 인민문학과 이후의 혁명 역사전쟁 서사가 결국 역사의 방향을 그릇되게 전개시킨 가장 핵심적인 요인이라는 관점을 명확히 지니고 있었음을 알 수 있다. 그리고 그러한 역사 관점은 결국 이 〈산길〉에 내장되어 있는 여주인공 차이첸후이의 '참회자 형상'에 대한 거부의 입장이 된다. 즉 "가족을 위해 참회하고, 스스로

6 《烏托邦詩篇》, 같은 책 270쪽.

의 혁명에 대한 망각을 참회하며" 끝내 그녀의 '청춘'과 '생명'을 바친[7], 그런 의미에서는 어떻게 보면 혁명의 종교적 내재화에 대한 가능성을 비판하고 있는 셈이라고도 할 수 있겠다.

이러한 각도에서 보자면 결국 천잉전과의 만남 이후《유토피아 시편》을 집필하게 되는 1980년대의 기간 동안 왕안이가 추구했던 스스로의 문학세계는 문혁 이후 1990년대의 시장경제 체제를 맞이하기까지, 실존적 자아의식과 새로운 사회적 이념과의 통합 혹은 융합의 연결고리를 찾기 위한 작가적 성장과 예술적 탐색의 궤적이었다고도 할 수 있을 것이다. 왕안이는 천잉전이라는 해협을 건넌 선배 작가를 일종의 상징적 안내자로, 그리고 그의 문학에 '신령의 사랑'의 온기를 전해 주는 기독교 신앙 속에서 스스로의 실존적 허무의식과 절망을 치유해 줄 구원의 빛을 갈구했던 것이기도 하리라. 그러나 그 과정은 기실 상상적 동경과 암중모색의 영역을 넘어서기 어려운 진통의 기간이기도 했던 것으로 여겨진다.《유토피아 시편》에서 그려지고 있는 다음과 같은 자문의 고백이 그 무엇보다의 예이다.

> 예수는 깊고도 어두운 십자가 위에 매달려 있었다. 긴 창의 스테인드글라스가 하늘빛을 둔탁한 색깔로 변화시켜 서서히 맴을 돌며 빛 기둥을 이루고, 위로 옆으로 교차하면서 사람들과 예수 사이를 가득 채워 가고 있었다. 그 여인들의 눈에는 조금씩 애수와 근심이 서려 있었지만, 그러나 평안한 모습들이었다. 그 여인들과 예수는 서로의 오랜 응시 속에서 차츰 그 어떤 영원한 약속을 맺고, 서로가 충성되이 그 약속을 지킬 수 있을 것 같았다.
>
> ……
>
> 나는 다만 알 수 있었다, 사람들이 왜 교회를 가는지. 그리고 나는 알 수 있었다, 사람들의 교회는 어디에 있는지. 그러나, 나의 교회는? 그리고, 나는 왜 가야 하는가? 교회에 가는 일은 평생 그때 정식으로 마무리가 되었다.[8]

---

7 李勇,〈批判, 懺悔與行動—賈平凹《帶燈》, 喬葉《認罪書》, 陳映眞《山路》比較〉,《文學評論》2015년 5기 참조.

8 《烏托邦詩篇》, 같은 책, 288, 289쪽.

이러한 각도에서 살펴본다면, 왕안이 스스로가 고백하고 있듯이, 이 무렵 그녀가 간직하고 있던 '그 사람에 대한 그리움'은 그녀가 스스로 대면해야 할 현실 세계, 이 세속의 성공과 행복의 '가상(假象)'이 까발려지고 마침내 두렵고 힘겨운 실패와 좌절의 '진상'이 드러날 때, 그 곤경에 용감하게 대면하고 그것을 '초월'하도록 이끌어 줄 안내자, 대신 무거운 짐을 짊어지고 구원으로 이끌어 줄 일종의 의사 '신앙'의 대상자, 예수 그리스도의 대체적 이미지이기조차 했던 것으로 여겨진다. 그러기에 그녀는 "나의 그 사람에 대한 그리움은 도대체 무엇이란 말인가? 신앙과 같은 것이기라도 하단 말인가? 하지만 내게 어떻게 신앙이 있을 수 있다는 말인가?"라고 자문을 하고 있었던 것이다. 그런 면에서 보자면, 왕안이에게 있어서 천잉전은 그녀 자신의 세속적 삶의 욕망과 그 '에로스적 사랑'(世俗之愛)의 굴레를 넘어서도록 이끌어 줄, 영원한 생명과 초월적인 가치를 향한 '아가페적 사랑'(神靈之愛)의 상징적 구현자로 대상화되고 있었던 셈인 것이다. 그렇다면 1980년대의 분단 현실 속에서 그 실천적 문학인의 삶을 살아가고 있던 작가 천잉전에게 있어서 왕안이가 상상하던 그 '신령의 사랑'의 종교적 함의, 그 사회 역사 구조 속에서의 문화적 담론의 구조는 어떠했을지에 대한 탐색이 필요하겠다.

3. 천잉전의 기독교 제재 소설과 '신령의 사랑'

잘 알려진 바와 같이, 천잉전은 사회주의적 이념 조직 활동의 죄목으로 인한 투옥 체험 등, 반자본주의적 사회주의 좌익 문학사상을 구현하기 위한 작품 창작 및 사회 참여 활동을 지속해 온 진보적 작가였다. 그리고 그 과정에서 그러한 사회주의적 이념 및 민족국가 의식은 기독교에 대한 개인적 종교 신앙 및 가치관과의 유기적인 관련성을 지니고 있었다. 그런 의미에서 천잉전의 문학세계 속에서 기독교는 개별적 영혼의 구원과 참회의식의 초기 단계를 거쳐 점차 반자본주의적 사회 비판 및 마르크스주의적 혁명 이상에의 확장·심화 단계로의 변화를 보여 주고 있었다. 다만 그의 초기 작품에 집중되어 나타나고 있는 기독교적 종교성의 제재 및 주제의식과 관련한 연구 분석의 내용이 일정한 합의점을 도출하기는 쉽지 않다.

기실 천잉전 문학에서의 기독교적 종교성의 구현 방식, 특히 그의 초기 소설 속에서의 종교성은 남녀 간의 사랑과 성의 욕망, 또는 인간의 원초적 생명력을 억압하는 실존적 허무의식과 절망적 죄의식 사이의 갈등과 죽음에의 충동 등이 복잡하게 얽힌 일종의 알레고리적 단계의 형태를 띠고 있었다.[9] 그러므로 여기에서는 무엇보다도 먼저 그의 초기 소설에서 과연 기독교의 종교적 본질과 관련한 주제의식이 명확히 구현되는 작품이 있었는가에 대한 확인이 필요할 듯싶다. 그러한 관점에서 천잉전의 초기 소설 중 기독교와 관련된 구체적인 제재와 주제의식을 지닌 작품으로서는 예를 들면 〈나의 동생 캉슝(我的弟弟康雄)〉(1960), 〈가룟 유다의 이야기(加略人猶大的故事)〉(1961), 〈사과나무(蘋果樹)〉(1961) 등이 거론될 수 있겠으나, 이중 기독교의 예수 형상을 직접적으로 다루고 있는 것은 〈가룟 유다의 이야기〉이다. 그리고 이 작품 속에서 주인공인 유다의 인물형상 및 그 내면적 심리갈등을 규정하는 핵심적인 요소는 바로 현실 정치적 야심을 지닌 강한 개성의 소유자인 인간 유다와 예수 그리스도의 초월적 신성성 사이의 충돌이라는 측면이다.

무엇보다도 이 작품 속에서 그려지고 있는 유다는 인간적인 약점에도 불구하고, 가난하고 학대받는 이웃들에 대한 동정과 연민, 불합리한 사회적 지배 구조에 대한 날카로운 비판의식과 분노의 격정을 지닌, 그 나름대로 예수의 이웃 사랑 정신에 대한 공감과 실천을 지향하는 인물이다. 아울러 유다의 이러한 통찰력과 격정이 유대교의 상층 기득권 세력이나, 급진적인 민족의식

---

9 이와 관련한 陳映真 소설 창작의 시기별 구분 및 특히 초기 소설 속에서 구현되고 있는 기독교 제재 소설 속에서의 알레고리적 특징에 관해서는 趙剛,《左眼臺灣: 重讀陳映真》(北京大學出版社, 2016년)의 제1장 및 趙剛, 〈青年陳映真: 對性, 宗教與左翼的反思〉,《陳映真: 思想與文學學術會議》(新竹交通大學, 2009년 11월) 참조.

을 지닌 반(反)로마의 '열심당'(奮銳黨)의 경계를 넘어선, 말하자면 구약의 세계에서 신약의 세계에로의, 즉 유대교에서 기독교로의 전환을 구현하는 새로운 이스라엘의 진보적 세력을 암시하는 점도 주목할 필요가 있다. 그런 의미에서 유다는 1960년대 이래 타이완의 역사 현실 속에서 작가 천잉전이 줄곧 견지하고 있던 일종의 반제국주의적인 '신식민 주변부 자본주의'(〈後街〉)에 대한 비판의식을 내장하며 반영하고 있는 인물이다.[10]

그러나 다른 한편으로, 천잉전의 작품 중 기독교의 종교성이 가장 구체적이고 긍정적으로 다루어진 이 〈가룟 유다 이야기〉에서 정작 문제가 되는 것은, 예수의 십자가상의 수난에 함유된 인간의 한계와 죄악을 대속하기 위한 신의 섭리의 완성으로서의 궁극적인 종교적 의미에 대한 탐색이 모호하다는 점이다. 말할 나위도 없이 예수의 십자가상의 죽음은 구세주로서의 소명을 완성하기 위한 신의 계획의 실천 과정이고, 그로 말미암아 비로소 죽음으로부터의 해방과 극복인 부활이 이루어지기 위한 필연성을 지닌 목표였던 것이다. 그러므로 유다의 배신과 참회와 자살은 인간의 이기적 욕망과 자기 중심성의 교만과 그 원죄를 드러내며, 바로 그러한 인간의 근원적인 죄악과 신의 징벌로부터 인간을 구원하기 위한 예수 그리스도의 대속으로서의 희생을 완성하기 위한 필연적 계기였던 셈인 것이다.

그렇다면 천잉전의 이 작품이 그의 문학세계에서 지니는 의미는 무엇일까. 무엇보다도 주목되어야 할 부분은 인간 삶의 사회·역사적 의미망과 종교의 관계에 대한 예술적 구현의 문제이다. 기실 천잉전이 기독교를 제재로 한 일련의 작품 속에서 중점을 두어 탐색하고 있는 것은 현실 세계 속에서의 인간 삶의 사회 역사적 갈등 구도와 그 문제 해결의 주제의식 측면이다. 〈가룟 유다의 이야기〉에서 그러한 사회 역사적 종교성의 구현 양상이 작품의 핵심적인 갈등 해결 장면으로서 묘사되고 다음과 같은 결말 부분이 그 예이다.

10 陳映眞, 〈後街〉, 《中國時報·人間副刊》 1993年 7월 참조. 여기에서는 陳映眞, 《陳映眞散文集 1: 父親》(洪範書店, 2004년) 수록에 의함.

> 십자가에 달린 예수가 시끄럽고 잔혹한 조롱 소리 속에서 세워졌다. 유다는 정신을 집중해서 그것을 바라보면서, 그의 눈이 갑자기 경탄으로 조금씩 밝아지기 시작했다. 그는 처음으로 예수가 매우 아름다운 두 팔을 가지고 있는 것을 보았다. 이 일찍이 목수로서 너무 많이 노동을 한 두 손은 살집이 많고 단단했으며 더욱이 매우 곧게 뻗어 있었다.
>
> "얼마나 아름다운 두 팔인가!" 유다는 스스로에게 중얼거렸다.
>
> 하지만 그 순간에 유다는 예수가 천국의 낙원에 대해 한 가르침과 하늘에 미치는 권세의 모든 것을 완전히 이해하게 되었다. 그는 예수가 이미 인류 역사의 마지막에 실현할 왕국을 이렇게 이루어냈음을, 그 왕국은 온 세상 사람들을 포용하고 있으며, 그것이 임하게 됨과 우주의 영원한 세상을 비교하면 이미 인간 세상에 와 있음을 알게 되었다. 그는 문득 그 사랑의 왕국이 없으면 인간이 계획하는 그 어떠한 정의도 모두 신속하게 부패하게 되리라는 것을 깨달았다. 그는 자신의 정의의 유토피아가 이 보다 광대하고 보다 평화로운 복된 왕국 앞에서는 그 얼마나 어리석고 보잘것없는지를 알게 되었다. 그의 눈물이 마치 여름의 소나기처럼 그의 창백하고 핏기 없는 얼굴에 가득 흐르고 있었다.[11]

이 장면에서 예수를 은 30냥에 팔아넘긴 유다가 문득 예수의 하늘나라의 가르침을 깨달으며, 이 인간 세상의 모든 정의와 유토피아의 이념이 어리석고 보잘것없음을 통감하며 참회의 눈물을 흘리게 되는 계기는, 바로 십자가에 매달린 예수의 두 팔이 얼마나 아름다운가를 발견한 사실에 있었다. 다시 말해서 예수를 '하나님의 아들', '몽상가', '큰 지혜자'로서가 아니라, 그 스스로가 연민과 사랑을 베풀었던 민중의 일원이며 노동자이기도 했다는 사실의 재발견이 유다와 예수 사이의 간극과 불화를 해소시키는 결정적인 요인이었던 셈인 것이다.

그러므로, 이 작품 속에서 유다의 각성과 참회를 촉발하는 계기가 삼위일체의 성육신한 신으로서가 아니라, 힘든 노동을 통해 살아가는 평범한 민중

---

11 陳映眞, 〈加略人猶大的故事〉, 《筆匯》 1961년 7월. 여기에서는 《陳映眞小說集 1: 我的弟弟康雄》(洪範書店, 2001년판), 131쪽에 의함.

의 일원으로서의 인간 예수에 대한 일종의 계급적 동질감과 유대의식의 미적 공감과 감동으로 설정되어 있다는 점은 매우 함축적이다. 그리고 이러한 예수의 형상은 기실 근현대 중국의 지식인들이 받아들인 역사적 인물로서의 예수, 인도주의자이자 혁명가로서의 예수에 대한 이미지의 연장선상에서 구축된 담론의 성격과도 무관하지는 않다. 아울러 여기에서 다소의 확대해석을 하자면, 이러한 관점이 1940년대 중국의 해방구에서 제기된 지식인의 자기개조, 육체노동을 통한 소부르주아 지식인과 노동자·농민의 인민과의 결합이라고 하는 좌익 문학사상의 시대적 요청과도 부합하는 측면이 있다고도 할 수 있을 것이다.

실제로 1960년대 초에 발표된 이 〈가룟 유다의 이야기〉에 함장된 이러한 가난한 이웃에 대한 일종의 '사회적 메시아'로서의 예수에 대한 공감은 이후 작가의 투옥 경험을 전후한 좌익 지식인으로서의 창작 과정 및 사회적 실천 과정 속에서 작가의식 형성의 중요한 동력으로 이어지게 되었다. 그의 전기·후기 문학 창작의 중간 접점을 이루는 작품이라 할 수 있는《만상제군(萬商帝君)》(1982)에서 작품 전개의 주요 모티프로 제기된 해방신학론적 기독교 담론이 그 중요한 예이다. 특히 타이완의 현실 '체제 교회'에 대한 비판과 제3세계 해방신학론의 관점에서 '저항 주체의 문제의식과 신념'의 실천적 과제를 제기한 것으로 평가되는 이 작품[12]에서 주목되어야 할 것은, 바로 작가의 자본주의 현실 체제에 대한 비판의식과 마르크스주의적인 시대 인식이 기독교의 종교적 본질로서의 인간 구원 신앙과 어떻게 용해되는가의 측면이다.

이러한 각도에서 살펴볼 때, 이《만상제군》에서 문제 제기를 하고 있는 것은 과연 '기독교의 사랑'이 현실 역사 속 계급투쟁의 사회 모순을 어떻게 해결할 수 있는가 하는 점이었다. 그렇다면 이 작품이 쓰일 당시인 1980년대 초 천잉전이 진단하고 있던 타이완 및 제3세계 사회현실의 구조적 문제점과 기독교의 종교적 사명은 무엇이었을까? 이러한 논의와 관련한 천잉전의 관점

12 趙剛,《左眼臺灣: 重讀陳映眞》, 160쪽 참조.

은 기본적으로 후진국 교회들이 반제국주의적 민족운동 및 기층 민중과의 결합에 의해 예수 그리스도의 정신을 계승하고 실천하려는 '참여신학', 결국 다음과 같은 제3세계적 해방신학론의 당위성에 대한 확고한 입장이었다.

> 후진국 국가의 교회가 19세기 이래의 제국주의 시대 속에서 제국주의를 위해 봉사한 역사 사실에 대해 솔직하고도 엄숙한 자아비판을 하려는 것이 최근 참여신학의 중요한 정신이다. 예수 그리스도가 로마의 식민 체제에 반대하고, 그 로마 식민 체제와 결탁한 유대의 제사장·장로·서기관·바리새인의 독재 정치 체제에 반대함으로써, 학대받고 모욕받는 이들과 함께하며, 아울러 그들의 자유와 정의를 위해 큰소리로 항의하신 행전(行傳) 속에서 새로운 기적과 빛을 찾으려는 참여신학은 교회가 이제껏 후진국가를 대해 온 오만과 스스로는 의롭다 여기면서 제국주의의 앞잡이가 되었던 역사를 호되게 비판하였다. 기독교는 바로 이러한 새로운 반성 운동의 구체적인 실천 속에서, 각 '후진' 민족의 반제 민족운동과 결합하여 생동적이며 풍성한 힘을 획득하고 있다. 타이완 기독교 장로회의 최근의 과감한 언론과 행동 속에는 분명히 이러한 반성과 비판이 결핍되어 있다.[13]

특히 천잉전의 이러한 관점은 1990년대를 거치며 사회주의권이 실질적으로 해체되는 과정을 겪은 신세기 초의 논의에서도 기본적으로 이어지고 있음을 확인할 수 있다. 그것은 곧 '전후 "미국 제패하의 세계질서"(Pax Americana)의 큰 틀' 속에서의 민족의 분열·대립이라는 역사 이해이다. 아울러 그러한 역사의식은 바로 "우리는 하나의 권위정치의 통치에 직면해 있다. '미국 제패 하의 세계질서'에 대면한 일생에서, 당신은 그것을 영접할 것인가, 아니면 그것을 초월하고 극복할 것인가? 그것이 서로 다른 인생관과 세계관을 형성하게 된다"[14]는 그의 분명한 신념이기도 했던 것이다.

---

13 陳映眞, 〈臺灣長老教會的岐路〉, 《夏潮》 4권 6기(1978년 6월). 여기에서는 《陳映眞全集》(人間出版社, 2017년) 3권, 266쪽.

14 陳映眞, 〈民族分裂下的臺灣文學: 臺灣的戰後與我的創作母題〉, 《明報月刊》 2004년 5기. 여기에서는 《陳映眞全集》 21권, 230쪽.

그러므로 이러한 역사의식하에서 천잉전이 설정하고 있는《만상제군》의 구도는 미국 제패하의 세계 질서를 상징하는 타이완 내 미국계 '다국적 기업하의 문화, 민족적 정체성, 인간 소외 등의 문제'를 비판적으로 검토하고자 하는 것이었다. 여기에서 기독교가 개별적 인간의 실존적 절망과 허무의식 및 그 영혼의 구원이라는 범주에 안주하는 한, 기독교는 결국 진정한 신의 응답을 받을 수 없는 외래 종교에 지나지 않게 될 것임을 작품에서는 강하게 암시하고 있다. 특히 기독교가 중산층의 자본주의적 세속 욕망 충족을 위한 기복신앙이 되어서는 안 되며, 따라서 타이완의 기독교는 소외되고 학대받는 피억압 이웃들에 대한 관심 및 그들과의 연합이 가장 절실한 과제임을 작품은 강하게 암시하고 있다. 아울러 그러한 과제의 실천을 위해서는, 범세계적인 미국 패권주의에 의한 타이완 사회현실의 구조적 모순의 구도를 직시하고, 그에 대한 극복과 저항을 위한 제3세계적 민중신학론·해방신학론의 수용이 필요하다는 사실을 작품의 핵심적인 주제의식으로 제시하고자 하였던 것이다.[15]

천잉전의 이러한 작가의식 및 기독교에 대한 관점은 이후 그의 후기 소설 창작시기를 통해 〈초롱꽃(鈴鐺花)〉·《자오난둥(趙南棟)》(1987) 등, 타이완의 분열 역사에 대한 반성적 재성찰의 탄생을 촉진하는 동력이 되기도 하였다. 또한 이러한 경향은《인간 세상(人間)》 잡지의 간행(1985-1989)을 계기로 타이완의 역사 현실에 대한 보다 심층적인 관심과 참여 속에서, 분단 현실의 극복을 위한 보다 적극적인 사회활동을 낳게 되었다. 특히 기독교와 관련해서는 《만상제군》에서 작품의 갈등 구조 해결 방향으로 제기되었던 해방신학에 대한 관심과 전망을 중심으로, 1980년대 말 이웃 한국의 분단 현실과 정치적인 이념 대립의 역사 현장 속에서 전개되고 있던 기독교의 역할 및 신학 담론 구현 내용에 대한 실제 탐색의 작업이 주목된다. 그 과정 속에서 천잉전이 한국의 민중신학 운동에 각별한 관심을 보여 준 요인은 무엇보다도 먼저 "전혀 기

15 졸고,〈陳映眞《萬商帝君》의 종교성—기독교 담론의 굴절과 세속화〉,《중국어문논총》83집(중국어문연구회, 2017년) 참조.

독교 전통이 없는 동양 국가에서 어떻게 기독교가 그토록 큰 힘을 지니고 있는가"[16]에 대한 경탄에서 비롯되었다.

그리고 이러한 한국의 기독교 현황에 관하여 천잉전은 동시대적 관심 속에서 1980년대 말 실제로 한국을 방문하고, 천주교와 개신교의 진보적 성직자 및 '민중 신학' 목회자들과의 교류 내용을 바탕으로, 그가 편집하던《인간세상(人間)》(1989년 6월호)에 한국 기독교의 역사적 사명과 신학적 의미에 관한 상세한 논평 기사를 실었다. 이들 인터뷰 기사의 특징은 먼저 한국의 기독교가 '서양 중심, 심지어 제국주의의 입장과 전통'에서 있어 왔으며, 그중에서도 미국의 패권주의에 의한 독점 자본주의의 폐해에 노출되어 왔다는 사실에 대한 통렬한 반성에 초점을 맞추고 있다는 점이다. 그리고 그러한 과오를 극복하기 위한 제3세계적 민중신학의 제창, 젊은 천주교 주교단과 신도들에 의한 '예수의 본마음의 회복' 운동 등 새로운 신학 담론에 관해 깊은 공감과 적극적인 평가를 하고 있는 점이 주목된다. 그러므로 천잉전은 그들 한국의 종교인들 속에서 '민족의 분단 대립, 정치적·경제적 압박의 근원'으로서의 '모든 정신과 물질(제도)의 압박 가운데서 해방의 삶을 획득'하려는 '예수의 선포'에 공감하고 있었던 것이다.[17]

16 陳映眞, 〈由'出走'談起—陳映眞對當今臺灣敎會之觀察與諍言〉, 陳映真等著, 康來新, 彭海瑩合編,《曲扭的鏡子—關於臺灣基督教會的若干隨想》(雅歌出版社, 1987년), 120쪽 참조.

17 陳映眞, 〈耶蘇在窮人中興起新敎會〉 및 〈我來…乃是要叫人紛爭〉,《人間》1989년 6월호(총 44기) 참조. 이러한 陳映眞의 한국 기독교 역사에 대한 관점 및 평가와 관련하여, 한국에서 기독교가 크게 부흥 성장한 가장 큰 이유로는 근현대 한국 역사상 청일·러일 전쟁과 일본의 식민 통치 및 한국전쟁 등 피식민 및 전쟁 체험 등 위기와 격동의 시대 상황, 그리고 그로 인한 한국인들의 불안의식과 절망감으로부터의 정신적 구원에 대한 종교에의 갈망을 들 수 있다. 아울러 이러한 과정 속에서 서구 특히 미국에 의한 한국에의 의료·교육·경제·군사 원조와 기독교의 복음 전파는 한국의 기독교 부흥과 성장에 결정적인 영향을 미친 것으로 분석된다. 그러나 1970-80년대 동안 한국이 일정한 근대 산업화의 성장 단계를 거치면서, 그 주류를 이루었던 반공 복음주의적인 기독교의 부흥·성장 경향은 동시에 민주화 운동 및 '기독교 반체제 운동'의 신학과 신앙을 바탕으로 한 진보적인 현실 참여 경향과의 갈등·대립의 국면을 맞이하게 되었다. 그리고 이 기간의 그러한 내적 긴장의 역동성은 한국 기독교 교회의 급성장을 촉진하는 결정적 계기였다. 여기에서의 이러한 개괄적인 한국 기독교사의 흐름에 관해서는 오가다 마모루(尾形 守) 지음, 황바울 옮김,《한·일 문화 비교와 기독교사》(갈릴리 출판사, 2002년), 60-65쪽 및 232-253쪽 참조.

결국 이러한 천잉전의 한국 기독교의 민중신학에 대한 관심은 이 시기의 제3세계 해방신학론의 연장선상에서 일종의 '기독교 사회주의'에의 접근 가능성을 모색[18]하는 기독교 담론으로 평가할 수 있으리라. 그런 점에서 살펴본다면, 천잉전의 기독교 관련 논술 및 특히 타이완의 기독교 현상에 대한 비판이 근거하고 있는 것은 엄밀히 말하자면 1960년대와 1970년대의 중국 공산당에 의한 제3세계론의 연장선상에, 그리고 그 원류로서는 '1900-10년대 "중국혁명"의 주류 논술'에서의 사회주의를 지향하는 민족주의적 입장이 상정될 수 있다.[19] 이러한 천잉전의 관점은 이 시기 그가 통렬하게 비판을 가하고 있던 타이완 교회의 세속화 경향, 즉 사회 전체의 '향락주의 조류' 및 '제도화된 소비' 풍조에 대한 무관심으로부터 '교회가 마땅히 져야 할 선지적 역할'을 회복하기 위한 절박한 외침이기도 했던 것이다.[20]

그렇다면 이러한 천잉전의 기독교 담론은 그의 기독교 제재 소설 속에서 어떠한 '신령의 사랑'을 구현한 것일까. 실은 앞에서 살펴본 이 시기의 기독교 제재 소설《만상제군》에 등장하는 기독교도 리타라는 인물은 그러한 종교적 신성성의 구현 가능성을 간직한 형상인 것이 사실이다. 특히 가난과 병고에 시달리는 이웃에 대한 온정과 사랑의 좌절을 통해 오히려 인간의 무력감과 죄의식에 휩싸이는 그녀의 모습은, 바로 작가의 해방신학론의 주제의식에도 불구하고, 개별적 자아가 신과 대면하며 신을 향한 아가페적 사랑에 다가

18 이러한 陳映眞의 제3세계 인식과 식민주의 비판의식 및 이와 관련한 '기독교 신앙과 자본주의 비판 사상'과 관련한 국내 학계의 연구 성과로서는, 송가배 〈陳映眞 소설《萬商帝君》의 식민주의 비판의식〉,《東亞文化》제52집(2014년) 참조.

19 王曉明,〈從陳映眞看第三世界的政治和文化批評〉,《陳映眞: 思想與學術會議》참조.

20 陳映眞,〈基督徒與大衆消費文化〉,《曲扭的鏡子 —關於臺灣基督教會的若干隨想》, 127-132쪽 참조. 이러한 각도에서 살펴본다면, 陳映眞이 타이완 교회 비판의 주요 참조항으로 삼고 있는 한국 방문 취재 기사는 주로 1970년대 이래 한국 기독교계의 진보적인 사회 정치적 현실 참여 측면에 초점을 맞춘 내용이었던 셈이다. 그런 점에서는 1990년대 이래 한국 기독교가 당면하고 있던 '자국 민족 중심주의, 자국 민족 지상주의로부터 탈피하여 기독교의 아가페 사랑이 민족주의를 움직여 가는 관계'를 수립하려는 새로운 시대적 과제 및 흐름을 심층적으로 포착하고 있지 못한 점이 간과될 수는 없을 것이다. 이러한 문제의식과 관련한 한국 기독교와 민족주의 이념과의 중층적인 관계에 관해서는, 특히 앞의 오가다 마모루(尾形 守) 지음, 황바울 옮김,《한·일 문화 비교와 기독교사》, 251-253쪽 참조.

가는 성화의 과정으로 해석되어야 할 이 작품의 정채로운 부분이다. 그런 의미에서 보자면, 작가의식을 반영하는 인물 충(瓊)이 던져 주고 간 해방신학론적인 화두로서의 '수많은 세상의 고난'에 대한 이해와 체험은, 일견 복음주의적인 개별적 신앙의 범주에 머문 것으로 보이는 리타라는 인물의 '신령의 사랑' 구현 가능성을 역설적으로 심화시키는 새로운 계기이자 도전의 설정이었던 것이다.[21]

4. 1990년대 양안(兩岸)의 기독교 비평 담론

1980년대 말에서 1990년대 초, 제3세계적 기독교 담론으로서의 해방신학론을 바탕으로 미국 패권주의하의 글로벌 자본주의에 대한 비판을 전개하던 천잉전과 관련하여, 중국 대륙에서는 왕안이의《유토피아 시편》에서 그려진 천잉전의 인물 형상을 미국의 패권주의에 저항하는 탈식민론적 '이상주의의 영웅'으로 주목하는 평론이 제기되기도 하였다. 즉 이들은 천잉전에게 부여된 기독교의 종교정신, 그 신성화된 종교적 '경건한 믿음(虔信)' 속에서 시장경제 체제하의 '대중문화와 상품화의 충격'을 극복할 새로운 '포스트 유토피아 담론'으로서의 가능성을 탐색하고자 했던 것이다. 왕안이의 천잉전 형상 속에서 '제1세계의 제3세계에 대한 억압·단편화에의 저항의 의미', '제3세계 지식인의 자아와 주체에 대한 재구축의 전략'을 주목하는 비평론이 그 한 예이다.[22]

물론 여기에서 '낡은 유토피아식의 이상주의적 가치'에 대한 비판이면서 동시에 그것의 부흥과 계승을 추구하는 '포스트 유토피아' 담론 체제의 구축이 가리키는 것이 과연 무엇인지에 대한 명확한 해석과 규명은 쉽지 않다. 다

21 졸고, 〈陳映眞《萬商帝君》의 종교성—기독교 담론의 굴절과 세속화〉 참조.

22 張頤武, 〈論"後烏托邦"話語—九十年代中國文學的一種趣向〉, 《文藝爭鳴》 1993년 2기 참조.

만 '전통적 유토피아의 환상 및 신화의 해체'를 전제로 한 '창조적 비약과 초월적 격정이 시도된 텍스트'로서 평가되는 왕안이의 《유토피아 시편》을 염두에 둔다면, 그 새로운 유토피아 또는 포스트 유토피아가 기존의 근대성 담론을 초월한 포스트 모더니티 혹은 탈식민적 가치 개념인 것은 분명할 듯싶다. 그런데 그러한 현실 초월적인 '직접적인 비약의 결과'로서의 '신앙'의 담지체가 바로 천잉전이라는 타이완의 작가이고, 그의 문학에 내재된 기독교의 종교성이 추구하는 제3세계적 해방신학론에는 사회주의적 이념 혹은 마르크스주의적 요소가 개입되어 있었다면, 그 기독교 담론의 비평사적 의미는 어떻게 자리매김할 것인가?

기실 1990년대의 천잉전에게 있어서의 기독교는 이미 개인의 실존적 결단이나 복음주의적인 기복(祈福)의 신앙으로서가 아니라, 어디까지나 현실의 집단적 삶 속에 개입하고 역사하는 인본주의적인 예수의 이웃 사랑을 구현하고 실천하는 것이었다. 그것은 곧 '계급투쟁의 현실을 기독교의 사랑으로 해소'하려는 해방신학 운동의 일환이었으며, "기독교적 가난은 '가난한 자들과의 유대'이고 '가난에 대한 저항'이며 이것이 진정한 기독교의 사랑의 의미"라는 종교정신의 실천을 그 궁극적인 목표로 하고 있었던 것이다.[23] 따라서 이러한 천잉전의 기독교 정신은 분단 체제하에서의 타이완의 자본주의적 사회 모순과 현실 악에 대한 비판과 저항을 전개해 나가며, 동시에 신중국 성립 이후 문혁을 거치며 진행된 대륙의 사회주의 혁명에 대한 일정한 공감과 자기 동일시의 선택을 결단해 나가게 하는 동력이기도 하였다.

이러한 측면에서 보자면, 천잉전의 제3세계 해방신학론에 입각한 기독교의 종교성이 1990년대 초 시장경제 체제로 접어드는 중국 대륙의 문학비평계에서 전면적이고도 긍정적으로 평가되기는 어려웠을 터이다. 물론 앞에서도 언급한 바와 같이 왕안이의 개인적 감성과 기억에 의해 추상화된 천잉전

23 이러한 해방신학론의 성격은 대표적인 해방신학론자인 구스타보 구티에레즈의 관점에 의거하고 있으며, 여기에서는 졸고, 〈陳映眞《萬商帝君》의 종교성—기독교 담론의 굴절과 세속화〉로부터의 재인용에 의함.

의 이미지는 '미국으로 대표되는 물질화된 세계에 저항하는 최후의 영웅', 혹은 '세계의 구원을 시도하는 이상주의자'로 해석될 여지가 있었던 것도 사실이다. 그러나 미국의 패권주의에 대한 천잉전의 비판과 저항이 1990년대 전반기 대륙의 포스트 모더니즘론이나 탈식민론에서 제기되었던 이른바 '탈현대적 중화성'의 문화적 담론과 조화될 수 있는 내용이 아니었음은 분명하다. 그런 의미에서 이 시기 대륙 문학비평계에서의 천잉전에 대한 긍정적 평가나 포스트 문화 담론적 해석은 기실 '의도적 오독(誤讀)'의 혐의로부터 자유롭지 못하다. 그리고 실제로 문혁의 폐해를 직접 겪은 대륙의 작가들에게 있어 천잉전의 기독교 담론에 내장된 사회주의 혁명에 대한 동일시의 경향이 일종의 시대착오적인 관방의 교조적 언술로 비칠 수밖에 없었던 것도 충분히 납득할 수 있는 사안이다.[24]

그렇다고 한다면 이 시기 타이완 문학비평계에서의 천잉전의 문학에 대한 평가, 특히 그 기독교 담론에 함유된 제3세계 해방신학론의 측면은 어떻게 받아들여지고 있었던 것일까? 이러한 관점과 관련하여 타이완 문학비평계에서 천잉전의 문학을 '기독교 신앙과 사회주의 신념 사이의 사상적·정감적 긴장과 갈등'이라는 각도에서 적극적으로 재해석한 바 있는 자오강의 연구 성과는 충분히 주목할 만하다. 다만 천잉전의 문학이 '기독교(특히 해방신학)와의 깊이 있는 대화'를 통해 마르크스주의보다 더욱 중층적인 의미를 지니는 '인도주의적 사회주의'의 '좌익사상'을 지니게 되었다는 언술은 기실 논쟁의 여지를 지니는 관점이라 할 수밖에 없다. 적어도 이러한 결론이 성립되기 위해서는 '인도주의적 사회주의'의 좌익사상이라는 개념 속에 잠재된 기독교 사상과 사회주의 신념 사이의 충돌 혹은 모순에 대한 보다 엄정한 검토가 필요하기 때문이다.[25]

---

24 薛毅, 〈烏托邦精神與革命—陳映眞在大陸的命運〉, 《陳映眞: 思想與學術會議》 참조.

25 趙剛, 〈青年陳映眞: 對性, 宗教與左翼的反思〉, 《陳映眞: 思想與文學學術會議》(新竹交通大學, 2009년 11월), 59쪽 및 趙剛, 《左眼臺灣: 重讀陳映眞》(北京大學出版社, 2016년판) 5쪽 참조.

특히 여기에서 간과할 수 없는 것은 천잉전의 문학을 기독교적인 이웃 사랑의 마음에 바탕을 둔 '인도주의적 사회주의' 정신의 실천적 성과로 평가하는 이러한 관점에 잠재되어 있는바, 기독교 신앙의 본질에 대한 인본주의적 해석의 문제점이다. 즉 여기에는 "현대의 국가 사회주의와 공산주의 사상 및 사회운동은 모두 기독교 구세 사상의 세속화 형식"이라고 하는 일반론[26]을 인정하더라도 여전히 남는 문제, 다시 말해서 기독교의 신앙의 핵심인 신본론(神本論)이 차안(此岸)의 인본론(人本論), 근대적 유토피아 사상으로 세속화 혹은 변질될 여지가 있다는 우려인 것이다.

이러한 논점에 대한 문제의식에서 1983년 이후 천잉전 문학의 창작 및 문학 활동의 궤적을 살펴본다면, 어쩌면 그것은 예수와 마르크스의 공존을 추구해온 '좌익 작가'로서의 장력이 점차 인간 예수, 역사 현실 속 정치적 이념의 아이콘으로 세속화된 의사 종교적 마르크스 예수를 향해 경사되어 간 여정은 아니었을까. 그리고 그것은 정확히 미국 오하이오 주립대학에서 대륙의 신예 여류작가 왕안이를 만나면서 비롯되었던 두 작가 사이의 양안 문학의 기독교 담론의 형성과 교섭 및 그 세속화의 길이었던 셈인 것이다. 그렇다면 이들의 상호 교류 과정 속에서 천잉전의 문학에 나타나는 '신령의 사랑'을 통해 기독교의 종교성에 대한 동경과 작가적 성인의식의 의미를 새롭게 했던 왕안이의 이 시기 창작 여정은 어떠했을까. 이에 관한 중국측의 주요 평론으로서는 왕안이의 1990년대 소설 창작에 관한 천쓰허(陳思和)의 다음과 같은 언술이 매우 시사적이다.

천쓰허의 관점에 의하면, 1990년대 초의 왕안이는 '정신적 역량에 의해 평범한 객체 세계의 개조'를 추구함으로써 그 나름의 '지식인 집단의 전통적 탑'을 구축할 수 있었다고 본다. 그러나 그 대표작《유토피아 시편》에서 노정되고 있는바 추상적 의론성과 주관적 정서의 과잉 노출은 이 작품의 예술적

26 顧彬, 〈上帝病一人病: 論中國和西方的不完美性問題〉, 《道風: 漢語神學學刊》6(1997년). 여기에서는 劉小楓, 《儒家革命精神源流考》(上海三聯書店, 2000년판), 4-5쪽으로부터의 재인용에 의함.

'시학'을 훼손하는 '천국을 향한 신비주의적 경향'에의 위험성이었다고 지적하고 있다. 그럼에도 불구하고 1995년 이후 그녀의 문학이 그러한 '정신적 어둠의 그림자'를 벗어나 1990년대 주요 작가들과의 현실주의적 동질성을 회복하게 된 것은 중국의 국내외 현실 환경과 문화 환경의 구조적 요인 때문이었다는 것이 천쓰허 비평의 결론이었다.[27] 그리고 실제로 이 작품의 마지막 부분에서의 다음과 같은 왕안이 자신의 언급은 그러한 비평의 정당성에 관한 적절한 예증이 될 터이다.

> 이제부터 나의 생명은 역방향의 길을 가게 되리라는 느낌이 든다. 그것이 이제껏 현실의 세계에서 출발하여 허망의 세계로 걸어들어 갔었다면, 앞으로 그것은 허망의 세계에서 출발하여 현실의 세계 속으로 걸어들어 가게 될 것이다.[28]

얼핏 루쉰의 상징적 산문 〈나그네(過客)〉의 분위기를 연상케 하는 주인공 나의 이 내적 독백의 문장에서 작가가 말하고 있는 '현실의 세계'와 '허망의 세계'의 의미 관계에 대한 명확한 파악은 용이하지 않다. 다만 여기에서는 일단 초월적인 이상 세계의 빛에 의한 현실 세계의 문학적 형상화, 혹은 관념적 허구성으로부터 일상적 사실성에로의 전환을 암시하는 대목으로 해석해도 무방하리라. 그것은 순수한 종교적 영혼에의 탐색 방향으로부터 일상적 현실에의 회귀를 의미한다. 또 어떤 면에서 보면, 그러한 창작의 방향이야말로 1990년대 중반 이후 《장한가(長恨歌)》 등 왕안이의 작가적 역량이 자연스럽고 생동감 있게 구현되는 계기가 될 수 있었던 것도 사실이다.[29] 그리고 그러한 작가적 자부심은 다음과 같은 장아이링(張愛玲)과 루쉰에 관한 그녀의 논평에서도 잘 드러나고 있다.

---

27 陳思和, 〈營造精神之塔—論王安憶90年代初的小說創作〉, 《文學評論》 1998년 6기 참조.
28 《烏托邦詩篇》, 같은 책, 304쪽.
29 졸고, 〈王安憶 小說의 虛無意識과 宗敎性—《유토피아 詩篇》을 중심으로〉, 《중국어문논총》 23집(중국어문연구회, 2002년) 참조.

> 장아이링의 인생관은 두 극단을 걸어갔으니, 하나는 현재의 시간과 순간 속에서 구체적인 느낌을 포착하는 것이었으며, 다른 하나는 삶의 어찌할 바 없는 허무였다. ……
> 그러므로, 나는 현실주의적인 루쉰을 더욱 존경한다, 왜냐하면 그는 현실로부터의 발걸음을 통해, 굳건하게 걸어왔기 때문이다. 그리하여, 그에게는 허무를 향해 갈 수 있는 입각점이 있었고, 또한 용기도 있었던 것이다.[30]

결국 왕안이의 작가의식, 그리고 그녀에 관한 중국 문학비평계의 평가 축을 관통하고 있는 것은 '속세'의 허무를 넘어선 '현실주의'에로의 회귀의 정신이며, 그 롤 모델은 루쉰이었던 셈이다. 그리하여 양안의 천잉전과 왕안이는 루쉰을 중심 축으로 하여, 기독교의 현세 초월적인 '신령의 사랑'을 사회주의의 현실 세계 속 '세속의 사랑'으로 구현하는 길로 기꺼이 나아가는 문학의 여정을 함께 했다고 할 수 있으리라. 이러한 각도에서 살펴본다면, 분단 이후 중국의 대륙과 타이완의 두 작가는 각기 상이한 문학의 여정을 통해, 결국 '개인으로부터 사회주의'[31]로의, 그리고 현실의 세계를 넘어선 종교적 피안의 신성성을 현실 속 혁명과 유토피아의 세속성으로 용해하는 접점에서, 화해로운 양안의 통일을 이루어 나가고 있었던 것이다.

5. 맺음말

당대 타이완의 대표적인 진보적 좌익작가 천잉전의 문학세계에서 기독교의

30 王安憶, 〈世俗的張愛玲〉, 여기에서는 《我讀我看》(上海人民出版社, 2001년)의 193-194쪽 所收에 의함.

31 이러한 각도에서 陳映眞을 "타이완에서 魯迅의 전통을 계승하고, 미국의 문화적 패권에 반항한, 지행합일과 확고부동의 '聖子'·勇者"로 자리매김하면서, 王安憶가 1980년대의 신계몽주의적 개인주의로부터 1990년대의 '20세기 중국 사회주의 혁명의 실천'의 길로 나아가게 한 결정적인 계기를 陳映眞 문학정신으로부터의 감화에서 찾고 있는 관점으로는 趙修廣, 〈當代文學思潮演進軌迹一種: 從"個人"回歸"社會主義"—以王安憶的創作轉型與陳映眞精神烏托邦的感召爲考察中心〉, 《青海社會科學》 2017년 2기 참조.

종교성은 사회주의나 자본주의라는 사회체제의 틀, 또는 대륙과 타이완이라는 공간적 분단 현실을 넘어선 본원적인 종교적 고난의식과 구원의식을 함장한 것이었을 터이다. 그럼에도 불구하고, 그의 '사랑과 희망'의 기독교 신앙은 궁극적으로는 그가 견지했던 '사회주의 방향, 제3세계 입장, 민족주의 이해'라는, 현실 사회주의 이념의 위기 이후 '그가 새롭게 구축한 이상주의와의 결합'이라는 자장권을 벗어나는 것은 아니었다.[32] 그런 의미에서 말하자면 천잉전의 기독교 담론은 미국 패권의 글로벌 자본주의에 대한 비판과 사회주의 이념 및 반식민·반제국적 민족주의의 실현을 위한 세속적 신학 담론의 범주에 머물러 있었던 셈이다.

물론 각도를 달리하여 보면, 천잉전이라는 작가에게 있어 기독교는 작가 스스로의 정치적 이념과 이성적 거부감의 심연 한가운데에서도 여전히 그의 삶과 죽음의 경계를 넘어선 구원과 신앙의 대상이었던 것은 틀림없다. 생사를 넘나들던 병상에서의 다음과 같은 절박한 신앙고백이야말로 그 무엇보다의 예증이다.

> 그리하여 철학에서는 유물사관을 믿고 따라온 내 스스로, 병실에서 서툴게 매일 밤 잠이 들기 전 '하나님'께 하소연을 하였다. 나는 죄를 인정했고, 찬송과 감사를 드렸다. 나는 그리스도가 골고다를 향한 십자가의 길고도 괴로운 길을 걸어갈 때 받았던 그 모든 능욕과 매질과 치욕, 그리고 그 죄 없는 이가 받았던 채찍질과 짓밟힘이 모두 내 한 몸의 무거운 죄를 위한 대속이었다는 생각을 하였다. 이 연약하고 더러운 죄인으로 하여금 죽을 고비를 넘게 하여 주신 당신의 뜻은 무엇입니까? 미련하고 어리석은 나로서는 끝내 알 수가 없어, 나는 고집스레 따져 물었다.
> 하지만 내게 돌아온 것은 언제나 한없는 침묵이었다. '성령'의 불길은 없었다. 대답은 없었다.[33]

32 賀照田, 〈當信仰遭遇危機……陳映眞20世紀80年代的思想涌流析論(二)〉, 《開放時代》 2010/12 참조.
33 陳映眞, 〈生死〉, 《父親》, 198-199쪽.

기독교의 신앙에 관한 내적 고백을 좀처럼 하지 않았던 작가 천잉전이 거의 유일한 산문 형식을 통해 마르크스주의와 갈등을 피력한 위의 글[34]에서, 그에게 주어진 신의 '침묵'의 대답이 의미하는 것은 과연 무엇이었을까? 그것은 어쩌면 도스토옙스키가 그려냈던 저 대심문관의 힐문에 대한 예수 그리스도의 '침묵'의 대답, '그의 가슴 속에서 불타는' 사랑의 '입맞춤'이 아니었을까? 그리고 그 침묵의 대답이야말로 바로 '인간의 기적과 신비와 권위'의 도전에 대해 예수가 보여 준 '사랑을 위한 죽음의 선택과 죽음을 이긴 부활'의 구원에의 길이 아니었을까?[35] 다만 천잉전은 일찍이 〈가룟 유다의 이야기〉에서 십자가의 예수를 통해 유다가 마침내 '그 사랑의 왕국'이 없으면 인간이 계획하는 그 어떠한 '정의의 유토피아'도 어리석고 보잘것없는지를 알게 되어 눈물을 흘렸다고 쓰고 있었지만, 그 자신은 스스로의 '삶과 죽음'의 경계에 이르러서도 여전히 유물사관이라는 그 '세속의 사랑'의 한계를 넘어서기가 그토록 어려웠었는지도 모르겠다.

그렇다면 이러한 천잉전의 문학세계 속에서 '일종의 신령의 사랑과 유사한 정감', '일종의 속세를 초월한 경지'에 대한 동경을 공유하면서, 1990년대 이후 사회주의 시장경제 체제하 중국의 기층 민중에 대한 애정과 관심을 형상화해 나가게 되는 대륙의 작가 왕안이에게 있어 기독교는 과연 어떠한 문학적 형상화의 동력이 되고 있었던 것일까? 그리고 그 과정에서 기독교적 '신령의 사랑'을 구현시키는 상징적 안내자이자 정신적 멘토였던 천잉전에 대한 그녀의 '그리움'은 어떻게 이어지고 있었을까? 신세기에 접어든 2001년 말 왕안이의 눈에 비친 천잉전에 대한 안타까운 연민이 담긴 다음과 같은 소회가 그 대답일 것이다.

2001년 말의 전국작가대표대회에 천잉전 선생은 타이완 대표로서 회의에

34 趙剛, 〈青年陳映眞: 對性, 宗教與左翼的反思〉, 《陳映眞: 思想與文學學術會議》, 59-60쪽 참조.
35 권영우, 〈침묵하는 예수〉, 《이제 여기 그 너머》 9호(2016. 9) 참조.

참여하였고, 나와 그의 자리는 단지 두 사람을 사이에 두고 있을 뿐이었지만, 부산히 오가는 사람들 틈 속에서, 그는 몹시 적막해 보였다. …… 20년 가까이 나는 줄곧 그를 좇고 있었지만, 결과적으로는 그에게 실망만을 안겨줄 뿐이었다. …… 나는 이제껏 그를 따라잡은 적이 없건만, 그는 이미 시대에 따돌림을 받고 낙오자가 되어 있었다, 마치 이상국의 유토피아를 우리는 이제까지 본 적이 없지만, 이미 익숙해지고 지겨워진 것처럼.[36]

아마도 왕안이의 이 마지막 언술 중의 '유토피아'가 기독교의 하늘나라까지를 포함하고 있다고 한다면, 그곳은 그녀가 줄곧 초월하고자 한 '세속의 사랑' 너머 '신령의 사랑'이 풍성히 구현되는 나라이어야 했으리라. 그리고 천잉전이 그토록 통렬히 비판을 가했던 타이완 기독교계의 자본주의적 세속화의 풍조를 염두에 둔다면, 그곳은 적어도 해방신학 담론이 추구한 '계급투쟁의 현실을 기독교의 사랑으로 해소'할 수 있는 정의와 평등이 물결치는 세상이어야 했으리라. 다만 그곳이 천잉전이 대안적 이상의 나라로 상정했던 현실 사회주의 시장경제 체제의 대륙 중국이 아닌 것만은 분명했다. 더욱이 그곳이 문자 그대로 현실 세계에서는 존재하지 않을 '이상국의 유토피아'인 한, 그 이상의 나라를 향한 길은 요원할 수밖에 없었을 터이다.

그럼에도 불구하고 양안의 이들 두 작가가 소망했던 '신령의 사랑'이 구현되는 그 나라에의 문학적 상상이, 시공을 초월한 영원한 생명의 본향을 향한 기독교 담론의 연속선상에서 전개되었다는 사실의 확인은 중요하다. 기실 왕안이가 천잉전을 매개로 그 유토피아를 향한 현실 세계 속 '세속의 사랑' 이야기를 '시편'이라는 '신령의 사랑'의 형식으로 노래하려 했던 것도, 어쩌면 그러한 지난한 성화(聖化)의 여정에 대한 깨달음과 갈망에서 비롯한 '난제'에의 도전이었을 것이므로.

그러한 의미에서 말하자면, 이 두 작가가 결국 사회주의 이념의 현실 세계 속에서 기독교의 신성성을 세속화하여 실천해 나가는 과정에서 직면하게

36 王安憶, 〈英特納雄耐爾〉, 《上海文學》 2004년 1기.

될 가장 큰 곤경의 극복 대상은, 바로 현존 자본주의 혹은 사회주의에 내재된 "종교적 형이상학의 절망감에 연유하는" '원한'(Ressentiment)이었다고도 할 수 있을 것이다. 특히 현대 중국의 혁명사 속에서 노정되고 있는바, '마르크스 레닌 사회주의와 중국 문화 민족주의의 융합 구조'를 통해 작동되었던 '민족성의 원한'이야말로, 양안의 현대 중국문학이 그 정치적 이념과 계급적 증오를 넘어 '신령의 사랑'을 구현해 나가기 위한 최대의 난제였을 것임에 틀림없다.[37] 그리고 이러한 각도에서 보자면, 천잉전과 왕안이의 문학 속에서 전개된 기독교 담론의 핵심은, 여전히 현세 악의 원한으로 눈이 가려져 자연적 성정과 세속의 사랑에 머물러 있는 우리에게 들려주는, 종교적 구원에 의한 신령의 사랑에 관한 다음과 같은 메시지였는지도 모르겠다.

> 사랑의 느낌의 방향과 반대되는 것은 원한이다. 원한은 사랑의 '실명(失明)'이요, 자연적 욕구의 역방향의 강화이다. 원한은 무릇 자연적 욕구가 아직 차지하지 못한 것 및 그것과 저촉되는 모든 것을 적대성 대상으로 물리치며, 자연적 본성에 의거한 생존의 실상은 사람의 눈을 마귀에 씌운 것처럼 욕구 자체에 깃들이게 하고, 현실 세상 악의 순종자로 전락하게 만든다.
>
> ……
>
> 인간의 자연적 성정은 기독교에서 보면 바로 인간의 결핍으로, 그리스도의 신앙이 사람에게 먼저 하나님을 사랑하도록 요구하는 것은, 감성적 개체의 본연적 정감이 자연적 상태의 한계를 초월하게 하려는 데 그 뜻이 있다. 인간의 본연적 성정은 오직 하나님의 구원의 은혜에 의해서만, 비로소 스스로의 결핍을 뛰어넘을 수 있는 것이다.[38]

---

37 여기에서 '원한'의 개념에 관한 막스 셸러(Max Scheler)의 형이상학적 정의, 그리고 문화대혁명을 비롯한 중국의 근대화 과정에서 노정되었던 원한의 작동 과정에 대한 상세한 분석의 논거로서는 劉小楓,《現代性社會理論緖論》(上海三聯書店, 1998년판)의 제5장 '怨恨與現代性' 중 특히 379-434쪽 참조.

38 劉小楓,《拯救與逍遙(修訂本)》(華東師範大學出版社, 2011년판), 164, 273쪽.

보론

중일 낭만파 문학의 민족의식

‘전국책파(戰國策派)’와 ‘일본낭만파(日本浪漫派)’를 중심으로

1. 머리말

중일전쟁(1937-1945)을 전후로 한 1930-40년대의 중국과 일본의 문학계에서는, 전쟁을 계기로 촉발된 강렬한 민족의식에 바탕을 둔 일련의 낭만주의 문학운동이 전개되었다. 다소 시간적인 격차가 있기는 하나, 1930년대 후반에 일본에서 형성된 ‘일본낭만파(日本浪漫派)’와 1940년대 전반에 중국에서 결성된 ‘전국책파(戰國策派)’의 문학활동이 그 대표적인 예이다.[1] 이들 낭만파 문학은 기본적으로 일종의 문화 보수주의적인 민족주의를 사상사적 기반으로 하고, 그 문학사조적 특징으로는 특히 독일 낭만주의에 나타나는 ‘낭만적 동경(憧憬)’의 구현을 추구하는 공통된 양상을 보여 주었다.

그런데, 이들 낭만파 문학운동에 대한 기존 문학사에서의 평가는 이들이 지향하는 바가 결국 ‘파시즘’ 사상의 경향을 벗어나지 못했다는 점에서 대체

1 ‘日本浪漫派’의 활동은 주로 잡지《日本浪漫派》와《コギト》를 중심으로 전개되었으며, ‘전국책파(戰國策派)’의 활동은 주로 잡지《戰國策》·《戰國》 및《民族文學》 등을 중심으로 전개되었다. 이들 잡지의 간행 기간은 다음과 같다.
《コギト》: 1932년 3월-1944년 4월.《日本浪漫派》: 1935년 3월-1938년 8월,《戰國策》: 1940년 4월-1941년 7월. 重慶《大公報·戰國副刊》: 1941년 12월-1942년 7월.《民族文學》: 1943년 7월 - 1944년.

로 부정적인 시각으로 이루어져 왔다. 그중에서도 일본낭만파의 경우에는 그 대표적인 이론가인 야스다 요주로(保田與重郎, 1910-1981)가 "선정적인 미문으로 젊은이들을 마취시켜 전쟁터로 내몬" "일본 제국주의의 가장 끔찍한 대변자"로 비판될 만큼 부정적인 측면이 부각되어 있다고 할 수 있다.[2] 중국의 전국책파에 대해서는 최근 전면적인 재평가 작업이 진행되고는 있지만, 역시 그에 대한 기본적인 시각은 "국민당 특무정치를 선양하고, 파시즘 사상을 선전하는 문예사조"로서 비판되는 측면이 여전히 남아 있다.[3]

물론 이러한 기존의 평가가 일본의 중국 침략과 태평양 전쟁에로의 확전 및 패전, 그리고 중국의 항일전쟁과 그에 이은 국공내전 및 중화인민공화국의 성립이라는 역사적 사실에 대한 평가 축을 바탕으로 하고 있느니 만큼, 그 나름대로의 정당성을 확보하고 있다는 사실을 부정할 수는 없다. 다만 이들 문학유파가 추구하고 있던 근대적 국민국가 형성 과정에서의 민족주의적 이념의 구체적인 내용, 그리고 독일 낭만주의 문학의 수용 양상에 관한 보다 전면적이고도 객관적인 분석은, 중일 근현대문학의 비교문학적 이해 및 동아시아 문학 담론의 바람직한 구축을 위한 중요한 연구 과제라 하지 않을 수 없다.

소론에서는 이러한 입장에서 이들의 문학론에 나타나는 민족의식이 독일 낭만주의 미학의 '낭만적 동경'의 성격을 중심축으로 하여 "개인과 민족의 일체화에 대한 동경"을 모색한 문학적 구현 양상을 재조명하고자 한다. 특히 그 과정에서 개인의 주관적 동경이 민족의 외향적 동경으로 전환되는 계기로서 작용되는 이른바 '낭만적 아이러니(ironie)'의 개념이 이들 중일 낭만파 문학에서 어떻게 변형되는지를 집중적으로 검토하고자 한다. 그리고, 이러한 일련의 분석 작업은 궁극적으로 1930-40년대 동아시아 문학의 비판적 재성찰과 현재적 의미에 대한 새로운 탐색을 의도한 연구의 일환적 성격을 띤다.

---

2 竹內 好, 〈近代の超克〉, 《近代日本思想史講座 VII》(筑摩書房, 1959년) 수록. 여기에서는 서광덕·백지운 옮김, 《일본과 아시아》(2004년, 소명출판), 129쪽 참조에 의함.

3 졸고, 〈抗戰期 戰國策派의 浪漫主義〉, 《중국어문논총》 제22집(2002. 12) 참조. 그밖에 전국책파의 사상사적 사조의 특징에 관한 전반적인 연구의 성과로서는 江沛, 《戰國策派思潮研究》(天津人民出版社, 2001년) 참조.

2. 낭만적 동경과 '힘'의 미학

중국과 일본의 근현대 문학사에서 낭만주의 문학은, 1890년대 일본의 기타무라 도코쿠(北村透谷) 등의 낭만주의 문학에서 비롯하여 1920년대 전반 중국 창조사의 낭만주의 문학운동에 이르기까지, 주로 일본을 통하여 서구의 낭만주의 문학사조를 수용하는 양상으로 전개되었다. 그러나, 1920년대 일본의 프롤레타리아 문학운동 이래 1930년대 중국의 좌익문학 운동을 거치면서, 중일 양국 문학사에서의 낭만주의 문학은 실질적으로는 침체 상태에 놓여 있었다고 할 수 있다. 그런 의미에서 1930년대 중반 이후 1940년대의 전반에 걸쳐 일본과 중국에서 낭만주의 문학이 재현된 것은 흥미로운 현상이라 하지 않을 수 없다. 다만 이 시기의 중일 낭만주의 문학은 중일전쟁을 촉매로 전개되었던 만큼 상호 직접적인 교류나 영향 관계는 찾아지지 않지만, 그 구체적인 전개 과정에서는 상호 공동적인 낭만주의적 특징을 나타내고 있었다. 그 가장 두드러진 경향으로서는 전쟁으로 인한 민족정신의 고양 혹은 민족의식의 구현이라는 측면이며, 아울러 그러한 양상이 모두 독일 낭만주의 문학으로부터의 일정한 영향 관계 속에서 이루어지고 있다는 점이다.

그렇다면, 이 시기 중국과 일본에서 전쟁을 배경으로 한 민족주의적 성향의 낭만주의 문학운동이 전개되게 된 시대적 요인은 무엇일까. 여기에서 먼저 일본낭만파의 성립 배경으로는 제1차 세계대전 이후 일본의 급속한 독점자본주의의 파행적 발달 및 그로 인한 전반적인 사회적 불안, 사회주의 운동의 침체 및 천황제 권력에 의한 탄압 강화 등 일종의 '시대 폐색(閉塞)의 현황'이 지적되고 있다. 말하자면, 일본낭만파의 성립은 이른바 "중간층 인텔리겐차의 인간적 통합의 심볼"이었던 "공산주의·프롤레타리아 운동의 체험과 그 좌절"에서 비롯된, '불안·퇴폐·전향·상실'의 '정신사적 이상현상' 하에서 나타난 '근대문학' 세대의 "정치로부터 소외된 혁명감정의 '미(美)'를 향한 후퇴·분출"에 다름 아니었다고 하는 것이다.[4]

실제로 낭만주의의 정신적 기조는 '동경(憧憬)'이며, 유한한 삶의 현실로부터 이탈하여 무한한 영원을 동경함으로써, "시인의 무한한 자유와 부동성(浮動性), 대상의 다양화와 무형식성, 생성의 영속성"을 추구하는 것이 그 문예사조적 본질이라고 할 수 있다. 특히 독일 낭만주의에서의 이러한 무한한 것에 대한 동경은 궁극적으로 우주의 주재자로서의 신에 대한 헌신과 귀의의 열망, 그리고 그러한 종교적 동경감이 이루어지지 못하는 일종의 '신성한 비애'를 그 기저로 하고 있다는 점을 들 수 있다.[5] 아울러 서구의 근대 초기 기독교의 종교적 가치의 보편성이 붕괴되면서 야기된 모든 가치의 상대화, 그리고 그에 따른 세계와 자아의 분열이라고 하는 근원적인 정신의 불안을 배경으로, 그러한 불안을 초극하고 나아가 낭만주의적 본질이라고 할 수 있는 "동경을 표상화하고 환상의 형이상학을 구축하는 방법 정신"으로서 중시되는 것이, 바로 이른바 '낭만적 반어(浪漫的 反語, romantische ironie)'였던 것이다.[6]

1930년대에 출현한 일본낭만파의 문학사조적 특징은, 바로 이러한 독일 낭만주의의 동경과 이로니의 일본적 구현 양상 속에서 찾아질 수 있다. 그리고, 1932년에 창간된 잡지《고기토(コギト)》를 그 실질적 기반으로 출발한 일본낭만파는, 일본의 근대문화 전반에 대한 회의 및 동시기의 이른바 '진보주의 문학' 등에 대한 비판적 의식 속에, 특히 일본 고전문학에 대한 서정적 친화성과 종교적 엄숙성을 기본 골격으로 한 낭만적 동경의 성격을 나타내고 있었다고 보인다. 잘 알려진 대로 일본낭만파의 잡지 출간을 예고하는〈《일본낭만파》 광고〉의 다음과 같은 머리말이 그 한 예이다.

---

4 이와 관련한 일본낭만파의 성립 배경 및 그 사상사적 의미에 관한 분석으로서는 橋川文三, 《日本浪漫派批判序說》(未來社 增補版, 1965년), 14-15쪽 및 31-33쪽 참조.

5 池明烈,《獨逸浪漫主義硏究》(一志社, 1975년), 14-15쪽 참조. 다만 여기에서 유한한 개별적 존재로서의 결핍감에서 비롯된 무한한 주재자로서의 신을 향한 동경과 갈망은, 때때로 신을 대체하는 초개인적인 힘, 헤겔의 표현을 빌면 "객관적 정신의 여러 가지 형식"으로서의 국가와 교회, 법과 관습, 언어와 문학에로의 전향이 일어날 수도 있다. 독일의 후기 낭만주의에서 나타나는 "민족정신이 조성한 초개인적 문학에로의 전향"의 양상이 그 대표적인 '외향적 동경'의 예가 될 것이다. 池明烈, 같은 책, 35쪽 참조.

6 김주연, 〈독일 낭만주의의 본질—정신사적 분석을 통한 비판적 고찰〉, 오생근 외《문예사조의 새로운 이해》(문학과 지성사, 1996년) 46쪽 참조.

평속저회(平俗低徊)의 문학이 유행하고 있다. 일상미온(日常微溫)의 요설(饒舌)은 불변의 신조를 혼미시키려 하였다. 우리가 여기에 일본낭만파를 시작하는 것은, 어디까지나 유행에의 도전이다. 우리는 오로지 작가의 청허준매(淸虛俊邁)의 심정을 존중하며, 예술인의 불기고답(不羈高踏)의 정신을 사랑한다. 이제 그 미(美)를 펼치고, 그 과(果)를 시작하는 것에, 우리 다음 세대 문학인에게 부여된 사명을 통감해 마지않는다. ……

이에 우리는 문학의 운동을 부정하기 위하여, 스스로 문학의 운동을 시작한다. 비근(卑近)에 대한 고매(高邁)의 주장에 다름 아니다. 유행에 대한 불변이다. 종속(從俗)에 대한 본도(本道)이다. 진리와 성실의 시녀로서 존재하는 이로니를, 이제 사용하지 않으면 안된다.[7]

여기에서 〈《일본낭만파》 광고〉가 표방하고 있는바, '평속저회한 문학'의 유행에 대한 도전, "진리와 성실의 시녀로서 존재하는 이로니"의 추구, '시대의 청춘'의 노래의 표현이라고 하는 문학적 주장 등에 나타나는 일종의 순수문학적 지향의 경향은, 독일 낭만주의와 그 역사적 성격을 공유하는 측면이라고 할 수 있다. 독일 낭만주의 개념의 역사적 형성 배경이 계몽주의적 합리성 또는 순수 이성의 도구적 위치로부터의 문학의 자율성에 대한 자각을 바탕으로, "현실성 속에 매몰된 맹목적 이성과 부자유한 정신에 대한 가열한 비판의 성격"을 띠고 있었으며, 낭만적 이로니의 '자유스러운 부동성'은 바로 그러한 계몽성으로부터의 탈피와 실용성에 대한 거부의 입장에서 비롯된 것이기 때문이다.[8]

그러므로, 일본낭만파의 대표적 문인으로 꼽히는 야스다 요주로에게서 발견되는바, "예술의 절대화와 그것에의 헌신, 방탕스럽고도 무책임한 현실 참여, 실용문학의 부정, 멸망의 예감에 의한 예술의욕의 고양 등등", 이른바 '야스다 미학'의 핵심적인 테마에 응축적으로 내장되어 있는 것이 바로 낭만적

7 保田與重郞 外, 〈《日本浪漫派》廣告〉, 《コギト》제30호(1934년 11월).

8 김주연, 〈독일 낭만주의의 본질—정신사적 분석을 통한 비판적 고찰〉, 《문예사조의 새로운 이해》, 44-46쪽 참조.

동경과 이로니의 구현 형태라고 할 수 있다.[9] 이 시기 야스다 요주로의 평론 〈오늘날의 낭만주의〉(1935)는 이러한 일본낭만파의 성격을 이해하는 중요한 자료라고 할 수 있다. 여기에서 그는 자신들의 낭만주의 문학운동을 "개체에의 퇴각, 꿈에의 도피, 예술지상주의로의 패배"로 규정하는 "사회적 관심자들로부터의 비난"에 대하여, 오히려 '비겁한 건강'보다는 차라리 "데카당 속에 있는 아득한 미래에의 빛과 능동"을 주장하고 있다. 그리고, 그것은 "슬픔과 분노, 탄식과 근심이 혼효(混淆)된 경지"의 추구이자 "속물 근성에의 투쟁"이라고 강조하고 있다. 바로 여기에서 그들은 "시민 사회의 휴머니티 대신에 보다 이전의 고전의 슬픔"에 다가가기 위한 미적 탐색을 전개해 나가려 하였다.[10]

한편 1940년대 초의 중국에서 전개된 전국책파의 문학 및 문화 활동 역시, 이 시기 중국의 특수한 문학운동사적 배경과의 밀접한 관련성 속에서 전개되었다. 즉 이 시기는 중일 전면전의 발발 이래 우한(武漢) 함락을 거치면서 국민정부 지역인 국통구에 있어서의 항전의욕의 쇠퇴, 또한 장기전에 따른 사회적 불안과 국공합작의 위기적 상황 등에 기인하는, 항전 문학운동 전반의 침체적 현상이 두드러지게 나타나던 시기였다. 결국 이러한 현상을 타개하기 위한 문학 예술계의 자연스러운 반응이, 좌익문학계에서는 창작의 과정 속에서의 낭만주의적 요소 및 그 정신의 기능을 강조하는 후평 그룹의 이른바 '주관적 리얼리즘'의 대두였으며, 우익 문학계에서는 '강력한 힘에의 의지'를 중시하는 민족문학을 표방하는 전국책파의 낭만주의적 문학사조의 출현이었던 것이다.[11]

물론 이들 전국책파의 활동은 정치·철학·역사·문학 등 다방면에 걸친 이론적 모색과 창작 및 저술 작업 속에서 전개되었으나, 그 중심축은 전국 시대

---

9 松本輝夫, 〈保田與重郎覺書―イロニーとしての日本〉, 《早稻田文學》 1971년 12월호. 여기에서는 日本文學硏究資料叢書 《日本浪漫派》(有精堂, 1977년), 130쪽 참조에 의함.

10 保田與重郎, 〈今日の浪漫主義〉(1935). 여기에서는 井上靖 外編, 《昭和文學全集 28》(小學館, 1988년) 수록에 의함.

11 졸고, 〈抗戰期 戰國策派의 浪漫主義〉 참조.

의 군사 문화적 역동성을 바탕으로 한 민족주의적 집단의식을 지향하는 것이었다. 아울러 그러한 문화론은 문학사조적인 측면에서 낭만주의 미학의 구축을 위한 출발이기도 하였다. 흔히 전국책파의 대표적인 낭만주의 미학의 문장으로 거론되는 린퉁지(林同濟)의 〈중국 예술인에게 부치는 말—공포(恐怖)·광환(狂歡)·건각(虔恪)〉에서 추구되고 있는바, 전국책파의 문화론 및 미학에 나타나는 낭만적 동경 및 그 구현의 계기로서의 이로니의 구현 양상이 바로 그러한 예라고 할 수 있다. 무한한 시공에 대한 유한한 생명의 운명적 자기 의식으로서 묘사되는, 이른바 '공포'에 대한 다음과 같은 언술이 그러한 낭만주의적 특징을 뚜렷이 보여 주는 예증이다.

> 공포는 인간의 가장 깊숙하고 가장 기층적인 감각이다. 모든 것을 헤치고 나면 남는 것이 바로 공포이다. 시간은 무한하며, 공간 또한 무한하다. 이 무한한 시공 앞에서, 생명은 자신의 최후의 취약함, 끝내 벗어날 수 없는 운명—죽음·멸망·궤멸을 발견하게 되는 것이다. 공포는 생명이 스스로의 가장 어두운 심연을 발견하는 것이며, 그것은 온몸을 뒤흔들고 영혼을 떨리게 다그칠 수가 있는 것이다.[12]

이러한 죽음의 밑모를 어둠에 대한 불안, 그리고 유한적인 것과 무한적인 것과의 대립의식 및 그 해소할 수 없는 모순의 느낌이야말로 낭만적 이로니와 동경을 유발하는 가장 기본적인 정서이자 가치론이라고 할 수 있으리라. 특히 이들이 중시하고 있는 인간의 생명의식과 정신이 도달하는 최종 모티프로서의 '건각(虔恪)'은 "신성한 절대체 앞에서 엄숙히 숨을 죽이고 숭배하는 것"으로서 설명되고 있는바, 이러한 개념은 낭만적 예술형식의 근본 주제는 본질적으로 종교적이라는 측면에서 볼 때 낭만주의 미학의 궁극적인 본질과

---

12 林同濟, 〈寄語中國藝術人—恐怖·狂歡·虔恪〉, 《戰國副刊》 제8기(重慶 《大公報》 1942년 1월 21일). 여기에서는 溫儒敏·丁曉萍 編, 《時代之波—戰國策派文化論著輯要》(中國廣播電視出版社, 1995년), 418쪽에 의함. 이하에서 이 자료집으로부터 인용되는 전국책파의 관련 문장은 《時代之波》 수록으로 표시함.

관련된 요소를 보여 주고 있다고 할 수 있다.[13]

그리고 그러한 낭만주의 미학에 역동성을 부여해 주는 것이 니체에 대한 독특한 이해와 재해석의 작업이었다. 아울러 그 과정에서 전국책파에 의해 재해석된 니체의 '의지 철학'을 이루는 핵심은 바로 '권력에의 의지'와 '영웅 숭배'라는 측면이었다. 특히 그들은 니체의 '권력에의 의지'라고 하는 개념을 단순한 정치권력의 지향으로서가 아니라, 일종의 실존적 삶의 결단에서 요구되는 '강력한 힘에의 의지'라고 하는 광범위한 개념으로서 받아들이고자 하였다. 실제로 전국책파는 '힘(力)'이란 '우주간의 일종의 객관적 현상'이며 '생명의 기운(勁兒)'이라고 파악하고, "힘은 생명과 마찬가지로 선도 없고 악도 없으며, 다만 일종의 존재이고, 필연적인 존재이다"라는 관점을 제기하고 있었다.[14] 그리고 이러한 힘에 대한 인식은, 니체의 권력의지 개념이 결국 "자아의 극복, 혹은 자아의 초월"을 향한 점진적인 변화의 계기로서 이해되어야 한다는 관점[15]과도 연결이 되고 있었던 것이다.

결국 전국책파는 중국인들에게 뿌리 깊게 잠재되어 있는 전통 문화적인 보수성으로부터 탈피하여 근대인으로서의 주체적인 도덕(主人 道德)을 회복하기 위한 절실한 과제로서, 바로 니체의 철학이 추구하는 용감하고 투쟁적인 전사적 인격체를 수용하고자 하였다고 할 수 있을 것이다. 니체의 철학에서 전국책파가 수용한 '영웅 숭배' 의식 역시 그들의 역사관에서 비롯된 문화문제의 일환으로서, 중국 국민성의 용렬함과 나태함을 바로잡기 위한 "군중 의지의 대표이자 군중 의지를 일깨우는 선구자", 혹은 '군중의 구세주'로서

13 실제로 '虔恪'은 독일어 'beschwören'의 역어로서, 그것은 "인간이 불안감을 침묵시키고자 초자연적인 것에 탄원하는 것을 나타내며, 그 속에는 인간을 뛰어넘은 말로 표현할 수 없는 외계의 힘에 대한 두려움의 기분, 불안의 느낌이 내포되어 있는" 개념으로서, 이는 슈펭글러가 그 문화유형학에서 전개한 하나의 중심 개념이기도 하였다. 阪口直樹, 〈'戰國派'の文學と文學論〉, 《十五年戰爭期の中國文學—國民黨系文化潮流の角度から》(研文出版, 1996년), 285쪽 참조.

14 林同濟, 〈力!〉, 《戰國策》 제3기(1940년 5월 1일). 여기에서는 《時代之波》 178쪽에 의함.

15 殷克琪, 〈40年代"戰國策"的文學傾向—在政治上支持尼采的超人理論〉; 殷克琪 著·洪天富 譯, 《尼采與中國現代文學》(南京大學出版社, 2000년), 170쪽 참조.

의 "정치·종교·미술·철학·과학 각 방면의 창조적이며 지도적인 인물"[16]을 요청한 천취안의 '영웅 숭배론'이 그 대표적인 예이다. 결국 전국책파는 이러한 관점에서 '영웅 숭배'와 '노예 복종'을 구별하면서, 5·4 신문화운동이 개인주의의 기형적 발전과 집단주의의 약체화를 초래하였다는 점을 비판하고, '초인적 영웅'을 민족주의 및 집단주의와 결합시키려는 논지를 전개하였던 것이다.[17]

3. '근대의 초극'과 '문화형태사관'

일본낭만파의 민족의식은 뚜렷한 민족주의적 이념의 구축으로서가 아니라, 일본의 근대에 대한 비판과 저항으로서의 감성적 일본문화와 문학정신에로의 회귀적 성격을 띠고 있었다고 할 수 있다. 그런 의미에서 이들의 사상적 기저는 '마르크스주의'와 '아메리카니즘'을 '문명개화의 논리'로서 '일거'에 타도함으로써, 일본의 근대 그 자체의 '폭쇄(爆碎)'를 꾀했던 것으로 이해되기도 한다. 그리고, 이러한 흐름은 '도회(都會)'의 '근대'에 대한 저항으로서의 '고향' 탈환의 운동이기도 했던 셈인 것이다. 특히 그 대표적 인물인 야스다 요주로에게 있어서 일본은 그가 소년기 이래 친숙한 '고향'의 풍경과 역사에 다름아니었던바, 그것은 이미 되돌아갈 수 없는 갈망과 동경의 대상이기도 하였다.[18]

그러나, 이러한 일본낭만파의 감성적 고향 회귀의 정서를 배태한 것은 역시 근대 일본의 역사와 사상적 흐름과 무관한 것은 아니었다. 즉 메이지 유

16 陳銓, 〈論英雄崇拜〉, 《戰國策》 제4기(1940년 5월). 여기에서는 《時代之波》의 295쪽에 의함.
17 졸고, 〈抗戰期 戰國策派의 浪漫主義〉 참조.
18 大久保典夫, 〈日本浪漫派とは何か—失われゆく土着への夢〉, 《文學界》 1971년 5월호. 여기에서는 《日本浪漫派》 41-42쪽 참조에 의함.

신 이후 일본의 근대화 과정에서 청일전쟁과 러일전쟁을 거치면서 "서구 근대가 낳은 일체의 사고를 넘어선 지향"을 '근대의 초극'이라는 개념으로 응집시키면서, 일본에서는 다원주의 원리와 가족적인 관계에 선 새로운 국가·민족 관계를 형성하려는 사상적 혹은 예술론적인 주장이 대두되었다. 특히 1930년대의 중국 침략 행위가 대영미 전쟁의 개전에 의한 태평양전쟁으로 확대되면서, 일본에서는 중국대륙에 대한 침략적 행위를 서구 제국주의와의 투쟁을 위한 준비의 과정으로서 정당화하면서, 이른바 '대동아공영권'의 구축을 위한 '아시아의 각성'의 전쟁이라는 관념을 모색하게 되었던바, 일본낭만파의 고향 회귀의 낭만적 미학 역시 그러한 사상적 맥락에서 그 의미를 찾을 수 있는 것이다.[19]

그리고, 야스다 요주로으로 대표되는 일본낭만파의 이러한 일본 고전 문학 속에서 발견되는 일본정신에 입각한 새로운 '문학사'의 구축 시도는, 기실 "'문명개화' 이래의 '일본문화'가 근대 유럽의 문화적 식민주의 하에서 형성된 역사", 즉 '문명개화의 논리'에 의한 서구적 근대 담론의 시스템에 종속되는 것이라는 비판적 인식에서 출발하고 있으며, 궁극적으로는 그러한 근대 담론의 시스템 자체를 해체·전복함으로써 '새로운 일본주의의 대사상(大思想)'을 구현해 나가고자 하는 담론 전략으로서의 성격을 지니고 있었다고도 볼 수 있다. 그러한 의미에서 이들에게 있어서의 '문학사'의 '계보(系譜)'의 확립에 의한 '일본의 혈통의 수립'은, 결국 근대 일본의 '식민지 문화적 성질'을 극복하는 방법으로서 제출되었던 셈인 것이다. 그리고 실제로 일본낭만파의 이러한 '진보주의'에 대한 비판은, 마르크스주의에 대한 비판에 그치는 것이 아니라, "넓게 '진보'나 '발전'을 전제로 한 '근대'적 사고 일반에 대한 비판으로서 제기"된 것으로서 이해될 수도 있는 것이었다.[20] 야스다 요주로의 평론집《몽강(蒙疆)》(1938)에서의 다음과 같은 주장이 그 일례이다.

---

19 鈴木貞美 저, 김채수 역,《일본의 문학 개념》(보고사, 2001년), 471-473쪽 참조.

20 坂元昌樹, 〈日本浪漫派の言說戰略—保田與重郞と《文學史》の論理〉,《國語と國文學》(1999년 12월호) 참조.

> 곽란(癨亂)을 두려워하여 시스템의 낡음을 지키는 정신은 이 시대에 배척된다. 비평은 분석이 아니라 곽란자(癨亂者)의 주입(注入)이라고 하는 것이 그 역할이 되었다. 이 시대의 이러한 기풍은 더구나 국가의 정신사를 이미 초월하여, 우리의 신화적인 세계사에로의 유일한 의지로서, 더욱이 그것이 바야흐로 행위되고 있는 중인 것이다. 일체의 구래(舊來)의 윤리학적 시스템이나 국제법적 시스템은, 이 행위의 앞에서 무력화되었다. 그 행위의 사실은 현상의 세계와 질서와 논리의 변혁에 다름 아닌 것이다.[21]

여기에서 '신화적인 세계사'의 실천 의지에 의한 '현상 세계의 변혁'이라는 전망이, 만주사변 이후 중일 전면전쟁의 진행이라는 현실 역사에 대한 인식을 바탕으로 제기되고 있음은 말할 나위도 없다. 그리고 일본낭만파의 이러한 '근대의 초극' 담론이, 낭만적 이로니의 방법을 통한 현실적 대립의 지양과 초월적 미의 구현을 향한 낭만주의적 동경의 산물임 역시 부정할 수는 없다. 그럼에도 불구하고, 중일전쟁 시기 하에서 이들의 낭만주의적 문학은 결국 중국 침략을 미화하고, 아울러 이후 태평양 전쟁에로의 확전을 통한 서구 근대와의 전면적 대결의 필연성을 예고하는 논리로 변질되어 갔던 것이다. 그것은 어쩌면 이들의 낭만주의적 미학에 내재하는 관념의 취약성이라기보다는, 일본의 식민지정책 자체가 가지고 있던 사상적 지반의 허구성에 기인하는 필연적 결과였다고도 할 수 있을 것이다.

한편 중국의 전국책파의 문화론과 문학활동의 기본적인 출발점은 무엇보다도 먼저 항전기 중국의 시대 상황 및 제2차 세계대전 하의 세계 역사를 '전국 시대'의 기본 구도로서 파악하려는 입장이었다. 즉, 국가 간의 전쟁 상황이란 인류 역사의 발전을 위한 필연적인 계기라고 하는 것이 이들의 기본적인 관점이었던 것이다. 이러한 맥락에서 전국책파는 '문화형태사관'이라고 하는 문화철학의 체계화를 통해 항전기 중국의 새로운 이념적 출로를 모색하고자 하였다. 그리고, '전국 시대의 재연'이라고 하는 명제를 중심으로 한 이

21 保田與重郞, 〈昭和の精神—序に代へて〉, 《蒙疆》(生活社, 1938년), 7-8쪽.

들의 문화형태사관은, 현실적으로는 중일전쟁하에서의 위기의식에 대응한 민족·국가의식의 강화를 추구하는 것이었지만, 그들은 이를 세계 인류사적 발전의 흐름에 부응한 새로운 문화론적 패러다임 구축의 일환으로서 의식하고 있었던 것으로 여겨진다.[22]

이러한 입장에서, 전국책파는 고대 중국의 전국시대 문화 속에서 유가 전통의 '덕문화(德文化)'와 대립되는 '역문화(力文化)'의 원동력을 추출하고, 이를 중국 역사 및 문화 발전의 가장 핵심적인 요소로서 계승할 것을 주장하였다. 즉 진(秦)의 중국 통일 이래 구축되어 온 대일통(大一統)적 황권전제(皇權專制) 하의 사대부 관료화에 의한 '유도적(柔道的) 인격형'의 문화를 비판하고, 이에 대립되는 전국 시대 귀족 무사 계층의 '강도적(剛道的) 인격형'의 문화를 수용함으로써 근대화된 항전기 문화의 틀을 구축해야 한다는 것이 문화형태사관의 핵심적인 문화역사관이었던 것이다. 그런 의미에서 이들의 문화론은 유가적 관료제도 하에서의 '무병(無兵)의 문화'에 대한 '병(兵)의 문화'의 회복, '효(孝)'를 중심으로 한 전통적 가족 종법제도로부터 '충(忠)'의 개념을 축으로 한 국가·민족적 집단의식에로의 전환 등, 전통문화에 대한 비판과 새로운 관점의 제기를 시도하고 있었다.[23]

그런데 전국책파의 이러한 문화론은, 독일의 역사철학가 슈펭글러(Oswald Spengler)의 《서양의 몰락》에서 제기된 '문화 유형학'을 그 이론적 배경으로 하고 있었던 것으로 분석되고 있다. 다만 슈펭글러에 의하면, 중국의 문화는 이집트나 인도의 문화와 마찬가지로 이미 '발생-성장-노쇠-사멸'의 우주적 리듬을 따라 멸망한 고도의 문화였다. 그리고, 주지하는 바와 같이 그는 현대 세계에 군림하는 서구의 문화도 마찬가지로 비극적 결말을 맞게 될 것이라는 비관적 예언을 하고 있었다. 그러나, 전국책파는 이러한 문화 유형의 기적적

22 졸고, 〈抗戰期 戰國策派의 浪漫主義〉 참조.

23 이와 관련된 戰國策派의 문장으로서는, 林同濟, 〈大夫士與士大夫—國史上的兩種人格型〉, 《戰國副刊》 제17기(重慶《大公報》 1942년 3월 25일) 등을 참조. 여기에서는 《時代之波》 수록에 의함.

인 재생의 가능성을 바로 중국 문화의 전개 양상 속에서 추적하고자 하였다. 그것이 바로 중국 문화의 '독구이주(獨具二周)'론, 즉 중국 문화만이 쇠멸의 시대로부터 다시금 '제2 사이클(第二周)' 혹은 '제3 사이클(第三周)'의 재생 사이클을 구현할 수 있을 것이라는 낙관적 전망의 문화형태사관이었던 것이다. 레이하이쫑(雷海宗)의 다음과 같은 관점이 그 일례이다.

> 중국 문화의 제2 사이클은 인류사상 분명히 특수한 예외이다. 그 어떤 다른 문화도 노쇠로부터 젊음을 되찾는 제2 사이클의 생명력을 가진 바가 없다고 우리는 분명히 말할 수 있다. ……
> 중국은 진의 6국 합병 이래 지금까지 2천 백 5십여 년이 지났으니, 연대 방면에서는 그 어떤 다른 문화도 미치지 못할 바이다. 로마 제국이 한번 쇠퇴하자 완전히 소멸된 것은 논하지 않더라도, 그 어떤 다른 비교적 긴 문화라도 제국이 성립된 이후 중국의 제2 사이클에 비견할 만한 위대한 사업을 이루지 못하였다. ……
> 우리가 남이 가진 적 없는 제2 사이클을 가질 수 있었다는 것은 이미 특별한 혜택이었다. 그렇다면 우리는 전대미문의 신기록을 창조하여 제3 사이클의 위업을 건설할 수는 없을 것인가?[24]

사카구치 나오키(阪口直樹)의 지적처럼, 이러한 레이하이쫑의 역사 문화론이 '비실증적이고 자의적인 태도'를 강하게 느끼게 하는 것은 사실이지만, 여기에는 항전기 지식인의 위기감과 그 극복에의 의지가 "중국 전통 사유방식인 순환론을 응용한" '중체서용'론적 사유방식을 통해 표출되고 있음이 간과될 수는 없다. 그리고, 전국책파의 이러한 '반근대' 혹은 '반진보'적 색채를 띤 문화형태관은, 사실상 5·4 신문화운동의 "이성적·합리적·발전적" 개념에 대항한 "정동적(情動的)·비합리적·순환적" 성격의 역사문화 담론으로서, 이는 결국 "서구의 근대(계몽)를 부정하는 포스트 근대의 사고"로 해석될 수 있

24 雷海宗, 〈中國文化的兩周〉, 《中國文化與中國的兵》(1940년, 商務印書館) 수록. 여기에서는 《時代之波》, 157-158쪽에 의함.

는 요소이기도 했던 셈인 것이다.[25] 이러한 각도에서 본다면, 일본낭만파의 '근대의 초극'론과 전국책파의 '문화형태사관'은 전쟁시기의 위기의식 극복을 위한 낭만적 역사문화론으로서의 공통된 성격을 나타내고 있었던 것이다.

4. 민족문학론과 민족의식

중국 전국책파의 활동에서 특히 주목되는 것은 항전기 문학사에서 민족문학 운동을 추진한 유파로 평가되는 부분이다. 실제로 전국책파의 문화론이나 미학 자체가 문화 보수주의적 민족주의의 성향과 낭만주의적 민족문학론에로의 지향성을 내포하고 있었다는 것은 앞서 살펴 본 그들의 문장 속에서도 충분히 확인이 된다. '개성의 각성'과 '국력의 강화'의 변증법적 통일에 의해 '열국시대(列國時代)'의 정신을 구현하고자 하는 문화보수의적인 민족주의 사상, 혹은 니체의 수용을 통한 권력의지와 영웅숭배 개념이 궁극적으로 지향하고 있던 낭만주의적 민족주의 미학 등이 바로 그 예가 될 것이다. 이러한 의미에서 보자면 "민족문학의 구상은 그들의 역사관 및 문화관과 밀접히 관련된 것으로서, 전자는 후자의 파생물"[26]이었던 셈이기도 한 것이다. 다음과 같은 천취안의 민족문학론이 그 적절한 예이다.

> 민족문학 운동은 마땅히 민족의식을 배양해야 하며, 민족의식은 민족문학의 근간이다. 민족문학은 또한 민족의식을 원조·강화할 수 있는바, 양자는 서로 도움이 되며 하나라도 없어서는 안 된다. 그러므로, 민족문학 운동의 최대의 사명은, 바로 4억 5천만 중국인들로 하여금 그들이 하나의 특수한 정치 집단임을 느끼게 하는 것이어야 한다. …… 조국에 대하여 그들은 깊

25 阪口直樹, 〈'戰國派'の文學と文學論〉,《十五年戰爭期の中國文學》, 305쪽 참조.

26 溫儒敏·丁曉萍, 〈"戰國策派"的文化反思與重建構想〉,《時代之波》, 20쪽.

> 고 두터운 감정을 지니고 있으며, 조국의 자유독립에 대하여 그들은 무한한 갈망을 지니고 있다. 그들은 조국을 위하여 살고자 하며, 조국을 위하여 죽고자 한다. 그들은 조국을 위하여 한 폭의 낭만적인, 풍부하고 정채로우며 장렬한 인생의 그림을 펼치려고 한다. 이러한 민족의식이 있을 때라야, 민족문학 운동은 비로소 성공할 수 있는 것이다.[27]

물론 1943년 7월에 창간된《민족문학》월간의 권두 논문으로 발표된 천취안의 이러한 민족문학론이 당시 국민정부측의 문예정책 수립에 호응하기 위한, 특히 국민정부 중앙문화운동위원회의 주임인 장다오판(張道藩)이 제기한 '민족문예'의 구현을 위한 모색의 일환이었다는 점은 사실이었을 것으로 보여진다. 실제로 천취안은 민족문학에 관한 문장을 발표하면서부터 '천재, 의지, 역량'등을 강조하던 낭만주의적 역동성의 미학으로부터 '민족 고유의 정신'이나 '민족의식' 등 '민족에의 경사'라는 사상적 기반의 전환을 나타내고 있었기 때문이다. 그런 의미에서 천취안이 5·4 이래의 중국문학이 개인주의→사회주의→민족주의라고 하는 세 단계를 경과였다는 인식하에, "중화민족 고유의 정신을 발양"하고 "예술의 형식을 사용하여 고유의 도덕 정신을 제창"해야 한다는 민족문학론을 제기하게 된 것은, 현실적 요청에 대한 그 나름의 절충적인 노력의 산물이라 해야 할 것이다.[28]

그러나, 그러한 천취안의 민족문학론 속에서도 전국책파의 낭만주의적 미학의 핵심적인 내용이 여전히 추구되고 있음은 간과될 수 없다. 사실상 장다

27 陳銓,〈民族文學運動〉,《民族文學》창간호(1943년 7월). 여기에서는《時代之波》, 378쪽 所收에 의함.

28 그밖에 張道藩의 문예정책 문장인〈我們所需要的文藝政策〉(1942년 9월)의 발표를 전후한 1941년에서 1943년까지, 일부 작가 및 국민당 관료들에 의한 '三民主義文藝'·'民族文藝'의 제창 등을 넓은 의미에서 항전기 국민정부 측의 민족주의 문학운동의 일환으로 간주한다면, 陳銓의 민족문학론 역시 직간접적으로 이러한 흐름과 관련이 있었을 것으로 추측이 된다. 그리고, 이들 대표적인 문장들의 대체적인 논지는 三民主義 문화건설의 일환으로서의 三民主義 문예창작의 제창, 현실의 암흑에 대한 폭로의 지양, 민족정신과 민족의식에 바탕한 민족문예의 창조 등으로, 張道藩의 문예정책에 호응하는 문장들이 대부분이었다. 劉增杰,《戰火中的繆斯》(河南大學出版社, 1992년)의 제10장〈民族文學運動的理論與實踐〉참조.

오판의 문예정책은 "인애(仁愛)를 민생의 중심으로 삼는다", "낭만적인 정조(情調)를 표현하지 않는다", 혹은 "이지(理智)에서 작품을 생산해야 한다", "현실적 형식을 사용해야 한다"[29]등 뚜렷한 반낭만주의적 경향을 보여주고 있었다. 이에 대비되어 천취안의 민족문학론은 '낭만주의의 정신', '이상주의의 정신', '진선미에 대한 무한한 추구' 등이 강조되는 등, 기본적으로 낭만주의적 민족문학론의 틀을 벗어나지 않고 있었던 것이다. 특히 "물질주의에서 벗어난 낭만 정신은 중국 현대인이 가장 필요로 하는 것이다. 우리의 목하 정치·사회·교육상의 모든 불량한 현상은 이 정신으로써 구제해야 한다"[30]와 같은 주장에서는, 현실적 필요성에 의해 제기된 민족문학론을 낭만주의적 미학과 접맥시키려는 그의 일관된 논리적 연계성을 엿볼 수 있으리라.

한편 '근대의 초극'을 통해 일본낭만파가 추구하고자 한 것은 '일본에의 회귀'였지만, 돌아가야 할 본원적 일본 정신은, 현실 역사 속에서 일본의 민중에 의해 구현되고 있는 민족주의적 이념으로서가 아니라 고전문학 속에서 새롭게 이해되고 감수되는 정서적 민족의식 혹은 공동체 의식의 성격이 강했던 것으로 보인다. 야스다 요주로의 경우 그러한 민족적 공동체 의식은 마르크스주의에서 이념화된 '민중'을 거부하고, 은둔문학(隱遁文學)의 계보를 통해 새롭게 발견되는 "정신주의적·신화적인 '민족'을 허구(虛構)해 가는" 과정 속에서 찾고자 하였다.[31] 그것은 결국 "근대국가에 의해 통제된 기존의 '민족' 개념"을 거부 혹은 해체하고, 고전문학의 일본정신을 통해 새롭게 창출된 '일본의 혈통'을 잇는 '민족' 개념의 구축이었던 셈인 것이다.[32]

---

29 張道藩, 〈我們所需要的文藝政策〉, 《文化先鋒》 창간호(1942년 9월). 여기에서는 周錦, 《中國新文學史》(長歌出版社, 1977년), 554-575쪽에 의함.

30 陳銓, 〈青花(理想主義與浪漫主義)〉, 《國風》 半月刊 제12기(1943년 4월 16일). 여기에서는 溫儒敏·丁曉萍, 〈"戰國策派"的文化反思與重建構想〉, 《時代之波》 22쪽으로부터의 재인용에 의함.

31 廣末 保, 〈喪失と神話の虛構—《後鳥羽院の系譜》を中心に〉, 《文學》(1958년 4월호). 여기에서는《日本浪漫派》, 91쪽 참조에 의함.

32 坂元昌樹, 〈日本浪漫派の言說運動—保田與重郎と方法としての《血統》〉, 《國文學解釋と感賞》(2002년 5월호) 참조.

야스다 요주로의 이러한 일본 정신에 입각한 근대적 민족의 허구 작업은, 메이지(明治) 시대 이래 세계와의 교류 과정에서 예술과 종교를 통해 일본적인 고유의 가치를 새롭게 구현함으로써 세계적 의미를 획득해 나간 인물로서 격찬되고 있는 〈메이지의 정신—두 사람의 세계인〉이라는 문장에서도 특징적으로 나타나고 있다. 일본 근대 미술계의 지도자였던 오카쿠라 가쿠조(岡倉覺三)와 일본 기독계의 지도자였던 우치무라 간조(內村鑑三)에 대하여, 각각 "아시아의 유산을 1500년에 걸쳐 방위하고 저축해 온 일본의 정신"의 구현자로서, 혹은 일본적 무교회주의를 통하여 "아메리카주의를 배격"하고 "일본인에 의한 일본의 구원"을 모색한 기독계의 '무사(武士)의 정신'의 구현자로서 평가하는 내용이 바로 그것이다. 여기에서 특히 우치무라 간조는 기존의 교회제도에 대한 공격을 통하여 "파괴와 창조를 합치시킨 이로니를 체현하고 있던", '시(詩)가 되는 마음'을 지닌 인물로 묘사되고 있는 것이 인상적이다.[33]

이러한 맥락에서 일본낭만파의 낭만적 이로니에서 출발한 일본 고전 문학 속의 영원한 광영에의 탐색은 결국 점차 "초역사적인 보편적 정신의 뒷받침"을 필요로 하게 되었던바, 과학과 대립되는 신(神의) 관념이 부재한 일본의 종교 문화적 풍토 속에서, 야스다 요주로의 문학사는 "민족적·보편적인 정신의 뒷받침"으로서의 '일본의 신-황통(皇統)'을 그에 대신해서 모색하였던 것이라고 할 수 있다. 그리고 그러한 정신적 가치는 실리적인 정치와는 대립되는 "퇴당(頹唐)과 비통(悲痛)의 문예를 받쳐 주는 정신"이어야 했던 만큼, 그에 따라 "정치력을 배제한 궁정미학으로서의 미(美)의 만세일계설(萬世一系說)"이 모색되었으며, 고토바인(後鳥羽院)이 그 원형으로 상징화되고 "그 바리에이션으로서의 사이교(西行)와 바쇼(芭蕉)"가 그려지게 되었다는 것이다.[34] 이러한 각도에서 야스다 요주로의 대표적 고전 평론인 《고토바인》에 나타나는 민족

33 保田與重郎, 〈明治の精神 — 二人の世界人〉(1937). 여기에서는 《昭和文學全集 28》 수록 참조에 의함.

34 廣末 保, 같은 글, 92쪽 참조.

문학론적 성격과 그 민족의식을 규명하는 작업은 매우 긴요하다. 다음과 같은 대목이 그 한 예가 될 것이다.

> 이 위대한 정신과 영원한 자신이 어떠한 무가(武家)의 때이든, 고토바인(後鳥羽院)의 원(院)에서 나와 우리 일본의 궁정에서 사라지지 않았던 것이다. 그런 음곡들은 고토바인의 절대적인 장거 후에 오랫동안 궁정의 가풍(歌風)을 건설했던 것이다. 그것은 참으로 평화로울 수 있는 왕조에는 없는 것이었다. 더구나 그러한 술지(述志)가 민간에 반영되지 않을 리가 없어, 이 무렵부터 시작되는 순력시인(巡歷詩人)들과 예능인들에 의해, 민족과 국가가 한 몸 한 가족으로 여겨진 엄숙한 민족주의가 우리나라의 방방곡곡까지 유포되었던 것이다.[35]

여기에서 일본낭만파의 문학사 구상이 '궁정의 가풍(歌風)'과 '민간'의 직접적인 연계의 역사라는 관점을 바탕으로 하고 있음을 알 수 있는바, 이러한 관점은 "일본 고전의 정신을 보존하는 장소가 고향의 풍경이든가 아니면 오히려 토속에 가까운 서민의 상태에 있었다"[36]는 언술과도 일치되는 것이라고 하겠다. 이러한 맥락에서 볼 때, 일본낭만파 특히 야스다 요주로에게는 "혁명적 정치행동의 좌절과 폐색에 기인하는 심정세계에의 도피", 혹은 일종의 '몽상과 유토피아적 이상'에의 도피로서의 '농본적 향토주의'의 성향이 있었다는 하시카와 분조(橋川文三)의 지적[37]은 매우 시사적이라고 평가된다. 그리고 이러한 "국학의 주정주의적 미학에 기초한 문명 비판"의 관점이 "전시 하의 국책문학 이데올로기를 뒷받침했던 국민문학론"의 주장과 연계되는 부분으로 해석될 수 있다는 점[38] 역시 흥미로운 부분이라 하겠다.

---

35 保田與重郎, 〈宮廷の詩心〉, 《後鳥羽院》(思潮社, 1939년). 여기에서는 《昭和文學全集 28》 252쪽에 의함.

36 保田與重郎, 〈戴冠詩人の御一人者〉(1938). 여기에서는 橋川文三, 《日本浪漫派批判序說》(未來社 增補版, 1965년), 89쪽으로부터의 재인용에 의함.

37 앞의 橋川文三, 《日本浪漫派批判序說》, 66-68쪽 참조.

38 金根性, 〈保田與重郎の民族文學論〉, 《漢陽日本學》 제14집(2005년 2월) 참조.

5. 중일 낭만파 문학의 문학사적 의미

이제까지 살펴 온 바와 같이, 1930-40년대의 중일 문학계에서 전개되었던 낭만파 문학 운동은 각각 자국의 문화 역사적 배경하에서 전쟁을 촉매로 한 독특한 낭만적 문학론과 민족의식을 구현하고 있었다는 사실을 확인하였다. 특히 그 과정에서 이 시기 중일의 낭만파 문학은 독일 낭만주의 문학운동과의 일정한 영향 관계를 공유하였으며, 아울러 낭만주의의 주관적 동경이 민족적 동경으로 전환되는 공통의 특징을 보여 주고 있다는 점도 확인하였다. 물론 이들의 문학 운동은 기본적으로 마르크스주의적 이념 및 좌익 문학과의 일정한 대립 관계 속에서, 또한 전쟁을 수행하는 국가 권력 및 정치 체제와의 직간접적인 연계성으로 말미암아, 필연적으로 보수적인 문화 민족주의적 성향을 노정하고 있었던 것이 사실이다.

일본낭만파의 경우에는 메이지 유신 이후 서구의 근대문명을 중심으로 형성된 세계 질서에 대한 일종의 대항 담론의 일부로서, 자국의 전통 문화 및 고전문학 속에서 서구 근대를 초극할 수 있는 일본 정신을 추출하고자 하는 성향을 나타낸 결과라고 할 수 있을 것이며, 여기에는 서구 제국주의에 대한 일종의 '반제국주의'적 저항의 성격과 함께 청일전쟁 및 러일전쟁을 통해 형성된 근대 국민국가로서의 대항 의식이 작용되었던 것으로 여겨진다.[39] 그러나, 그 과정에서 일본낭만파는 문학 예술의 전통 속에서 '일본의 혈통'을 수립함으로써 서구 중심의 시스템에 대한 대항 담론을 모색하려는 의도와는 달리, 결과적으로는 일본의 아시아 침략과 태평양 전쟁에로의 확전 및 패전으로 이어지는 역사적 흐름 속에서, "또 하나의 '제국주의' 국가로서의 '일본'의 표상의 재강화"를 위한 '전도된 침략전쟁의 논리'[40]로서 기능하였다는 사실을

39 앞서 인용한 保田與重郎의 〈明治の精神〉에서의 "明治의 정신은 말하자면 日淸日露의 두 전쟁을 국민독립전쟁이라고 생각한 정신이다. 그들은 일본을 근대 시민사회 諸國의 계열로 끌어 올릴 결의를 지니고 방법을 지니고 있었다"라고 하는 언술이 그 한 예가 될 것이다.

40 坂元昌樹, 〈日本浪漫派の言說戰略—保田與重郎と《文學史》の論理〉 참조.

부정할 수는 없다.

그럼에도 불구하고, 이러한 일본낭만파의 '근대의 초극'을 향한 문학적 시도와 그 실패의 궤적 전체를, "극단적 민족주의·국가주의로부터 자연스럽고도 필연적으로 반동적인 파시스트 정치를 향해 간"[41] 것으로 치부하는 관점 역시 정당한 평가라고만은 할 수 없을 것이다. 그런 면에서는 일본낭만파의 한계를 통해 오히려 "대외 침략의 이데올로기 속에 내장되어 있는바 역사상 일찍이 싹이 텄었으나 압살당한 동아시아에 대한 책임감, 그리고 서구에 대항하는 민족주의 이데올로기 속에 포함되어 있기도 했던바 일본을 세계사의 일부분으로 되게 하려던 노력"의 현재적 의미를 되짚어 보려는 일본의 중국현대문학 연구자 다케우치 요시미의 관점은 매우 중요하다고 하겠다.[42]

중국 전국책파의 문화론 및 문학활동 역시 기본적으로는 "이민족 침략에 대한 정치적·군사적 반항이 동시에 스스로의 문화 전통에 대한 가치적 긍정의 강화를 수반"하는, 청말 이래 근현대 중국의 민족주의적 문화 보수주의로서의 사상사적 맥락을 잇고 있었다고 할 수 있다.[43] 다만 이들의 문화론과 낭만주의적 문학운동이 5·4의 계몽주의적 담론이나 1930년대 이래의 좌익문학의 마르크스주의적 민족 담론에 대한 탄력적인 대응이나 포용이 부족하였다는 점은 충분히 지적될 수 있는 문제라고 하겠다. 그리고 이러한 한계는 베네딕트 앤더슨이 지적하고 있는 바와 같이, "오랜 고립의 유산과 관주도 민족주의 모형이 가진 힘이라는 두 요인"으로 인해 '공격적인 제국주의의 성격'을

41 王向遠, 〈戰國策派與日本浪漫派〉, 《中日現代文學比較論》(湖南教育出版社, 1998년), 192쪽 참조.

42 孫歌, 《竹內好的悖論》(北京大學出版社, 2005년), 202-203쪽 참조. 이와 관련한 竹內好의 관점으로서 예를 들자면, "일본의 근대사는 사상의 각도에서 보면 興亞와 脫亞의 뒤얽힘으로 진행하여 최후에는 脫亞가 興亞를 흡수하는 형태로 패전에 이르렀다"는 지적 및 이로부터 "일본에게 아시아는 연대의 대상에서 점차 지배의 대상으로 변했다"는 비판은 매우 시사적이라 할 수 있을 것이다. 竹內 好, 〈日本人のアジア観〉(1964) 참조. 여기에서는 서광덕·백지운 옮김《일본과 아시아》(2004년, 소명출판), 214쪽에 의함.

43 汪暉(阪口直樹 譯), 〈民族主義的·文化保守主義的記憶方式からみた"五四·新文化運動"觀〉, 《野草》 제50호(中國文藝研究會, 1992년 8월) 참조.

띠고 있던 '일본의 민족주의'[44]와의 모종의 형태적 유사성을 띠고 있었다고 해도 과언은 아닐 것이다.

이러한 맥락에서 볼 때, 일본낭만파와 중국 전국책파의 낭만주의 문학은 결국 자아를 민족 혹은 혁명과 전쟁에 일체화시킴으로써, '영웅주의'·'헌신의 정신' 등에 의해 정치적 투쟁의 목표를 구현해 나가는 일종의 '정치학적 낭만주의'의 범주에 속하는 것이라고 할 수 있다. 그런 의미에서 이들의 문학은 삶의 유한성과 죽음의 존재론적 물음을 통해 영적인 신성(神聖) 혹은 초월적인 궁극의 가치를 추구하는 '미학적 낭만주의'와는 구별이 되어야 한다.[45] 그러나 각도를 달리하여 보면, 이들 낭만파 문학의 그러한 '정치학적 낭만주의' 미학의 특징이야말로, 근현대 동아시아 낭만주의 문학사조의 수용과 전개 양상에 관한 전반적인 의미 탐색을 위한 주요 분석의대상이라는 점 또한 분명하다.

특히 이들의 문학론 및 창작은 낭만주의적 내향성으로서의 종교성이 전쟁을 매개로 하여 민족과 국가를 향한 외향적 동경에로의 전환 과정에서 노정되는 양상, 즉 낭만주의 문학의 세속화 혹은 가치의 전도 현상에 대한 심층적 분석을 위해서도 중요한 분석의 대상이라고 여겨진다. 그리고 이러한 각도로부터의 이들 낭만주의적 문학운동에 관한 고찰은 결국 전쟁을 촉매로 전개된 침략적 혹은 저항적 담론을 넘어서서, 궁극적인 삶의 의미와 초월적 가치에 관한 낭만적 미학의 조화로운 탐색을 향한, 현재적 관점으로부터의 비판적 성찰과 재출발의 디딤돌이 될 수 있을 것이다.

---

44 베네딕트 앤더슨·윤형숙 옮김, 《민족주의의 기원과 전파》(사회비평사, 1991년), 126쪽 참조.

45 兪兆平, 〈美學的浪漫主義和政治學的浪漫主義〉, 《學術月刊》 2004년 제4기 참조.

참고문헌

중국어 문헌(병음순)

卞之琳, 〈詩與小說: 讀馮至創作《伍子胥》〉, 《中國現代文學研究叢刊》 1994년 2기.

陳獨秀, 《陳獨秀著作選》 1권(上海人民出版社, 1984년).

______, 《陳獨秀著作選》 2권(上海人民出版社, 1993년).

陳光興, 〈陳映眞的第三世界: 狂人/瘋子/精神病篇〉, 《陳映眞: 思想與文學學術會議》.

陳明成, 《陳映眞現象: 關於陳映眞的家族書寫及其國族認同》(前衛出版社, 2013년판).

陳順馨, 《中國當代文學的敍事與性別》(北京大學出版社, 1995년).

陳思和, 〈營造精神之塔—論王安憶90年代初的小說創作〉, 《文學評論》 1998년 6기.

陳映眞, 《我的弟弟康雄: 陳映眞小說集1》(洪範書店, 2001년).

______, 《萬商帝君: 陳映眞小說集4》(洪範書店, 2001년).

______, 《陳映眞散文集 1: 父親》(台北 : 洪範書店, 2004년).

______, 《陳映眞全集》 3, 21권(台北: 人間出版社, 2017년).

______, 〈臺灣長老教會的岐路〉, 《夏潮》 1978년 4권 6기.

______, 〈耶穌在窮人中興起新教會〉, 〈我來…乃是要叫人紛爭〉, 《人間》 1989년 44기.

______, 〈民族分裂下的臺灣文學: 臺灣的戰後與我的創作母題〉, 《明報月刊》 2004년 5기.

《陳映眞: 思想與學術會議》(新竹: 國立交通大學, 2009년).

陳映真等著; 康來新·彭海瑩合編, 《曲扭的鏡子—關於臺灣基督教會的若干隨想》(台北: 雅歌出版社, 1987년).

陈子善·王自立, 《郁达夫研究资料》(三联书店·花城出版社,1986년).

杜光霞, 〈待宰的圖騰與逃遁的自卑—周氏兄弟不和原因新探〉, 《魯迅研究月刊》 2011년 12기.

杜運燮 等編, 《一個民族已經起來》(江蘇人民出版社, 1987년).

______, 等編, 《豐富和豐富的痛苦: 穆旦逝世二十周年紀念文集》(北京師範大學出版社, 1997년).

段從學, 《穆旦的精神結構與現代性問題》(人民出版社, 2014년).

______, 〈論穆旦詩歌中的宗教意識〉, 《內江師範學院學報》 20권 3기(2005).

馮至, 《馮至全集》 제1, 3, 12권(河北教育出版社, 1999년).

範盈盈, 〈魯迅《弟兄》敍事時空的構建〉, 《現代語文》 2010년 3기.

範智紅,《世變緣常—四十年代小說論》(人民文學出版社, 2002년).
傅光明,《老舍與中國現代知識分子的命運》(復旦大學出版社, 2011년).
高旭東,《中西文學與宗教哲學—兼評劉小楓以基督教對中國人的歸化》(北京大學出版社, 2004년).
______,〈魯迅是陰冷, 陰毒的無賴嗎?—與劉小楓對話之一〉,《魯迅研究月刊》2003년 2기.
郜元寶·李書 主編,《李長之批評文集》(珠海出版社, 1998년).
郜元寶,《魯迅六講》(增訂本)(北京大學出版社, 2007년).
葛濤,〈老舍與但丁的文學聯系〉,《新文學史料》2004년 1기.
顧彬,〈上帝病—人病: 論中國和西方的不完美性問題〉,《道風, 漢語神學學刊》7기(1997년).
顧衛民,《基督教與近代中國社會》(上海人民出版社, 1996년).
______,《基督教與民國知識分子—1922年-1927年中國非基督教運動研究》(人民出版社, 2005년).
關紀新,《老舍評傳》(重慶出版社, 1998년).
哈迎飛,《儒教與中國現代文學》(商務印書館, 2003년).
______,《半是儒家半釋家—周作人思想研究》(人民文學出版社, 2007년).
______,〈論陀思妥也夫斯基"非暴力"思想對周作人的影響〉,《南京師範大學文學院學報》2008년 1기.
何家寧,〈略評無名氏的小說〉,《萌芽》1권 4기(1946년 10월).《中國新文學大系 1937-1949》제1집(上海文藝出版社, 1990년).
賀安得,〈從卡爾·巴特看"上帝話語的神學"〉,《天風》2003년 3기.
賀照田,〈當信仰遭遇危機……陳映眞20世紀80年代的思想涌流析論(二)〉,《開放時代》2010년 12월.
黑格爾著·朱光潛 譯,《美學》(商務印書館, 1979년판) 제3권 上冊.
洪麗,〈魯迅的怨恨情結〉,《湖南城市學院學報》24권 5기(2003년 9월).
胡風,《胡風評論集》(人民文學出版社, 1984년) 中卷.
______,《胡風全集》(湖人北民出版社, 1999년) 제2권.
______,〈林語堂論—對於他的發展的一個眺望〉,《文學》4권 1호(1935년 1월).
胡簪雲 譯,《從異教徒到基督徒》(2002년, 新華出版社).
黃文倩,〈茹志鵑, 陳映眞與王安憶的淵源與文學影響考察〉,《文藝爭鳴》2015년 12기.
江 沛,《戰國策派思潮研究》(天津人民出版社, 2001년).
卡里什(Rudolf Karisch),〈人是現實的一個特殊的存在階段〉, 劉小楓編《20世紀西方宗教哲學文選》(上海三聯書店, 1991년).
老舍,《老舍文集》(人民文學出版社, 1984년) 제7권.

李長之,《魯迅批判》(北京出版社, 2003년판).
______,《《猫城記》》,《國聞週報》11권 2기(1934년 11월).
李杭春 外 主編,《中外郁達夫研究文選》(浙江大學出版社, 2006년).
李今,《個人主義與五四新文學》(北方文藝出版社, 1992년).
______,〈郁達夫早期小說中的自卑心態〉,《中國現代文學研究總刊》1988년 4기.
李歐梵,《中國現代作家的浪漫一代》(新星出版社, 2010년).
李怡·易彬 編,《穆旦研究資料》(上·下)(知識產權出版社, 2013년).
李 勇,〈批判, 懺悔與行動—賈平凹《帶燈》, 喬葉《認罪書》, 陳映眞《山路》比較〉,《文學評論》2015년 5기.
李章斌,〈從《隱現》看穆旦詩歌中的宗教意識〉,《名作欣賞》2008년 3기.
梁秉鈞,〈穆旦與現代的"我"〉, 杜運燮 等編《一個民族已經起來》.
梁工 主編,《基督敎文學》(宗教文化出版社, 2001년판).
林語堂 著, 張振玉 譯《京華煙雲》(陜西師範大學出版社, 2005년).
林語堂 著, 張振玉 譯《風聲鶴唳》(陜西師範大學出版社, 2006년).
林語堂,〈給郁達夫的信—關於《瞬息京華》〉,《宇宙風》제49기(1937년, 10월16일).《林語堂散文經典全編》제1권(九州圖書出版社, 1997년).
劉驥鵬,〈魯迅的兄弟題材創作與"諧隱殺弟"〉,《東方叢刊》2008년 4기.
劉濤,〈老舍的基督敎信仰與救世觀及其他〉,〈老舍佚文三篇輯校〉,《中國現代文學研究總刊》2010년 2기.
劉小楓 編,《價値的顚覆》(三聯書店, 1997년).
劉小楓 編,《20世紀西方宗教哲學文選》(上卷), 上海三聯書店, 1991년).
劉小楓,《個體信仰與文化理論》(四川人民出版社, 1997년).
______,《現代性社會理論緖論》(上海三聯書店, 1998년).
______,《聖靈降臨的敍事》(三聯書店, 2003년).
______,《儒家革命精神源流考》(上海三聯書店, 2000년판).
______,《拯救與逍遙(修訂版)》(華東師範大學出版社, 2011년판).
______,《拯救與逍遙》(修訂本)(上海三聯書店, 2001년판).
______,《這一代人的怕和愛》(北京三聯書店, 1996년판).
______,《走向十字架上的眞》(上海三聯書店, 1995년판).
______,〈如何認識百年共和的歷史含意〉,《開放時代》2013년 5기.
劉英,〈叩問存在—讀老舍的《猫城記》〉,《語文學刊(高敎版)》2006년 11기.
劉勇,《中國現代作家的宗敎文化情結》(北京師範大學出版社, 1988년).
______,〈論林語堂《京華煙雲》的文化意蘊〉,《北京師範大學學報》1998년 3기.
劉增杰,《戰火中的繆斯》(河南大學出版社, 1992년).

魯迅,《魯迅全集》1, 2, 6, 7, 11권(人民文學出版社, 1981년).
路易斯·羅賓遜 著, 傅光明·梁剛 譯,《兩刃之劍》(業强出版社, 1992년).
呂正惠,〈從山村小鎮到華盛頓大樓—論陳映真的歷程及其矛盾〉,《文星》1987년 106기.
馬春花·韓琛,〈"沈默"的他者—"二周失和"敍事中的羽太信子〉,《文藝爭鳴·史論》 2011년 5기.
馬佳,《十字架下的徘徊》(學林出版社, 1995년).
穆旦,《穆旦詩文集》(增訂版) 1, 2권(人民文學出版社, 2014년).
______,《穆旦自選詩集 1937-1948》(天津人民出版社, 2010년).
歐崇敬,〈"異鄉的存在"與"物化之虛無"〉的《山路》左翼政治思想〉,《思與言》 45권 3기 (2007년 9월).
錢理群,《周作人研究二十一講》(中華書局, 2004년).
______,《周作人傳》(北京十月文藝出版社, 2005년)(제2판).
______,《豐富的痛苦—堂吉訶德與哈姆雷特的東移》(生活·讀書·新知三聯書店, 2015년판).
錢理群 主講,《對話與漫游—四十年代小說研讀》(上海文藝出版社, 1998년).
錢理群 외,《中國現代文學三十年(修訂本)》(北京大學出版社, 1998년).
秦弓,〈魯迅與有島武郎—以"愛"爲中心〉,《魯迅研究月刊》2004년 11기.
秋吉久紀夫,〈祈求智慧的詩人—穆旦〉,《豊富和豊富的痛苦: 穆旦逝世二十周年紀念文集》(北京師範大學出版社, 1997년).
日下恒夫,〈老舍與西洋—從《猫城記》談起〉,《復旦學報(社會科學版)》1986년 6기.
桑逢康,《郁達夫評傳》(中國社會科學出版社, 2008년).
上海魯迅記念館 編,《魯迅日本語作品集》, 上海文藝出版社版, 東方書店 發行, 1981년.
沈慶利,〈虛幻想像裏的"中西合璧"〉,《山東社會科學》2000년 5기.
施萍,《林語堂: 文化轉型的人格符號》(北京大學出版社, 2005년).
石杰,〈史鐵生小說中的宗教精神〉,《人民大學學報》1994년 제1기.
史承鈞,〈《猫城記》與"反烏托邦小說"〉,《中國現代文學研究叢刊》1993년 1기.
史鐵生,《史鐵生作品集》 제1, 2, 3권(中國社會科學出版社, 1995년).
______,《務虛筆記》(上海文藝出版社, 1996년 4월).
______,《靈魂的事》(天津教育出版社, 2012년).
《四書章句集注》(臺大出版中心, 2016년).
孫歌,《竹內好的悖論》(北京大學出版社, 2005년).
孫良好,〈林語堂筆下的美國形象—以《唐人街》和《奇島》爲中心〉,《中國現代文學研究叢刊》 2005년 4기.
孫郁,《魯迅與周作人》(河北人民出版社, 1997년).

孫郁·黃喬生 主編,《周氏兄弟》(河南大學出版社, 2004년).
孫玉石,《現實的與哲學的—魯迅〈野草〉重釋》(上海書店出版社, 2001년).
______,《中國現代詩導讀(穆旦卷)》(北京大學出版社, 2007년).
唐梅秀,〈布萊克的反律法主義宗教倫理觀 —《天堂與地獄的婚姻》之聖經解讀〉,《貴州大學學報(社會科學版)》 26권 3기(2008년).
唐湜,〈穆旦論〉,《中國詩集》 제3, 4집(1948).
唐弢,《西方影響與民族風格》(人民文學出版社, 1989년).
唐小林,《看不見的簽名—現代漢語詩學與基督教》(華齡出版社, 2013년),
田曉菲,〈半把剪刀的銳鋒〉,《讀書》 2004년 4기.
萬平近,《林語堂評傳》(重慶出版社, 1996년).
汪暉,《反抗絶望》(上海人民出版社, 1991년).
王安憶,《流逝》,《鐘山》 1982年 6期.《王安憶自選集之一—海上繁華夢》(作家出版社, 1996년).
______,《烏托邦詩篇》,《鐘山》 1991年 5期.《王安憶自選集之三—香港的精與愛》(作家出版社, 1996년).
______,〈世俗的張愛玲〉,《我讀我看》(上海: 上海人民出版社, 2001년).
______,〈英特納雄耐爾〉,《上海文學》 2004년 1기.
王本朝,《20世紀中國文學與基督教文化》(安徽教育出版社, 2000년).
王德威,《寫實主義小說的虛構: 茅盾, 老舍, 沈從文》(復旦大學出版社, 2011년),
王宏印 著譯,《穆旦詩英譯與解析》(河北教育出版社, 2004년).
王列耀,《基督教文化與中國現代戲劇的悲劇意識》(上海三聯書店, 2002년).
王文勝,〈拒絶天城的啓蒙之路—論非基督教運動對“五四”啓蒙思潮的影響〉,《江海學刊》 2011년 6기.
王向遠,《中日現代文學比較論》(湖南教育出版社, 1998년).
王曉明 主編,《二十世紀中國文學史論》 下卷(中國出版集團, 2003년판).
王曉明,〈從陳映眞看第三世界的政治和文化批評〉,《陳映眞: 思想與學術會議》.
______,〈90年代與“新意識形態”〉,《中國大學學術講演錄》(廣西師範大學出版社, 2002년).
王毅,〈細讀穆旦《詩八首》〉,《名作欣賞》 1988년 2기.
______,〈圍困與突圍: 關於穆旦詩歌的文化闡釋〉,《文藝研究》 1998년 3기.
王佐良, 〈一個中國詩人〉, 런던 “Life and Letter” 1946년 6월호.《穆旦自選詩集(1937-1948)》附錄.
溫儒敏·丁曉萍 編,《時代之波—戰國策派文化論著輯要》(中國廣播電視出版社, 1995년).
吳俊,《暗夜裏的過客》(東方出版中心, 2006년).
吳曉東,〈中國現代審美主體的創生〉,《中國現代文學研究總刊》 2007년 3기.
吳允淑,〈中國現代文學中的基督教話語〉(北京大學博士學位論文, 2002년).

解志熙,《美的偏至: 中國現代唯美—頹廢主義文學思潮研究》(上海文藝出版社, 1997년).
邢斌,〈"異鄕"母題與"元歷史"想像—論馮至現代期的創作〉, 2003년, 西北師範大學 碩士學位論文.
許廣平 〈所謂兄弟〉,《魯迅回憶錄》(北京作家出版社, 1961년).
許正林,《中國現代文學與基督教》(上海大學出版社, 2003년).
薛毅,〈烏托邦情神與革命—陳映眞在大陸的命運〉,《陳映眞: 思想與學術會議》.
楊慧琳,《罪惡與救贖》(東方出版社, 1995년).
楊劍龍《曠野的呼喚》(上海教育出版社, 1998년).
______,〈論郁達夫小說的宗教意味〉,《江西社會科學》2008년 10기.
姚新勇·翟崇光,〈劉小楓學術轉向批判〉,《揚子江評論》2017년 2기.
易彬,《穆旦與中國新詩的歷史建構》(中國社會科學出版社, 2010년).
殷克琪 著·洪天富 譯,《尼采與中國現代文學》(南京大學出版社, 2000년).
殷克琪,〈40年代"戰國策"的文學傾向—在政治上支持尼采的超人理論〉,《尼采與中國現代文學》.
郁達夫,《郁達夫全集》1, 2, 3, 10권(浙江大學出版社, 2007년).
兪兆平,〈美學的浪漫主義和政治學的浪漫主義〉,《學術月刊》2004년 4기.
喩天舒,《五四文學思想主流與基督教文化》(崑崙, 1992년).
袁良駿,〈諷刺傑作《猫城記》〉,《齊魯學刊》1975년 5기.
袁筱芬,〈復仇母題在中國現代小說中的"對話"與嬗變—解讀《鑄劍》,《伍子胥》,《復仇》〉,《海南師範學院學報(社會科學版)》, 2003년 1기.
岳淑珍,〈《伍子胥列傳》的復仇意識及其內涵〉,《河南大學學報(社會科學版)》, 42-6, 2002년.
曾廣燦·吳懷斌 編,《老舍研究資料》(상·하권)(北京十月文藝出版社, 1985년).
張桂興,《老舍資料考釋(修訂本)》(中國际國廣播出版社,2000년).
張慧文,〈《伍子胥》的西方資源與創新〉,《中國現代文學研究叢刊》2002년 1기
張克,〈魯迅與尼采的怨恨之思〉,《百家評論》2017년 4기.
張勐力 〈神性與魔性—魯迅與陀思妥耶夫斯基精神氣質比較論〉,《魯迅研究月刊》2008년 6기.
張樹鐸·張蘭文,〈站在社會的對面的人們—卡夫卡的《審判》與郁達夫的《沉淪》的比較閱讀〉,《安徽文學》2009년 1기.
張先飛,《形而上的困惑與追問》(河南大學出版社, 2004년).
______,〈理性覺悟, 情感轉移與精神能力的培養〉,《中州學刊》2008년 5기.
張頤武,〈論〈後烏托邦〉話語—九十年代中國文學的一種趣向〉,《文藝爭鳴》1993년 2기.
趙剛,《左眼臺灣: 重讀陳映眞》(北京大學出版社, 2016년).
____,〈青年陳映眞: 對性, 宗教與左翼的反思〉,《陳映眞: 思想與學術會議》.

趙曄 撰輯·朴光敏 譯註,《吳越春秋》(景仁文化社, 2004년).
趙修廣, 〈當代文學思潮演進軌迹一種: 從"個人"回歸"社會主義"—以王安憶的創作轉型與陳映眞精神烏托邦的感召爲考察中心〉,《靑海社會科學》 2017년 2기.
趙園,《論小說十家》(浙江文藝出版社, 1987년).
____, 〈老舍—北京市民社會的表現者與批判者〉,《文學評論》 1982년 2기.
鄭敏, 〈詩人與矛盾〉,《一個民族已經起來》.
《中國新文學大系·散文二集》(上海良友圖書印刷公司, 1935년).
《中國新文學大系 1937-1949》 1, 7집(上海文藝出版社, 1990년).
周錦,《中國新文學史》(長歌出版社, 1977년).
周作人,《周作人散文全集》 2권, 4권(廣西師範大學出版社, 2009년).
______,《藝術與生活》,《自己的園地》,《雨天的書》,《談龍集》,《談虎集》,《苦竹雜記》,《知堂回想錄》(上下) 이상 河北教育出版社, 2002년판.
______,《藝術與生活》,《自己的園地》,《雨天的書》,《談龍集》, 이상 北京十月文藝出版社, 2011년판.
朱光潛 譯,《美學》(商務印書館, 1979년판), 제3권 上冊.
牛正蘭, 〈怨恨: 現代性倫理的精神品質—馬克斯·舍勒道德建構中的怨恨理論述論〉,《蘭州大學學報(社會科學版)》 31-5, 2003년.
竹內好,《魯迅》(未來社, 1961년판).
卓新平 主編,《基督教小辭典》(上海辭書出版社, 2001년).

일본어 문헌(50음순)

伊藤虎丸,《魯迅と終末論》(龍溪書舍, 1975년).
_______,《魯迅と日本人—アジアの近代と〈個〉の思想》(朝日新聞社, 1983년).
_______,《近代の精神と中國現代文學》(汲古書院, 2007년).
_______, 〈魯迅思想の獨異性とキリスト教〉, 東京女子大學附屬比較文化研究所《紀要》 제49권(1988년).
_______, 〈魯迅と終末論再論〉,《東京女子大學比較文化研究所紀要》 제62권(2001년).
伊藤德也,《'生活の藝術'と周作人; 中國のデカダンス=モダニティ》(勉誠出版, 2012년).
于耀明,《周作人と日本近代文學》(翰林書房, 2001년).
井上靖 外編,《昭和文學全集 28》(小學館, 1988년).
大久保典夫, 〈日本浪漫派とは何か—失われゆく土着への夢〉,《文學界》 1971년 5월호.
大田正紀,《近代日本文藝試論II—キリスト教倫理と恩寵》(おうふう, 2004년).
小川利康,《叛徒と隱士: 周作人の一九二〇年代》(平凡社, 2019년).

尾崎文昭, 〈陳獨秀と別れるに至った周作人—一九二二年非基督教運動での衝突を中心に〉,《日本中國學會報》35집(1983년).
________, 〈周作人の新村提唱とその波紋(上)—五四退潮期の文學狀況〉,《明治大學教養論集》207호(1988년).
尾崎和子, 〈日本における林語堂の受容の一端〉,《太田進先生退休紀念中國文學論集》(中國文藝研究會, 1995년).
クーノ·フィッシャー, 玉井 茂·堀場正治 譯,《ヘーゲルの美學·宗教哲學》(勁草書房, 1986년).
近藤邦康·湯志鈞 著,《中國近代の思想家》(岩波書店, 1985년).
阪口直樹,《十五年戰爭期の中國文學國民黨系文化潮流の角度から》(研文出版, 1996년).
坂元昌樹, 〈日本浪漫派の言說戰略—保田與重郞と《文學史》の論理〉,《國語と國文學》(1999년 12월호).
代田智明,《魯迅を読み解く》(東京大學出版社, 2006년).
竹內 好, 〈近代の超克〉,《近代日本思想史講座Ⅶ》(築摩書房, 1959년).
中島長文,《ふくろうの聲—魯迅の近代》(平凡社, 2001년).
________, 〈道聽塗說—周氏兄弟の場合〉,《飈風》제26호(1991년 12월).
________, 〈羽太重久は何を見たのか〉, 〈飈風〉 51호(飈風の會, 2012년 12월).
中村正雄,《ニーチェとキリスト教倫理》(弘文堂, 1961년).
西村成雄, 〈方法としての中國二十世紀史の試み—阪口直樹の《十五年戰爭期の中國文學》の敍述について〉(《野草》제61호, 中國文藝研究會, 1998년 2월).
日本文學研究資料叢書,《日本浪漫派》(有精堂, 1977년).
野山嘉正·安藤 宏,《近代の日本文學》(放送大學教育振興會, 2005년) 改訂版..
橋川文三,《日本浪漫派批判序說》(未來社 增補版, 1965년).
廣末 保, 〈喪失と神話の虛構—《後鳥羽院の系譜》を中心に〉,《文學》(1958년 4월호).
Max Scheler, 林田新二·新畑耕作 譯,《價値の顚倒(上)(下)》(白水社, 1977년).
松本輝夫, 〈保田與重郞覺書—イロニーとしての日本〉,《早稻田文學》1971년 12월호. 日本文學研究資料叢書《日本浪漫派》.
丸尾常喜,《魯迅〈野草〉の研究》(京大學東洋文化研究所, 1997년).
丸山 昇,《魯迅·文學·歷史》(汲古書院, 2004년).
______, 〈魯迅と《宣言一つ》—武者小路·有島との關係〉,《中國文學研究》1(中國文學の會, 1961년 4월).
保田與重郞,《蒙疆》(生活社, 1938년).
_________, 〈今日の浪漫主義〉(1935). 井上靖 外編,《昭和文學全集 28》(小學館, 1988년).
_________, 〈明治の精神—二人の世界人〉(1937).《昭和文學全集 28》.

________, 〈戴冠詩人の御一人者〉(1938).《日本浪漫派批判序說》.
________, 〈宮廷の詩心〉, 《後鳥羽院》(思潮社, 1939년). 《昭和文學全集 28》.
山本澄子, 《中國キリスト教史研究(增補改訂版)》(山川出版社, 2006년).
汪暉(阪口直樹 譯), 〈民族主義的·文化保守主義的記憶方式からみた"五四·新文化運動"觀〉, 《野草》 제50호(中國文藝硏究會, 1992년 8월).

영어 문헌

David Der-wei Wang, *Fictional Realism in Twentieth-Century China: Mao Dun, Lao She, Shen Congwen*, Columbia University Press, 1992.
Edward Carpenter, *Love's Coming-of-age*, New York, Modern Lib., 1911.
Lewis Stewart Robinson, *Double-edged Sword : Christianity and 20th Century Chinese Fiction*, HK. Tao-Fong Shan Ecumenical Center, 1986.

한국어 문헌

姜善求, 《블레이크 藝術論》(한남대학교 출판부, 2003년).
강엽, 《윌리엄 블레이크의 시와 사상》(부산대학교 출판부, 2004년).
강옥선 외, 《블레이크와 작은 천국》(도서출판 동인, 2004년).
《관주 성경전서》(대한성서공회, 1981년판).
구스타보 구티에레즈 저, 성염 역, 《해방신학: 역사와 정치와 구원》(분도출판사, 1987년판).
권영우, 〈침묵하는 예수〉, 《이제 여기 그 너머》 9호(2016. 9).
金宜鎭, 〈老舍《猫城記》硏究〉, 《中國文學》 22집(1994년).
김은정, 〈현대 자본주의 사회에서 프로테스탄트 신앙회복 필요성 고찰: 막스 베버 사상을 중심으로〉, 2014년, 총신대학교 교육대학원 석사학위논문.
김재혁, 《릴케의 작가정신과 예술적 변용》(한국문화사, 1998년).
金鎭郁, 〈윌리엄 블레이크의 아이의 순수 연구,—A Study of William Blake's 'Innocence'〉, 2007년, 성균관대학교 영어영문학과 석사학위논문.
김주연, 〈독일 낭만주의의 본질—정신사적 분석을 통한 비판적 고찰〉, 오생근 외 《문예사조의 새로운 이해》.
김태만, 〈《묘성기(猫城記)》의 풍자적 글쓰기〉, 《중국어문논집》 12집(1997년).
竹內好 저, 서광덕·백지운 옮김, 《일본과 아시아》(소명출판, 2004년).
단테 알리기에리 지음·김운찬 옮김 《신곡》(열린책들, 2007년).

더글라스 J. 무 지음, 이경석 옮김,《로마서의 신학적 강해》(크리스챤출판사, 2007년).
두행숙 옮김《헤겔미학 Ⅱ》(나남출판, 1996년).
러시아시학연구회 편《도스또예프끼 소설 연구》(열린책들, 1998년).
류대영,《한국 근현대사와 기독교》(푸른역사, 2009년).
《릴케전집 2: 두이노의 비가 外》(책세상, 2000년).
막스 셸러 지음, 이을상 옮김,《공감의 본질과 형식》(지식을 만드는 지식, 2013년).
백승영 옮김,《니체전집》15권(책세상, 2002년).
백승영,《니체 도덕의 계보》(서울대학교 철학사상연구소, 2005년).
白永吉,《中國 抗戰期 리얼리즘 文學論爭 硏究》(고려대학교 출판부, 1998년).
______,《현대의 중국문학》(고려대학교 출판문화원, 2015년).
______,〈胡風 '主觀戰鬪情神'論의 성립—'Passion'의 槪念을 中心으로〉,《중국어문논총》5집(중국어문연구회, 1992년).
______,〈路翎 小說의 宗敎性—救援意識의 變形的 具現様相〉,《중국어문논총》15집(중국어문연구회, 1998년).
______,〈抗戰期 徐訏 小說의 浪漫主義〉,《중국어문논총》20집(중국어문연구회, 2001년).
______,〈抗戰期 戰國策派의 浪漫主義〉,《중국어문논총》22집(중국어문연구회, 2002년).
______,〈王安憶 小說의 虛無意識과 宗敎性—《유토피아 詩篇》을 중심으로〉,《중국어문논총》23집(중국어문연구회, 2002년).
베네딕트 앤더슨·윤형숙 옮김,《민족주의의 기원과 전파》(사회비평사, 1991년).
O. F. 볼노브, 崔東熙 譯《實存哲學이란 무엇인가》(瑞文堂,1972년).
사카모토히로코(坂本ひろ子) 지음, 양일모·조경란 옮김,《중국 민족주의의 신화》(지식의 풍경, 2007년).
송가배,〈陳映真 소설《萬商帝君》의 식민주의 비판의식〉,《東亞文化》52집(2014년).
H.G. 쉔크 지음, 이영석 옮김《유럽 낭만주의의 정신》(대광문화사, 1991년).
鈴木貞美 저, 김채수 역,《일본의 문학 개념》(보고사, 2001년).
아가페 큰글 성경편찬위원회,《오픈II 주석성경》, 1995년판.
알랭 로랑 지음·김용민 옮김,《개인주의의 역사》(도서출판 한길사, 2001년).
오가다 마모루(尾形守) 지음, 황바울 옮김,《한·일 문화 비교와 기독교사》(갈릴리 출판사, 2002).
오생근 외,《문예사조의 새로운 이해》(문학과지성사, 1996년).
吳淳邦,〈老舍 小說과 基督敎〉,《中國語文論譯叢刊》13집(2004년).
왕대일,《묵시문학과 종말론》(대한 기독교서회, 2004년).
이남섭,〈신자유주의 시대 제3세계 50억 대중의 희망: 구스타보 구티에레즈의《해방신학》다시 읽기〉,《진보평론》제19호(2004년 봄호).

이마미치 도모노부(今道友信) 지음·이영미 옮김《단테〈신곡〉강의》(안티쿠스, 2008년).
이재서〈기독교의 이웃 사랑과 그 실천 신학적 의의〉,《신학 지남》69(1)(2002년).
이정순〈릴케의 중기 시작품에 보이는 사랑의 관념—소유하지 않는 사랑〉,《뷔히너와 현대문학》2001년 17집.
李俊鶴,《T.S. 엘리엇의 시와 시극에 대한 종교적 접근》(전남대학교 출판부, 2004년).
池明烈,《獨逸浪漫主義研究》(一志社, 1975년).
최순영,《니체와 도덕의 위기 그리고 기독교》(철학과 현실사, 2012년).
최정화,〈"르상티망(Ressentiment)"과 그리스도교적 윤리에 대한 재고〉,《원불교사상과 종교문화》59집(2014년).
카를 바르트 지음·조남홍 역,《로마서 강해》(한들출판사, 1997년).

수록 논문 원게재 일람

서론 : 〈원한의 격정과 화해로의 도정—현대 중국문학의 기독교 서사〉, 《중국학논총》 68집(고려대 중국학연구소, 2020년).

제1부

제1장 〈5·4 시기 周作人의 基督敎批評 談論〉, 《중국어문논총》 42집(중국어문연구회, 2009년).

제2장 〈魯迅 文學의 宗敎性—도스토옙스키론을 중심으로〉, 《중국어문논총》 39집(중국어문연구회, 2008년).

제3장 〈魯迅·周作人 형제 불화의 종교적 해석〉, 《중국어문논총》 66집(중국어문연구회, 2014년).

제4장 〈郁達夫 小說의 浪漫的 宗敎性—頹廢와 懺悔의 葛藤 構造〉, 《중국어문논총》 47집(중국어문연구회, 2010년).

제2부

제5장 〈老舍 《고양이 나라 이야기(猫城記)》의 종교적 상징성〉, 《중국어문논총》 55집(중국어문연구회, 2012년).

제6장 〈抗戰期 林語堂 小說의 宗敎性—東西文化의 融合과 갈등 구조〉, 《중국어문논총》 31집(중국어문연구회, 2006년).

제7장 〈馮至 《伍子胥》의 '怨恨' 敍事 構造〉, 《중국어문논총》 28집(중국어문연구회, 2005년).

제8장 〈'풍성함의 고통'—抗戰期 穆旦 詩의 宗敎性〉, 《중국어문논총》 78집(중국어문연구회, 2016년).

제3부

제9장 〈中國 現代文學 批評의 宗敎性—劉小楓의 基督敎 批評談論을 中心으로〉, 《중국어문논총》 24집(중국어문연구회, 2003년).

제10장 〈史鐵生 小說의 宗敎性—理念의 喪失과 生命意識〉, 《동아시아역사연구》 6집(동아시아역사연구회 1999년).

제11장 〈陳映眞 《萬商帝君》의 종교성—기독교 담론의 굴절과 세속화〉, 《중국어문논총》 83집(중국어문연구회, 2017년).

제12장 〈陳映眞과 王安憶 文學 속의 基督敎 談論〉, 《중국어문논총》 90집(중국어문연구회, 2018년).

보론 : 〈中日 浪漫派 文學의 民族意識—'戰國策派'와 '日本浪漫派'를 중심으로〉, 《중국어문논총》 35집(중국어문연구회, 2007년).

찾아보기

원한의 격정과 화해의 길 찾기

현대 중국문학의 기독교 서사

초판 발행 2020년 9월 24일
초판 2쇄 2021년 12월 24일

지은이 백영길
펴낸곳 고려대학교출판문화원
www.kupress.com
kupress@korea.ac.kr
(02841) 서울특별시 성북구 안암로 145
Tel 02-3290-4230, 4232
Fax 923-6311
찍은곳 (주)동화인쇄

ISBN 979-11-90205-99-3 93820

값 25,000원
※ 잘못 만들어진 책은 바꿔드립니다.